Prozeßrechtlicher Schutz des Schuldners
bei privatautonom begründeter Überschuldung

Europäische Hochschulschriften
Publications Universitaires Européennes
European University Studies

Reihe II
Rechtswissenschaft

Série II Series II
Droit
Law

Bd./Vol. 2406

PETER LANG
Frankfurt am Main · Berlin · Bern · New York · Paris · Wien

Kyeng-Wook Kim

Prozeßrechtlicher Schutz des Schuldners bei privatautonom begründeter Überschuldung

PETER LANG
Europäischer Verlag der Wissenschaften

Die Deutsche Bibliothek - CIP-Einheitsaufnahme

Kim, Kyeng-Wook:

Prozeßrechtlicher Schutz des Schuldners bei privatautonom begründeter Überschuldung / Kyeng-Wook Kim. - Frankfurt am Main ; Berlin ; Bern ; New York ; Paris ; Wien : Lang, 1998
(Europäische Hochschulschriften : Reihe 2, Rechtswissenschaft ; Bd. 2406)
Zugl.: Mannheim, Univ., Diss., 1998
ISBN 3-631-33447-8

D 180
ISSN 0531-7320
ISBN 3-631-33447-8

Vorwort

Die vorliegende Arbeit wurde im Wintersemester 1997/98 von der Juristischen Fakultät der Universität Mannheim als Dissertation angenommen. Das Manuskript wurde Ende 1997 abgeschlossen und auf diesem Stand belassen.

Zu danken habe ich in allererster Linie meinem verehrten Doktorvater, Herrn Prof. Dr. Jochen Taupitz, der jederzeit gesprächsbereit war und durch zahlreiche hilfreiche Hinweise und Anregungen meine Arbeit stets gefördert hat. Herrn Prof. Dr. Hans-Martin Pawlowski danke ich sehr herzlich nicht nur für die Übernahme und die schnelle Erstattung des Zweitgutachtens, sondern auch für hilfreiche Kritik und förderlichen Rat. Einen großen Dank schulde ich nicht zuletzt Herrn Prof. Dr. Dong-Yoon Chung und Herrn Prof. Dr. Ki-Su Lee von der Korea-Universität in Seoul, die mir erst die Anregung zum Studium in Deutschland gegeben haben. In gleicher Weise gilt mein herzlichster Dank Frau Ulrike Burkhardt, wissenschaftliche Mitarbeiterin bei Herrn Prof. Dr. Taupitz, ohne deren Hilfe durch ständige Gespräche, zahlreiche wertvolle Hinweise und sprachliche Korrektur die Untersuchung nicht möglich gewesen wäre.

Mein besonderer Dank gilt meinen Eltern, meiner Frau, Jung-Mi Lee, und meiner Tochter, Ji-Hyun Kim, für ihr Verständnis, ihre unermüdliche Unterstützung und Fürsorge. Zum Dank verpflichtet bin ich schließlich der Baden-Württembergischen Landesregierung, die die vorliegende Arbeit durch die Gewährung eines Stipendiums finanziell unterstützt hat.

Mannheim, im März 1998

Kyeng-Wook Kim

Inhaltsverzeichnis

Abkürzungsverzeichnis

a.A.	anderer Ansicht
a.a.O.	am angegebenen Ort
Abs.	Absatz
AcP	Archiv für civilistische Praxis
AG	Amtsgericht, Aktiengesellschaft
AGB	Allgemeine Geschäftsbedingungen
AGBG	Gesetz zur Regelung des Rechts der Allgemeinen Geschäftsbedingungen
AktG	Aktiengesetz
Anm.	Anmerkung
AnwBl	Anwaltsblatt
ArbG	Arbeitsgericht
ArbuR	Arbeit und Recht
ArbZRG	Arbeitszeitrechtsgesetz
Art.	Artikel
AT BGB	Allgemeiner Teil des Bürgerlichen Gesetzbuchs
AöR	Archiv des öffentlichen Rechts
Aufl.	Auflage
AuR	Arbeit und Recht
AWD	siehe RIW
BAföG	Bundesausbildungsförderungsgesetz
BAG	Bundesarbeitsgericht
BB	Der Betriebs-Berater
Bd.	Band
BeamtVG	Beamtenversorgungsgesetz
BErzGG	Bundeserziehungsgeldgesetz
Beschl.	Beschluß
BetrAVG	Gesetz zur Verbesserung der betrieblichen Altersversorgung (Betriebsrentengesetz)
Betrieb	Der Betrieb
BewHi	Bewährungshilfe
BFH	Bundesfinanzhof
BFHE	Entscheidungen des Bundesfinanzhofs
BGB	Bürgerliches Gesetzbuch
BGBl.	Bundesgesetzblatt
BGH	Bundesgerichtshof
BGHZ	Entscheidungen des Bundesgerichtshofs in Zivilsachen
BMJ	Bundesministerium der Justiz
BR	Bundesrat

BRD	Bundesrepublik Deutschland
BRRG	Beamtenrechtsrahmengesetz
BSHG	Bundessozialhilfegesetz
BT	Bundestag
Buchst.	Buchstabe
BVerfG	Bundesverfassungsgericht
BVerfGE	Entscheidungen des Bundesverfassungsgerichts
BVerfGG	Bundesverfassungsgerichtsgesetz
BVersG (BVG)	Bundesversorgungsgesetz
bzw.	beziehungsweise
ca.	circa
d.h.	das heißt
DB	Der Betrieb
DDR	Deutsche Demokratische Republik
ders.	derselbe
DGVZ	Deutsche Gerichtsvollzieher-Zeitung
Diss.	Dissertation
DJ	Deutsche Justiz
DJT	Deutscher Juristentag
DM	Deutsche Mark
DRiZ	Deutsche Richterzeitung
DStR	Deutsches Steuerrecht
DtZ	Deutsch-deutsche Rechts-Zeitschrift
DVBl.	Deutsches Verwaltungsblatt
DZWiR	Deutsche Zeitschrift für Wirtschaftsrecht
EG	Einführungsgesetz, Europäische Gemeinschaft
EGInsO	Einführungsgesetz zur Insolvenzordnung vom 5. Oktober 1994
etc.	et cetera
e. V.	eingetragener Verein
evtl.	eventuell
EWiR	Entscheidungen zum Wirtschaftsrecht
f.	folgende (Seite)
FamG	Familiengericht
FamRZ	Zeitschrift für das gesamte Familienrecht
ff.	folgende Seiten
FG	Finanzgericht
FLF	Zeitschrift für Finanzierung-Leasing-Factoring
Fn.	Fußnote
FS	Festschrift
FuR	Familie und Recht
gem.	gemäß
GenG	Gesetz betreffend die Erwerbs- und Wirtschaftsgenossenschaften
GesO	Gesamtvollstreckungsordnung in der Fassung vom 23. Mai 1991
GewO	Gewerbeordnung
GG	Grundgesetz

ggf	gegebenenfalls
GmbH	Gesellschaft mit beschränkter Haftung
GmbH & Co.	Gesellschaft mit beschränkter Haftung und Compagnie
GmbHG	Gesetz betreffend die Gesellschaften mit beschränkter Haftung
GUG	Gesetz über die Unterbrechung von Gesamtvollstreckungsverfahren
GVG	Gerichtsverfassungsgesetz
GVGA	Geschäftsanweisung für Gerichtsvollzieher; Neufassung 1980, bundeseinheitlich vereinbart
HaftpflG	Haftpflichtgesetz
HGB	Handelsgesetzbuch
h. M.	herrschende Meinung
Hrsg.	Herausgeber
Hs.	Halbsatz
HWiG	Gesetz über den Widerruf von Haustürgeschäften
i.d.F	in der Fassung
i.d.R.	in der Regel
IFF	Institut für Finanzdienstleistungen e. V.
insb.	insbesondere
InsO	Insolvenzordnung vom 5. Oktober 1994
i.S.	im Sinne von
i.V.m.	in Verbindung mit
JA	Juristische Arbeitsblätter
JR	Juristische Rundschau
Jura	Jura (Zeitschrift)
JurBüro	Das juristische Büro
JuS	Juristische Schulung
JZ	Juristenzeitung
KG	Kammergericht, Kommanditgesellschaft
KO	Konkursordnung
Komm.	Kommentar
krit.	kritisch
KSchG	Kündigungsschutzgesetz
KTS	Zeitschrift für Insolvenzrecht (vormals Konkurs-, Treuhand- und Schiedsgerichtswesen)
LAG	Landesarbeitsgericht
LG	Landgericht
lit.	littera
LM	Lindenmaier-Möhring, Nachschlagewerk des Bundesgerichtshofs in Zivilsachen
LuftVG	Luftverkehrsgesetz
m.	mit
MDR	Monatsschrift für Deutsches Recht
Mio.	Millionen
Mitt.	Mitteilung

Mrd.	Milliarde(n)
MünchKommBGB	Münchener Kommentar zum BGB
MünchkommZPO	Münchener Kommentar zur ZPO
nF	neue Fassung
NJW	Neue Juristische Wochenschrift
NJW-RR	NJW-Rechtsprechungsreport Zivilrecht
Nr.	Nummer
Nw.	Nachweis
n.w.Nwen	mit weiteren Nachweisen
NZA	Neue Zeitschrift für Arbeits- und Sozialrecht
oHG	offene Handelsgesellschaft
OLG	Oberlandesgericht
ÖJZ	Österreichische Juristen-Zeitung
OLGZ	Entscheidungen der Oberlandesgerichte in Zivilsachen
Rdn.	Randnummer
RefE	Referentenentwurf
RegE	Regierungsentwurf
RG	Reichsgericht
RGBl.	Reichsgesetzblatt
RGZ	Entscheidungen des Reichsgerichts in Zivilsachen
RIW/AWD	Recht der internationalen Wirtschaft
Rpfleger	Der Deutsche Rechtspfleger
RPflG	Rechtspflegergesetz
S.	Satz, Seite
SchKG	Schweizerisches Bundesgesetz über Schuldbeitreibung und Konkurs
SCHUFA	Schutzgemeinschaft für allgemeine Kreditsicherung
SGB	Sozialgesetzbuch
sog.	sogenannte
StVG	Straßenverkehrsgesetz
Urt.	Urteil
USA	United States of America
usw.	und so weiter
u. U.	unter Umständen
v.	von, vom
VerbrKrG	Verbraucherkreditgesetz
VerglO	Vergleichsordnung
VersR	Versicherungsrecht
vgl.	vergleiche
VuR	Verbraucher und Recht
WiB	Wirtschaftsrechtliche Beratung
WM	Wertpapiermitteilungen
WuB	Wirtschafts- und Bankrecht
WzS	Wege zur Sozialversicherung

z.	zum, zur
z. B.	zum Beispiel
ZBB	Zeitschrift für Bankrecht und Bankwirtschaft
ZEuP	Zeitschrift für Europäisches Privatrecht
ZFA	Zeitschrift für Arbeitsrecht
ZGR	Zeitschrift für Unternehmens- und Gesellschaftsrecht
ZHR	Zeitschrift für das gesamte Handels- und Wirtschaftsrecht
ZIP	Zeitschrift für Wirtschaftsrecht
ZMR	Zeitschrift für Miet- und Raumrecht
ZPO	Zivilprozeßordnung
ZRP	Zeitschrift für Rechtspolitik
ZVG	Zwangsversteigerungsgesetz
ZZP	Zeitschrift für Zivilprozeß

1. Kapitel: Einleitung

A Problemstellung

Die unbeschränkte Haftung für Ansprüche aus Verträgen im Privatrecht ist gewissermaßen das komplementäre Element der Privatautonomie. Die Freiheit schließt das Scheitern ein[1]. Nach dem alten deutschen Recht konnte der Gläubiger den Schuldner, der seine vertraglich übernommenen Verpflichtungen nicht erfüllen konnte, zwingen, als Knecht[2] seine Schuld abzuarbeiten[3]. Es bestand also eine subsidiäre Personalhaftung des Schuldners. Der Verknechtete verlor damit seine Rechtsfähigkeit, der Gläubiger konnte ihn z. B. auch verkaufen[4]. Im Mittelalter gab es als abgemilderte Personalhaft[5] den Schuldturm. In dieser Zeit konnte der Gläubiger einen zahlungsunfähigen Schuldner in diesen Schuldturm werfen. Der Gläubiger mußte ihn immerhin so verwahren, daß er im Falle der Auslösung lebendig entlassen werden konnte[6]. Die Haft wurde ohne Hilfe des Gerichts[7] im städtischen Gefängnis vollzogen. Die Furcht vor der Einsperrung im Schuldturm sollte den Schuldner, seine Verwandten und seine Freunde dazu veranlassen, für die Zahlung ihre Reserven zu mobilisieren. Der Aufenthalt im Schuldturm hat aber kaum längere Zeit und schon gar nicht

---

1 H. Honsell, JuS 1993, 817, 817

2 G. Köbler, Deutsche Rechtsgeschichte, S. 28 ff. und 202: Die Beseitigung der Schuldknechtschaft erfolgte erst im Jahr 1868; vgl. auch, A. Erler / E. Kaufmann (Hrsg.), Handwörterbuch zur deutschen Rechtsgeschichte, Bd. 4, Nr. 1512 ff. (Im römischen Recht hatte der Gläubiger sogar einen Zugriff auf Leib und Leben); E. Bayer, Wörterbuch zur Geschichte, S. 453

3 Vgl. D. Medicus, Aufklärungs- und Beratungspflichten der Kreditinstitute - Der moderne Schuldturm? (Bankrechtstag 1992), S. 88; G. Köbler, Deutsche Rechtsgeschichte, S. 33

4 A. Erler / E. Kaufmann (Hrsg.), Handwörterbuch zur deutschen Rechtsgeschichte, Bd. 4, Nr. 1514

5 A. Erler / E. Kaufmann (Hrsg.), Handwörterbuch zur deutschen Rechtsgeschichte, Bd. 4, Nr. 1512

6 H. de With / A. Nack, ZRP 1984, 1, 1; W. Schatzschneider, MDR 1986, 274, 274

7 Doch gab es eine Schadensersatzverpflichtung, wenn der Anspruch sich später als nicht begründet erwies: A. Erler / E. Kaufmann (Hrsg.), Handwörterbuch zur deutschen Rechtsgeschichte, Bd. 4, Nr. 1513

lebenslang gedauert, weil die Wartung und Beköstigung, also die Kosten des Schuldturms, der Gläubiger tragen mußte[8].

Eine derartige Personalhaft und damit auch den Schuldturm gibt es heute nicht mehr, wohl aber existiert im übertragenen Sinne ein „moderner Schuldturm“[9] als ein unsichtbares Gefängnis. In diesem „modernen Schuldturm“ sitzen die überschuldeten Personen ein, die ihre eingegangenen Verbindlichkeiten mit ihrem Vermögen nicht mehr decken können[10]. Durch Unvernünftigkeit, Ungeschick, Unglück oder überraschende Wirtschaftsentwicklungen kann man heutzutage nicht selten schuldhaft oder unverschuldet in finanzielle Notsituationen geraten, aus denen man sich in absehbarer Zeit aus eigener Kraft nicht mehr befreien kann[11]. Ferner kann sich der Schuldenberg etwa durch ständig anfallende Rechtsverfolgungskosten, Zinsen, Deckung von Verzugsschäden, Umschuldung und Neuverschuldung laufend erhöhen, so daß der Schuldner trotz äußerster Anstrengungen und tatsächlich vorhandenen Rückzahlungswillens nicht in der Lage ist, zur Tilgung der eigentlichen Hauptforderung zu kommen[12]. Wer einmal im „modernen Schuldturm“ einsitzt, hat also fast kaum Chancen, jemals oder nach angemessener Zeit diesem gewissermaßen „unsichtbaren Gefängnis“ wieder entsteigen zu können[13]. Das Vertragsrecht, das zunehmend durch eine richterliche Inhaltskontrolle risikobehafteter Verträge geprägt wird, ist überfordert, dem Schuldner einen wirtschaftlichen Neuanfang zu ermöglichen[14]. Für derartig Überschuldete[15] kann allenfalls die Verjährung ihrer Schuld nach 30 Jahren[16] in Sicht kommen[17]. Das bedeutet, daß der Schuldner u. U.

---

8 Vgl. D. Medicus, in: Bankrechtstag 1992, S. 88

9 Dieser Begriff kommt in der Literatur häufig vor: H. de With / A. Nack, ZRP 1984, 1 ff.; C. Frohm-Winzierl, AnwBl 1991, 461 ff.; W. Schatzschneider, MDR 1986, 274 ff.; V. Emmerich, JuS 1991, 705, 709 ff.; P. Bülow, WM 1992, 1009 ff.; ders., Bankrechtstag 1992, S. 135 ff.; D. Medicus, in: Bankrechtstag 1992, S. 87 ff.; G. Pape, ZIP 1994, 515 ff.; T. Lotz, Der Weg aus dem „Schuldturm“, 1 ff.; F. Wassner, ZIP 1986, 343; J. Eckert, WM 1990, 85 ff.; Franz-J. Scholz, MDR 1987, 7 ff.; H. Vallender, VuR 1997, 155 ff.; U. Reifner, ZIP 1990, 427 ff.; M. Wochner, BB 1989, 1354 ff. (die neue Schuldknechtschaft)

10 W. Schatzschneider, MDR 1986, 274, 274

11 Vgl. F. Wenzel, VuR 1990, 121, 121

12 P. Bülow, WM 1992, 1009, 1009; C. Frohm-Weinzierl, AnwBl 1991, 461, 461; D. Medicus, in: Bankrechtstag 1992, S. 89; T. Lotz, Der Weg aus dem „Schuldturm“, S. 1 f.; J. Lösch, JA 1994, 44, 47: „Teufelskreis“

13 W. Schatzschneider, MDR 1986, 274, 274; H. de With, ZRP 1984, 1, 1

14 F. Wenzel, VuR 1990, 121, 121

15 Neben den finanziellen Problemen muß der Überschuldete häufig noch andere Belastungen bewältigen, wie Arbeitslosigkeit, Trennung vom (Ehe-) Partner oder Ehescheidung, Krankheit oder gar Tod des Ernährers: D. Korczak / G. Pfefferkorn, Überschuldungssituation und Schuldnerberatung, S. XX

16 Gemäß §§ 208, 209 BGB kann die Verjährung durch Anerkenntnis und gerichtliche Geltendmachung (z. B. jede Vollstreckungshandlung: § 209 Abs. 2 Nr. 5 BGB) unterbrochen werden. Falls die Verjährung unterbrochen ist, beginnt die 30-jährige Verjährungsfrist neu

sein ganzes weiteres Leben mit einer Verbindlichkeit belastet bleibt[18], so daß er dann bis zu seinem Lebensende am Rande des Existenzminimums, nämlich mit dem Pfändungsfreibetrag seines Einkommens, leben muß[19]. Womöglich kann eine derartige Aussicht den Schuldner dazu veranlassen, künftiges, tatsächlich pfändbares Arbeitseinkommen zu verhindern[20] oder zukünftig Einkommensbestandteile zu verschweigen, schwarz zu arbeiten oder im Extremfall sich in die Arme des Sozialstaates zu flüchten, um dann, ohne einer Arbeit nachzugehen, von Sozialhilfe zu leben[21]. Eine derartige Situation des Schuldners steht sowohl dem Interesse des Schuldners als auch dem Interesse des Gläubigers und unserer Gesellschaft entgegen. Hierin liegt die Schutzbedürftigkeit des Schuldners bei Überschuldung und die Grundidee dieser Arbeit.

B Begriffsdefinition der Verschuldung und Überschuldung

Die Überschuldung ist neben der Zahlungsunfähigkeit und der drohenden Zahlungsunfähigkeit als Eröffnungsgrund des Insolvenzverfahrens gesetzlich verankert[22]. Die noch geltende Konkursordnung regelt den Begriff der Überschuldung nicht. Nach § 19 Abs. 2 InsO liegt Überschuldung dann vor, wenn das Vermögen des Schuldners die bestehenden Verbindlichkeiten nicht mehr deckt[23], wenn also das auf der Aktivseite der Bilanz ausgewiesene Vermögen kleiner ist als die auf der Passivseite ausgewiesenen Verbindlichkeiten. Die Überschuldung ist demnach die negative Differenz zwischen dem Betrag des Vermögens und dem der Schulden[24]. Zwar ist die

(§ 217 BGB); vgl. auch J. Kraemer, Das neue Insolvenzrecht, S. 26; R. Schmidt-Räntsch, in: FS für Hans Hanisch, S. 218

17 Vgl. § 218 Abs. 1, S. 2 BGB; P. Bülow, WM 1992, 1009, 1009

18 W. Frenz, JR 1994, 92, 93; vgl. auch H. Heilmann, KTS 1975, 18, 18 f.

19 Vgl. § 850 c ZPO; BT-Drucksache 12/2443, S. 81; T. Lotz, Der Weg aus dem „Schuldturm“, S. 2; Hans-P. Ackmann, Schuldbefreiung durch Konkurs?, S. 113

20 Hans-P. Ackmann, Schuldbefreiung durch Konkurs?, S. 111 f. und 114 ff.; ders., ZIP 1982, 1266, 1272; G. Pape, ZRP 1993, 285, 285 f.; F. Wenzel, DGVZ 1993, 81, 82

21 T. Lotz, Der Weg aus dem „Schuldturm“, S. 2; BT-Drucksache 12/2443, S. 81; F. Wenzel, DGVZ 1993, 81, 82

22 §§ 16 bis 19 InsO, vgl. auch §§ 207 Abs. 1, 209 Abs. 1, S. 2 KO, § 92 Abs. 2 S. 2 AktG, § 64 Abs. 1 S. 2 GmbHG, § 98 Abs. 1 Nr. 2 GenG, § 130a Abs. 1 S. 1 HGB

23 Auch § 98 Abs. 1 Nr. 2 GenG

24 W. Uhlenbruck, KTS 1986, 27, 37; ders., BB 1984, 1949, 1951; R. Müller, Die Mitverantwortung des Kreditgebers im Hinblick auf eine tragfähige Kreditbelastung, 1994, S. 39 f.; vgl. auch BMJ, Erster Bericht der Kommission für Insolvenzrecht, S. 111 ff.; J. Drukarczyk, WM 1994, 1737, 1737; H. Hess, FLF 1995, 8, 9 f.; H. Papke, DB 1969, 735, 736; A. Burger / B. Schellberg, BB 1995, 261, 265 f.; M. Obermüller, DB 1973, 267, 269; U. Meyer-Cording,

Überschuldung nach § 19 Abs. 2 InsO aus insolvenzrechtlicher Sicht nur bei juristischen Personen von Bedeutung, nämlich insoweit Grund für die Eröffnung eines Insolvenzverfahrens. § 19 Abs. 2 InsO beschreibt aber ganz allgemein eine spezifische Vermögenskrise, die gleichermaßen bei natürlichen Personen gegeben sein kann. In diesem Sinne wird die Definition des § 19 Abs. 2 InsO für die Zwecke der vorliegenden Arbeit fruchtbar gemacht.

Im Kreditnehmerhaushalt steht häufig auf der Aktivseite der Bilanz nur das Einkommen, in der Regel das Arbeitseinkommen des Kreditnehmers[25]. Nach U. Groth liegt deswegen die Überschuldung eines Haushaltes dann vor, wenn nach Abzug der fixen Lebenshaltungskosten (Miete, Energie, Versicherungen etc. zzgl. Ernährung) der verbleibende Rest des monatlichen Einkommens für zu zahlende Kreditraten nicht ausreicht. Oder kurz: Die zu leistenden monatlichen Gesamtausgaben sind höher als die Einnahmen[26].

Empirisch sind Überschuldung und Verschuldung nicht immer voneinander zu trennen, da häufig zu diesem Thema nur Aggregatdaten vorliegen[27]. Verschuldung darf jedoch nicht ohne weiteres mit Überschuldung gleichgesetzt werden. Verschuldung liegt dann vor, wenn jemand z. B. einen Kredit aufgenommen hat, den er aber ordnungsgemäß tilgen kann[28]. Jede Form des Eingehens von Zahlungsverpflichtungen, die ökonomisch und juristisch geregelt ist und sowohl von Gläubigern wie Schuldnern ein rollenkonformes Verhalten erwarten läßt, wird dabei als Verschuldung definiert[29]. Kreditaufnahme ist jedoch sicherlich ein normaler Vorgang in entwickelten Industriegesellschaften[30]: Private Verschuldung soll in aller Regel zur Steigerung des Konsums, zu privater Investition und Vermögensbildung und damit der Erhöhung der Lebensqualität führen[31]. Wer hohe Schulden hat, dem haftet deshalb noch kein Makel an, sondern der dokumentiert damit unter Umständen sogar seine Vertrauens- und

BB 1985, 1925, 1926; K. Schmidt, JZ 1982, 165, 167 ff.; P. Ulmer, KTS 1981, 469, 473; W. Vonnemann, BB 1991, 867, 867 ff.

25 R. Müller, Die Mitverantwortung des Kreditgebers im Hinblick auf eine tragfähige Kreditbelastung, S. 41

26 U. Groth, Schuldnerberatung, S. 16; kritisch, G. Reiter, Kritische Lebensereignisse und Verschuldungskarrieren von Verbrauchern, S. 29

27 D. Korczak / G. Pfefferkorn, Überschuldungssituation und Schuldnerberatung, S. 105

28 U. Groth, Schuldnerberatung, S. 16; G. Reiter, Kritische Lebensereignisse und Verschuldungskarrieren von Verbrauchern, S. 29

29 W. Steinmetz, DRiZ 1991, 192, 192; D. Korczak / G. Pfefferkorn, Überschuldungssituation und Schuldnerberatung, S. XXI

30 Vgl. D. Korczak / G. Pfefferkorn, Überschuldungssituation und Schuldnerberatung, S. 274

31 D. Korczak / G. Pfefferkorn, Überschuldungssituation und Schuldnerberatung, S. XXI und 104 f.

Kreditwürdigkeit, d. h. eine Art von Reichtum. Die reichsten Nationen der Welt haben die höchsten Schulden, die reichsten Bürger die höchsten Kredite[32].
Demgegenüber geht es bei der Überschuldung um die Nichterfüllung von Zahlungsverpflichtungen, die zu einer ökonomischen und psychosozialen Destabilisierung von Schuldnern führt[33]. Überschuldung ist nicht nur eine Eingangsstufe auf dem Weg in die Armut, sondern auch eine Barriere, die in aller Regel für die Zukunft ein Entkommen aus dieser Armut unmöglich macht[34]. Überschuldung bedeutet daher nicht allein, daß die zu leistenden monatlichen Gesamtausgaben höher als die Einnahmen sind[35], sondern sie birgt massive soziale und psychische Konsequenzen in sich. Überschuldung ist deswegen - anders als die Verschuldung - nicht ein normales, sondern in jedem Fall ein kritisches Lebensereignis[36]. Es muß jedoch auch beachtet werden, daß Verschuldung zwangsläufig die Voraussetzung für Überschuldung ist und der Zeitpunkt des Übergangs von der Verschuldung zur Überschuldung schwer feststellbar ist[37].

C Das Problem zunehmender Verschuldung und Überschuldung

I Rechtstatsachen

1. Die wirtschaftliche Bedeutung des Konsumentenkredites

a) Volumen der Konsumentenkredite

Als „Konsumentenkredit" oder synonym als „Verbraucherkredit" wird heutzutage eine Reihe unterschiedlicher Rechtsgeschäfte bezeichnet, die mit einem Verbraucher abgeschlossen werden, um ihm privaten Konsum ohne sofortige Gegenleistung zu ermöglichen[38]. Über die Definition des Begriffs des Konsumentenkredites gibt es keine

---

32 U. Reifner, WSI Mitteilungen 12/1991, 749, 751: Doch Schulden seien auch Ausdruck von Armut, wenn ihr Gegenwert verbraucht ist und die Zins- und Tilgungszahlungen das zum Lebensunterhalt notwendige Einkommen belasten.

33 D. Korczak / G. Pfefferkorn, Überschuldungssituation und Schuldnerberatung, S. 105

34 Institut für Finanzdienstleistungen e. V. (IFF), Schuldenreport 1993, S. 12

35 U. Groth, Schuldnerberatung, S. 16

36 D. Korczak / G. Pfefferkorn, Überschuldungssituation und Schuldnerberatung, S. XXI; W. Steinmetz, DRiZ 1991, 192, 192

37 Vgl. G. Reiter, Kritische Lebensereignisse und Verschuldungskarrieren von Verbrauchern, S. 29; D. Korczak / G. Pfefferkorn, Überschuldungssituation und Schuldnerberatung, S. XXI

38 W. Hadding, Welche Maßnahmen empfehlen sich zum Schutz des Verbrauchers auf dem Gebiet des Konsumentenkredits (= Gutachten zum 53. DJT), S. 29

vollständige inhaltliche Übereinstimmung[39]. Nach dem Verständnis der Deutschen Bundesbank umfaßt der Begriff des Konsumentenkredites die gesondert ausgewiesenen Kredite der Kreditinstitute an „wirtschaftlich unselbständige und sonstige Privatpersonen“[40], wobei Wohnungsbaukredite, nichtbankmäßige Verbraucherkreditformen, wie zum Beispiel reine Abzahlungsgeschäfte (soweit hieraus resultierende Forderungen nicht an Banken übertragen wurden), die Inanspruchnahme von Zahlungszielen, die Verschuldung im Zusammenhang mit Nichtbankenkreditkartenkäufen, das Leasing und die Pfandleihe nicht erfaßt sind[41].

Die Verschuldung durch Konsumentenkredite in der Bundesrepublik ist seit Ende der sechziger Jahre[42] stark gestiegen[43]. Im Zusammenhang mit der deutschen Vereinigung hat das Verschuldungstempo erneut zugenommen[44]. Der Anteil des Konsumentenkredites am gesamten Kreditvolumen der Kreditinstitute im privaten Sektor[45] lag 1970 bei 7%, 1980 bei 11,65%, Mitte 1997 (Juni) bei 11,21%[46]. Von 1967 bis Juni 1997 ist das Volumen der Konsumentenkredite von etwa 9,8 Mrd. DM auf fast 391,7 Mrd. DM, das heißt um das 39,9-fache, angestiegen. Seit 1970 (mit etwa 29,7 Mrd. DM) hat es sich verdreizehnfacht, seit 1986 verdoppelt. Im Vergleich zu 1995 ist das Verschuldungsvolumen im Jahr 1996 um rund 4,91% angestiegen[47]. Wenn man die hier nicht erhobenen direkten Kredite des Handels und von Dienstleistungs-

---

39 K. Holzscheck / G. Hörmann / J. Daviter, Praxis des Konsumentenkredits, S. 27; G. Hörmann / K. Holzscheck, ZIP 1982, 1172, 1172; Deutsche Bundesbank, Monatsbericht April 1993, 19, 19 f.; W. Hadding, Gutachten zum 53. DJT, S. 29 ff.

40 Als Kreditnehmer werden erfaßt: Arbeiter, Angestellte, Beamte, Rentner, Pensionäre, Hausfrauen, Schüler, Studenten, Personen ohne Berufsangaben: W. Hadding, Gutachten zum 53. DJT, S. 9, Fn. 20

41 Deutsche Bundesbank, Monatsbericht April 1993, 19, 19 f; G. Hörmann, Verbraucher und Schulden, S. 32 f.; G. Streit, Kartenzahlung und Verbraucherverschuldung, S. 64 f.

42 K. Holzscheck / G. Hörmann / J. Daviter, Praxis des Konsumentenkredits, S. 29; G. Reiter, Kritische Lebensereignisse und Verschuldungskarrieren von Verbrauchern, S. 36

43 Mit einer durchschnittlichen jährlichen Steigerungsrate von 10,60% (1970-1996) hat sich der Konsumentenkredit dynamischer entwickelt als andere Kreditformen. (während der 70er Jahre 15,90% , 80er Jahre 7,35%, zwischen 1990-1996 7,66%): vgl. Tabelle 1 dieser Arbeit; O. Schmidt, Die Überschuldung privater Bankkunden, S. 2 f.

44 Deutsche Bundesbank, Monatsbericht April 1993, 19, 19

45 Kredite an inländische Unternehmen und Privatpersonen

46 Deutsche Bundesbank, Monatsberichte („IV Kreditinstitute“, 7. Kredite an inländische Unternehmen und Privatpersonen, Wohnungsbaukredite, Wirtschaftsbereiche); vgl. auch Deutsche Bundesbank, Monatsbericht April 1993, 19, 19

47 Institut für Finanzdienstleistungen e. V. (IFF), Der neue Schuldenreport, S. 6 f.; Monatsberichte der Deutschen Bundesbank; auch G. Hörmann, Verbraucher und Schulden, S. 33 f.; K. Holzscheck / G. Hörmann / J. Daviter, Praxis des Konsumentenkredits, S. 29

unternehmen zusammenzählen würde, wäre die Summe der Konsumentenkredite noch einmal um ca. 10-15% zu erhöhen[48].

Tabelle 1
Die Entwicklung der bankmäßigen Konsumentenkredite an private Haushalte und der Verschuldung der Bevölkerung der Bundesrepublik (ohne Wohnungsbau) 1960-1996
(Quelle: Monatsberichte der Deutschen Bundesbank; Statistische Jahrbücher; Der neue Schuldenreport 1995; eigene Berechnung)

Jahr	Konsumentenkredit a) Volumen in Millionen DM	Konsumentenkredit b) Zuwachs gegenüber Vorjahr in %	Haushalte (Tausend)	Bevölkerung (Tausend)	Bruttosozialprodukt a) in Mrd. DM	Bruttosozialprodukt b) Zuwachs gegenüber Vorjahr in %
1960	4 875[49]			55 433	303,0	
1961	5 469	12,2 %	19 460	56 175	331,4	9,37%
1962	6 389	16,8 %		56 837	360,5	8,78%
1963	7 160	12,1 %		57 389	382,1	5,99%
1964	7 849	9,6 %		57 971	419,6	9,81%
1965	8 885	13,2 %		58 619	458,2	9,20%
1966	9 227	3,9 %		59 148	487,4	6,37%
1967	9 775	5,9 %		59 286	493,7	1,29%
1968	21 369	118,6 %		59 500	533,7	8,10%
1969	26 797	25,4 %		60 067	597,8	12,01%
1970	29 678	10,8 %	21991	60 651	675,7	13,03%
1971	35 979	21,2 %	22852	61 280	750,4	11,05%
1972	44 968	25,0 %	22994	61 697	824,6	9,89%
1973	49 186	9,4 %		61 987	918,8	11,42%
1974	49 906	1,5 %	23 651	62 071	983,7	7,06%
1975	56 224	12,7 %	23 722	61 847	1 027,7	4,47%
1976	69 149	23,0 %	23 943	61 574	1 123,8	9,35%
1977	81 252	17,5 %	24 165	61 419	1 195,6	6,40%
1978	97 030	19,4 %	24 221	61 350	1 289,4	7,85%
1979	115 006	18,5 %	24 486	61 382	1 393,8	8,10%
1980	130 720[50]	13,7 %	24 811	61 538	1 477,4	6,00%
1981	136 296	4,3 %	25 100	61 663	1 539,6	4,21%
1982	144 059	5,7 %	25 336	61 596	1590,3	3,29%
1983	155 904	8,2 %	25 500	61 383	1 675,7	5,37%
1984	164 787	5,7 %	26 000	61 126	1 763,3	5,22%
1985	179 520	8,9 %	26 367	60 975	1 834,5	4,03%
1986	188 840	5,2 %	26 739	61 010	1 936,1	5,53%
1987	200 570	6,2 %	26 218	61 077	2 003,0	3,46%
1988	213 989	6,7 %	27 100	61 450	2 108,0	5,24%
1989	232 931	8,9 %	27 793	62 063	2 249,1	6,69%
1990	259 692	11,5 %	32 100	79 365[51]	2 448,6	8,87%

48 Es gibt auch Schätzungen von bis zu 50% (Stand 1993), IFF, Der neue Schuldenreport, S. 6; G. Streit, Kartenzahlung und Verbraucherverschuldung, S. 65

49 Ab 1960 bis 1979: siehe K. Holzscheck / G. Hörmann / J. Daviter, Praxis des Konsumentenkredits, S. 29

50 Ab 1980 bis 1993: siehe IFF, Der neue Schuldenreport, S. 6

51 Ab 1990 für Gesamtdeutschland, früheres Bundesgebiet (1990): 63 254 Tausend

Fortsetzung Tabelle 1

Jahr	Konsumentenkredit a)Volumen in Millionen DM	b) Zuwachs gegenüber Vorjahr in %	Haushalte (Tausend)	Bevölkerung (Tausend)	Bruttosozialprodukt a) in Mrd. DM	b) Zuwachs gegenüber Vorjahr in %
1991	294 962	13,6 %	32 100	79 984	2 882,1[52]	17,70%
1992	324 521	10,0 %	35 700	80 594	3 094,6	7,37%
1993	345 824	6,6 %	36 230	81 179	3 164,5	2,26%
1994	363 200[53]	5,0 %	36 695	81 422	3 312,9	4,69%
1995	370 600	2,0 %	36 938	81 661	3 444,8	3,98%
1996	388 800	4,9 %	37 281	81 896	3 506,8	1,80%

Diagramm 1
Entwicklung des Volumens der bankmäßigen Konsumentenkredite von 1960-1996
(Quelle: Monatsberichte der Deutschen Bundesbank)

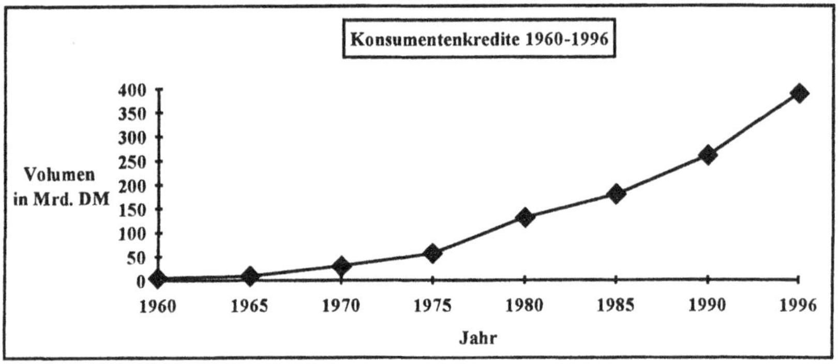

Es zeigt sich, daß allein der Blick auf das Volumen der Konsumentenkredite nicht ausreicht, um die Situation der Konsumentenverschuldung richtig verstehen zu können. Es sind vielmehr auch andere Elemente, etwa die Bevölkerungszahl, die private Ersparnis, das Bruttosozialprodukt und die Einkünfte der Haushalte (Nettolöhne und -gehälter) in den Vergleich mit einzubeziehen[54]. Das Volumen der Konsumentenkredite wuchs mit 105,89% in der Zeit von 1986 bis 1996 schneller als diese obengenannten Faktoren. Im selben Zeitraum stiegen die privaten Ersparnissse nur um

[52] Ab 1991, für Gesamtdeutschland, aber noch Vorläufiges Ergebnis: Statistisches Bundesamt, Statistisches Jahrbuch 1997 für die Bundesrepublik Deutschland, 24.3, S. 666

[53] Ab 1994: siehe Deutsche Bundesbank, Monatsbericht Oktober 1997, S. 29

[54] Vgl. G. Streit, G. Streit, Kartenzahlung und Verbraucherverschuldung, S. 66 f.

72,55%, die Nottolöhne und -gehälter um 65,08% und das Bruttosozialprodukt um 81,13%[55]. Trotz der deutschen Wiedervereinigung stieg die Bevölkerungszahl mit nur 34,23% in diesem Zeitraum nicht so stark wie die anderen Faktoren[56]. Im Ergebnis dieser vergleichenden Untersuchung wird deutlich, daß das Volumen der Konsumentenkredite in den genannten Jahren fast zweimal so stark zugenommen hat wie die durchschnittliche Steigerungsrate der anderen vier Faktoren (63,25%). Das bedeutet, daß die Belastung aufgrund von Kreditaufnahmen für die Bevölkerung in der Tat durchschnittlich auch ungefähr um das Zweifache gestiegen ist.

b) Volumen pro Kopf und pro Haushalt

Die privaten Haushalte nehmen Konsumentenkredite auf zum einen für die Überbrückung der vorübergehenden Lücken zwischen ihren Einkommensströmen und Konsumwünschen, zum anderen, um Belastungen aus der Anschaffung eines langlebigen Wirtschaftsgutes oder eines dauerhaften Gebrauchsgegenstandes (Kraftfahrzeuge, Möbel usw.) zu strecken[57]. Die aus Konsumentenkrediten resultierende Verschuldung der Privatpersonen (pro Kopf bzw. pro Haushalt gerechnet) betrug 1970 noch knapp 490 DM, im Jahr 1996 dagegen schon 4.747,5 DM. Da nach früheren Stichprobenuntersuchungen schätzungsweise nur ein Drittel aller Haushalte Konsumentenkredite aufgenommen hatte[58], lag die Pro-Kopf-Verschuldung der mit Konsumentenkrediten belasteten Haushalte bei etwa 1.470 DM (1970) und 14.242,5 DM (1996)[59]. Verteilt man allein die Konsumentenkreditschulden auf alle Haushalte, so ergibt sich eine Belastung für 1996 von 10.429 DM. Seit 1980 hat sich die Summe verdoppelt[60]. Geht man wieder davon aus, daß nur ein Drittel aller Haushalte mit

55 Deutsche Bundesbank, Monatsbericht Oktober 1997, S. 67; Monatsbericht Dezember 1994, S. 83; Statistisches Bundesamt, Statistisches Jahrbuch 1997 für die Bundesrepublik Deutschland, 24.3, S. 666; vgl. auch IFF, Der neue Schuldenreport, S. 7

56 Siehe oben Tabelle 1 dieser Arbeit

57 Deutsche Bundesbank, Monatsbericht April 1993, 19, 23 f.; W. Schatzschneider, MDR 1986, 274, 274

58 Deutsche Bundesbank, Monatsbericht April 1993, 19, 27; D. Korczak / G. Pfefferkorn, Überschuldungssituation und Schuldnerberatung, S. 107; G. Streit, Kartenzahlung und Verbraucherverschuldung, S. 67; vgl. auch K. Holzscheck / G. Hörmann / J. Daviter, Praxis des Konsumentenkredits, S. 57 f. (48%), wobei aber auch nichtbankmäßige Kreditformen berücksichtigt wurden; W. Steinmetz, DRiZ 1991, 192, 192 (25% aller Haushalte in der ehemaligen Bundesrepublik); U. Reifner, WSI Mitteilungen 12/1991, 749, 752 (50%)

59 In den alten Bundesländern ist die Pro-Kopf-Konsumentenverschuldungsquote etwa viermal so hoch wie in den neuen: Deutsche Bundesbank, Monatsbericht April 1993, 19, 27; O. Schmidt, Die Überschuldung privater Bankkunden, S. 3

60 Im Jahr 1980 waren es 5.268,6 DM; vgl. auch K. Holzscheck / G. Hörmann / J. Daviter, Praxis des Konsumentenkredits, S. 58 f.

Konsumentenkrediten verschuldet ist, betrug im Jahr 1996 die durchschnittliche Haushaltsverschuldung für Betroffene allein an Konsumentenkrediten 31.287 DM[61].
In Relation zum verfügbaren Einkommen der privaten Haushalte stiegen die bankmäßigen Konsumentenkredite von rund 8% in der ersten Hälfte der siebziger Jahre auf rund 17% im Jahr 1996, also um mehr als das Doppelte. Dieser Verschuldungsgrad hielt bis 1996 in tendenziell zunehmendem Maße an. Im Jahr 1991 wurde aber wegen der deutschen Vereinigung[62] diese Aufwärtsbewegung unterbrochen

Diagramm 2
Entwicklung des Verschuldungsgrades in bezug auf die verfügbaren Einkommen der privaten Haushalte (Quelle: Monatsberichte der Deutschen Bundesbank, eigene Berechnung)

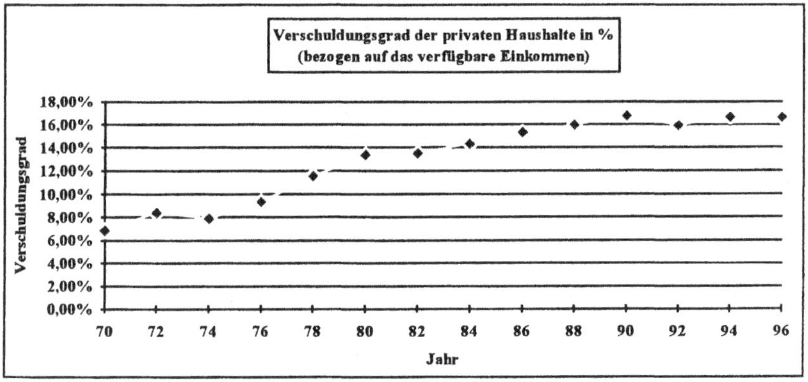

Anmerkungen zu Diagramm 2

* Es ist hierbei festzustellen, daß die Zahlen für das verfügbare Einkommen der privaten Haushalte eines Jahres (Deutschland) in den verschiedenen Monatsberichten der Deutschen Bundesbank nicht übereinstimmen.
* So bezieht sich das obige Diagramm auf die folgenden Quellen.
  Bis 1982, Vgl. Deutsche Bundesbank, Monatsbericht Dezember 1987, VIII, 8, S. 73
  Von 1983 bis 1990, Vgl. Deutsche Bundesbank, Monatsbericht Dezember 1994, IX, 8, S. 83
  Von 1991 bis 1996, Vgl. Deutsche Bundesbank, Monatsbericht Oktober 1997, IX, 8, S. 67
  und oben Tabelle 1 dieser Arbeit

61 Siehe oben Tabelle 1 dieser Arbeit; vgl. auch IFF, Der neue Schuldenreport, S. 10

62 Da die Verschuldung in Ostdeutschland relativ zum Einkommen niedriger als im Westen war: Deutsche Bundesbank, Monatsbericht April 1993, 19, 27

Berücksichtigt man neben den Konsumentenkrediten auch andere Kreditaufnahmen der privaten Haushalte, insbesondere zur Baufinanzierung, dann ist ihre Verschuldung noch um ein Vielfaches höher. Kredite für den Wohnungsbau sind von rund der Hälfte des jährlichen Einkommens im Jahre 1970 auf knapp drei Viertel des jährlichen Einkommens bis Mitte der achtziger Jahre gestiegen. Vor der deutschen Vereinigung erreichte der Grad der Wohnungsbauverschuldung im Verhältnis zum Einkommen seine Spitze, ebenso wie der Verschuldungsgrad der privaten Haushalte[63].

2. Überschuldungssituation der privaten Haushalte

Die Überschuldungssituation der privaten Haushalte in der Bundesrepublik Deutschland wird statistisch nach wie vor nicht erfaßt. Detaillierte oder gar regelmäßige Erhebungen finden nicht statt. Bei dem Gutachten der GP-Forschungsgruppe, das im Auftrag des Bundesjustizministeriums und des Bundesministeriums für Jugend, Familie, Frauen und Gesundheit erstellt wurde[64], ließ sich der Umfang der Überschuldung durch Bankkredite daher nur anhand von Zahlungsstörungen anzeigenden Indikatoren grob schätzen[65]. Die dafür in Frage kommenden Indikatoren decken die Gesamtzahl der überschuldeten Haushalte in unterschiedlichem Umfang ab. Zu derartigen Indikatoren gehören im Bankbereich die Stundung und Kündigung von Kreditverträgen seitens der Kreditinstitute, im nicht bankmäßigen Bereich Lohn- und Gehaltspfändungen, die Abgabe eidesstattlicher Versicherungen[66] sowie Energieschulden[67]. Keiner dieser Indikatoren liefert jedoch ein vollständiges Bild der Überschuldungssituation.

---

63 Deutsche Bundesbank, Monatsbericht April 1993, 19, 29 .

64 Dabei wurde im Jahr 1988 der Auftrag erteilt, ein Forschungsvorhaben zur Überschuldungssituation und Schuldnerberatung in der Bundesrepublik Deutschland durchzuführen. In einer zweiten Forschungsphase (1990 bis 1992) sollte eine vertiefende Analyse der Überschuldungssituation und ihrer Ursachen erfolgen: D. Korczak / G. Pfefferkorn, Überschuldungssituation und Schuldnerberatung, S. IXX; U. Rolf / R. Schulz-Rackoll, VuR 1991, 262, 262 f.

65 D. Korczak / G. Pfefferkorn, Überschuldungssituation und Schuldnerberatung, S. 110; IFF, Der neue Schuldenreport, S. 19; O. Schmidt, Die Überschuldung privater Bankkunden, S. 4

66 Falls eine Pfändungsmaßnahme nicht erfolgreich ist, kann der Gläubiger von dem Schuldner die Vorlage eines Vermögensverzeichnisses verlangen. Die Vollständigkeit und Richtigkeit dieses Vermögensverzeichnisses muß der Schuldner an Eides statt versichern. Deswegen können eidesstattliche Versicherungen ein gutes Indiz für das Ausmaß der Überschuldung sein: IFF, Schuldenreport 1993, S. 16 f.

67 D. Korczak / G. Pfefferkorn, Überschuldungssituation und Schuldnerberatung, S. 110; D. Korczak, WSI Mitteilungen 12/1991, 741, 748 f.; zur Kritik U. Groth / R. Schulz-Rackoll, VuR 1991, 262 ff.

Bezüglich der bankmäßigen Überschuldungsindikatoren kam es im Jahr 1979 während der gesamten Laufzeit von Ratenkrediten bei 5% der Kredite zu Stundungen und bei 2% zu Kündigungen seitens der Bank[68]. Außerdem hat die Bundes-Schufa für 1985 bis 1988 eine jährliche Kündigungsquote von rund 2,5% der Kredite mitgeteilt. 1989 sind somit rund 90.000 Kredite gekündigt worden[69]. Im nicht-bankmäßigen Bereich sind 1989 rund 118.000 bis 157.000 Arbeiter und rund 46.000 bis 57.000 Angestellte von Lohn- bzw. Gehaltspfändungen betroffen gewesen. Im selben Jahr erfolgten in 500.000 bis 800.000 Haushalten Energiesperrungen bzw. Energieratenzahlungen. Die abgegebene Zahl von eidesstattlichen Versicherungen durch Privathaushalte als weiterer Indikator lag 1989 bei 630.000[70]. Ausgehend von diesen vier Indikatoren wurde für 1989 die Zahl der überschuldeten Haushalte in den alten Bundesländern auf rund 1,2 Mio. (= 4,2%) geschätzt[71]. Für das vereinigte Deutschland liegen noch keine aktuellen Zahlen vor. Nur das IFF (Institut für Finanzdienstleistung e. V.) weist für das Jahr 1992 im Zusammenhang mit der Überschuldungsquote für das Land Bayern darauf hin, daß das Ausmaß der Überschuldung in der Bundesrepublik zwischen 1,5 bis 2,5 Mio. Haushalten läge, wenn die bayerische Überschuldungsquote auf das gesamte Bundesgebiet übertragbar wäre[72].

II Ursachen der Überschuldung bzw. Zahlungseinstellung

Wie die vorstehenden Ausführungen ergeben, ist die Zunahme der Überschuldung heutzutage zu einem gesamtgesellschaftlichen Problem geworden. Deswegen können die Gründe und Ursachen der Überschuldung nicht mehr individualisiert werden, sondern nur global festgestellt werden[73]: Zuerst zeigen sich als Ursachen für die temporäre oder dauernd sich verschärfende Überschuldung finanzielle Belastungen als Folge unvorhergesehener Ereignisse[74] und dauernder Bedürfnisbefriedigung über das erzielte Einkommen hinaus. Unter die unvorhergesehenen Ereignisse fallen die Einkommensrückgänge etwa durch Arbeitslosigkeit, Wegfall des Verdienstes der

---

68 K. Holzscheck / G. Hörmann / J. Daviter, Praxis des Konsumentenkredits, S. 276, 281

69 D. Korczak / G. Pfefferkorn, Überschuldungssituation und Schuldnerberatung, S. 111; im Jahr 1992 ergab sich allein in Bayern eine Kreditkündigungsanzahl von 50.000 bis 62.5000: IFF, Der neue Schuldenreport, S. 20

70 D. Korczak / G. Pfefferkorn, Überschuldungssituation und Schuldnerberatung, S. XXIII und 111

71 D. Korczak / G. Pfefferkorn, Überschuldungssituation und Schuldnerberatung, S. XXIII und 112

72 IFF, Der neue Schuldenreport, S. 22

73 U. Groth, Schuldnerberatung, S. 16

74 C. Reis, Konsum, Kredit und Überschuldung, S. 11, 209

Ehefrau, Einkommensschwankungen[75] und finanzielle Mehrbelastungen aus Mieterhöhung, Unterhaltszahlungen usw.[76] Arbeitslosigkeit ist die wichtigste Ursache für das Eintreten von Überschuldung[77]. Zu den unvorhergesehenen Ereignissen gehören auch persönliche Krisen, wie z. B. familiäre Probleme, insbesondere Trennung und Ehescheidung, Erkrankungen oder Unfälle von Angehörigen[78] und geringerwiegende Umstände, wie z. B. Steuernachzahlung, Wegfall von Überstunden, Geburt eines Kindes[79].

Neben einer solchen Überschuldung durch schicksalhafte Ereignisse gibt es noch die anbieterbegründete Überschuldung: Hierzu zählen beispielsweise Bauspar-sofortfinanzierung, Ausnutzung von Familienbeziehungen zu Bürgschafts- und Sicherungszwecken, Schneeballkreditsysteme, unverlangte Zusendung von Kredit-karten und Einräumung von Kreditlimits usw.[80], bei denen in vielen Fällen die Überschuldung des Schuldners vorprogrammiert ist.

Außerdem gibt es noch die Überschuldung als Folge mangelhafter oder fehlender Einsicht in das Ausmaß der eingegangenen Verpflichtungen. Der Schuldner kann oftmals in große finanzielle Bedrängnis gebracht werden, wenn er in Überschätzung seiner finanziellen Möglichkeiten etwa durch den bargeldlosen Zahlungsverkehr[81], durch aggressive Werbung oder Angebote der Kreditgeber[82] oder sogar durch

---

75 Enorme Einkommensschwankungen bei Arbeitern im Baugewerbe zwischen Sommer- und Wintermonaten: U. Groth, Schuldnerberatung, S. 17

76 C. Reis, Konsum, Kredit und Überschuldung, S. 11; dazu zählen auch Kurzarbeit, Streik oder Konkurs des Arbeitgebers: J. Beier / Klaus-D. Jacob, Der Konsumentenkredit in der Bundesrepublik Deutschland, S. 121; G. Reiter, Kritische Lebensereignisse und Verschuldungskarrieren von Verbrauchern, S. 190 ff. insbesondere 195 f.

77 Vgl. D. Korczak / G. Pfefferkorn, Überschuldungssituation und Schuldnerberatung, S. 274 f.; G. Reiter, Kritische Lebensereignisse und Verschuldungskarrieren von Verbrauchern, S. 197; G. Hörmann, Verbraucher und Schulden, S. 56 ff.; H. de With / A. Nack, ZRP 1984, 1, 2; IFF, Schuldenreport 1993, S. 11; W. Steppeler, Sparkasse 1985, 358, 358 ff.

78 J. Beier / Klaus-D. Jacob, Der Konsumentenkredit in der Bundesrepublik Deutschland, S. 119, 121; auch U. Reifner, VuR 1990, 132, 132; W. Steppeler, Sparkasse 1985, 358, 361

79 Vgl. G. Hörmann, Verbraucher und Schulden, S. 57; C. Reis, Konsum, Kredit und Überschuldung, S. 12

80 Vgl. U. Reifner, VuR 1990, 132, 132; G. Streit, Kartenzahlung und Verbraucherverschuldung, S. 76 ff.

81 Hinsichtlich der Zunahme des bargeldlosen Zahlungsverkehrs haben gerade Personen mit niedrigem Bildungsniveau enorme Schwierigkeiten: U. Groth, Schuldnerberatung, S. 17

82 Vgl. W. Hadding, Gutachten zum 53. DJT, S. 138: Beispielsweise kann der Schuldner zu einem unüberlegten Vertragsschuß verführt werden, wenn z. B. die Kreditkosten nur in einem (sehr niedrigen monatlichen) Prozentsatz bezogen auf den „Nettokreditbetrag" angegeben sind und dem Schuldner das wahre Ausmaß der Belastung dadurch verborgen bleibt, oder wenn der Kreditvermittler vorspiegelt, daß sich der Kunde einen Kredit in nahezu beliebiger Höhe leisten könne. Hadding warnt dazu vor der Unterschätzung der Bedeutung von Rückzahlungsbedingungen und bestellter Sicherheiten.

Täuschung über das Ausmaß der finanziellen Belastung[83] weitere und große zusätzliche Verpflichtungen, die seine wirtschaftlichen Möglichkeiten übersteigen, eingeht[84]. Dann kann der Schuldner häufig aufgrund der Rückzahlungsverpflichtungen seinen Lebensunterhalt nicht mehr selbst bestreiten. Als solche Situationen verursachende Auslöser werden etwa rechtliche und geschäftliche Ungewandtheit (Erfahrungsdefizit, Überforderung des Urteilsvermögens), eine gewisse Naivität (Leichtgläubigkeit), Bildungsdefizite, mangelnder Intellekt, Unvermögen, nein zu sagen und Konsumsucht genannt[85]. Hierzu gehören auch psychische Defizite wie z. B. Unreife, Labilität und Unsicherheit, Suchterkrankungen, sozialisationsbedingte Defizite wie unterentwickeltes Planungsvermögen und die Neigung zu unüberlegten oder überstürzten Handlungen[86].

Diese letztgenannte Gruppe von Gründen für Überschuldung steht in besonders engem Zusammenhang mit der Privatautonomie.

D Überblick über die folgende Darstellung

Die oben ausgeführten rechtstatsächlichen Zahlen über die Verschuldungs- und Überschuldungssituation in Deutschland lassen vermuten, daß die Bürger in Deutschland nicht nur in großem Umfang Kredite in Anspruch nehmen, sondern daß mit dem Ansteigen der Kreditrate auch die Rate der „Überschuldung" angestiegen ist, was bei steigender Arbeitslosigkeit und sinkenden Einkommen zu erheblichen Zahlungskrisen führen kann. Daher stellt sich die Frage, welche Schutzmaßnahmen das Gesetz den wirtschaftlich hoffnungslos gescheiterten Bürgern gewährleisten kann und ob solche Maßnahmen dem Schuldner einen ausreichenden Schutz bieten können.

Die folgende Untersuchung beschäftigt sich mit dem Thema „prozeßrechtlicher Schutz des Schuldners bei privatautonom begründeter Überschuldung". Wie vorstehend ausgeführt wurde, kann die Überschuldung auf verschiedenen Ursachen beruhen. Zu berücksichtigen ist hierbei zuerst, daß diese Ursachen in der Regel erst im Zusammenwirken mit der Privatautonomie, insbesondere der Vertragsfreiheit, zur Überschuldung führen. Im nachfolgenden Kapitel soll daher der Versuch unternommen

---

83 W. Hadding, Gutachten zum 53. DJT, S. 140: Das gilt besonders für wirtschaftlich schwache und rechtsgeschäftlich unerfahrene Verbraucher.

84 Vgl. J. Beier / Klaus-D. Jacob, Der Konsumentenkredit in der Bundesrepublik Deutschland, S. 119; W. Hadding, Gutachten zum 53. DJT, S. 138

85 R. Müller, Die Mitverantwortung des Kreditgebers im Hinblick auf eine tragfähige Kreditbelastung, S. 31 ff. insbesondere 33; D. Korczak / G. Pfefferkorn, Überschuldungssituation und Schuldnerberatung, S. 276 ff.

86 D. Korczak / G. Pfefferkorn, Überschuldungssituation und Schuldnerberatung, S. 279 f.

werden, die heutige Bedeutung der Privatautonomie darzustellen und darüber hinaus auf den Zusammenhang zwischen Überschuldung und Privatautonomie einzugehen.
Dabei werden im 2. Kapitel zuerst die Grundlagen der Privatautonomie und ihr heutiger wesentlicher Inhalt erörtert. Anschließend wird Privatautonomie als „Recht auf Verschuldung" und „Überschuldung" hinsichtlich ihrer Beziehung zur Überschuldung behandelt. Darüber hinaus werden die heutige praktische Bedeutung der Privatautonomie und die Einschränkung der Privatautonomie zum Schutz des Schuldners am Beispiel der Kreditmithaftung von vermögenslosen nahen Angehörigen näher untersucht.

Im Anschluß daran werden im 3. Kapitel die prozessualen Möglichkeiten des nachträglichen Schuldnerschutzes bei Überschuldung erörtert. Dabei soll zuerst der Schuldnerschutz in der Zwangsvollstreckung behandelt werden. Diskussionsgrundlage sollen dabei die Rechtsnormen des geltenden Rechts sein. Ob und in welchem Umfang diese Schuldnerschutzvorschriften unter Berufung auf die Menschenwürde, das Sozialstaatsprinzip oder eine Interessenabwägung der Beteiligten ihre Berechtigung finden, ist weiter Gegenstand der nachfolgenden Untersuchung. Dabei werden als die klassischen Bereiche[87] des Schuldnerschutzes der ZPO der Vollstreckungsschutz des Schuldners bei der Pfändung, etwa der Kreis unpfändbarer Sachen (§ 811 ff. ZPO) und der Pfändungsschutz bei Geldforderung (§ 850 ff. ZPO), insbesondere der Schutz des Mindesteinkommens (§ 850c ZPO), behandelt.
Daran anschließend wird der Vollstreckungsschutz des Schuldners im Verwertungsverfahren erörtert. Hierbei wird zuerst auf die Möglichkeiten der Aussetzung bzw. Einstellung des Fortgangs der verwertenden Vollstreckung gemäß § 813a ZPO und das Mindestgebot, d. h. der Schutz zur Verhinderung der wirtschaftlichen Verschleuderung des Schuldnervermögens bei der Zwangsversteigerung gemäß § 817a ZPO eingegangen.

---

87 R. Stürner, DGVZ 1985, 6, 9
Die begriffliche Unterscheidung zwischen dem „individuellen Vollstreckungsschutz" (z. B. §§ 765a, 813a, 850c Abs. 4, 850d, 850f Abs. 2 ZPO) und dem „generellen Vollstreckungsschutz" (z. B. §§ 811, 850c ZPO), der generell und unabhängig von der Umständen des Einzelfalles gewährt werden soll, wurde von Lippross gegen die Unterscheidung der Normengruppen in solche des „gesetzlichen" und solche des „richterlichen Vollstreckungsschutzes" vorgeschlagen. Otto-G. Lippross, Vollstreckungsschutz, S. 140 f.: Nach Lippross gehört auch der sog. „richterliche Vollstreckungsschutz" zum „gesetzlichen Vollstreckungsschutz", weil auch er einer gesetzlichen Grundlage bedarf. Darüber hinaus entscheidet in den Vollstreckungsfällen wegen Verlagerung der Zuständigkeiten auf den Rechtspfleger (§§ 3 Nr. 1 i, 20 Nr. 17 RPflG) in der Regel nicht der Richter; für die Unterscheidung von „gesetzlichem und richterlichem Vollstreckungsschutz": W. Henckel, Prozeßrecht und Materielles Recht, S. 353; E. Schilken, in: MünchKommZPO, § 811 Rdn. 4; M. Vollkommer, Rpfleger 1982, 1, 2; Rosenberg/Gaul/Schilken, Zwangsvollstreckungsrecht, § 43, I, 3 und § 52, II

Weiterhin werden der Schuldnerschutz gegen die Wohnungszwangsräumung gemäß §§ 721, 794a ZPO und die Generalklausel gegen unbillige, sittenwidrige oder „unverhältnismäßige"[88] Vollstreckungsmaßnahmen (Härteklausel des § 765a ZPO) dargestellt.
Für den Bereich des insolvenzrechtlichen Schuldnerschutzes wird danach das Verhältnis zwischen dem Grundsatz des freien Nachforderungsrechts in der noch geltenden Konkursordnung und der Restschuldbefreiung in der neuen Fassung untersucht. Dafür wird zuerst die Berechtigung des freien Nachforderungsrechts und ihre kritische Hinterfragung, anschließend die Reformbedürftigkeit des freien Nachforderungsrechts mit den Problemen, die die unbeschränkte Haftung selbst mit sich bringt, dargestellt, um die Einführung der Restschuldbefreiung zu rechtfertigen. Danach werden einige Formen der in der Insolvenzordnung neu auftretenden Restschuldbefreiung aufgeführt. Hierbei soll auf den Insolvenzplan (§§ 217 ff. InsO), die allgemeinen Regelungen zur Restschuldbefreiung (§§ 286 ff. InsO) und die Regelung für das Verbraucherinsolvenzverfahren näher eingegangen werden.

Das 4. Kapitel schließt die Arbeit mit einer zusammenfassenden Stellungnahme ab. Dabei soll versucht werden, einige Reformvorschläge für die geltende Zivilprozeßordnung und für die neue Insolvenzordnung aufzuzeigen, die eine gerechtere Abwägung der in der Zwangsvollstreckung beteiligten Interessen (Schuldner, Gläubiger, Staat, Vollstreckungsorgane) ermöglichen könnten.

---

[88] BVerfGE 51, 97, 113

2. Kapitel: Privatautonomie und Überschuldung

A Die Privatautonomie: Bedeutung und Grundlagen

Unter Privatautonomie versteht man das Prinzip der Selbstgestaltung der Rechtsverhältnisse durch den einzelnen nach seinem eigenen Willen[1]. Sie geht davon aus, daß der einzelne in der Lage sei, seine privaten Lebensverhältnisse in freier Selbstbestimmung und ohne staatliche Hilfe oder Bevormundung zu gestalten[2]. Kennzeichnend für die Privatautonomie sind somit die Freiheit des Bürgers und seine Macht zur Selbstbestimmung. Das der Privatautonomie zugrunde liegende Menschenbild ist das des „frei und gleich gedachten abstrakten Einzelmenschen", eines *homo oeconomicus*, der in freier Selbstbestimmung am Wirtschaftsleben teilnimmt[3]. Der Staat überträgt mit der Zulassung der Privatautonomie als einem „Ausschnitt aus dem allgemeinen Prinzip der Selbstbestimmung des Menschen in seinen Angelegenheiten" nicht eine „eigentlich" ihm selbst obliegende Aufgabe auf die Privatrechtssubjekte, sondern übernimmt lediglich eine dem positiven Recht vorausliegende Gestaltungsmöglichkeit und stattet er sie mit Rechtszwang aus[4].

Die Privatautonomie ist denn auch konsequenterweise grundsätzlich verfassungsrechtlich gewährleistet[5]. Ausgangspunkt dafür ist Art. 2 Abs. 1 GG, der die freie Entfaltung der Persönlichkeit verbürgt[6]: Durch die Gewährleistung eines möglichst

---

1 W. Flume, Allgemeiner Teil des Bürgerlichen Rechts, 2. Bd. (= Das Rechtsgeschäft), § 1, 1, S. 1; ders., Rechtsgeschäft und Privatautonomie, in: Hundert Jahre Deutsches Rechtsleben (= FS DJT 1960, Bd. I), S. 136, 141; M. Wolf, Rechtsgeschäftliche Entfaltungsfreiheit und vertraglicher Interessenausgleich, S. 19; J. Taupitz, Die Standesordnungen der freien Berufe, S. 598 f., 1009 ff.; D. Medicus, Allgemeiner Teil des BGB, § 17, 2, Rdn. 174; B. Grün, WM 1994, 713, 714; G. Spieß, DVBl. 1994, 1222, 1222; G. Hönn, Jura 1984, 57, 57

2 H. Brox, Allgemeiner Teil des Bürgerlichen Gesetzbuchs, § 2, II, 1, Rdn. 24

3 G. Spieß, DVBl. 1994, 1222, 1222

4 J. Taupitz, Die Standesordnungen der freien Berufe, S. 609; auch L. Raiser, FS DJT 1960, Bd. I, S. 114 ff.

5 BVerfGE 70, 115, 123; 72, 155, 170; Claus-W. Canaris, JZ 1987, 993, 994; M. Wolf, Rechtsgeschäftliche Entscheidungsfreiheit und vertraglicher Interessenausgleich, S. 19 ff.

6 G. Dürig, in: Maunz-Dürig, Komm. z. GG, Art. 2, Rdn. 53 ff.; P. Knuig, in: Münch / Kunig, Grundgesetz-Kommentar, Bd. I, Rdn. 16; Hans D. Jarass / B. Pieroth, Grundgesetz für die BRD, Rdn. 4; B. Schmidt-Bleibtreu / F. Klein, Komm. z. GG, Rdn. 14

weitgehenden freien Spielraums für die Bürger, ihre Rechtsbeziehungen untereinander zu bestimmen, kann der Staat am besten die Mündigkeit und das Selbstbestimmungsrecht seiner Bürger achten. Daher stellt die Privatautonomie ein elementares Mittel zur freien Entfaltung der Persönlichkeit dar[7]. Darüber hinaus steht die Privatautonomie in engem Zusammenhang mit der Wahrung der Würde des Menschen des Art. 1 GG, mit den Staatszielbestimmungen des Art. 20 GG und auch mit dem Demokratieprinzip[8]. Privatautonomie ist außerdem neben der Gewährleistung des Privateigentums institutionelle Grundlage der Marktwirtschaft westlicher Prägung und verbürgt in individualrechtlicher Sicht die wirtschaftliche Entfaltungsfreiheit für die Wirtschaftssubjekte[9].

Die Privatautonomie leitet sich von dem Gedanken der selbstverantwortlichen Lebensgestaltung her und findet eine der wichtigsten Ausprägungen in dem Prinzip der Vertragsfreiheit[10]. Weil der Vertrag die Hauptform privatautonomer Gestaltung ist, werden Privatautonomie und Vertragsfreiheit (als pars pro toto) oft als Synonym gebraucht[11]. Nach dem Grundsatz der Vertragsfreiheit bleibt es grundsätzlich der Entscheidung des einzelnen überlassen, ob, wann, mit welchem Partner und mit welchem Inhalt er in eine Vertragsbeziehung eintritt[12]. Inhalt dieses Grundsatzes der Vertragsfreiheit ist die selbstbestimmte Gestaltung der Rechtsverhältnisse nach dem Willen der Beteiligten. Demgemäß liegen auch Bedeutung und Funktion der Vertragsfreiheit in der selbstbestimmten Gestaltung der Rechtsverhältnisse durch die Vertragsparteien selbst[13].

Neben dem Grundgesetz lassen auch §§ 241, 305 BGB den Grundsatz der Vertragsfreiheit erkennen[14]. Vermöge dieser Vertragsfreiheit kann jeder sich seinen Bedürfnissen gemäß in seinem Verantwortungsbereich (durch den Abschluß von Rechtsgeschäften) wirtschaftlich betätigen, seine Lebensverhältnisse fördern und seine Daseinsbedingungen verbessern[15]. Die Besonderheit des Grundsatzes der Vertragsfreiheit gegenüber dem allgemeineren Grundsatz der Privatautonomie liegt darin, daß

---

7 Claus-W. Canaris, JZ 1987, 993, 994; G. Spieß, DVBl. 1994, 1222, 1222 f.

8 Claus-W. Canaris, JZ 1987, 993, 994

9 G. Hönn, Jura 1984, 57, 60

10 H. Merz, Privatautonomie heute - Grundsatz und Rechtswirklichkeit, S. 1 f.; B. Grün, WM 1994, 713, 714; G. Hönn, Jura 1984, 57, 57 f.; K. Hesse, Verfassungsrecht und Privatrecht, S. 37

11 W. Flume, Das Rechtsgeschäft., § 1, 8, a), S. 12; M. Geißler, JuS 1991, 617, 619

12 H. Merz, Privatautonomie heute - Grundsatz und Rechtswirklichkeit, S. 2; W. Flume, Das Rechtsgeschäft, § 1, 8, a), S, 12; G. Hönn, Jura 1984, 57, 57 f.; B. Boemke, NZA 1993, 532, 532; L. Raiser, JZ 1958, 1, 1

13 M. Wolf, Rechtsgeschäftliche Entscheidungsfreiheit und vertraglicher Interessenausgleich, S. 19

14 Vgl. B. Boemke, NZA 1993, 532, 532; H. Brox, AT BGB, § 2, II, 1, Rdn. 24

15 M. Geißler, JuS 1991, 617, 619

mindestens zwei Personen in ihren eigenen Angelegenheiten betroffen sind. Daraus folgt zugleich, daß für den entsprechenden Vertragsschluß der Wille nicht nur einer Person maßgebend ist[16].

Die Privatautonomie (Vertragsfreiheit) wird nicht um ihrer selbst willen als Rechtsinstitut verfassungsrechtlich gewährleistet, sondern weil sie sich als Ordnungselement für Rechtsgestaltungen nach dem Grundsatz der Selbstbestimmung eignet[17]: Die Privatautonomie verwirklicht sich im Vertragsrecht insbesondere durch die Prinzipien des Vertrauensschutzes (Verkehrssicherheit), der Vertragstreue und der ausgleichenden Vertragsgerechtigkeit. Privatautonomie bedeutet daher keine totale, absolute Freiheit zur beliebigen Ausgestaltung der Rechtsverhältnisse, sondern erfordert begrifflich die Rechtsordnung als Korrelat[18]. Nach W. Flume kann die privatautonome Gestaltung von Rechtsverhältnissen nur durch Akte geschehen, welche als Aktstypen rechtsgeschäftlicher Gestaltung von der Rechtsordnung anerkannt sind, und es können nur Rechtsverhältnisse, die als Rechtsfiguren der Rechtsordnung eigen sind, von dem einzelnen gestaltet werden. Die privatautonome Gestaltung von Rechtsverhältnissen sei also nach Form und möglichem Inhalt durch die Rechtsordnung bestimmt[19].
Die Rechtsordnung will nicht mit eigenen Geboten und Verboten in den von einzelnen erworbenen oder autonom gestalteten Spielraum eindringen. Vielmehr erkennt sie die privatautonom gestellten Abreden zwischen Parteien als rechtsverbindlich an und gewährt ihnen gerichtlichen Rechtsschutz[20]. Hinsichtlich des Verhältnisses zwischen Privatautonomie und Rechtsordnung versteht man unter Privatautonomie also die durch die Rechtsordnung gewährte und gesicherte Möglichkeit des einzelnen, seine rechtlichen Beziehungen und die ihn betreffenden Rechtsverhältnisse innerhalb der gesetzlichen Grenzen rechtsgeschäftlich zu regeln[21].

---

16 Doch kann auch der Wille einer Partei für die privatautonome Regelung ausreichen, und zwar bei den sog. einseitigen Rechtsgeschäften wie Auslobung (§§ 657 ff. BGB), Kündigung (§§ 553 ff., 621 ff. BGB), Anfechtung (§§ 119, 123 BGB), oder Errichtung bzw. Aufhebung eines Testaments (§§ 2229 ff. BGB): G. Hönn, Jura 1984, 57, 58

17 J. Taupitz, Die Standesordnungen der freien Berufe, S. 1009

18 B. Boemke, NZA 1993, 532, 532 f.; W. Flume, das Rechtsgeschäft, § 1, 2, S. 1; ders., FS DJT 1960, Bd. I, S. 137; F. Bydlinski, Privatautonomie und objektive Grundlagen des verpflichtenden Rechtsgeschäftes, S. 52 f.

19 W. Flume, das Rechtsgeschäft, § 1, 2, S. 1 f. ; ders., FS DJT 1960, Bd. I, S. 137; auch H. Brox, JZ 1966, 761, 761; G. Spieß, DVBl 1994, 1222, 1223

20 H. Merz, Privatautonomie heute - Grundsatz und Rechtswirklichkeit, S. 3

21 B. Boemke, NZA 1993, 532, 532; W. Zöllner, JuS 1988, 329, 329; H. Brox, BGB AT, § 2, II, 1, Rdn. 24; K. Larenz, BGB AT, 7 Aufl., 1989, § 2, II, S. 40 f.; G. Hönn, JuS 1990, 953, 953; auch F. Bydlinski, Privatautonomie und objektive Grundlagen des verpflichtenden Rechtsgeschäftes, S. 127: Er bezeichnet als Privatautonomie im weiten Sinne „die rechtliche

B Privatautonomie und Vertragsparität

Die Willenserklärung im rechtlichen Sinne knüpft an den realen psychischen Willen der jeweils Beteiligten an. Sie sichert diesen so echte Autonomie im Sinne zwar staatsfreier, doch staatlich anerkannter und gegebenenfalls durchgesetzter Regelungskompetenz. Jeder einzelne kann entsprechend seinem Willen Verträge abschließen oder Vertragsschlüsse unterlassen[22].

Den Begriff „Privatautonomie" kann man wiederum in zwei Begriffe mit grundsätzlich verschiedener Bedeutung untergliedern. Der eine ist der Begriff der „formellen", der andere der Begriff der „materiellen Privatautonomie"[23]. Die Entwicklung verlief vom Begriff der formellen Privatautonomie hin zum Begriff der materiellen Privatautonomie[24]. Formelle Privatautonomie ist dabei die Privatautonomie in ihrem gewissermaßen klassischen Verständnis. Sie gewährleistet ein rechtliches Handelnkönnen und Rechtsgleichheit der Parteien[25]. Der entscheidende Kern dieses Begriffs ist die rechtliche Befugnis, durch übereinstimmende Willenserklärungen ein Rechtsgeschäft entsprechenden Inhalts zustande zu bringen[26]. Dabei wird außer acht gelassen, ob den einzelnen Beteiligten angemessene reale Handlungsspielräume tatsächlich gewährleistet sind, es genügt vielmehr, wenn diese formal bestehen. Es ist deshalb ein Hauptproblem dieses klassischen Begriffsverständnisses, inwieweit der reale Wille bei der autonomen Rechtsgestaltung durchzusetzen ist[27]. Der Begriff der formellen Privatautonomie stellt also allein auf die rechtliche Möglichkeit, sich

---

Anerkennung der Möglichkeit, durch Willensäußerungen Rechtsfolgen herbeizuführen oder zu verhindern".

22 G. Hönn, Kompensation gestörter Vertragsparität, S. 298

23 Ernst A. Kramer, Die „Krise" des liberalen Vertragsdenkens, S. 20 f.; H. Bartholomeyczik, AcP 166 (1966), 31, 53 ff.; L. Raiser, FS DJT 1960, Bd. I, S. 129; B. Grün, WM 1994, 713, 714; F. Roscher, Vertragsfreiheit als Verfassungsproblem, S. 11; Franz-J. Säcker, Gruppenautonomie und Übermachtkontrolle im Arbeitsrecht, S, 32; G. Hönn, Jura 1984, 57, 72; ders., Kompensation gestörter Vertragsparität, S. 298 ff.; H. Merz, in: FS für F. Böhm, S. 258

kritisch: N. Tosch, Entwicklung und Auflösung der Lehre vom Vertrag, S. 208 ff.: Er argumentiert, die Gegenüberstellung von „Form" und „Stoff" („Materie", Inhalt) in jedem Seienden widerspreche der Einheit des Seins und sei daher nicht haltbar.; vgl. auch W. Zöllner, AcP 176 (1976), 221, 235 f.

24 Vgl. G. Hönn, Jura 1984, 57, 72

25 G. Hönn, Jura 1984, 57, 72; B. Grün, WM 1994, 713, 714

26 Kritisch zum Begriff: G. Hönn, Kompensation gestörter Vertragsparität, S. 298: Der Begriff „formelle Privatautonomie" sei insofern mißverständlich, als er den materiellen Gehalt dieser formellen Privatautonomie verdeckt; vgl. auch W. Zöllner, AcP 176 (1976), 221, 235: Zöllner führt auch aus, daß der Begriff der formellen Privatautonomie schon einen materiellen, inhaltsbezogenen Begriff enthält, weil ohne Konsens eine beliebige und eine vom dispositiven Gesetzesrecht abweichende Regelung nicht zustande kommen kann.

27 G. Hönn, Jura 1984, 57, 72

uneingeschränkt zu verpflichten, ab, thematisiert aber bei seiner Betrachtung die reale Situation der Vertragsschließenden und das Machtproblem nicht[28].

Demgegenüber versteht man unter materieller Privatautonomie die effektive, durch die Rechtsordnung in bestimmtem Umfang festgelegte Möglichkeit, sich reale Wünsche durch Verwendung des rechtlichen Instrumentariums tatsächlich zu erfüllen[29]. Der Begriff ist zum ersten Mal in einer von Walter Schmidt-Rimpler eingeleiteten Diskussion aufgetaucht[30].

In bezug auf Vertragsfreiheit hat Schmidt-Rimpler versucht, eine funktionale Beziehung zwischen der Vertragsfreiheit und der Vertragsgerechtigkeit herzustellen,[31] und seiner Lehre von der Richtigkeitsgewähr[32] des Vertragsmechanismus[33] ist seitdem mehrfach zugestimmt worden[34]. Er hat selbst die Frage gestellt, „Inwiefern kann die Richtigkeit der Rechtsfolge

---

28 Vgl. G. Hönn, Kompensation gestörter Vertragsparität, S. 298

29 Vgl. Ernst A. Kramer, Die „Krise" des liberalen Vertragsdenkens, S. 20; G. Hönn, Kompensation gestörter Vertragsparität, S. 298 f.

30 H. Bartholomeyczik, AcP 166 (1966), 30, 54

31 Vgl. J. Limbach, JuS 1985, 10, 12

32 Nach Schmidt-Rimpler handelt es sich bei der Richtigkeitsgewähr nicht um eine unbedingte und unbegrenzte, sondern um eine an verschiedene Voraussetzungen gebundene und von Ausnahmen durchbrochene Gewähr. Deswegen stellt er später klar, daß er mit der Richtigkeitsgewähr die „Richtigkeitswahrscheinlichkeit" gemeint hat: W. Schmidt-Rimpler, Zum Vertragsproblem, in: FS für Ludwig Raiser, S. 11 f.; für diese „Richtigkeitswahrscheinlickkeit" schlägt M. Wolf als Ersatz auch „Richtigkeitschance" vor: M. Wolf, Rechtsgeschäftliche Entscheidungsfreiheit und vertraglicher Interessenausgleich, S. 73 f.; vgl. auch J. Taupitz, Die Standesordnungen der freien Berufe, S. 1009; P. Kreutz, ZFA 1975, 65, 72; F. Bydlinski, Privatautonomie und objektive Grundlagen des verpflichtenden Rechtsgeschäftes, S. 126 ff., spricht von der „(Richtigkeits)Möglichkeit".

Deshalb ist es unbestritten, daß die in dem Erfordernis der beiderseitigen Zustimmung liegende „Richtigkeitsgewähr" keine absolute ist. Es gibt daher keine Richtigkeit an sich, sondern so viele Richtigkeiten, wie es Rechtssubjekte und Instanzen gibt, die über die Richtigkeit bestimmen: J. Taupitz, Die Standesordnungen der freien Berufe, S. 1009 Fn. 65; Franz-J. Säcker, Gruppenautonomie und Übermachtkontrolle im Arbeitsrecht, S. 207 f.; P. Kreutz, ZFA 1975, 65, 72, nennt dies „subjektive Richtigkeit im Sinne der Vertragsparteien"; auch M. Wolf, Rechtsgeschäftliche Entscheidungsfreiheit und vertraglicher Interessenauagleich, S. 73 f., Fn. 177

33 W. Schmidt-Rimpler, AcP 147 (1941), 130 ff, besonders 149 ff.; ders., Zum Problem der Geschäftsgrundlage, in: FS für Hans Carl Nipperdey, S. 1 ff., besonders 6 ff.; ders., Zum Vertragsproblem, in: FS für Ludwig Raiser, S. 3 ff., besonders 5 f.

34 F. Bydlinski, Privatautonomie und objektive Grundlagen des verpflichtenden Rechtsgeschäftes, S. 62 ff.; M. Wolf, Rechtsgeschäftliche Entscheidungsfreiheit und vertraglicher Interessenausgleich, S. 20 und 67 ff.; J. Schmidt-Salzer, NJW 1971, 173, 173 ff.; Franz-J. Säcker, Gruppenautonomie und Übermachtkontrolle im Arbeitsrecht, S. 205 ff.; J. Limbach, JuS 1985, 10, 12 ff.; Kurt H. Biedenkopf, Vertragliche Wettbewerbsbeschränkung und Wirtschaftsverfassung, S. 106 ff.; J. Taupitz, Die Standesordnungen der freien Berufe, S. 1009; H. Bartholomeyczik, AcP 166 (1966), 30, 54 ff.; Ernst-J. Mestmäcker, JZ 1964, 441, 441; W. Henckel, AcP 159 (1960), 106,

dadurch gewährleistet werden, daß sie von einem oder beiden an einem Rechtsverhältnis Beteiligten gewollt ist"[35]. Seiner Ansicht nach ist der Sinn des Vertrags nicht, dem einzelnen Rechtsgenossen die Gestaltung seiner Verhältnisse derart zu überlassen, daß er beliebig darüber bestimmen könne; sein Sinn sei nicht Willensherrschaft,[36] nicht Ermächtigung zur Selbstrechtsetzung, weil der Vertrag nur Rechtsgeschäft, nicht Rechtsquelle sei[37]. Vielmehr müsse einem Vertrag jeweils ein anderer Teil zustimmen. Dadurch könne der Vertrag ohne hoheitliche Gestaltung in begrenztem Rahmen eine richtige Regelung herbeiführen[38]. Das bedeutet, bei der vertraglichen Gestaltung der Rechtsverhältnisse führe das Zusammenwirken der Parteien[39] zu einem gerechten Ausgleich entgegengesetzter Interessen im Sinne des rechtlich Richtigen[40]. Da regelmäßig niemand eine Rechtsfolge auf sich nehmen werde, die er nicht aus irgendwelchen Gründen als erstrebenswert ansehe, und beide Vertragspartner im Vertrage sich einigen müßten, würden die Rechtsfolgen des Vertrages „mit großer Wahrscheinlichkeit"[41] für keinen Partner nach seiner Wertung ungerecht sein, werde also ein richtiges Ergebnis in diesem Sinne zustande kommen, jedes egoistisch bedingte ungerechte Wollen paralysiert werden. Es sei also insofern durch den vertraglichen „Mechanismus" eine Richtigkeitsgewähr gegeben, und zwar ohne hoheitlichen Eingriff und unter Wahrung der Initiative und der persönlichen berechtigten Interessen der Vertragspartner[42]. Zugleich betont Schmidt-Rimpler auch, daß der wirkliche Interessenausgleich nur gelinge, wenn ein gewisses Gleichgewicht der Kräfte gewährleistet sei, wenn also nach der realen Machtlage der Beteiligten eine wechselseitige Interessenbeeinflussung möglich und ein einseitiges

---

113 ff.; P. Kreutz, ZFA 1975, 65, 72; H. Brox, JZ 1966, 761, 762; teilweise kritisch, L. Raiser, FS DJT 1960, Bd. I, S. 101 ff., besonders 117 ff.; W. Flume, Das Rechtsgeschäft, § 1, 6, S. 7 f.

35 W. Schmidt-Rimpler, AcP 147 (1941), 130, 149

36 Dagegen argumentiert Werner Flume: „Nicht im Gegensatz zur Willensherrschaft sondern gerade als Mittel der Willensherrschaft ist der Vertrag richtig.": W. Flume, Hundert Jahre Deutsches Rechtsleben (= FS DJT 1960, Bd. I), S. 142

37 W. Schmidt-Rimpler, AcP 147 (1941), 130, 156 und 159; vgl. auch L. Raiser, FS DJT 1960, Bd. I, S. 118; W. Flume, FS DJT 1960, Bd. I, S. 141; H. Brox, JZ 1966, 761, 761

38 W. Schmidt-Rimpler, AcP 147 (1941), 130, 149 ff., insbesondere 155 f.; ders., FS für Hans Carl Nipperdey, S. 6

39 Kritisch: L. Raiser, FS DJT 1960, Bd. I, S. 118 (es sei irreal, schon vom Ausgleich bloß zweier Egoismen ein richtiges Ergebnis zu erwarten);
Gegenargument Schmidt-Rimplers: Es handele sich hier um eine rechtliche auf Abwehr von Ungerechtigkeit gerichtete Wertung der egoistischen Interessen seitens beider Partner und das Bestreben beider, ihrem Ergebnis die Regelung anzupassen: W. Schmidt-Rimpler, FS für Ludwig Raiser, S. 5 und 12 f.

40 W. Schmidt-Rimpler, FS für Hans Carl Nipperdey, S. 6 f., Fn. 5; H. Bartholomeyczik, AcP 166 (1966), 30, 54; W. Flume, Das Rechtsgeschäft, § 1, 6, S. 7

41 W. Schmidt-Rimpler, FS für Hans Carl Nipperdey, S. 6; ders., FS für Ludwig Raiser, S. 5; H. Brox, JZ 1966, 761, 762; kritisch, M. Wolf, Rechtsgeschäftliche Entscheidungsfreiheit und vertraglicher Interessenausgleich, S. 20

42 W. Schmidt-Rimpler, FS für Ludwig Raiser, S. 5 f.; ders., AcP 147 (1941), 130, 155 f.; ders., FS für Hans Carl Nipperdey, S. 6; W. Flume, FS DJT 1960, Bd. I, S. 142; L. Raiser, FS DJT 1960, Bd. I, S. 118; H. Brox, JZ 1966, 761, 762

Vertragsdiktat ausgeschlossen sei[43]. Nur weil und soweit durch diesen Mechanismus Richtigkeitsgedanken und Wertungsprinzipien verwirklicht werden können, könne auch der Vertrag als Mittel zur Ordnung des menschlichen Zusammenlebens von der Rechtsordnung anerkannt werden. Hierin liege der eigentliche Grund für die Geltung der privatautonomen Gestaltung[44].

Der Begriff der materiellen Privatautonomie versucht, die bei der formellen Privatautonomie nicht berücksichtigte Problematik des Ungleichgewichts potentieller Vertragspartner durch rechtliche Mechanismen zu bewältigen, setzt aber immer das Vorliegen formeller Privatautonomie voraus. Es geht hier um angemessene reale Handlungsspielräume und damit eine angemessene Macht zur Selbstbestimmung bei der autonomen Rechtsgestaltung. Dafür wird die formelle Privatautonomie häufig eingeschränkt[45]. Seit Ende des 19. Jahrhunderts haben sich die Fälle einseitiger Machtlagen erheblich vermehrt. Gleichzeitig ist das Bewußtsein dafür gewachsen, daß die angemessene Macht zur Selbstbestimmung der Beteiligten die Voraussetzung rechtlicher Anerkennung der privatautonomen vertraglichen Gestaltung sein muß[46]. Nach heute herrschender Ansicht ist die Privatautonomie als Rechtsprinzip nur in die Tat umzusetzen, wenn beide Parteien in Ausübung ihrer Selbstbestimmung zu einem gerechten Interessenausgleich finden[47]. Der Vertrag könne deswegen nur dann als Instrument der Selbstbestimmung systemgerecht funktionieren, wenn sich die einzelnen „mit der Macht zur Selbstbestimmung gegenüberstehen und nicht durch die Macht des einen statt der beiderseitigen Selbstbestimmung eine einseitige Fremdbestimmung eintritt“[48]. Wo als Folge ungleicher Machtverteilung die

43 W. Schmidt-Rimpler, AcP 147 (1941), 130, 152 und 157 ff., besonders Fn. 34, Nr. 1.; ders., FS für Ludwig Raiser, S. 13; F. Bydlinski, Privatautonomie und objektive Grundlage des verpflichtenden Rechtsgeschäftes, S. 62

44 H. Brox, JZ 1966, 761, 762

45 G. Hönn, Jura 1984, 57, 72

46 W. Flume, FS DJT 1960, Bd. I, S. 147

47 M. Wolf, Rechtsgeschäftliche Entscheidungsfreiheit und vertraglicher Interessenausgleich, S. 73; W. Flume, Das Rechtsgeschäft, § 1, 7, S. 10; ders., FS DJT 1960, Bd. I, S. 143; J. Taupitz, Die Standesordnungen der freien Berufe, S. 1009; G. Hönn, Jura 1984, 57, 62; B. Grün, WM 1994, 713, 714; K. Hesse, Verfassungsrecht und Privatrecht, S. 37 f.; H. Bartholomeyczik, AcP 166 (1966), 30, 57 und 67; K. Larenz, Lehrbuch des Schuldrechts, Bd. I (Allgemeiner Teil), § 4, S. 41; Franz-J. Säcker, Gruppenautonomie und Übermachtkontrolle im Arbeitsrecht, S. 205 f. und 208 f.; W. Schmidt-Rimpler, AcP 147 (1941), 130, 152 und 157 ff., besonders Fn. 34, Nr. 1; ders., FS für Ludwig Raiser, S. 13; F. Bydlinski, Privatautonomie und objektive Grundlage des verpflichtenden Rechtsgeschäftes, S. 62; L. Raiser, FS DJT 1960, Bd. I, S. 106 und 127 ff.; K. Zweigert, Ius Privatum Gentium (FS für Max Rheinstein zum 70. Geburtstag), S. 502 ff.

48 Franz-J. Säcker, Gruppenautonomie und Übermachtkontrolle im Arbeitsrecht, S. 205 f.; J. Taupitz, Die Standesordnungen der freien Berufe, S. 1009; W. Flume, Das Rechtsgeschäft, § 1, 7, S. 10; ders., FS DJT 1960, Bd. I, S. 143

wirtschaftliche und soziale Gleichheit als faktische Voraussetzung für die freie Ausübung der Privatautonomie fehlt, ist also die Ordnungskraft und damit die interessenausgleichende Funktion privatrechtlicher Verträge in Frage gestellt und bleibt für eine automatische Anerkennung als verbindliche Teilrechtsordnung kein Raum[49].

C Privatautonomie als „Recht auf Verschuldung" und „Überschuldung"?

In unserem alltäglichen Leben ist der Abschluß von Verträgen, die die Übernahme einer Verpflichtung beinhalten, unvermeidbar. Hinzu kommt die dogmatische Unterscheidung zwischen Verpflichtungs- und Verfügungsgeschäften. Verpflichtungsverträge bringen „Verschuldung" im Grunde stets mit sich, auch wenn die eingegangene „Schuld" dann alsbald erfüllt und damit getilgt wird. Das bedeutet, der durch Verträge zu verwirklichenden Privatautonomie ist Verschuldung im Grunde immanent.

Durch solche Verträge besteht ferner die Gefahr einer über die Verschuldung hinausgehenden Überschuldung, weil wegen der Komplexität und Unberechenbarkeit des modernen Wirtschaftslebens[50] jeder sein Interesse verkennen, die Situation falsch einschätzen, unaufmerksam oder aus freien Stücken „unvernünftig" sein kann[51] und niemand vor unvorhergesehenen Ereignissen oder Entwicklungen sicher ist.

Die Privatautonomie gestattet dem einzelnen grundsätzlich, alles zu tun, was ihm nach der Rechtsordnung nicht verboten ist. Verträge, die gegen die guten Sitten (§ 138 BGB), gegen ein gesetzliches Verbot (§ 134 BGB) oder gegen den Grundsatz von Treu und Glauben (§ 242 BGB) verstoßen, sind jedoch nicht verbindlich, während Verträgen, die unsinnig, unvernünftig oder unwirtschaftlich[52] sind, Verbindlichkeit zukommt. Was für den einzelnen unsinnig oder vernünftig ist, wird durch die Rechtsordnung nicht vorgegeben. Wenn somit die Rechtsordnung dem einzelnen auch

---

49 J. Taupitz, Die Standesordnungen der freien Berufe, S. 1009 f.; vgl. auch BVerfGE 81, 242, 254 ff. = NJW 1990, 1469, 1470 = WM 1990, 559, 561; L. Raiser, FS DJT 1960, Bd. I, S. 106; Franz-J. Säcker, Gruppenautonomie und Übermachtkontrolle im Arbeitsrecht, S. 209; H. Bartholomeyczik, AcP 166 (1966), 30, 67 f.; W. Schmidt-Rimpler, FS für Ludwig Raiser, S. 13; P. Kreutz, ZFA 1975, 65, 72

50 J. Limbach, Theorie und Wirklichkeit der GmbH, S. 101 ff.; Johann. G. Helm, ZGR 2 (1973), 478, 483; B. Knüllig-Dingeldey, Nachforderungsrecht oder Schuldbefreiung, S. 89; M. Lohmann, AcP 150 (1949), 506, 507, weist auf die unübersehbaren Wahlmöglichkeiten und die Differenziertheit der Entscheidungen hin.

51 J. Taupitz, Die Standesordnungen der freien Berufe, S. 1009, Fn. 65

52 Es sei denn, es liegt Wucher vor (§ 138 Abs. 2 BGB)

unvernünftige Verträge gestattet und ihm damit in diesem Bereich keinen Schutz davor bietet, sich über seine persönliche finanzielle Leistungsfähigkeit hinaus zu verpflichten, gewährt die durch die Rechtsordnung zu konkretisierende Privatautonomie dem einzelnen faktisch ein „Recht auf Verschuldung und Überschuldung“. Im Zeitpunkt des Vertragsschlusses muß es also grundsätzlich den Vertragspartnern überlassen sein, zu bestimmen, welche Verträge sie eingehen und in welchem Umfange sie sich verschulden wollen[53].

Eine Überschuldung kann aber nicht nur dann entstehen, wenn ein einzelner einen unvernünftigen oder unwirtschaftlichen Vertrag abschließt. Schließt man mehrere Verträge ab, die im einzelnen sehr wohl vernünftig und wirtschaftlich günstig sein mögen, so kann es zu Überschuldung auch dadurch kommen, daß die durch die Verträge übernommenen Verpflichtungen in ihrer Gesamtheit zur Überschreitung der finanziellen Leistungsfähigkeit führen. Eine solche Situation kann besonders dann entstehen, wenn mehrere Verträge nicht zum selben Zeitpunkt, sondern nacheinander abgeschlossen werden. Früher war die daraus resultierend Gefahr nicht so groß, weil bei einem gegenseitigen Verpflichtungsvertrag der Verpflichtete seine Pflichten „Zug um Zug“[54] gegen Empfang der Gegenleistung erfüllen mußte. In der heutigen Praxis des Wirtschaftslebens, in der eine Stundung des Kaufpreises[55], leicht zugängliche Kreditmöglichkeiten[56] oder Ratenkauf[57] fast schon alltäglich geworden sind, gilt aber der sich aus §§ 320, 322 BGB ergebende Grundsatz der „Erfüllung Zug um Zug“ faktisch nicht mehr. Denn eine Vertragspartei kann heutzutage die Gegenleistung ihres Vertragspartners häufig schon erhalten, obwohl sie ihre im Vertrag übernommenen Verpflichtungen nur teilweise oder sogar noch gar nicht erfüllt hat. Ferner auch dann, wenn sie überhaupt keine sofortige Entgeltleistung erbringen kann oder nur durch Zurückgreifen auf Ersparnisse oder gegenständlich gebundene Vermögenswerte

53 Vgl. F. v. Rottenburg, WuB I E 2 b. - 11.89, 703, 705; K. Tiedtke, EWiR § 765 BGB 5/89, 567, 568; D. Reinicke / K. Tiedtke, ZIP 1989, 613, 614; H. Honsell, JuS 1993, 817, 817: Nach Honsell schließt die Freiheit das Scheitern ein, und daher ist auch das „Konkursrecht“ aus einer liberalen Marktwirtschaft nicht wegzudenken.

54 Vgl. §§ 320, 322 BGB; Palandt Bürgerliches Gesetzbuch, § 320, Rdn. 1; V. Emmerich, MünchKommBGB, Bd. II, § 320, Rdn. 19, § 322, Rdn. 2

55 Vgl. § 320 BGB

56 W. Hadding, Welche Maßnahmen empfehlen sich zum Schutz des Verbrauchers auf dem Gebiet des Konsumentenkredites? (= Gutachten zum 53. DJT), S. 138: Der Kreditnehmer wird in die Lage versetzt, ohne besondere Formalitäten und aus räumlicher Entfernung innerhalb der eingeräumten Kreditlinie durch herkömmliche Überweisungsaufträge, im Lastschriftverfahren und im Eurocheque-Verfahren über kreditiertes Geld zu verfügen.

57 Beim Ratenkauf entsteht leicht der Eindruck, die finanzielle Belastung sei weniger drückend als der in einem hohen Gesamtbetrag sofort aufzubringende Barpreis. Denn die Raten erscheinen meistens als ein verhältnismäßig nur geringer Teilbetrag des für den entsprechenden Zeitraum erwarteten wiederkehrenden Einkommens: W. Hadding, Gutachten zum 53. DJT, S. 137

erbringen könnte[58]. Insbesondere kann eine solche Situation dazu führen, daß sowohl der sich zur Zahlung verpflichtende Schuldner als auch sein Vertragspartner den Überblick über die finanzielle Situation des Schuldners verlieren und der Schuldner sich dadurch überschuldet.

Aus diesen Gründen stellt sich die Frage, ob es Aufgabe der Rechtsordnung sein soll, einer Person den Abschluß eines Vertrages zu verbieten, der trotz seiner eigentlichen Wirtschaftlichkeit zur Überschuldung dieser Vertragspartei führen kann, und welche Möglichkeiten zum Schutz die Rechtsordnung (vor und bei der Überschuldung) dem ver- oder gar überschuldeten Schuldner bietet. Diese Problematik betrifft die Frage des Schuldnerschutzes einerseits vor Überschuldung, andererseits nach Eintritt der Überschuldung. Die letzte Frage, also der nachträgliche Schuldnerschutz bei Überschuldung, ist Gegenstand dieser Untersuchung.

D Einschränkung der Privatautonomie zum Schutz vor Überschuldung am Beispiel der Kreditmithaftung von vermögenslosen nahen Angehörigen

Heute verlangen Banken von einem Kreditnehmer häufig, daß er auch eine gesamtschuldnerische Mithaftung oder zumindest eine Bürgschaft von Familienangehörigen beibringt, und zwar von seinem Ehepartner oder seinen Kindern, die oft keinerlei Vermögen oder Einkommen besitzen[59]. Weil die Banken regelmäßig den Vermögensstand oder die Einkommensverhältnisse des Bürgen (oder Mitschuldners) nicht nachprüfen[60], kann in zahlreichen Fällen angenommen werden, daß die Banken mit der Möglichkeit rechnen, daß der Bürge oder Mitschuldner im Ernstfall nicht zahlen kann und dadurch auf Dauer oder sogar ein ganzes Leben lang überschuldet bleiben[61] und jede Motivation für eine Erwerbstätigkeit verlieren wird[62]. Aus diesem Blickwinkel stellt sich die Frage, warum Banken eigentlich wollen, daß Personen mithaften, die mangels Bonität an sich gar nicht haftungsfähig sind. Die Familienbürgschaft ist für die Bank vorteilhaft, weil erstens damit den negativen Folgen etwaiger Vermögensverschiebungen des Kreditnehmers auf Angehörige vorgebeugt werden kann und es zweitens immerhin sein könnte, daß ein heute

---

58 W. Hadding, Gutachten zum 53. DJT, S. 137

59 Vgl. H. Honsell, JuS 1993, 817, 817; K. Frey, WM 1996, 1612, 1612; U. Reifner, ZIP 1990, 427, 427 (Die Mithaftung von Ehepartnern sei bereits universell)

60 Vgl. BVerfG WM 1993, 2199, 2199 = NJW 1994, 36, 36

61 K. Frey, WM 1996, 1612, 1612

62 BGH WM 1989, 595, 596

vermögensloser Bürge morgen über Geld verfügt[63]. Gleichwohl stellt sich hier die Frage, ob diese Praxis der Banken gegen die guten Sitten verstößt[64]. In den letzten Jahren gab es deshalb eine lebhafte Diskussion um die Frage der Mithaftung einkommens- und vermögensloser Angehöriger[65]. Während der IX. Zivilsenat des BGH eine Mithaftung von gerade volljährigen Kindern und Ehefrauen ganz allgemein für gültig hielt, nahm der XI. Zivilsenat des BGH wenigstens fallweise sog. „Umstandssittenwidrigkeit" an[66]. Diese Auseinandersetzung insbesondere zwischen verschiedenen Senaten des BGH ist in der Literatur als „eine Art sozialpolitischer Kriegsschauplatz"[67], „Schlacht um die Bürgschaft"[68] oder „U-Boot-Krieg"[69] bezeichnet worden[70]. Das BVerfG hat diesen Meinungsstreit eindeutig zugunsten des XI. Zivilsenats entschieden[71].

I Die Judikatur des BGH bis zur Entscheidung des Bundesverfassungsgerichts vom 19.10.1993

1. Die Ausgangsentscheidungen des IX. und des III. Zivilsenates des BGH

Bei der Debatte um die Frage der Mithaftung einkommens- und vermögensloser Angehöriger betrifft die Rechtsprechung des BGH einen besonderen Ausschnitt der in jeder freiheitlichen Gesellschafts- und Privatrechtsordnung angelegten Dichotomie von Vertragsfreiheit und Schutz des Schwächeren[72]. Insbesondere der IX. und III. Zivilsenat des BGH haben hier eine harte Linie vertreten und der Vertragsfreiheit den Vorrang eingeräumt[73].

---

63 BGH NJW 1992, 896, 898 = WM 1992, 391, 394; dagegen: BGH NJW 1991, 923, 925 = WM 1991, 313, 315; vgl. Hans-P. Schwintowski, EWiR § 765 BGB 1/92, 253, 254

64 Vgl. H. Honsell, JuS 1993, 817, 817

65 Zahlreiche Literatur zu diesem Thema bei: J. Gernhuber, JZ 1995, 1086; B. Grün, WM 1992, 713; P. Heinrichsmeier, FamRZ 1994, 129

66 H. Honsell, JuS 1993, 817,

67 Harm P. Westermann, WuB I F 1 a. - 14.91, 1083, 1086

68 Hans-P. Schwintowski, EWiR § 765 BGB 1/92, 253, 253

69 J. Köndgen, NJW 1991, 2015, 2018

70 Vgl. auch P. Heinrichsmeier, FamRZ 1994, 129, 129; aber U. Schweitzer, KTS 1991, 541, 541 und 547

71 BVerfG NJW 1994, 36 = WM 1993, 2199; vgl. auch U. Preis / C. Rolf, DB 1994, 261, 262 ff.; B. Grün, WM 1994, 713, 719 ff.

72 Vgl. G. Kreft, WM 1992, 1425, 1425

73 Vgl. H. Honsell, NJW 1994, 565, 565

Hierbei handelt es sich um vier Fälle, den sog. „Söhnefall"[74], den sog. „Brautleutefall"[75], den. sog. „Tochter- oder Nur für die Akten-Fall"[76] und den sog. „Zahnarzthelferinnen- oder Partnerfall"[77]. In den ersten drei Fällen hatten sich die gerade volljährig gewordenen vermögenslosen Kinder für Kredite ihrer Eltern in Höhe von 100.000 bis 350.000 DM verbürgt. Dabei verneinte der IX. Zivilsenat des BGH jeweils eine sittenwidrige Überforderung der Söhne und Töchter. Im letzten Fall handelte es sich um einen gemeinsam von einer 25-jährigen Frau mit ihrem Lebensgefährten aufgenommenen Ratenkredit über 25.000 DM netto, der teilweise (ca. 8.500 DM) der Ablösung von Altschulden des Partners diente. Von dem ausgezahlten Betrag kamen 10.000 DM auf das Konto der Frau. Nach dreieinhalb Jahren trennten sich die beiden. Die Bank nahm die Frau in Anspruch, weil ihr Ex-Partner überschuldet war. Der III. Zivilsenat[78] des BGH ging in seiner Revisionsentscheidung von der Wirksamkeit des Darlehensvertrages aus[79].

Ausgangspunkt für die Entscheidungen des IX. und III. Senats des BGH war der Grundsatz, daß ein Rechtsgeschäft nach § 138 Abs. 1 BGB nichtig ist, wenn es nach seinem aus der Zusammenfassung von Inhalt, Beweggrund und Zweck zu entnehmenden Gesamtcharakter mit den guten Sitten nicht zu vereinbaren ist. Der Zweck der Mithaftung, dem Hauptschuldner die Inanspruchnahme eines Kredites zu ermöglichen, sei nicht zu beanstanden[80]. Ein Verstoß gegen § 138 Abs. 1 BGB könne jedoch dann angenommen werden, wenn ein Vertragspartner seine vertraglichen Verpflichtungen aufgrund seiner wirtschaftlichen Verhältnisse voraussichtlich niemals

---

74 BGH, Urt. v. 19.1.1989 - IX ZR 124/88, Braunschweig: vgl. BGHZ 106, 269 = LM § 765 BGB Nr. 62, 1255 = WM 1989, 245 = MDR 1989, 445 = JZ 1989, 494 = BB 1989, 580 = NJW 1989, 830 = WuB I F 1 a. - 12.89, 841 m. Anm. J. Schröter

75 BGH, Urt. v. 28.2.1989 - IX ZR 130/88, Stuttgart: vgl. BGHZ 107, 92 = NJW 1989, 1276 = LM § 138 [Aa] BGB Nr. 38 = MDR 1989, 630 = JZ 1989, 741 = BB 1989, 731 = WM 1989, 480 = EWiR § 138 BGB 2/89, 327 m. Anm. D. Medicus = WuB I F 1 a. - 12.89, 841 m. Anm. J. Schröter

76 BGH, Urt. v. 16.3.1989 - IX ZR 171/88, Celle: vgl. WM 1989, 667 = NJW 1989, 1605 = ZIP 1989, 629 = MDR 1989, 733 = EWiR § 765 BGB 5/89, 567 m. Anm. K. Tiedtke; Dieses BGH-Urteil vom 16.3.1989 wurde später vom Bundesverfassungsgericht aufgehoben, vgl. BVerfGE 89 (1994), Nr. 18, 214 = NJW 1994, 36 = WM 1993, 2199; EWiR § 138 BGB 1/94, 23 m. Anm. J. Köndgen = WuB I F 1a. - 4.94, 389 m. Anm. P. Bydlinski

77 BGH, Urt. v. 16.3.1989 - III ZR 37/88, Stuttgart: vgl. LM § 138 (Bc) BGB, Nr. 59 = NJW 1989, 1665 = WM 1989, 595 = MDR 1989, 613 = JZ 1989, 744 m. Anm. Harm P. Westermann = BB 1989, 799 = WuB I E 2 b. - 11.89, 703 m. Anm. F. v. Rottenburg

78 Er war bis einschließlich 1989 für das Darlehensrecht zuständig.

79 Siehe Fußnote 77 im 2. Kapitel dieser Arbeit; OLG Stuttgart NJW 1988, 887 = WM 1988, 450 hielt den Darlehensvertrag in Analogie zu § 310 BGB und wegen Verstoß gegen § 138 BGB für nichtig; vgl. auch B. Grün, NJW 1991, 923, 925; G. Kreft, WM 1992, 1425, 1426

80 BGHZ 86, 82, 88 = NJW 1983, 1851; BGH NJW 1989, 830, 831 = WM 1989, 245, 246; BGH NJW 1989, 1276, 1277 = WM 1989, 480, 482; vgl. auch M. Schlacher, BB 1993, 802, 804

wird erfüllen können[81] und wenn ihm diese Tatsache bei Vertragsschluß nicht hinreichend bewußt ist[82] (etwa weil er, gerade volljährig geworden, noch völlig unerfahren ist), wenn sich auch aus dem Vertragsinhalt objektiv kein erhebliches Mißverhältnis zwischen Leistung und Gegenleistung ergibt[83]. Grundsätzlich sei aber ein Vertrag nicht allein deshalb sittenwidrig, weil der Vertragspartner die eingegangenen Verpflichtungen nicht erfüllen kann, vielmehr gestatte die verfassungsrechtlich gewährleistete Vertragsfreiheit als Teil der Privatautonomie es jedem Volljährigen, auch risikoreiche Geschäfte abzuschließen und sich zu Leistungen zu verpflichten, die ihn schlechthin überfordern oder die von ihm nur unter besonders günstigen Bedingungen, notfalls sogar unter dauernder Inanspruchnahme des pfändungsfreien Einkommens, erbracht werden könnten[84] [85].

Nach dem IX. Senat gilt dieses Vertragsfreiheitsprinzip auch für gerade volljährig Gewordene. Bei einem über 18jährigen und damit nach dem Gesetz Volljährigen (§ 2 BGB) müsse grundsätzlich davon ausgegangen werden, daß er ohne besondere Erfahrung in der Lage ist, das mit Abgabe einer Bürgschaftserklärung verbundene

---

81 Ähnlich formuliert IX. Zivilsenat des BGH NJW 1989, 1276, 1277 = JZ, 1989, 741, 742: „von vornherein völlig aussichtslos"

82 Dabei treffe der Schuldner die volle Darlegungs- und Beweislast, daß er durch die übernommenen Verpflichtungen von vornherein hoffnungsols überfordert werde, daß er dies selbst aber bei Vertragsschluß nicht klar genug erkannt habe, wohl aber sein Verhandlungspartner. Siehe Fußnote 83 im 2. Kapitel dieser Arbeit

83 Vgl. BGH WM 1989, 595, 597 = NJW 1989, 1665, 1666 = JZ 1989, 744, 745; vgl. auch BGH NJW 1989, 1276, 1277 = WM 1989, 480, 482

84 Vgl. BGHZ 106, 269, 271 (Sog. Söhnefall) = LM § 765 BGB, Nr. 62, Bl. 1255, 1255 f. = NJW 1989, 830, 831 = WM 1989, 245, 246; BGH NJW 1989, 1276, 1277 (sog. Brautleutefall) = JZ 1989, 741, 742 = WM 1989, 480, 483 = LM 1989, § 138(Aa) BGB, Nr. 38, Bl. 1444, 1445 f.; wollte man dies anders betrachten, würde es dazu führen, dem Einkommensschwächeren die Möglichkeit zur eigenen beruflichen Existenzgründung oder zum Erwerb beispielsweise einer Immobilie zu versagen und ihm damit faktisch einen Teil seines Selbstbestimmungsrechts wegzunehmen: U. Preis / C. Rolfs, DB 1994, 261, 262

85 Auch der III. Zivilsenat formuliert im gleichen Sinne: „Ein Verstoß gegen § 138 BGB ist nicht etwa stets schon dann zu bejahen, wenn ein Ratenkreditvertrag einem Kreditnehmer monatliche Belastungen auferlegt, die höher liegen als der pfändbare Betrag seines Arbeitseinkommens nach § 850 c ZPO.": BGH NJW 1989, 1665, 1666 = WM 1989, 595, 596; auch G. Kreft, WM 1992, 1425, 1427; D. Medicus, ZIP 1989, 817, 819; dafür: J. Eckert, WM 1987, 945 ff., insb. 953; LG München WM 1988, 81 = WuB I E 2b.- 7.88, 269 m. Anm. W. Münstermann; dagegen: LG Lübeck WM 1987, 955 = NJW 1987, 959 = WuB I E 2b. - 10.87, 913 m. Anm. F. v. Rottenburg: Das LG Lübeck leitet in seinem Urteil aus der vertraglichen Überschreitung der Pfändungsfreigrenzen des § 850c ZPO die Sittenwidrigkeit des Ratenkreditvertrages ab.; vgl. auch D. Medicus, AcP 188, 1988, 489, 501 f.; R. Müller, Die Mitverantwortung des Kreditgebers im Hinblick auf eine tragfähige Kreditbelastung, S. 20 ff.

Dieser Grundsatz wird auch vom XI. Zivilsenat vertreten: vgl. BGH NJW 1993, 322, 323 (sog. Dachdeckerfall, XI. Senat) = WM 1992, 2129, 2129; auch Harm P. Westermann, WuB I F 1a. - 3.93, 213, 213; H. Honsell, DZWir 1993, 64, 64

Risiko zu erkennen und die Tragweite seines Handelns entsprechend abzuschätzen[86]. Sittenwidrigkeit wegen fehlender Ausgewogenheit von Leistung und Gegenleistung (Äquivalenzverhältnis) scheide von vornherein aus, weil es beim Bürgschaftsvertrag kein solches Äquivalenzverhältnis gebe, vielmehr sei die Bürgschaft ein risikoreicher, einseitig den Bürgen verpflichtender Vertrag[87]. Im übrigen habe die Bank als Bürgschaftsgläubigerin keine Aufklärungspflichten über das vom Bürgen übernommene Risiko[88]. Aus der unterlassenen Bonitätsprüfung der Bürgen könne die Sittenwidrigkeit ebensowenig hergeleitet werden, weil eine solche Vergewisserungspflicht für die Bank wegen des einseitig verpflichtenden Charakters der Bürgschaft nicht bestehe und der Bürge auch keinen Anlaß habe, der Bank ein dahingehendes Vertrauen entgegenzubringen[89]. Gleichfalls lasse sich eine Sittenwidrigkeit nicht damit begründen, daß der Verbürgungswille auf familiärer Hilfsbereitschaft beruhe[90].

Nach Auffassung des IX. und III. Zivilsenats ist es nicht ersichtlich, daß die Verwirklichung des Prinzips der unbeschränkten Vermögenshaftung als Kehrseite der Vertragsfreiheit gegen in der Bundesrepublik Deutschland geltendes höherrangiges Recht, insbesondere gegen Art. 1, Art. 2 Abs. 1 GG oder gegen das Sozialstaatsprinzip verstoßen könnte. Diesen Verfassungsgeboten (der Menschenwürde, dem Grundrecht auf freie Entfaltung der Persönlichkeit und der sozialen Schutzbedürftigkeit) trage der Gesetzgeber mit den in der Zwangsvollstreckung geltenden Pfändungsschutzvorschriften hinreichend Rechnung. Es sei deswegen sinnvoll, den Vertragspartnern im Zeitpunkt des Vertragsschlusses die Einschätzung ihrer zukünftigen Erfüllungsmöglichkeiten grundsätzlich noch selbst zu überlassen und dem Schuldner erst bei einer späteren Zwangsvollstreckung den Schutz der Pfändungsschutzvorschriften zu gewähren[91]. Ein Anwendungsfall des § 310 BGB liege auch dann nicht vor, wenn der

---

86 Vgl. BGH NJW 1989, 830, 831 = WM 1989, 245, 246; BGH NJW 1989, 1276, 1278 = JZ 1989, 741, 743; BGH NJW 1989, 1605, 1606 (sog. Tochter - oder Nur für die Akten-Fall) = WM 1989, 667, 668

87 BGH WM 1989, 245, 246 = NJW 1989, 830, 831

88 BGH WM 1989, 245, 246 = NJW 1989, 830, 831; BGH WM 1989, 480, 483 f. = NJW 1989, 1276, 1278 = JZ 1989, 741, 743; BGH WM 1989, 667, 669 = NJW 1989, 1605, 1606

89 BGH NJW 1989, 830, 831 = WM 1989, 245, 246; BGH NJW 1989, 1276, 1278; BGH NJW 1989, 1605, 1606; vgl. B. Grün, WM 1994, 713, 715 und 717; D. Medicus, ZIP 1989, 817, 820; diese Ansicht wird von Tiedtke nicht geteilt: Daß die Bank von der Erkundung der Vermögens- und Einkommensverhältnisse des Bürgen „abgesehen hat, wird darauf beruhen, daß sie gemeint hat, *wer viel frage, erhalte viele Antworten, und es sei nicht immer gut, viel zu wissen*. In solchen Fällen muß sich der Gläubiger so behandeln lassen, wie wenn er das, was er erfahren konnte, auch erfahren hat. Nach alledem ist der Bürgschaftsvertrag sittenwidrig“: K. Tiedtke, EWiR § 765 BGB 5/89, 567, 568

90 BGH NJW 1989, 830,831 = ZIP 1989, 219, 220 = WM 1989, 245, 246; vgl. auch D. Medicus, ZIP 1989, 817, 820

91 BGH NJW 1989, 1276, 1278 = JZ 1989, 741, 743; BGH NJW 1989, 1665, 1666 = JZ 1989, 744, 745 = WM 1989, 595, 596 f.

ansonsten vermögenslose Schuldner die eingegangene Verpflichtung nur durch Inanspruchnahme des gesamten künftigen Lohns oder zumindest der pfändbaren Teile dieses Lohns ganz oder teilweise zu erfüllen vermöge[92].

Insgesamt haben diese BGH-Entscheidungen des IX. und III. Senats dem Grundsatz der Vertragsfreiheit als einem wesentlichen Element unserer Rechtsordnung größeres Gewicht beigemessen als dem Schuldnerschutz[93].

2. Der Rechtsprechungswandel durch das Urteil des XI. Zivilsenats

Die vom IX. und III. Zivilsenat des BGH vertretene harte Linie hat sowohl in der Literatur als auch bei einzelnen Instanzgerichten scharfe Kritik erfahren. Insbesondere wurde sie als „der eisige Wind der Privatautonomie des ausgehenden 19. Jahrhunderts"[94], als „unsoziale Rigorosität" sowie „auf dem sozialen Auge blind"[95], als „herzlose Rechtsprechung"[96] oder als „Mißachtung des Strebens nach dem Glück"[97] als unveräußerlichem Menschenrecht bezeichnet[98]. Darüber hinaus stellte der seit 1990 für das Darlehensrecht zuständige XI. Zivilsenat des BGH seine Rechtsprechung im sog. „Griechenfall"[99] in offenen Widerspruch zur Rechtsprechung des IX. und III. Zivilsenats[100]. Er wies dabei auf den Beschluß des BVerfG vom 7.2.1990 (sog. Handelsvertreterfall)[101] hin, durch den zum ersten Mal die verfassungsrechtlichen „Schranken der Privatautonomie" im Zivilrecht näher konkretisiert wurden[102].

---

92 BGH NJW 1989, 1276, 1277 f. = JZ 1989, 741, 743 = WM 1989, 480, 483; BGH NJW 1989, 1665, 1666 = JZ 1989, 744, 744 f. = WM 1989, 595, 596; auch D. Medicus, ZIP 1989, 817, 817 f. und 824

93 F. v. Rottenburg, WuB I E 2b. -11.89, 703, 705; siehe auch C. Stumpf, Jura 1992, 417, 423

94 H. Honsell, JZ 1989, 494, 495

95 M. Wochner, BB 1989, 1354, 1354 f.

96 LG Münster NJW 1990, 1668, 1671

97 OLG Stuttgart NJW 1988, 833, 835

98 Vgl. D. Reinicke / K. Tiedtke, ZIP 1989, 613, 619 bezeichnen diese Rechtsprechung auch als „inhuman sowie als "Verletzung des Rechtsgefühls"; später B. Grün, NJW 1991, 923, 925 als „das Gerechtigkeitsgefühl verletzende Linie"; siehe auch C. Stumpf, Jura 1992, 417, 423

99 BGH, Urt. v. 22.1.1991 - XI ZR 111/90, Bamberg: vgl. NJW 1991, 923 m. Anm. B. Grün = WM 1991, 313 = FamRZ 1991, 667 = WuB I E 1. - 4.91, 659 m. Anm. W. Hadding; vgl. auch R. Knütel, ZIP 1991, 493; P. Heinrichsmeier, FamRZ 1994, 129, 130 ff.; Hans- P. Ackmann, EWiR § 138 BGB 4/91, 231; P. Bydlinski, ZBB 1991, 263; U. Schweitzer, KTS 1991, 541; M. Schlachter, BB 1993, 802

100 Vgl. J. Eckert, WuB I F 1a - 13,92, 931, 932; P. Bydlinsk, ZBB 1991, 263, 263; W. Hadding, WuB I E 1. - 4.91, 659, 661

101 Beschluß vom 7.2.1990 - 1 BvR 26/84 = BVerfGE 81, 242 = NJW 1990, 1469 = WM 1990, 559 = DB 1990, 574 = JA 1990, 242 = JuS 1990, 930 = ZIP 1990, 573 = NZA 1990, 389 = DVBl. 1990, 474 m. Anm. J. Schwabe = JZ 1990, 691 m. Anm. H. Wiedemann; vgl. auch G.

Im Handelsvertreterfall war ein Handelsvertreter durch Urteil des BGH[103] aufgrund einer entsprechenden Vertragsklausel in seinem Handelsvertretervertrag zu einer Wettbewerbsunterlassung bis zwei Jahre nach Auflösung des Vertrages ohne Karenzentschädigung verurteilt worden. Das BVerfG hielt das Urteil des BGH wegen Verletzung der Berufsfreiheit nach Art. 12 Abs. 1 GG für verfassungswidrig[104]. In seiner Begründung erklärte das Bundesverfassungsgericht bezogen auf das Verhältnis zwischen der Privatautonomie und den Grundrechten: „Die Privatautonomie ist ein Strukturelement der freiheitlichen Gesellschaftsordnung. Der Staat hat die im Rahmen der Privatautonomie getroffenen Regelungen grundsätzlich zu respektieren. Privatautonomie besteht jedoch nur im Rahmen der geltenden Gesetze, und diese sind ihrerseits an die Grundrechte gebunden. Das Grundgesetz will keine wertneutrale Ordnung sein, sondern hat in seinem Grundrechtsabschnitt objektive Grundentscheidungen getroffen, die für alle Bereiche des Rechts, also auch für das Zivilrecht, gelten. Die Beschränkungen der Privatautonomie sind unentbehrlich, insbesondere wenn einer der Vertragsteile ein so starkes Übergewicht hat, daß er vertragliche Regelungen faktisch einseitig setzen kann. Wo es an einem annähernden Kräftegleichgewicht der Beteiligten fehlt, ist mit den Mitteln des Vertragsrechts allein kein sachgerechter Ausgleich der Interessen zu gewährleisten. Wenn bei einer solchen Sachlage über grundrechtlich verbürgte Positionen verfügt wird, müssen staatliche Regelungen ausgleichend eingreifen, um den Grundrechtsschutz zu sichern“[105].

Im sog. Griechenfall hatte sich eine einkommens- und vermögenslose Frau bei dem von ihrem Mann veranlaßten Hausbesuch eines Bankvertreters auf beider Drängen widerwillig für einen Betriebsmittelkredit ihres Mannes in Höhe von 65.000 DM mitverpflichtet, nachdem ihr Ehemann erklärt hatte, sie könne ihm mit ihrer Unterschrift ihre Liebe beweisen[106]. Der XI. Zivilsenat des BGH wies die Zahlungsklage der Bank im Gegensatz zu den Vorinstanzen und auch im Gegensatz zur Rechtsprechung des IX. Zivilsenats unter Hinweis auf die verfassungsrechtlich gewährleistete Privatautonomie ab[107]. Obwohl der streitgegenständliche Vertrag bereits

Hermes, NJW 1990, 1764; Ernst-H. Haumann, EWiR § 90a HGB 1/90, 385; M. Gutbrod, DB 1990, 1806

102 Vgl. B. Grün, WM 1994, 713, 716; ders., NJW 1991, 923, 926

103 BGH vom 6.10.1983 - I ZR 127/81

104 Vgl. Ernst-H. Haumann, EWiR § 90a HGB 1/90, 385, 385; BVerfG NJW 1990, 1469, 1469 = WM 1990, 559, 560

105 Vgl. BVerfG NJW 1990, 1469, 1470 = WM 1990, 559, 561; siehe auch Fußnote 101 im 2. Kapitel dieser Arbeit

106 Vgl. Hans-P. Ackmann, EWiR § 138 BGB 4/91, 231, 231; B. Grün, NJW 1991, 923, 923 f.; siehe auch Fußnote 99 im 2. Kapitel dieser Arbeit

107 B. Grün, WM 1994, 713, 716; P. Bydlinski, ZBB 1991, 263, 263; auch Fußnote 106 im 2. Kapitel dieser Arbeit

wegen Verstoßes gegen §§ 55 f. GewO[108] und §§ 3, 9 AGB-Gesetz[109] hinfällig war, erklärte der XI. Zivilsenat, warum er die Inpflichtnahme der Ehefrau für sittenwidrig halte[110]. Damit wurde ein die wissenschaftliche Diskussion beflügelnder Kontrapunkt zur Position des IX. Senats gesetzt, der gem. § 136 Abs. 1 GVG durch die Anrufung des Großen Zivilsenats innerhalb des BGH beizulegen gewesen wäre[111].
Nach Ansicht des XI. Zivilsenats ist die Mithaftungsvereinbarung der Ehefrau für den Geschäftskredit ihres Ehemanns wegen sittenwidriger finanzieller Überforderung nichtig. Sie habe Verpflichtungen übernommen, die sie, wenn nicht völlig unwahrscheinliche Veränderungen ihrer persönlichen und wirtschaftlichen Verhältnisse eintreten, niemals wird erfüllen können[112]. Hierbei sei Sittenwidrigkeit wegen der folgenden drei Umstände zu bejahen: Einmal würden der Ehefrau aus der Kreditgewährung keine unmittelbaren persönlichen Vorteile zufallen, d. h. die Kredite seien allein für den Gewerbebetrieb des Ehemanns bestimmt[113]. Zweitens sei ein schutzwürdiges Interesse der Bank an einer Mithaftung der Ehefrau nicht anzuerkennen[114], weil sie bei Vertragsschluß weder über eigenes Einkommen noch über Vermögen verfügt habe und es aufgrund ihrer persönlichen Verhältnisse absehbar war, daß sie auch in überschaubarer Zukunft nicht wesentlich zur Schuldentilgung würde beitragen können. Das Ziel, eventuellen Vermögensverschiebungen vom Kreditnehmer auf den Ehepartner vorzubeugen, sei keine Rechtfertigung für die ohne

---

108 Die vereinbarte Mithaftung der Ehefrau sei wegen Verstoßes gegen § 56 Abs. 1 Nr. 6 GewO nach § 134 BGB nichtig, weil trotz der Absprache mit dem Ehemann der Hausbesuch des Bankvertreters keine „vorhergehende Bestellung" i. S. des § 55 Abs. 1 GewO sei: Hans-P. Ackmann, EWiR § 138 BGB 4/91, 231, 231 f.; BGH NJW 1991, 923, 924 = WM 1991, 313, 313; Kritik: W. Hadding WuB I E 1. - 4.91, 659, 660; P. Bydlinski, ZBB 1991, 263, 264 f.: Es sei unberücksichtigt geblieben, daß der Gesetzgeber in neueren gesetzlichen Regelungen, nämlich § 1 HWiG (seit 1. Mai 1986) und § 7 VerbrKrG (seit 1. Jan. 1991), von der Rechtsfolge der Nichtigkeit bewußt abgesehen und den Schutz vor Überrumpelung durch ein Widerrufsrecht sichergestellt habe.

109 Die Kreditvereinbarung sei unwirksam, soweit die Ehefrau eine Haftung von mehr als 65.000 DM nebst Zinsen übernehme. Denn die streitige Klausel in den AGB der Bank, daß jeder Einzelzeichnungsberechtigte eines Gemeinschaftskontos auch berechtigt ist, Verbindlichkeiten zu Lasten des gemeinschaftlichen Kontokorrentkontos einzugehen, für die nach den AGB der Bank alle Mitinhaber als Gesamtschuldner haften, verstoße in diesem Fall gegen § 3 AGBG (wegen Überraschung) und § 9 AGBG (wegen Unangemessenheit): Hans-P. Ackmann, EWiR § 138 BGB 4/91, 231, 231 f.; BGH NJW 1991, 923, 924; W. Hadding, WuB I E 1. - 4.91, 659, 659 f.

110 J. Köndgen, NJW 1991, 2015, 2018

111 J. Köndgen, NJW 1991, 2015, 2018; U. Preis / C. Rolfs, DB 1994, 261, 262

112 BGH NJW 1991, 923, 924 = WM 1991, 313, 314

113 Kritisch: W. Hadding, WuB I E 1. - 4.91, 659, 662; vgl. auch K. Adomeit, NJW 1994, 2467, 2468; M. Schlachter, BB 1993, 802, 804

114 Kritisch: besonders R. Knütel, ZIP 1991, 493, 495 und 497; Harm P. Westermann, WuB I F 1a. - 14.91, 1083, 1087; M. Schlachter, BB 1993, 802, 804; W. Hadding, WuB I E 1. - 4.91, 659, 662; BGH WM 1992, 391, 394 = NJW 1992, 896, 898; OLG Hamm NJW 1991, 2647, 2648

konkreten Anlaß regelmäßig erhobene Forderung nach voller Mithaftung[115]; man könne dieses Ziel mit dem Anfechtungsgesetz und § 826 BGB angemessen erreichen. Drittens werde die Mitverpflichtung der Ehefrau durch den auf der ehelichen Bindung beruhenden Einfluß veranlaßt[116].
Abschließend formuliert der XI. Zivilsenat: „Es kann nicht hingenommen werden, daß Banken die Gewährung von Krediten an verheiratete Kreditnehmer ohne konkreten rechtfertigenden Grund auch dann von einer unbeschränkten persönlichen Mitverpflichtung der Ehefrau abhängig machen, wenn diese nach ihren persönlichen Verhältnissen voraussichtlich nicht in der Lage sein wird, sich von den übernommenen, sogar nach einer Scheidung weiter bestehenden Belastungen jemals aus eigener Kraft wieder zu befreien[117].

Bei dieser Entscheidung des XI. Zivilsenats ist bemerkenswert, daß sich der BGH von der formalen Sicht „Volljährigkeit gleich Selbstbestimmung" distanziert hat, das nur mittelbare Interesse an der Kreditgewährung des Partners nicht für rechtserheblich gehalten hat und all jenen Umständen Sittenwidrigkeitsrelevanz beigemessen hat, die der IX. und III. Senat noch für unbeachtlich hielten[118]. Jedenfalls hat der richtungsweisende Beschluß des BVerfG zu den verfassungsrechtlichen Grenzen der Privatautonomie vom 7.2.1990 bei dieser Entscheidung seine ersten Früchte getragen[119]. Dabei ist auch klar geworden, daß es bei dieser Entscheidung des BGH einen Wandel von einem formalen zu einem materiellen Privatautonomieverständnis gab[120].

3. Beibehaltung des früheren Standpunktes des IX. Zivilsenats

Nach der Entscheidung des XI. Zivilsenats des BGH setzte der IX. Zivilsenat des BGH seine bisherige Rechtsprechung mit zwei Urteilen fort. Das eine war der sog.

---

115 Nach Hadding komme es bei der Anwendung von § 138 Abs. 1 BGB nicht darauf an, ob das „Ziel" eines Vertragsbeteiligten keine Rechtfertigung für das Rechtsgeschäft ist, sondern ob dieses „Ziel" als „Zweck" und „Beweggrund" gegen die guten Sitten verstoße: W. Hadding, WuB I E 1. - 4.91, 659, 662

116 BGH NJW 1991, 923, 925 = WM 1991, 313, 315 = FamRZ 1991, 667, 669

117 BGH NJW 1991, 923, 925 = WM 1991, 313, 315 = FamRZ 1991, 667, 669; vgl. auch B. Grün, WM 1994, 713, 716; G. Kreft, WM 1992, 1425, 1427;

118 Vgl. B. Grün, NJW 1991, 923, 925; ders., WM 1994, 713, 716

119 B. Grün, NJW 1991, 923, 926

120 Vgl. B. Grün, WM 1994, 713, 716

„Studentenfall“[121], das andere war der sog. „GmbH & Co KG-Fall“[122]. Im ersten Fall hatte sich ein 21 jähriger vermögensloser Student bis zum Höchstbetrag von 100.000 DM für die Schulden der seinen Eltern gehörenden GmbH verbürgt. Im zweiten Fall übernahm eine Ehefrau, die einen Geschäftsanteil von 2.000 DM an der Komplementär-GmbH der GmbH & Co. KG ihres Mannes hatte, vor der Ehescheidung eine selbstschuldnerische Bürgschaft für alle Schulden der KG aus deren Geschäftsverbindung mit der Bank.

In diesen beiden Entscheidungen blieb der IX. Zivilsenat unverändert bei seiner bisherigen harten Linie[123] und wiederholte die wesentlichen Argumente seiner früheren Entscheidungen. Hier werden deswegen nur diejenigen Aspekte behandelt, die über die früheren Argumente hinausgehen.
Der IX. Zivilsenat wendet sich dagegen, generell die Fähigkeit junger, volljähriger Menschen in Frage zu stellen, weitreichende und gefährliche Verpflichtungen einzugehen. Er wendet sich auch dagegen, bei der Bürgschaft eines nahen Familienangehörigen des Hauptschuldners von vornherein davon auszugehen, dessen Verpflichtung entspringe der Ausnutzung einer psychischen Zwangslage[124] durch den Gläubiger. Eine solchermaßen ausdehnende Anwendung des § 138 Abs. 1 BGB führt seiner Meinung nach zu einer Einschränkung der Privatautonomie ganzer Bevölkerungskreise und sei daher mit den Grundanforderungen an eine Gesellschaft von Freien und Gleichen unvereinbar[125]. Auch begründe allein die Tatsache, daß der Bürge bei Abschluß des Bürgschaftsvertrages über kein nennenswertes Vermögen verfügte, keine Sittenwidrigkeit, solange die weitere Entwicklung der Einkommens- und Vermögensverhältnisse des Bürgen zu diesem Zeitpunkt völlig offen war[126].

---

121 BGH, Urt. v. 16.5.1991 - IX ZR 245/90, München: vgl. NJW 1991, 2015 m Anm. J. Köndigen = FamRZ 1991, 1040 = WM 1991, 1154 = KTS 1991, 541= WuB I F 1 a. - 14.91, 1083 m. Anm. Harm P. Westermann; vgl. auch B. Grün, WM 1994, 713, 716

122 BGH, Versäumnisurt. v. 16.1.1992 - IX ZR 113/91, Stuttgart: vgl. NJW 1992, 896 = WM 1992, 391 = FamRZ 1992, 785 = ZIP 1992, 233 = BB 1992, 387 = WuB I F 1 a. - 8.92, 661 m. Anm. J. Schröter = EWiR § 765 BGB 1/92, 253 m. Anm. Hans-P. Schwintowski

123 Dagegen: OLG Stuttgart WM 1991, 1255 = WuB I F 1a. - 16.91, 1325 m. Anm. D. Rehbein

124 U. Reifner, ZIP 1990, 427, 434; M. Wochner, BB 1989, 1354, 1357; Hans-P. Schwintowski, ZBB 1989, 91, 92; K. Tiedtke, EWiR 1989, 567, 568; D. Reinicke / K. Tiedtke, ZIP 1989, 613, 616

125 BGH NJW 1991, 2015, 2017 = WM 1991, 1154, 1157; Nach Reifner hätte der BGH auch in diesem Fall die Sittenwidrigkeit besonders prüfen müssen, da sich manches, was als Altruismus und familiäre Hilfsbereitschaft angesehen wird, bei genauerer Untersuchung als das Ergebnis von Angst und psychischer Gewalt in der moderne Familie erweisen würde: U. Reifner, ZIP 1990, 427, 434

126 BGH NJW 1991, 2015, 2016 = WM 1991, 1154, 1156; BGH NJW 1992, 896, 898 = WM 1992, 391, 394

Ebensowenig könne der Bank ein schutzwürdiges Interesse an einer Haftung des Bürgen aus seiner Bürgschaftsverpflichtung abgesprochen werden, weil trotz der zunächst geringen Sicherheitsfunktion der Bürgschaft bei Vertragsschluß der weitere Lebensweg des Bürge offen gewesen sei, so daß zumindest eine zukünftige Teilerfüllung oder sogar eine vollständige Erfüllung nicht von vornherein als völlig ausgeschlossen erschienen sei[127].

Die nach einer Ehescheidung noch fortbestehende Bürgschaftsverpflichtung für den ehemaligen Ehepartner begründe keine Sittenwidrigkeit. Denn die frühere Lebensplanung und -gestaltung sollte nachhaltig wirken, und bei wirtschaftlichem Erfolg des Krediteinsatzes werde der Ehegatte im Scheidungsfall über den Zugewinnausgleich oder über eine Unterhaltsleistung am Vermögenszuwachs beteiligt[128]. Eine Anwendung des Wuchertatbestandes (§ 138 Abs. 2 BGB) komme dabei von vornherein schon deshalb nicht in Betracht, weil es sich bei der Bürgschaft um einen den Bürgen einseitig verpflichtenden Vertrag handelt, der in keinem Äquivalenzverhältnis zu einer Leistung des Gläubigers steht, auf dessen Ausgewogenheit es für die Frage der Sittenwidrigkeit ankommen könnte[129]. Außerdem sei die Mitverpflichtung des Ehegatten zweckmäßig, um etwaige Vermögensverschiebungen des Kreditnehmers auf Angehörige zu verhindern, weil § 826 BGB und das Anfechtungsgesetz mit ihrer ungünstigen Beweislastverteilung dagegen nur wenig Sicherheit bieten könnten[130].

4. Die weitere Rechtsprechung des XI. Zivilsenats - ein Versuch zum Kompromiß mit der Rechtsprechung des IX. Zivilsenats des BGH?

Anders als im sog. „Griechenfall" verneint der XI. Zivilsenat des BGH in dem sog. „Dachdeckerfall" [131] die Anwendbarkeit von § 138 Abs. 1 BGB,[132] obwohl auch hier eine einkommens- und vermögenslose Ehefrau einem Geschäftskredit ihres Ehemannes in Form eines Kontokorrentkredits bis 50.000 DM als Selbst- und Gesamtschuldnerin

---

127 BGH NJW 1991, 2015, 2017 = WM 1991, 1154, 1157 = WuB I F 1a. 14.91, 1083, 1085; BGH NJW 1992, 896, 898 = WM 1992, 391, 394

128 BGH WM 1992, 391, 394 = NJW 1992, 896, 898; vgl. auch G. Kreft, WM 1992, 1425, 1426

129 NJW 1991, 2015, 2017 = WM 1991, 1154, 1156; auch D. Medicus, ZIP 1989, 817, 820; U. Preis / C. Rolf, DB 1994, 261, 262 f.; kritisch: M. Wochner, BB 1989, 1354, 1355

130 BGH WM 1992, 391, 394 = NJW 1992, 896, 898; OLG Hamm NJW 1991, 2647, 2648; M. Schlachter, BB 1993, 802, 804; R. Knütel, ZIP 1991, 493, 495 und 497; Harm P. Westermann, WuB I F 1a. - 14.91, 1083, 1087; W. Hadding, WuB I E 1. - 4.91, 659, 662

131 BGH, Urt. v. 24.11.1992 - XI ZR 98/92, Köln: NJW 1993, 322 = WM 1992, 2129 = DZWir 1993, 64 m. Anm. H. Honsell = WuB I F 1a. - 3.93 m. Anm. Harm P. Westermann; vgl. auch H. Honsell, JuS 1993, 817, 818

132 Vgl. P. Heinrichsmeier, FamRZ, 1994, 129, 130; v. Westphalen, MDR 1994, 5, 6

beigetreten war. Dies liegt daran, daß die mithaftende Ehefrau weder eine negative Prognose über ihre künftigen Einkommens- und Vermögensverhältnisse noch die Ausnutzung ihrer Unerfahrenheit, eine seelische Zwangslage oder die Ausübung von Druck durch die Bank hinreichend vorgetragen hatte[133].
Der XI. Senat versucht in dieser Entscheidung, die Divergenzen zur Judikatur des IX. und III. Zivilsenats zu mildern[134]. Er geht deswegen von dem auch durch den IX. und III. Zivilsenat ausdrücklich anerkannten[135] Grundsatz aus, daß jeder Volljährige aufgrund der Vertragsfreiheit auch risikoreiche und ihn schlechthin überfordernde Verpflichtungen rechtswirksam begründen kann[136]. Der XI. Senat bemerkt dann aber, es sei notwendig, in bestimmten Fällen der Mitverpflichtung einkommens- und vermögensloser naher Angehöriger gemäß § 138 Abs. 1 BGB Ausnahmen von den allgemeinen Regeln der Vertragsfreiheit zu statuieren. Dies sei auch vom IX. Zivilsenat anerkannt[137]. Weiter stellt der XI. Zivilsenat sehr vorsichtig[138] fest, daß sich Unterschiede im Spannungsfeld zwischen Regel und Ausnahme bei der Grenzziehung zwischen gerade noch zulässiger Vertragsbindung und schon sittenwidriger Mitverpflichtung nicht ausschließen lassen[139]. Außerdem bemüht sich der XI. Zivilsenat, im Anschluß an seine Griechenfallentscheidung verschiedene Kriterien zu entwickeln, die für eine über den Einzelfall hinaus wirkende Umstandssittenwidrigkeit sprechen können[140]. Diese Kriterien sind die folgenden: *a)* Der Mithaftende müsse nicht nur bei Eingehung der Verpflichtung nicht in der Lage sein, zur Erfüllung der Mitverpflichtung aus eigenem Einkommen oder Vermögen in nennenswertem Umfang beizutragen, sondern es dürfe auch nicht damit zu rechnen sein, daß sich dies in absehbarer Zeit ändern wird. Entscheidend sei also die Höhe der übernommenen Verpflichtung und die Prognose über die zukünftigen Erwerbsmöglichkeiten des Mithaftenden. Hierbei seien alle Umstände, wie etwa Ausbildung, Fähigkeiten usw. zu berücksichtigen; ganz unwahrscheinliche Umstände, wie etwa Lotteriegewinne oder unerwartete Erbschaften müßten dagegen außer Betracht bleiben. *b)* Die finanzielle Überforderung des Mithaftenden müsse dem Kreditinstitut bewußt sein. *c)* Dazu müßten jedenfalls weitere, besondere Umstände vorhanden sein, die die Gesamtwürdigung des Geschäfts negativ beeinflussen können, wie etwa Überrumpelung durch

---

133 Vgl. BGH NJW 1993, 322, 324 = WM 1992, 2129, 2131

134 Vgl. Harm P. Westermann, WuB I F 1a. - 3.93, 213, 215; B. Grün, WM 1993, 713, 717

135 Siehe Fußnote 84, 85 im 2. Kapitel dieser Arbeit

136 Vgl. BGH NJW 1993, 322, 323 = WM 1992, 2129, 2129 = DZWir 1993, 64, 64

137 BGH NJW 1993, 322, 323 = WM 1992, 2129, 2130

138 Vgl. P. Heinrichsmeier, FamRZ 1994, 129, 130

139 BGH NJW 1993, 322, 323 = WM 1992, 2129, 2130

140 Vgl. H. Honsell, JuS 1993, 817, 819

den Bankvertreter in der ehelichen Wohnung, Appell an die eheliche Liebe und Hilfsbereitschaft oder Verharmlosung des Mitverpflichtungsrisikos. *d)* Trotz Bestehens der genannten Voraussetzungen könne das Vorliegen bestimmter Umstände die Anwendung des § 138 Abs. 1 BGB verhindern. Ein solcher Umstand liege vor, wenn der Hauptschuldner und sein Mithaftender gemeinsam über die Verwendung der Kreditsumme entscheiden oder der Mithaftende aus der Verwendung unmittelbar eigene Vorteile (z. B. Miteigentumserwerb durch die Kreditmittel) hat. Nur mittelbare Vorteile für den Mithaftenden (z. B. bessere Unterhaltsleistungen) reichten jedoch nicht dafür aus[141].

Hierbei muß noch beachtet werden, daß der XI. Zivilsenat in bezug auf ein schutzwürdiges Interesse der Bank ungeachtet seines Harmoniestrebens ausdrücklich an seiner bisherigen Auffassung festhält[142]. Danach kann allein das Ziel, späteren Vermögensverschiebungen vom Kreditnehmer auf den zunächst einkommens- und vermögenslosen Familienangehörigen vorzubeugen, eine mit unangemessenen Mitteln herbeigeführte unbeschränkte Mitverpflichtung nicht rechtfertigen[143]. Hierzu schlägt H. Honsell vor, es sei am einfachsten, eine Bürgschaft oder eine Schuldmitübernahme nur in dem Umfang für gültig zu halten, in dem es später tatsächlich zu Vermögensverschiebungen gekommen sei[144].

Im Ergebnis ist es mit dieser Entscheidung nicht gelungen, die Probleme durch die Bewertungsdiskrepanzen innerhalb des BGH zu beseitigen.

II Der Beschluß des BVerfG vom 19.10.1993 und die weitere Entwicklung der BGH-Rechtsprechung

1. Der Beschluß des BVerfG vom 19.10.1993

Der Beschluß des BVerfG vom 19.10.1993 beendete die jahrelange Kontroverse zwischen dem IX. und XI. Zivilsenat des BGH, indem das Gericht der Verfassungs-

---

141 BGH NJW 1993, 322, 323 f. = WM 1992, 2129, 2130 f.; H. Honsell, JuS 1993, 817, 819; ders., DZWir 1993, 64, 65 und 67

142 Vgl. P. Heinrichsmeier, FamRZ 1994, 129, 131

143 BGH NJW 1993, 322, 324 = WM 1992, 2129, 2131; vgl. auch BGH NJW 1991, 923, 925 = WM 1991, 313, 315

144 H. Honsell, JuS 1993, 817, 819 ; ders., DZWir 1993, 64, 67; ähnl. Harm P. Westermann, WuB I F 1 a. - 3.93, 213, 216; ders., in FS für H. Lange, 1992, S. 1014; ders., WuB I F 1 a.-14.91, 1083, 1087: „Im Vertragsschluß mit einer offensichtlich derzeit zur Erfüllung der Ver-pflichtung nicht vermögenden Person ist ein konkludentes *pactum de non petendo* für den Fall zu sehen, daß der Mithaftende weder vom Hauptschuldner noch durch eine bei Vertragsschluß absehbare berufliche oder vermögensmäßige Verbesserung nennenswerte eigene Mittel erworben hat.“

beschwerde gegen das im sog. „Tochter- oder Nur für die Akten-Fall“[145] ergangene Urteil des IX. Zivilsenats stattgab und gleichzeitig eine zweite, gegen ein Urteil des OLG Hamburg[146] gerichtete Verfassungsbeschwerde abwies[147].

Im Fall des OLG Hamburg ging es um eine Bürgschaft einer einkommens- und vermögenslosen Ehefrau für einen Konsumkredit ihres Ehemannes in Höhe von 16.000 DM. Das BVerfG wies die Verfassungsbeschwerde ab, weil die Bürgschaft nicht ungewöhnlich hoch war, unmittelbare Interessen der Ehefrau an der Kreditgewährung bestanden und seitens der Bank keine subtilen Irreführungs- oder Pressionstaktiken zum Erhalt der Bürgschaftserklärung verwendet wurden[148].

In dieser wegweisenden Entscheidung äußert das Bundesverfassungsgericht eine starke Kritik an der harten Rechtsprechung des IX. Zivilsenats des BGH. Es meint, die Entscheidung des IX. Zivilsenats werde der Problematik des Ausgangsfalls nicht gerecht und verfehle die grundrechtliche Gewährleistung der Privatautonomie so prinzipiell, daß die Entscheidung keinen Bestand haben könne[149]. Wie schon in der Handelsvertreterentscheidung[150] betont das BVerfG auch in dieser Entscheidung die verfassungsrechtliche Pflicht der Zivilgerichte, bei der Auslegung und Anwendung der Generalklauseln des BGB darauf zu achten, daß Verträge nicht als Mittel der Fremdbestimmung dienen. Aus Gründen der Rechtssicherheit dürfe ein Vertrag aber nicht bei jeder Störung des Verhandlungsgleichgewichts nachträglich in Frage gestellt oder korrigiert werden. Vielmehr sei es Voraussetzung, daß es um eine typisierbare Fallgestaltung[151] gehe, die eine *strukturelle Unterlegenheit* des einen Vertragsteils erkennen lasse, und daß die Folgen des Vertrages für den unterlegenen Vertragsteil

---

145 Siehe Fußnote 76 im 2. Kapitel in dieser Arbeit

146 Hans. OLG Hamburg, Urteil vom 30.6.1989 - 14 U 35/89; U. Preis / C. Rolf, DB 1994, 261, 263

147 Vgl. BVerfGE 89, 214 = WM 1993, 2199 = NJW 1994, 36; auch J. Köndgen, EWiR § 138 BGB 1/94, 23, 23 f.; P. Heinrichsmeier, FamRZ 1994, 129, 134 f.; U. Preis / C. Rolfs, DB 1994, 261, 263 f.; H. Honsell, NJW 1994, 565, 565 f.; B. Grün, WM 1994, 713, 719 ff.; W. Löwe, ZIP 1993, 1759; v. Westphalen, MDR 1994, 5, 5 f.; P. Bydlinski, WuB I F 1a. - 4.94, 389

148 Siehe Fußnote 146 im 2. Kapitel dieser Arbeit; auch H. Honsell, NJW 1994, 565, 566

149 BVerfG WM 1993, 2199, 2204 = NJW 1994, 36, 39; W. Löwe, ZIP 1993, 1759; kritisch, P. Bydlinski, WuB I F 1a. - 4.94, 389, 394

150 BVerfGE 81, 242, 255 = NJW 1990, 1469, 1470 = WM 1990, 559, 561; auch BVerfG WM 1993, 2199, 2203

151 Das Merkmal „typisierbare Fallgestaltung“ sei nicht auf generelle, stets wiederkehrende Situationen bezogen. Vielmehr reiche auch der Einzelfall, das einmalige Ereignis, aus. Denn Art. 2 Abs. 1 GG schützt den jeweiligen Grundrechtsträger: v. Westphalen, MDR 1994, 5, 7

ungewöhnlich belastend[152] seien. Wenn der Vertragsinhalt für eine Seite ungewöhnlich belastend und als Interessenausgleich offensichtlich unangemessen ist, dürfen sich die Gerichte also nicht mit der Feststellung „Vertrag ist Vertrag" begnügen. Sie haben vielmehr eine Pflicht zur Inhaltskontrolle[153] von Verträgen. Dabei müssen sie klären, ob die Regelung eine Folge strukturell ungleicher Verhandlungsstärke ist und ob gegebenenfalls im Rahmen der Generalklauseln das geltende Zivilrecht korrigierend eingreift. Das folgt aus der grundrechtlichen Gewährleistung der Privatautonomie (Art. 2 Abs. 1 GG) und dem Sozialstaatsprinzip (Art. 20 Abs. 1, Art. 28 Abs. 1 GG)[154].

Nach Auffassung des BVerfG hätte im vorliegenden Fall die notwendige Inhaltskontrolle die Nichtigkeit des Vertrages ergeben müssen. Es hat dazu auf folgendes hingewiesen: Das ohne eigenes wirtschaftliches Interesse übernommene Haftungsrisiko der Bürgin sei ungewöhnlich hoch und außerordentlich schwer abschätzbar gewesen. Es fehle in diesem Fall außerdem auch eine Begrenzung der gesicherten Geschäftsverbindlichkeiten und schließlich seien die bürgschaftsrechtlichen Schutzvorschriften abbedungen worden. Ferner habe der Bankangestellte das Risiko der Bürgschaft bagatellisiert[155].

Insgesamt stellt sich dieser Beschluß des BVerfG als notwendige verfassungsrechtliche Korrektur einer Rechtsprechung des IX. Senats des BGH heraus, die die „formelle" Privatautonomie zu undifferenziert mit „materieller" Privatautonomie gleichgesetzt hat[156]. Gleichzeitig entspricht es seit dem Lüth-Urteil von 1958[157] der ständigen Rechtsprechung des BVerfG, daß die im Grundrechtskatalog enthaltenen allgemeinen Wertentscheidungen der Verfassung für alle Bereiche des Rechts gelten, insbesondere auch für das Zivilrecht[158]. Die Entscheidung entspricht zudem der vom XI. Zivilsenat vertretenen Linie[159]. Hierbei muß auch darauf hingewiesen werden, daß der vom BVerfG entwickelte Begriff der grundrechtlich gewährleisteten Privatautonomie und

---

152 Unter Berücksichtigung der zu erwartenden beruflichen und damit verbundenen finanziellen Entwicklung stelle eine im Laufe des Lebens nicht ablösbare Verbindlichkeit eine verfassungsrechtlich nicht hinzunehmende ungewöhnliche Belastung dar: vgl. U. Preis / C. Rolfs, DB 1994, 261, 267; v. Westphalen, MDR 1994, 5, 7

153 „Die unterschiedliche Verhandlungsstärke darf dann keine Rolle spielen, wenn der Vertrag *inhaltlich ausgewogen* ist. Das meine wohl auch das BVerfG, wenn es von *Inhaltskontrolle* spricht." : P. Bydlinski, WuB I F 1a. - 4.94, 389, 392

154 BVerfG WM 1993, 2199, 2203 = NJW 1994, 36, 38

155 BVerfG WM 1993, 2199, 2203 f. = NJW 1994, 36, 39

156 P. Heinrichsmeier, FamRZ 1994, 129, 135

157 BVerfGE 7, 198 = NJW 1958, 257

158 BVerfGE 7, 198, 204 ff.

159 Vgl. U. Preis / C. Rolfs, DB 1994, 261, 263; P. Heinrichsmeier, FamRZ 1994, 129, 134

Vertragsfreiheit wegen der Allgemeinheit seiner Formulierung über das Bürgschaftsrecht hinausreichende Auswirkungen hat[160].
Im Ergebnis hat der Grundsatzbeschluß des Bundesverfassungsgerichts zur Mithaftung eines einkommens- und vermögenslosen Familienangehörigen die Verantwortung des Richters für die Wahrung der Vertragsgerechtigkeit deutlich erhöht[161].

2. Weitere Entwicklung der Rechtsprechung nach dem Beschluß des BVerfG vom 19.10.1993

Im Anschluß an den Beschluß des BVerfG vom 19.10.1993 wurde der sog. „Tochter- oder Nur für die Akten-Fall" erneut durch den IX. Zivilsenat des BGH behandelt[162]. Dieser gab zunächst ausdrücklich seine ursprüngliche Auffassung auf und folgte der Entscheidung des BVerfG. Es wurde angenommen, daß eine Bürgschaft, die durch ein geschäftsunerfahrenes Kind für seine Eltern geleistet wurde, nach § 138 Abs. 1 BGB nichtig sein kann, wenn der Bank bekannt war oder sie grob fahrlässig außer acht gelassen hat, daß das Kind nur aus familiärer Hilfsbereitschaft gehandelt hat und die eingegangene Verpflichtung seine finanzielle Leistungsfähigkeit voraussichtlich auf Dauer weit übersteigt[163]. Entsprechendes gilt auch für eine weitere Entscheidung des IX. Zivilsenats vom selben Tag[164]. Von Bedeutung ist hier, daß der IX. Zivilsenat des BGH zum erstenmal die Sittenwidrigkeit der Bürgschaft schon deshalb bejaht, weil ein besonders grobes Mißverhältnis zwischen dem Verpflichtungsumfang und der Leistungsfähigkeit des Bürgen besteht und dieser aus Geschäftsunerfahrenheit ohne wesentliches Eigeninteresse gehandelt hat[165]. Damit vollzieht er einen Wandel hin zu einem materiellen Verständnis der Privatautonomie und beseitigt somit die Divergenz zum XI. Zivilsenat[166].
Am 5.8.1994 hat dann das BVerfG über den sog. „Brautleutefall"[167] entschieden. Auch hierbei ist es im wesentlichen seiner Argumentation vom 19.10.1993 gefolgt[168].

---

160 W. Löwe, ZIP 1993, 1759; vgl. auch J. Köndgen, EWiR § 138 BGB 1/94, 23, 24; H. Honsell, NJW 1994, 565, 566; v. Westphalen, MDR 1994, 5, 5

161 B. Grün, WM 1994, 713, 724

162 BGH, Urt. v. 24.2.1994 - IX ZR 227/93 (OLG Celle) = NJW 1994, 1341 = WM 1994, 680 = ZIP 1994, 614 = BB 1994, 813

163 BGH NJW 1994, 1341, 1342 f. = WM 1994, 680, 681 ff.

164 BGH, Urt. v. 24.2.1994 - IX ZR 93/93 (OLG Koblenz) = NJW 1994, 1278 = WM 1994, 676 = ZIP 1994, 520 = BB 1994, 810 = MDR 1994, 573; siehe auch Hans G. Ganter, WM 1996, 1705, 1711

165 BGH NJW 1994, 1278, 1278 f. = WM 1994, 676, 677 f.

166 B. Grün, WM 1994, 713, 723

167 Siehe Fußnote 75 im 2. Kapitel dieser Arbeit

Mit der Entscheidung vom 5.1.1995[169] hat der IX. Zivilsenat des BGH bei der Bewertung von ruinösen Bürgschaften einkommens- und vermögensloser Ehegatten jedoch sein eigenes Profil gezeigt, indem er für den geschiedenen Ehegatten die Regeln des Wegfalls der Geschäftsgrundlage angewendet hat[170]. Er begründet dies damit, daß nach einer Scheidung nicht mehr die Gefahr einer Vermögensverschiebung zwischen den Ehepartnern besteht[171]. Hierbei hat der IX. Zivilsenat die Bürgschaft nicht schon deshalb für nach § 138 Abs. 1 BGB nichtig gehalten, weil der Bürge wirtschaftlich nicht in der Lage war, die übernommene Verbindlichkeit zu erfüllen, und mit dem Hauptschuldner verheiratet oder ihm verwandtschaftlich eng verbunden ist. Vielmehr ist nach Auffassung des IX. Zivilsenats für die Anwendung des § 138 Abs. 1 BGB als weitere Voraussetzung erforderlich, daß ein unerträgliches Ungleichgewicht zwischen den Vertragspartnern entsteht[172], z. B. durch die Ausnutzung der geschäftlichen Unerfahrenheit oder einer seelischen Zwangslage, oder durch eine wesentliche Beeinträchtigung der Entscheidungsfreiheit der Bürgen[173]. In diesem Fall (Ehegattenbürgschaft) hat aber der BGH die Existenz eines solchen unerträglichen Ungleichgewichtes verneint: Mit dieser Entscheidung macht der IX. Zivilsenat des BGH insbesondere deutlich, daß nach seinem Dafürhalten bei der Ehegattenbürgschaft *anders als bei der Abkömmlingsbürgschaft*[174] von einer Übernahme der Bürgschaftsverpflichtung aus freier Entscheidung ausgegangen werden

168 In dieser Entscheidung betont es wiederum die Bedeutung der grundrechtlich gewährten Privatautonomie sowie des Sozialstaatsprinzips, aus der ein korrigierender Eingriff der Zivilrechtsordnung in das Vertragsrecht gerechtfertigt wird, wenn einer der Vertragsteile ein so starkes Übergewicht hat, daß er den Vertragsinhalt faktisch einseitig bestimmen kann und damit über den anderen Vertragsteil Fremdbestimmung stattfindet: BVerfG, Beschl. v. 5.8.1994 - 1 BvR 1402/89 = NJW 1994, 2749, 2749 f.

169 BGH, Urt. v. 5.1.1995 - IX ZR 85/94 (Karlsruhe) = NJW 1995, 592

170 G. Pape, NJW 1996, 887, 890 f.; kritisch: D. Reinicke / K. Tiedtke, NJW 1995, 1449, 1451 ff. insbesondere 1454

171 BGH NJW 1995, 592, 594 = ZIP 1995, 203, 205 f.; in den beiden folgenden Entscheidungen vom 25.4.1996 [BGH, Urt. v. 25.4.1996 - IX ZR 177/95 (Frankfurt/M) = NJW 1996, 2088, 2089 = WM 1996, 1124, 1126; auch V. Emmerich, JuS 1996, 935, 936] und 2.5.1996 [BGH, Urt. v. 2.5.1996 - IX ZR 259/95 (KG) = NJW-RR 1996, 1262, 1262] argumentiert der IX. Zivilsenat des BGH wieder mit den Grundsätzen des Wegfalls der Geschäftsgrundlage nach dem endgültigen Scheitern der Ehe. Damit verneint er ausdrücklich einen Zahlungsanspruch des Gläubigers gegen den finanziell nicht leistungsfähigen geschiedenen Ehegatten; damit ist die Bürgschaft ein sinnentleertes Instrument zur Verhinderung von Vermögensverschiebungen geworden: G. Pape, NJW 1996, 887, 891

172 BGH NJW 1995, 592, 592 = ZIP 1995, 203, 203

173 BGH NJW 1995, 592, 592 = ZIP 1995, 203, 203; vgl. auch BGH NJW 1993, 322, 324 = WM 1992, 2129, 2131; BGH NJW 1994, 1278, 1280 = WM 1994, 676, 678 f.; BGH NJW 1994, 1341, 1342 f. = WM 1994, 680, 682

174 Seit der Entscheidung des BVerfG vom 19.10.1993 spielen die Bürgschaften von Kindern des Kreditnehmers in der Bankpraxis keine Rolle mehr: V. Emmerich, JuS 1996, 936, 936; vgl. BGH

kann. Dies ergebe sich aus der gesetzlichen Ausgestaltung der Ehe als einer Partnerschaft gleichen Rechts und gleicher Pflichten und aus ihrer Bestimmung als einer Wirtschafts- und Risikogemeinschaft der Partner. Nach Meinung des BGH entsprach die dem Familienbetrieb dienende Kreditgewährung in dem behandelten Fall den Wünschen und Interessen beider Partner, da hieraus der gesamte Familienunterhalt bestritten wurde[175].

Eine derartige Ansicht, daß allein eine krasse finanzielle Überforderung des Bürgen ohne zusätzliche belastende Umstände für die Anwendung des § 138 Abs. 1 BGB nicht ausreicht, wird über die Entscheidung des BGH (IX. Senat) vom 2.11.1995[176] und vom 28.3.1994[177] hinaus auch durch den eine entsprechende Entscheidung des BGH (IX. Senat)[178] bestätigenden Beschluß des Bundesverfassungsgerichts vom 2.5.1996[179] vertreten; das Bundesverfassungsgericht hat in diesem Fall das unmittelbare Interesse[180] des Bürgen an der Verlängerung des Kredits und seine Fähigkeit, zusammen mit dem Hauptschuldner Zins- und Tilgungsleistungen zu erbringen, berücksichtigt; gleichzeitig verneint es bei der Bürgschaftserklärung die Beeinträchtigung der Entscheidungsfreiheit der Bürgin, die als Lohnbuchhalterin mit monatlichem Netto-Verdienst von über 2.500 DM berufstätig war und schon früher in einer notariellen Urkunde die selbständige Begründung der Verpflichtung anerkannt hatte[181]. Damit hat das BVerfG trotz der finanziellen Überforderung der Bürgin wegen

---

NJW 1994, 1341; BGH NJW 1994, 1278; BGH NJW 1997, 52 = ZIP 1996, 1977 = WM 1996, 2194; Hans G. Ganter, WM 1996, 1705, 1712

175 BGH NJW 1995, 592, 593; davor gab es bei der Ehegattenbürgschaft einen Anwendungsfall der Sittenwidrigkeit: BGH NJW 1994, 1726, 1727 = JuS 1994, 797 (Nr. 6), 798

176 BGH, Urt. v. 2.11.1995 - IX ZR 222/94 (Saarland) = NJW 1996, 513: In diesem Fall hat der BGH bei finanzieller Überforderung und unter weiteren Voraussetzungen die Bürgschaft als sittenwidrig angesehen, da der Hauptschuldner das im voraus schon in erheblichem Umfang ausgezahlte Darlehen verwendet hat und der Gläubiger nun die Aufrechterhaltung des Kredits und die weitere Auszahlung des Darlehensrestbetrags von der Übernahme einer selbstschuldnerischen Bürgschaft des Ehegatten abhängig gemacht hat; der konnte in dieser Situation gar nicht mehr anders, als die Bürgschaftserklärung abzugeben; vgl. auch G. Pape, NJW 1997, 980, 982

177 BGH, Urt. v. 28.3.1996 - IX ZR 199/95 = NJW-RR 1996, 813, 813: Hierbei führt der BGH als „weitere Umstände" für die Anwendung der Sittenwidrigkeit gemäß § 138 Abs. 1 BGB die Ausnutzung der Geschäftsunerfahrenheit des Bürgen durch die Bank und die fehlende Aufklärung über die Risiken der Bürgschaft an.

178 BGH, Urt. v. 18.1.1996 - IX ZR 171/95 (Dresden) = NJW 1996, 1274 = WM 1996, 519

179 BVerfG, Beschl. v. 2.5.1996 - 1 BvR 696/96 = NJW 1996, 2021

180 Da auch die Bürgin aus einem wirtschaftlichen Erfolg des Betriebs ihres Ehemanns, dem der durch die Bürgschaft gesicherte Kredit diente, Nutzen hätte ziehen können: BVerfG NJW 1996, 2021, 2021

181 BVerfG NJW 1996, 2021, 2021

der fehlenden weiteren Erfordernisse den Bürgschaftsvertrag als wirksam erachtet. Es hat hierbei weiterhin seine Auffassung vom 19.10.1993 im wesentlichen wiederholt[182]. Der XI. Zivilsenat des BGH, der bereits früher die materielle Privatautonomie betont hat, wendet mit seiner Entscheidung vom 5.11.1996 die Grundsätze zur Sittenwidrigkeit von Mitverpflichtungen einkommens- und vermögensloser Ehegatten auch auf öffentlich geförderte Darlehen an[183].

So wie der BGH (IX. Senat) im Fall des Scheiterns der Ehe mit dem „Wegfall der Geschäftsgrundlage" einen neuen Weg gegangen war, vertritt er mit seiner Entscheidung vom 23.1.1997 nun auch im Fall des Fortbestehens der ehelichen Gemeinschaft eine ganz neue Linie. Nach dieser Entscheidung ist eine Zahlungsklage gegen einen von Anfang an erkennbar finanziell nicht leistungsfähigen Ehegatten, der ohne unzulässige Beeinflussung wirksam eine Bürgschaft für ein Darlehen erteilt hat, als *„zur Zeit unbegründet"* abzuweisen, solange der Bürge kein Vermögen (hier: Erbschaft) erworben hat und die Lebensgemeinschaft fortbesteht[184]. Nach Auffassung des BGH wird die Fälligkeit des Anspruchs aus der Bürgschaft von Anfang an hinausgeschoben, bis der Bürge tatsächlich zu Vermögen gekommen ist[185]. Bis zu dieser Entscheidung war der Schuldnerschutz im Bereich der Bürgschaftsübernahme durch Ehegatten an die Voraussetzung geknüpft, daß zu der finanziellen Überforderung noch weitere Umstände, wie z. B. Verharmlosung der übernommenen Haftung, Ausnutzung der Geschäftsunerfahrenheit oder eine seelische Zwangslage, hinzutreten. Bei dieser neuen Variante reicht jedoch schon allein die Vermögenslosigkeit, also ohne weitere Umstände, zur „vorläufigen" Abweisung der Zahlungsklage der Bank aus, wenn gleichzeitig die übernommene Haftung nur dem Schutz der Bank vor Vermögensverlagerungen vom Hauptschuldner auf den Bürgen diente[186].

Im Ergebnis ist aus diesen Entscheidungsserien nach dem Beschluß des Bundesverfassungsgerichts vom 19.10.1993 festzuhalten, daß beide Zivilsenate (IX. und XI.) des BGH darin übereinstimmen, den überschuldeten Schuldner durch Einschränkung der Vertragsfreiheit zu schützen. Hinsichtlich des Schutzmittels

182 Aus der grundrechtlichen Gewährleistung der Privatautonomie (Art. 2 Abs. 1 GG) und dem Sozialstaatsprinzip (Art. 20 Abs. 1, Art. 28 Abs. 1 GG) haben die Gerichte bei gestörter Vertragsparität, die aus einer strukturellen Unterlegenheit und einer ungewöhnlichen Belastung des einen Vertragsteils folgt, zu klären, ob sie in den Vertrag im Rahmen der Generalklauseln des geltenden Zivilrechts, namentlich der §§ 138, 242 BGB, korrigierend eingreifen: BVerfG NJW 1996, 2021, 2021

183 BGH, Urt. v. 5.11.1996 - XI ZR 274/95 (München) = NJW 1997, 257, 258; vgl. auch G. Pape, NJW 1997, 980, 983

184 BGH, Urt. v. 23.1.1997 - IX ZR 69/96 (Karlsruhe) = NJW 1997, 1003, 1003 f. = ZIP 1997, 406, 409

185 BGH NJW 1997, 1003, 1004 = ZIP 1997, 406, 408

186 BGH NJW 1997, 1003, 1004 = ZIP 1997, 406, 409

bestehen jedoch nach wie vor teilweise erhebliche Divergenzen zwischen beiden Zivilsenaten: Der XI. Zivilsenat greift in den einen Vertragsteil überfordernden Vertrag mit § 138 BGB direkt ein und vertritt damit den Grundsatz der materiellen Privatautonomie, wohingegen der IX. Zivilsenat nur sehr zurückhaltend die Sittenwidrigkeit des Vertrages nach § 138 Abs. 1 BGB annimmt und stattdessen neue Wege zum Schuldnerschutz findet, wie z. B. den Grundsatz des Wegfalls der Geschäftsgrundlage (§ 242 BGB) oder die Abweisung der Klage als „derzeit unbegründet".

III Zusammenfassende Schlußbemerkung

Während der Auseinandersetzung zwischen den Senaten des BGH[187] und dem BVerfG gab es auch im wissenschaftlichen Schrifttum eine heftige Kontroverse bezüglich materieller und formeller Privatautonomie. Die Auffassung des XI. Zivilsenats des BGH wird von vielen Autoren geteilt, darunter z. B. H. Honsell, der sich fragt, worin die Willensfreiheit eines 18-jährigen, der noch materiell von den Eltern abhängig ist, eigentlich bestehe[188], und W. Löwe[189], der den Beschluß des BVerfG vom 19.10.1993 als einen Meilenstein zur Gewährleistung der Vertragsgerechtigkeit durch die Zivilgerichte bezeichnet. Dem stimmt v. Westphalen zu, demzufolge es zwar unbestreitbar sei, daß die verfassungsrechtlich geforderte Inhaltskontrolle von ungleichgewichtigen Verträgen auf Kosten der Rechtssicherheit gehe; nur so könne aber das Ungleichgewicht zwischen Schwächeren und Stärkeren ausgeglichen werden, da die Kräfte des Marktes für den Stärkeren keine ausreichende Schranke seien[190].

---

187 Nach Hans-P. Ackmann ist es zu begrüßen, daß die seit Jahren geführte Diskussion um die vielschichtige Problematik des „modernen Schuldturms" durch den Senatszwist beim BGH an Intensität und Bedeutung gewinnen wird: Hans-P. Ackmann, EWiR § 138 BGB 4/91, 231, 232; kritisch P. Bydlinski, ZBB 1991, 263, 268

188 H. Honsell, JuS 1993, 817, 820: Nach dem Vorbild von Art. 493 II des schweizerischen Obligationenrechts schlägt Honsell weiter vor, daß sich der Gesetzgeber im Hinblick auf die Gefährlichkeit gerade der Gefälligkeitsbürgschaft entschließen sollte, die Pflicht zur notariellen Beurkundung einzuführen.

189 W. Löwe, ZIP 1993, 1759

190 Ferner kann man Zustimmung für die Auffassung des XI. Zivilsenats finden etwa bei B. Grün, WM 1994, 713, 716; ders., NJW 1991, 923, 925 f. (Durch das starke Verhandlungsübergewicht der Bank sei die Vertragsparität so gravierend gestört, daß § 138 Abs. 1 BGB als Ausdruck des Übermaßverbotes anzuwenden sei.); H. Honsell, JZ 1989, 494, 495 f.; J. Berkemann, JR 1994, 177, 177; G. Kreft, WM 1992, 1425 ff.; Derleder, in: FS für Bärmann und Weitnauer, 1990, S. 121 ff.; D. Reinicke / K. Tiedtke, ZIP 1989, 613 ff.; M. Wochner, BB 1989, 1354 ff.; K. Tiedtke, EWiR § 765 BGB 5/89, 567 ff.; U. Reifner, ZIP 1990, 427 ff.; Hans-P. Schwintowski, ZBB 1989, 91 ff.; auch LG Münster, NJW 1990, 1668, 1671; LG Osnabrück, WM 1990, 1739; OLG Stuttgart, NJW 1988, 833; siehe auch Fußnote 94 bis 98 im 2. Kapitel dieser Arbeit

Diese Position wird jedoch von einer großen Anzahl Gegner kritisiert, z. B. von W. Hadding und R. Knütel, nach deren Auffassung der XI. Zivilsenat einen sozialen Schutz durch richterliche „Entmündigung“[191] bietet, durch die wirtschaftlich schwache wie junge Personen zusätzlich und gleichheitswidrig in ihren Chancen, eine Existenz aufzubauen, behindert würden[192]. K. Adomeit deutet zutreffend an, die Wirtschaftspraxis, z. B. der Banken, werde in Zukunft die Konditionen erhöhen, so daß künftig Kredite zum Nachteil der Kreditsuchenden, die der XI. Zivilsenat des BGH und das BVerfG schützen wollten, eher versagt als gewährt würden. Leicht bestätigt sich also der Satz: „Der Schutz des Schwächeren ist der Ruin des Schwächsten“[193]. Auch J. Eckert führt an, daß die Haltung des XI. Zivilsenats freiheitsfeindlich sei und dem Leitbild des in rechtsgeschäftlicher Selbstbestimmung eigenverantwortlich handelnden Bürgers widerspreche[194].

Die Privatautonomie ist notwendigerweise zu begrenzen. Dabei muß allerdings stets beachtet werden, daß jede Begrenzung der Privatautonomie zum Schutze des einen Teils gleichzeitig auch in die Freiheit des anderen eingreift[195]. Nach dem Beschluß des BVerfG vom 19.10.1993 bleibt es Aufgabe der Zivilgerichte, in dem jeweils zu beurteilenden Einzelfall auf der Grundlage materiell verstandener Privatautonomie einen angemessenen Interessenausgleich herbeizuführen[196]. In Zukunft genügt für die Unwirksamkeit eines Vertrages ein ausgeprägtes *strukturelles Ungleichgewicht*[197] und

---

191 W. Hadding, WuB I E 1. - 4.91, 659, 661; R. Knütel, ZIP 1991, 493, 496 f.; vgl. auch Harm P. Westermann, JZ 1989, 746, 747; J. Eckert, WM 1990, 85, 88; B. Grün, WM 1994, 713, 716

192 R. Knütel ZIP 1991, 493, 497,

193 K. Adomeit, NJW 1994, 2467, 2469; W. Hadding, WuB I E 1. - 4.91, 659, 662; vgl. auch W. Zöllner, JuS 1988, 329, 332 ff.; Diese Ansicht wird auch von M. Schlachter geteilt: „Wer jahrelange Belastungen in Kauf nimmt, um den Traum vom Eigenheim oder beruflicher Selbständigkeit zu verwirklichen, muß daran nicht gehindert werden.“: M. Schlachter, BB 1993, 802, 804

194 J. Eckert, WuB I F 1a. - 13.92, 931, 932; W. Hadding, WuB I E 1. - 4.91, 659, 661; Weitere Literatur auf dieser Linie: J. Schröter, WuB I F 1a. - 12.89, 841 f. und 842 ff.; F. Merz, ZRP 1991, 307 ff.; P. Bydlinski, ZBB 1991, 263 ff.; Harm P. Westermann, in: FS für Hermann Lange, S. 998; ders., JZ 1989, 746, 747; ders., WuB I F 1a. - 3.93, 213, 214 ff.; ders., WuB I F 1 a. - 14.91, 1083, 1085; D. Medicus, ZIP 1989, 817, 819 ff.; C. Hillgruber, AcP 191 (1991), 69 74 und 84 ff.; D. Rehbein, JR 1989, 464, 468 ff.

195 BVerfG NJW 1990, 1469, 1470

196 BVerfG WM 1993, 2199, 2203 = NJW 1994, 36, 38; P. Heinrichsmeier, FamRZ 1994, 129, 135; G. Spieß, DVBl. 1994, 1222, 1227

197 Kritik: „Der Vertrag müsse das Ergebnis strukturell ungleicher Verhandlungsstärke sein; Hierdurch werden die ganze Vielfalt und Buntheit des Lebens und der Welt von Vertragsverhandlungen an Größen gemessen, die kaum feststellbar sind und schwerlich einen brauchbaren Maßstab hergeben. Die zivilrechtshistorische Entdeckung des Vertrages als Rechtsinstitut war wohl nur dadurch möglich gewesen, daß man entschlossen von naturgegeben unterschiedlicher Verhandlungsstärke abgesehen habe; Intelligenz, Erfahrung, Charakterbild,

eine *ungewöhnliche Belastung*. Damit haben wir heute in diesem Bereich eine allgemeine Inhaltskontrolle[198] nach §§ 138 und 242 BGB. Diese Inhaltskontrolle durch einen sozialstaatlich motivierten Eingriff in die Privatautonomie muß allerdings aus Gründen der Rechtssicherheit und der Privatautonomie auf krasse Fälle beschränkt bleiben, also als *Notrecht* betrachtet werden[199].

Wie der IX. Zivilsenat des BGH vertreten hat[200], ist dem verfassungsrechtlich gebotenen Schutz der Menschenwürde und dem Sozialstaatsprinzip prinzipiell durch die Pfändungsschutzbestimmungen des Zwangsvollstreckungsrechts[201] und gegebenenfalls durch eine Neuordnung des Insolvenzrechts Rechnung zu tragen. Hierbei müßte das Sozialstaatsprinzip so verstanden werden, daß das Grundrecht der Handlungsfreiheit (Art. 2 Abs. 1 GG) im Vordergrund steht und der soziale Schutz erst auf der Ebene der Rechtsfolgen eigenverantwortlichen Handelns anzusiedeln ist, also insbesondere bei den Grenzen der Pfändbarkeit, nicht aber im allgemeinen durch richterliche Einschränkung der Privatautonomie herbeigeführt werden sollte[202]. Dadurch könnte die einseitige Benachteiligung einzelner Gläubiger verhindert werden und der Tendenz des BVerfG sowie des XI. Zivilsenats des BGH, den Schuldnerschutz

---

wirtschaftliche Unabhängigkeit, Marktüberlegenheit. Wollte man solche Unterschiede ernsthaft berücksichtigen, dann würden Zivilgerichte zu Genehmigungsbehörden.“: K. Adomeit, NJW 1994, 2467, 2468

198 Bezüglich des Beschlusses vom 19.10.1993 weist K. Adomeit kritisch darauf hin, es würden also die konkrete Entscheidungsfolge und der anspruchsvolle Leitsatz weit auseinander klaffen. Deshalb sei bei der versuchten Ausformung der neu gesetzten Norm der Begriff „Inhaltskontrolle“ ganz weggelassen, weil dessen Funktion nicht sichtbar werde und das mögliche Resultat sehr wohl mit „Nichtigkeit“ vollständig juristisch beschrieben werden könne: K. Adomeit, NJW 1994, 2467, 2467 f.

199 H. Honsell, NJW 1994, 565, 566; U. Preis / C. Rolfs, DB 1994, 261, 268; auch Hans-P. Ackmann, EWiR § 138 BGB 4/91, 231, 232

200 BGH, NJW 1991, 2015, 2017 = WM 1991, 1154, 1157 (im sog. Studentenfall); auch BGH NJW 1989, 1276, 1278 = JZ 1989, 741, 743; BGH NJW 1989, 1665, 1666 = JZ 1989, 744, 745 = WM 1989, 595, 596 f.

201 Unsoziale Überforderung zu verhindern, sei Aufgabe des Vollstreckungsrechts, das dem Schuldner einen Betrag als Selbstbehalt garantiert, mit dem auch sonst nicht wenige Verbraucher auskommen müssen: M. Schlacher, BB 1993, 802, 804; auch H. E. Brandner, ZHR 153 (1989), 147, 158; J. Eckert, WM 1990, 85, 88

D. Medicus weist auch darauf hin, daß unter dem Gerechtigkeitsgesichtspunkt die vollstreckungsrechtliche Lösung der materiellrechtlichen vorzuziehen ist: „Die aus § 138 Abs. 1 BGB abgeleitete Nichtigkeit des Vertrages ließe sich nicht beheben, wenn sich die Verhältnisse des Versprechenden unerwartet günstig entwickelt haben. Demgegenüber ist die vollstreckungsrechtliche Lösung *elastischer*, weil sie auch die positiven (und nicht bloß die negativen) Veränderungen im Leistungsvermögen des Schuldners zu erfassen vermag.“: D. Medicus, ZIP 1989, 817, 823

202 Vgl. W. Hadding, WuB I E 1. - 4.91, 659, 661

vom Zwangsvollstreckungsrecht in das materielle Recht zu verlagern, entgegengetreten werden[203].

Allerdings setzt dies voraus, daß das Zwangsvollstreckungsrecht und das Insolvenzrecht wirklich einen ausreichenden Schuldnerschutz gewährleisten. Eine abschließende Bewertung der Frage, ob der Tendenz des BVerfG, also der direkte Zugriff auf die Privatautonomie durch die Anwendung des § 138 BGB, vertretbar ist, kann somit erst erfolgen, nachdem eine eingehendere Untersuchung der einzelnen prozeßrechtlichen Schuldnerschutzmaßnahmen durchgeführt worden ist.

E Zusammenfassung und Ausblick

Seit dem 17. Jahrhundert hat man der Privatautonomie eine immer größere Bedeutung zugemessen; die entscheidenden Grundlagen des heutigen Verständnisses von der Privatautonomie liegen im 18. Jahrhundert[204]. Im 19. Jahrhundert war man bestrebt, den Bereich der Privatautonomie auszudehnen[205]. Der einzelne sollte nicht mehr Objekt kirchlicher oder weltlicher Machtträger sein, sondern sich aus seiner Unmündigkeit befreien und in einer humanen gesellschaftlichen Ordnung seine Selbstverwirklichung finden können[206]. Hierbei wurde die formelle Gleichheit der Bürger stark betont, die materielle Ungleichheit jedoch nicht beachtet. Allerdings weiß man schon lange, daß eine schrankenlose Privatautonomie einem Idealtypus entspricht und daß das ewige Dilemma[207] der Privatautonomie darin liegt, daß sie immer wieder durch ungleiche Marktmacht der Partner gefährdet wird. Das bedeutet, daß die schrankenlose Privatautonomie von der sozialen Realität weit entfernt ist[208]. Die Privatautonomie hat deswegen im Lauf der Zeit große Einschränkungen erfahren,

---

203 Vgl. U. Preis / C. Rolfs, DB 1994, 261, 268; D. Medicus, ZIP 1989, 817, 823 („Vor allem wegen des § 164 Abs. 1 KO wollen vermutlich die Kritiker des BGH (IX. Senat) den Schuldnerschutz ins materielle Recht vorverlagern.")

204 W. Flume, FS DJT 1960, Bd. I, S. 145; M. Wolf, Rechtsgeschäftliche Entscheidungsfreiheit und vertraglicher Interessenausgleich, S. 8 f.: Die Privatautonomie leite in dieser Zeit die Befreiung von den feudalen Bindungen ein; vgl. auch F. Wieacker, Das Sozialmodell der klassischen Privatrechtsgesetzbücher und die Entwicklung der modernen Gesellschaft, S.4 ff.

205 W. Flume, Das Rechtsgeschäft, § 1, 9, S. 15; ders., FS DJT 1960, Bd. I, S. 145

206 M. Geißler, JuS 1991, 617, 620

207 H. Bartholomeyczik, AcP 166 (1966), 30, 57, W. Flume, FS DJT 1960, Bd. I, S. 143; L. Raiser, JZ 1958, 1, 6

208 H. Honsell, JuS 1993, 817, 817; vgl. auch K. Zweigert, Ius Privatum Gentium (= FS für Max Rheinstein), Bd. II, S. 503: „Da eine Gesellschaft, in der Gleichheit besteht, nirgends existiert, wahrscheinlich überhaupt eine Utopie ist und nie existieren wird, ist Vertragsfreiheit bei präziser Betrachtung ein Traumschloß, eine Utopie und keine Realität."

welche den Schutz des schwächeren Vertragspartners und den Ausgleich von Ungleichgewicht und fehlender Vertragsparität bezweckt haben[209]: Schranken der Privatautonomie sind unentbehrlich. Denn Privatautonomie im heutigen Sinne ist auf dem Prinzip der Selbstbestimmung aufgebaut, setzt also voraus, daß auch die Bedingungen freier Selbstbestimmung tatsächlich gegeben sind[210].

Dabei darf auch nicht übersehen werden, daß die Privatautonomie in ihrem *Wesensgehalt* erhalten bleiben muß[211]. Denn ein sozialer Ausgleich ist zwar für den einzelnen ad hoc durchaus hilfreich, kann für die Gesamtgruppe der Betroffenen aber unsoziale Wirkungen zeigen, wenn das System marktwirtschaftlicher Selbstorganisation aus dem Gleichgewicht gebracht wird[212].

Aufbauend auf diesen Grundgedanken sollen in den folgenden Kapiteln die rechtlichen Ausgestaltungen, die dem Schuldnerschutz bei Überschuldung dienen, dabei allerdings zugleich mehr oder weniger starke Einschränkungen der Privatautonomie beinhalten, erläutert werden. Hierbei wird der Zusammenhang zwischen materiellrechtlichem und prozeßrechtlichem Schuldnerschutz aufgezeigt. Dabei erfolgt zunächst die Klärung der Frage, ob die vollstreckungsrechtlichen Vorschriften unter Außerachtlassung des materiellen Rechts einen ausreichenden Schuldnerschutz bei Überschuldung bieten. Ferner ist zu prüfen, in welchem Ausmaß ein zusätzlicher Schuldnerschutz durch das Insolvenzrecht gewährleistet wird. Abschließend soll danach gefragt werden, in welchem Umfang ein materiellrechtlicher Schuldnerschutz trotz des ergänzenden Schutzes des Insolvenzrechts noch nötig ist.

---

209 Vgl. H. Merz, Privatautonomie heute - Grundsatz und Rechtswirklichkeit, S. 3 und 14; H. Honsell, JuS 1993, 817, 817

210 BVerfG NJW 1990, 1469, 1470 = WM 1990, 559, 561

211 Vgl. G. Hönn, JuS 1992, 953, 962

212 G. Spieß, DVBl. 1994, 1222, 1229; vgl. auch W. Flume, FS DJT 1960, Bd. I, S. 145; W. Zöllner, JuS 1988, 329, 335 f.

3. Kapitel: Prozessuale Möglichkeiten des nachträglichen Schuldnerschutzes bei Überschuldung

A Einleitung

I Zwangsvollstreckung und Schuldnerschutz

Als nachträglicher Schutz bei Überschuldung des Schuldners sind die Schuldnerschutzmaßnahmen im Zwangsvollstreckungsbereich, also der einzelvollstreckungsrechtliche Schutz und der insolvenzrechtliche Schutz mittels des Instituts der Restschuldbefreiung, zu berücksichtigen[1].

Die Zwangsvollstreckung als Ausübung hoheitlicher Gewalt im Rahmen der staatlichen Rechtspflege[2] soll der Verwirklichung der Gläubigerrechte dienen[3]. Sie ist Teil der staatlichen Rechtsschutzgewährleistung[4] - weshalb sich auch der dem Schuldner zu gewährende Vollstreckungsschutz aus den Gewährleistungen der Verfassung ergibt, da die Zwangsvollstreckung regelmäßig in grundrechtlich geschützte Rechtspositionen[5] der Beteiligten eingreift oder doch eingreifen kann[6]. Die historische Entwicklung des Zwangsvollstreckungsrechts[7] zeigt eine deutliche Tendenz zur Humanisierung der Vollstreckung. Der Übergang von der Personalvollstreckung zur Vermögens-

---

1 Vgl. J. Eckert, WM 1987, 945, 952 ff.; D. Medicus, ZIP 1989, 817, 822

2 Otto-G. Lippross, Vollstreckungsschutz, S. 117; Brox/Walker, Zwangsvollstreckungsrecht, Rdn. 277

3 Hans F. Gaul, Rpfleger 1971, 81, 93; Rosenberg/Gaul/Schilken, Zwangsvollstreckungsrecht, § 52, I

4 Vgl. Baur/Stürner, Bd. I Einzelvollstreckungsrecht, Rdn. 23.1 und 5.13; F. Bittmann, Rpfleger 1983, 261, 263; Wolf-D. Walker / M. Gruß, NJW 1996, 352, 352

5 Auf Schuldnerseite: das Eigentum (Art. 14 GG), die allgemeine Handlungsfreiheit (Art. 2 Abs. 1 GG), die Unverletzlichkeit der Wohnung (Art. 13 GG), die Menschenwürde Art. 1 GG) usw.; auf Gläubigerseite: das Eigentum (Art. 14 GG), Rosenberg/Gaul/Schilken, Zwangsvollstreckungsrecht, § 52, I; Otto-G. Lippross, Vollstreckungsschutz, S. 117 f.; W. Henckel, JZ 1992, 645, 654; vgl. auch M. Vollkommer, Rpfleger 1982, 1, 1 ff.

6 Rosenberg/Gaul/Schilken, Zwangsvollstreckungsrecht, § 52, I; H. Alisch, DGVZ 1981, 106, 106

7 Ausführlich zur historischen Entwicklung: Otto-G. Lippross, Vollstreckungsschutz, S. 7 ff.

vollstreckung[8] bildet hierbei den wichtigsten Schritt[9]. Jedoch könnte auch eine unbeschränkte Vollstreckung in das Vermögen des Schuldners faktisch zu einer Personalvollstreckung führen, wenn dadurch die wirtschaftliche Existenzgrundlage für den Schuldner und seine Familie genommen würde[10]. Um dies zu verhindern, ist die Gewährleistung eines Existenzminimums erforderlich, das dem Schuldner eine Möglichkeit für ein eigenverantwortliches und menschenwürdiges Leben gewährt[11]. Ferner muß die Zwangsvollstreckung auch das Ziel mitverfolgen, dem Schuldner die Chance und den Anreiz zu erhalten, seine Arbeitskraft zur Beschaffung des Lebensunterhalts für sich und seine unterhaltsberechtigten Angehörigen[12], darüber hinaus auch zur Erfüllung seiner Verpflichtungen einzusetzen[13]. So ist festzuhalten, daß die staatlichen Vollstreckungsmaßnahmen nur durchgeführt werden können, soweit ein menschenwürdiges Leben des Schuldners nicht gefährdet wird[14].

Aus Art. 1 Abs. 3 GG folgt, daß der Gesetzgeber bei der Gestaltung und die Vollstreckungsorgane bei der Durchführung der Zwangsvollstreckung an die Grundrechte als unmittelbar geltendes Recht und damit auch an das Sozialstaatsprinzip gebunden sind[15]. Nach der Rechtsprechung des Bundesverfassungsgerichts muß zu Recht jeder staatliche Eingriff, also auch die Zwangsvollstreckung, neben den

---

8 Zu Ausnahmen etwa §§ 890, 888 Abs. 1, 909 S. 1 ZPO

9 W. Henckel, Prozeßrecht und materielles Recht, S. 357; O. Jauernig, Zwangsvollstreckungs- und Insolvenzrecht, § 31, I

10 Rosenberg/Gaul/Schilken, Zwangsvollstreckungsrecht, § 52, I

11 Brox/Walker, Zwangsvollstreckungsrecht, Rdn. 277; vgl. auch W. Frenz, JR 1994, 92, 93 f.; J. Behr, Rpfleger 1981, 417, 422

12 Vgl. E. Schneider / W. Becher, DGVZ 1980, 177, 179; M. Vollkommer, Rpfleger 1982, 1, 2

13 Durch den Schuldnerschutz wird also gleichzeitig auch das Gläubigerinteresse berücksichtigt, weil nur so dem Schuldner Anreiz zur Erfüllung seiner Verpflichtungen gegeben werden kann: vgl. W. Henckel, Prozeßrecht und materielles Recht, S. 358; E. Schneider / W. Becher, DGVZ 1980, 177, 185; E. Schilken, in: MünchKommZPO, § 811, Rdn. 1; W. Münzberg, in: Stein/Jonas, ZPO, § 811, Rdn. 4; O. Jauernig, Zwangsvollstreckungs- und Insolvenzrecht, § 31, I; kritisch, H. Alisch, DGVZ 1981, 106, 107: „Es darf nicht dazu kommen, daß der Gläubiger selbst zum Sozialhilfeempfänger gemacht wird, falls eine Vollstreckung aus Gründen des Schuldnerschutzes eingestellt worden ist. .... Die verfassungsrechtliche Dimension vollstreckungsrechtlicher Probleme sollte deshalb zukünftig nicht nur einseitig den Blick für die grund- und sozialstaatlichen Rechte der Schuldner öffnen, sondern in jedem Einzelfall gleichzeitig die Bereitschaft fördern, die verfassungsrechtlichen Garantien aller Beteiligten zu behandeln, um so die Grenze zumutbarer Eingriffe fortlaufend auszuloten."; vgl. aber auch O. Jauernig, Zwangsvollstreckungs- und Insolvenzrecht, § 31, I („Gläubigernot"); W. Henckel, JZ 1992, 645, 654 (verhungerter Gläubiger)

14 W. Henckel, Prozeßrecht und materielles Recht, S. 359; § 1 Abs. 2 Bundessozialhilfegesetz; vgl. auch W. Münzberg, in: Stein/Jonas, ZPO, § 811 Rdn. 1; Otto-G. Lippross, Vollstreckungsschutz, S. 99; M. Vollkommer, Rpfleger 1982, 1, 2; R. Stürner, ZZP 1986, 291, 318

15 Otto-G. Lippross, Vollstreckungsschutz, S. 117; Brox/Walker, Zwangsvollstreckungsrecht, Rdn. 277; H. Alisch, DGVZ 1981, 106, 106; G. Christmann, DGVZ 1991, 6, 6; E. Schilken, in: MünchKommZPO, § 811, Rdn. 2: Es bedarf also nicht eines Rückgriffs auf die Lehre von der sog. Drittwirkung der Grundrechte.

Grundrechten den aus dem Rechtsstaatsprinzip herzuleitenden Verfassungsprinzipien, insbesondere dem Grundsatz der Verhältnismäßigkeit, Rechnung tragen[16] [17]. Gleichwohl wäre es nicht richtig, den Zwangsvollstreckungsschutz einseitig um der Rechtsstellung des Schuldners willen zu fordern, weil die zivilprozessuale Zwangsvollstreckung genauso den Grundrechtsschutz des Gläubigers berücksichtigen muß[18]. Ebensowenig wäre es aber auch begründet, den Zwangsvollstreckungsschutz, da er im Widerstreit mit dem subjektiven Privatrecht des Gläubigers steht, als Fremdkörper in unserem Privatrecht anzusehen[19]. Das bedeutet aber nicht, daß Gläubigergrundrechtsschutz und Schuldnergrundrechtsschutz einander in der Zwangsvollstreckung gleichwertig gegenüberstünden. Vielmehr steht der Gläubiger im Vordergrund, dessen aus der Eigentumsgarantie des Art. 14 GG erwachsender Anspruch auf effektiven Rechtsschutz durch Zwangsvollstreckung verwirklicht werden soll[20]. Wie besonders Rosenberg/Gaul/Schilken treffend bemerken, geht es hier nicht um „ausgewogenen Ausgleich" der kollidierenden Grundrechte auf der Grundlage des Sozialstaatsprinzips. Eine Beschränkung des Gläubigerrechts auf wirkungsvolle Zwangsvollstreckung kann also grundsätzlich nur in Frage kommen, soweit Grundrechte des Schuldners existentiell betroffen sind. Nur mit dieser gravierenden

---

16 BVerfGE 52, 214, 219 = NJW 1979, 2607, 2607; BVerfGE 42, 64, 73; BVerfGE 42, 263, 295; BVerfGE 46, 332, 333; *zustimmend*: P. Weyland, Der Verhältnismäßigkeitsgrundsatz in der Zwangsvollstreckung, S. 30 ff., insbesondere 35; Hans-M. Pawlowski, ZZP 90 (1977), 345, 371; Otto-G. Lippross, Vollstreckungsschutz, S. 172 ff.; W. Dütz, DB 1980, 1069, 1070 f.; K. Stöber, in: Zöller, ZPO, vor § 704, Rdn. 29; J. Behr, DGVZ 1980, 49, 52; P. Hartmann, in: Baumbach/Lauterbach/Albers/Hartmann, ZPO, Grundz. § 704, 4), B, b); I. Scherer, DGVZ 1995, 33, 36; H. Schneider, DGVZ 1987, 52, 57; *ablehnend*: O. Jauernig, Zwangsvollstreckungs- und Insolvenzrecht, § 1, X (1996, S. 9) auch § 31, I und V: Der Grundsatz der Verhältnismäßigkeit passe nicht für das Verhältnis von Gläubiger und Schuldner in der Zwangsvollstreckung, in das der Staat sich allein deshalb hineinschiebe, weil er dem Gläubiger die Selbsthilfe verbiete und durch kostenträchtige Staatshilfe ersetze; W. Henckel, Prozeßrecht und materielles Recht, S. 357; Baur/Stürner, Bd. I Einzelvollstreckungsrecht, Rdn. 7.21; R. Stürner ZZP 1986, 291, 321 f.: Nach Stürner gebe es feste verfassungsmäßige Vollstreckungsgrenzen kaum, weil immer gewichtigen Grundrechten des Schuldners, z. B Leben und Gesundheit (Art. 2 I GG), ein gleiches Grundrecht des Gläubigers gegenüberstehen könne.

17 Siehe auch Rosenberg/Gaul/Schilken, § 52, I und § 43, I, 5; E. Schilken, in: MünchKommZPO, § 811, Rdn. 2; W. Brehm, Rpfleger 1982, 125, 127; E. Peters, FS für Fritz Baur, S. 557; E. Wieser, ZZP 98 (1985), 50, 57: Die Unverhältnismäßigkeit könne nur im Rahmen des § 765a ZPO berücksichtigt werden; vgl. auch W. Gerhardt, ZZP 95 (1982), 467, 490; ablehnend: Otto-G. Lippross, Vollstreckungsschutz, S. 174

18 Otto-G. Lippross, Vollstreckungsschutz, S. 117 f.

19 W. Henckel, Prozeßrecht und materielles Recht, S. 357; Otto-G. Lippross, Vollstreckungsschutz, S. 117 ff.

20 Otto-G. Lippross, Vollstreckungsschutz, S. 118, 136; Brox/ Walker, Zwangsvollstreckungsrecht, Rdn. 277

Einschränkung[21] kann dann auch der sozialstaatliche Schutzgedanke (Art. 20, 28 GG) mit berücksichtigt werden[22 23].

II Insolvenzrecht und Schuldnerschutz

Der Schutz bei Überschuldung kann auch Reflex insolvenzrechtlicher Regelungen zugunsten von Schuldnern sein[24]. Durch die tatsächliche, wirtschaftliche und soziale Entwicklung der letzten Jahrzehnte hat die Funktion des Konkurses tiefgreifende Veränderungen erfahren und die der Konkursordnung zugrundeliegenden Anschauungen sind einem völligen Wandel unterlegen[25]. Der Insolvenzfall kann nicht mehr lediglich als eine Angelegenheit zwischen Gläubiger und Schuldner begriffen werden. Vielmehr sind in der heutigen arbeitsteilig eng miteinander verflochtenen Wirtschafts- und Arbeitswelt auch die allgemeinen volkswirtschaftlichen und sozialen Auswirkungen zu erkennen und zu bewerten[26]. Zugleich hat sich gezeigt, daß das bisherige Konkursrecht zu sehr auf eine schnelle Verwertung des Schuldnervermögens gerichtet ist: Die Gläubiger sollen aus dem (geringen) aktuell vorhandenen Vermögen des Schuldners zumindest teilweise befriedigt werden. Das Konkursrecht hat den Blick jedoch vergleichsweise wenig in die Zukunft gerichtet und nur in geringem Ausmaß auf Möglichkeiten eines wirtschaftlichen Neuanfangs des Schuldners geachtet.

---

21 Das Risiko, daß der Schuldner zahlungsunfähig werden könnte, muß der Gläubiger tragen. Es geht hier weder um ein Sonderopfer noch um die entschädigungslose Überwälzung der dem Staat gestellten Aufgaben auf den Privatmann: W. Münzberg, in: Stein/Jonas, ZPO, § 811, Rdn. 4 und Fußnote 22; siehe aber W. Henckel, Prozeßrecht und materielles Recht, S. 359 f.

22 Rosenberg/Gaul/Schilken, Zwangsvollstreckungsrecht, § 52, I; auch E. Schilken, in: MünchKommZPO, § 811, Rdn. 2; H. Alisch, Rpfleger 1979, 290, 290; O. Jauernig, Zwangsvollstreckungs- und Insolvenzrecht, § 31, I; W. Henckel, Prozeßrecht und materielles Recht, S. 349 ff.; ders., JZ 1992, 645, 654; deutliche Gegenposition: Otto-G. Lippross, Vollstreckungsschutz, S. 119, 136 f. und 191; Baur/Stürner, Bd. I Einzelvollstreckungsrecht, Rdn. 23.1; R. Stürner, DGVZ 1985, 6, 8 ff.; G. Christmann, DGVZ 1991, 6, 6; Thomas/Putzo, ZPO, § 811, Rdn. 1; noch enger W. Münzberg, in: Stein/Jonas, ZPO, § 811, Rdn. 1 f.: Besonders nach Münzberg ergeben sich die Normen des Vollstreckungsschutzes in erster Linie aus dem Schutzgedanken des Sozialstaatsprinzips (Art. 20, 28 GG), nicht etwa aus einer Abwägung zwischen dem gleichermaßen nach Art 14 GG geschützten Vermögen des Schuldners und dem Anspruch des Gläubigers.

23 Dabei darf es jedoch nicht übersehen werden, daß nicht nur die Eigentumsgarantie und das Sozialstaatsprinzip auf das Vollstreckungsrecht einwirken, sondern - wie in jedem anderen Rechtsgebiet auch - zumindest in gleichem Umfang andere grundrechtliche Bestimmungen, etwa Art. 1, 2, 12 GG und das Rechtsstaatsprinzip Geltung beanspruchen: H. Alisch, DGVZ 1981, 106, 106

24 G. Streit, Kartenzahlung und Verbraucherverschuldung, S. 128

25 W. Uhlenbruck, NJW 1975, 897, 900; A. M. Berges, KTS 1974, 125, 125

26 W. Uhlenbruck, DRiZ 1982, 161, 161 f.; vgl. auch J. Lösch, JA 1994, 44, 47; H. Arnold, DGVZ 1996, 65, 65

Insbesondere das freie Nachforderungsrecht, wonach die im Konkursverfahren nicht erfüllten Forderungen von seiten der Gläubiger nach Ende des Verfahrens in voller Höhe weiter geltend gemacht werden können (§ 164 KO), führt dazu, daß das geltende Konkursrecht kaum zur Lösung der wirklichen Probleme eines überschuldeten Schuldners beiträgt. Um diese und andere Mängel des geltenden Konkursrechts zu beseitigen und ein modernes und funktionsfähiges Insolvenzrecht zu schaffen[27], ist die neue Insolvenzordnung, die ab 1. 1. 1999 das geltende Konkurs-, Vergleichs- und Gesamtvollstreckungsrecht ersetzen wird, nach über zehnjähriger intensiver Reformarbeit Ende 1994 verkündet worden[28]. Zum ersten Mal werden eine der großen Kodifikationen des 19. Jahrhunderts, die als „Perle der Reichsjustizgesetze" bezeichnete Konkursordnung von 1877, und die gleichermaßen beachtliche Vergleichsordnung von 1935 durch eine vollständige Reform abgelöst[29]. Die wesentlichen Neuerungen des künftigen neuen Rechts für den Schuldner sind z. B. eine einheitliche, vom angestrebten Verfahrensziel (Liquidation, Reorganisation des Schuldners oder übertragende Sanierung eines Unternehmens[30]) unabhängige Verfahrensstruktur, das neue Institut des Insolvenzplans, das Verbraucherinsolvenzverfahren und als eine der wichtigsten Neuerung dieser Insolvenz-

---

27 BT-Drucksache 12/2443, S. 77; Vgl. auch M. App, DGVZ 1990, 33, 34

28 Im Jahr 1978 veranlaßte der damalige Bundesminister der Justiz, Dr. Hans-Jochen Vogel, daß Vorschläge zur Neuordnung des Insolvenzrechts ausgearbeitet werden. Der erste Bericht der „Kommission für Insolvenzrecht" wurde schon 1985 vorgelegt. Der zweite Bericht folgte 1986; das Bundesministerium der Justiz stellte am 30. 8. 1988 einen sogenannten Diskussionsentwurf zur Reform des Insolvenzrechts vor (der Diskussionsentwurf und die Ergänzungen sind jeweils 1988 und 1989 im „Diskussionsentwurf, Gesetz zur Reform des Insolvenzrechts", Verlag Kommunikationsforum GmbH, Köln, erschienen); am 1. 11. 1989 veröffentlichte das Bundesjustizministerium einen förmlichen Referentenentwurf („Referentenentwurf, Gesetz zur Reform des Insolvenzrechts, Verlag Kommunikationsforum GmbH, Köln); anschließend sandte die Bundesregierung am 3. 3. 1992 dem Bundesrat den „Regierungsentwurf" einer Insolvenzordnung zu (BR-Drucksache 1/92 = BT-Drucksache 12/2443); am 24. 11. 1992 folgte der Regierungsentwurf des Einführungsgesetzes zur Insolvenzordnung (BT-Drucksache 12/3803); am 21. 4. 1994 hat der Bundestag die neue Insolvenzordnung nebst Einführungsgesetz verabschiedet. Danach rief der Bundesrat (BR-Drucksache 336/96) am 20. 5. 1994 den Vermittlungsausschuß an; der Bundestag stimmte der Empfehlung des Vermittlungsausschusses am 17. 6. 1994 zu und der Bundesrat verzichtete am 8. 7. 1994 auf die Einlegung eines Einspruchs (BR-Drucksache 634/94); am 5. 10. 1994 ist die neue Insolvenzordnung ausgefertigt und am 18. 10. 1994 im Bundesgesetzblatt verkündet worden. (Insolvenzordnung vom 5. Okt. 1994: BGBl. 1994, Teil I, S. 2866 ff.; Einführungsgesetz zur Insolvenzordnung vom 5. Okt. 1994: BGBl. 1994, Teil I, S. 2911);

vgl. M. Balz / Hans-G. Landfermann, Die neuen Insolvenzgesetze, Einleitung, S. XXXI ff.; Bruno M. Kübler / H. Prütting, Das neue Insolvenzrecht, Bd. I, S. 1 ff.; J. Kraemer, Das neue Insolvenzrecht, S. 11; H. Prütting: FS für Wolfram Henckel, S. 669 Fußnote 1; E. Pick, NJW 1995, 992, 992; S. Döbereiner, JA 1996, 603, 603

29 M. Balz, ZIP 1988, 273, 293; M. Balz / Hans-G. Landfermann, Die neuen Insolvenzgesetze, Einleitung, S. XXIX; Bruno M. Kübler / H. Prütting, Das neue Insolvenzrecht, Bd. I, S. 2

30 R. Schmidt-Räntsch, DStR 1994, 1466, 1467

rechtsreform die Einführung einer gesetzlichen Restschuldbefreiung für natürliche Personen, die den Schuldner ohne Zustimmung der Gläubiger von seinen Schulden endgültig befreien kann und damit einen wirtschaftlichen Neubeginn ohne drückende Schuldenlast ermöglichen kann[31].

In das neue Insolvenzrecht werden an dem Blickwinkel des Schuldnerschutzes große Erwartungen gesetzt. Im Verlauf der Arbeit wird zu prüfen sein, inwieweit diese Erwartungen realistisch sind.

B Der Vollstreckungsschutz des Schuldners nach der ZPO

Die Frage, ob ein Schuldnerschutz außerhalb des materiellen Rechts, also in der Zwangsvollstreckung überhaupt eröffnet sein soll, muß aus folgenden Gründen bejaht werden. Erstens bietet die Zwangsvollstreckung die Möglichkeit zur Gleichbehandlung des gesetzlichen mit dem vertraglichen Schuldner. Der materiellrechtliche Schutz, insbesondere § 138 Abs. 1 BGB hilft nur demjenigen, der durch Rechtsgeschäft Schuldner wird, aber nicht auch dem Schuldner, der aus einem gesetzlichen Haftungsgrund haftet. Zweitens ermöglicht erst die Zwangsvollstreckung es dem Gläubiger, die Leistungsunfähigkeit des Schuldners einigermaßen sicher festzustellen. Denn nur wenn der Gläubiger einen Titel hat, kann er gegen den Schuldner das auf Auskunft und eidesstattliche Versicherung gerichtete Verfahren nach § 807 ZPO in Gang bringen[32].

I Vollstreckungsschutz des Schuldners bei der Pfändung

1. Die unpfändbaren Sachen des § 811 ZPO

a) Zweck der Sachpfändungsverbote

Den älteste Schuldnerschutz[33] bietet § 811 ZPO mit dem Schutz des Schuldners vor einer Pfändung sämtlicher Vermögensstücke. Er verbietet also eine Kahlpfändung[34].

---

[31] M. Balz / Hans-G. Landfermann, Die neuen Insolvenzgesetze, Einleitung, S. XXXVII; R. Schmidt-Räntsch, DStR 1994, 1466, 1467 ff.; H. Wagner, DStR 1995, 220, 220 ff.; H. Fink, ÖJZ 1992, 8, 18; Bruno M. Kübler / H. Prütting, Das neue Insolvenzrecht, Bd. I, S. 12; H. Vallender, VuR 1997, 43, 43

[32] D. Medicus, ZIP 1989, 817, 822 und 824; hierbei muß noch beachtet werden, daß der Titel immer neue Nebenforderungen produziert, wenn eine stetige und rigorose Vollstreckung erfolgt und Zinsen und Kosten vor der Hauptforderung befriedigt werden (§ 367 Abs. 1 BGB): Baur/Stürner, Bd. I Einzelvollstreckungsrecht, Rdn. 4.5

[33] O. Jauernig, Zwangsvollstreckungs- und Insolvenzrecht, § 32, II; ein entsprechender Ausdruck bestand bereits in dem Unpfändbarkeitskatalog des § 715 CPO

Wenn ein Schuldner durch Zwangsvollstreckung sein gesamtes Vermögen und auch alle Einkunftsquellen verlieren würde, wäre er auf die Sozialhilfe[35] angewiesen. Die daraus entstehenden Kosten wären von der Allgemeinheit zu tragen. § 811 ZPO sichert deswegen in gegenseitiger Ergänzung mit dem Bundessozialhilfegesetz im Schuldnerinteresse (aber auch im öffentlichen Interesse[36]) dem Schuldner die Erhaltung seiner wirtschaftlichen Existenz und einer bescheidenen Lebensführung für sich und die zu seinem Hausstand gehörenden Personen[37]. Er schafft damit einen gerechten Ausgleich zwischen dem Zugriffsinteresse des Gläubigers und dem Schutzinteresse des Schuldners[38]. Damit sind auch die Menschenwürde (Art. 1 Abs. 1 GG) und die freie Entfaltung der Persönlichkeit (Art 2 Abs. 1 GG) konkretisiert und ist der Schutzgedanke des Sozialstaatsprinzips (Art. 20, 28 GG) verwirklicht[39]. Die Grundidee des § 811 ZPO ist deshalb nicht auf die Sachpfändung beschränkt, sondern hat auch im Rahmen der Forderungspfändung nach näherer Maßgabe der § 850 ff. ZPO sowie in einigen Generalklauseln des Vollstreckungsschutzes, namentlich in der allgemeinen Härteklausel des § 765a ZPO und in dem Vollstreckungsmoratorium des § 813a ZPO, ihren Ausdruck gefunden[40].

---

34 E. Schilken, in: MünchKommZPO, § 811, Rdn. 1; P. Hartmann, in: Baumbach/Lauterbach/Albers/Hartmann, ZPO, § 811 Rdn. 1; K. Stöber, in: Zöller, ZPO, § 811 Rdn. 1; Rosenberg/Gaul/Schilken, Zwangsvollstreckungsrecht, § 52, I; G. Lüke / M. Beck, JuS 1994, 22, 24

35 Sozialhilfe und Pfändungsverbote müssen deshalb in Wechselbeziehung zueinander gesetzt und an denselben Maßstäben ausgerichtet werden, E. Schneider / W. Becher, DGVZ 1980, 177, 179; auch E. Schilken, in: MünchKommZPO, § 811, Rdn. 2

36 Jedoch darf es nicht Aufgabe des Schuldnerschutzes sein, die öffentliche Fürsorge zu entlasten, denn auf fiskalische Interessen der Allgemeinheit muß der Gläubiger keine Rücksicht nehmen. Vgl. W. Henckel, Prozeßrecht und materielles Recht, S. 359; W. Münzberg, in: Stein/Jonas, ZPO, § 811, Rdn. 4; H. Alisch, DGVZ 1981, 106, 106 Fußnote 8

37 Vgl. Brox/Walker, Zwangsvollstreckungsrecht, Rdn. 277; M. Markwardt, DGVZ 1994, 1, 2 = BT-Drucksache 13/341, S. 24; W. Münzberg, in: Stein/Jonas, ZPO, § 811, Rdn. 1-3; R. Lackmann, Zwangsvollstreckungsrecht, § 15 V 2; Baur/Stürner, Bd. I Einzelvollstreckungsrecht, Rdn. 23.2; deshalb sei § 811 ZPO zwingendes Recht: T. Seip, DGVZ 1975, 113, 116; P. Hartmann, in: Baumbach/Lauterbach/Albers/Hartmann, ZPO, § 811 Rdn. 1; E. Schneider / W. Becher, DGVZ 1980, 177, 179

38 O. Jauernig, Zwangsvollstreckungs- und Insolvenzrecht, § 32, II; K. Stöber, in: Zöller, ZPO, § 811 Rdn. 3

39 K. Stöber, in: Zöller, ZPO, § 811 Rdn. 1

40 Rosenberg/Gaul/Schilken, Zwangsvollstreckungsrecht, § 52, I; E. Schilken, in: MünchKommZPO, § 811, Rdn. 1

b) Einzelne Sachpfändungsverbote

Im Rahmen dieser Arbeit können die nach § 811 ZPO unpfändbaren Gegenstände nicht im einzelnen aufgezählt werden, es müssen hier einige Beispiele genügen. Nach der Zusammensetzung des Katalogs der Pfändungsverbote im § 811 ZPO sind etwa die dem persönlichen Gebrauch oder dem Haushalt des Schuldners dienenden Sachen unpfändbar, soweit der Schuldner ihrer zu einer seiner Berufstätigkeit und seiner Verschuldung angemessenen, bescheidenen Lebens- und Haushaltsführung bedarf (Nr. 1)[41]. Unpfändbar sind auch die wichtigsten dem Schuldner zum Lebensunterhalt oder zur Erwerbstätigkeit erforderlichen Sachen (Nrn. 2-7, 9,12), die das aktuelle Existenzminimum des Schuldners und seiner Familie sichern. Dazu zählen etwa Nahrungs-, Feuerungs- und Beleuchtungsmittel für vier Wochen, Kleintiere in beschränkter Zahl, die für die körperliche oder geistige Arbeit nötigen Gegenstände und Dienstkleidungsstücke. Die Gegenstände, die für den Schuldner von besonderer persönlicher Bedeutung sind, z. B., Bücher, Familienpapiere, Trauringe, Orden und bestimmte Bestattungsgegenstände sind ebenfalls unpfändbar (Nrn. 10, 11, 13)[42].

c) Anwendung der Sachpfändungsverbote

aa) Anwendungsbereich

Der Pfändungsschutz der § 811 ZPO gilt für die Vollstreckung wegen Geldforderungen in körperlichen Sachen, für die Anschlußpfändung, Arrestvollziehung und Vollstreckung einer auf Geldzahlung lautenden einstweiligen Verfügung, nicht aber für die Vollstreckung wegen eines dinglichen oder persönlichen Anspruchs auf Herausgabe[43]. Die Vorschrift ist für alle Schuldner, damit auch für juristische Personen

---

41 Dazu gehören in der Regel etwa Fahrrad, Möbel, Kleidung, Rundfunkgerät, Fernsehgerät beim Vorhandensein eines Rundfunkgeräts, Kühlschrank, Herd, in einer kinderreichen Familie auch Waschmaschine; nicht dagegen etwa Geschirrspülmaschine, Stereo-Anlage: Zahlreiche Beispiele mit Nachweisen vgl. insbesondere P. Hartmann, in: Baumbach/Lauterbach/Albers/Hartmann, ZPO, § 811 Rdn. 17 ff.; E. Schneider / W. Becher, DGVZ 1980, 177, 180 ff.; W. Münzberg, in: Stein/Jonas, ZPO, § 811, Rdn. 28 ff.; K. Stöber, in: Zöller, ZPO, § 811 Rdn. 15

42 Vgl. W. Münzberg, in: Stein/Jonas, ZPO, § 811, Rdn. 1, 22 ff.; Brox/Walker, Zwangsvollstreckungsrecht, Rdn. 278; Baur/Stürner, Bd. I Einzelvollstreckungsrecht, Rdn. 23.7; E. Schilken, in: MünchKommZPO, § 811, Rdn. 22 ff.

43 Vgl. Baur /Stürner, Bd. I Einzelvollstreckungsrecht, Rdn. 23.3; Thomas/Putzo, ZPO, § 811, Rdn. 1; E. Schilken, in: MünchKommZPO, § 811, Rdn. 6: Es sei unerheblich, auf welchem

und für den Erben hinsichtlich eines Nachlaßgegenstandes anwendbar[44]. Die Frage, welche Gegenstände konkret von der Aufzählung des § 811 ZPO erfaßt werden, läßt sich angesichts des steigenden Lebensstandards und der fortschreitenden Technik nie endgültig klären[45]. Zu berücksichtigen sind bei der Entscheidung immer die Lebensumstände des Schuldners. Ältere Rechtsprechung in diesem Bereich ist daher nur beschränkt aussagekräftig[46].

bb) Amtswegige Prüfung und Rechtsbehelfe

Das zuständige Vollstreckungsorgan, der Gerichtsvollzieher, muß das Pfändungsverbot des § 811 ZPO von Amts wegen beachten. Bestehen Zweifel, ob ein Gegenstand pfändbar ist, so muß der Gerichtsvollzieher pfänden, soweit es nicht ausreichende andere Vollstreckungsmöglichkeiten gibt[47]. Nach herrschenden Meinung ist eine entgegen § 811 ZPO zu Unrecht erfolgte Pfändung nicht unwirksam, sondern nur anfechtbar[48]. Der Gegenstand bleibt also wirksam gepfändet bis zur Freigabe durch den Gläubiger oder bis die Pfändung auf Grund einer Erinnerung[49] gemäß § 766 ZPO für unzulässig erklärt wird[50]. Solche Einwendungen gegen die Zulässigkeit der Pfändung können grundsätzlich bis zum Zeitpunkt der Beendigung der Vollstreckung geltend gemacht werden. Nach der Auskehrung des Erlöses kommen nur noch

Rechtsgrund die Geldforderung beruht; Rosenberg/Gaul/ Schilken, Zwangsvollstreckungsrecht, § 52, III

44 K. Stöber, in: Zöller, ZPO, § 811 Rdn. 2, 4

45 M. Kleffner, DGVZ 1991, 108, 108

46 Thomas/Putzo, ZPO, § 811, Rdn. 1

47 Vgl. § 120 GVGA; P. Hartmann, in: Baumbach/Lauterbach/Albers/Hartmann, ZPO, § 811, Rdn. 1; R. Lackmann, Zwangsvollstreckungsrecht, § 15 V, 1; Thomas/Putzo, ZPO, § 811, Rdn. 2

48 Brox/Walker, Zwangsvollstreckungsrecht, Rdn. 305; Rosenberg/Gaul/Schilken, Zwangsvollstreckungsrecht, § 52, III; Thomas/Putzo, ZPO, § 811, Rdn. 6; aber es entsteht kein Pfändungspfandrecht; „denn nach der herrschenden gemischten Pfandrechtstheorie entsteht das Pfändungspfandrecht erst in dem Zeitpunkt, in dem der zunächst wegen Verstoßes gegen § 811 vorhandene Verfahrensmangel geheilt wird.“: Brox/Walker, a.a.O., vgl. auch Rdn. 294, 382 ff.; auch Rosenberg/Gaul/Schilken, a.a.O.; andere Meinung: W. Schuschke, § 811, Rdn. 6

49 Erinnerung durch den Schuldner und solche Dritte, die durch die Verbote unmittelbar geschützt werden: Rosenberg/Gaul/ Schilken, Zwangsvollstreckungsrecht, § 52, III; Baur/Stürner, Bd. I Einzelvollstreckungsrecht, Rdn. 23. 9

50 Vgl. K. Stöber, in: Zöller, ZPO, § 811, Rdn. 9; P. Hartmann, in: Baumbach/Lauterbach/Albers/Hartmann, ZPO, § 811, Rdn. 2, 3 (§§ 812 ff. BGB seien auch anwendbar: dagegen, K. Stöber, in: Zöller, ZPO § 811, Rdn. 9; W. Noack, DGVZ 1969, 113, 115); Rosenberg/Gaul/Schilken, Zwangsvollstreckungsrecht, § 52, III

Ansprüche des Schuldners aus ungerechtfertigter Bereicherung gemäß §§ 812 ff. BGB oder Schadensersatzansprüche gemäß §§ 823 II und 826 BGB in Betracht[51].

cc) Prüfungszeitpunkt der Unpfändbarkeit

Für die Prüfung der (Un-)Pfändbarkeit einer Sache nach § 811 ZPO ist grundsätzlich der Zeitpunkt der Pfändung maßgebend. Wird aber eine zunächst unpfändbare Sache nachträglich pfändbar, so kommt es auf den Zeitpunkt der späteren Entscheidung über die Erinnerung oder über die sofortige Beschwerde (§ 793 ZPO) an[52]. Hierbei sind die folgenden Einzelheiten festzuhalten: Nach § 811d Abs. 1 ZPO kann die zur Zeit noch unpfändbare Sache auch gepfändet werden, wenn zu erwarten ist[53], daß sie demnächst pfändbar wird (Vorwegpfändung). Dabei ist die Sache noch im Gewahrsam des Schuldners zu belassen und die Vollstreckung, also die Wegschaffung und Verwertung, darf erst dann fortgesetzt werden, wenn die Sache binnen eines Jahres[54] endgültig pfändbar geworden ist. Zum anderen kann der wegen Verstoßes gegen § 811 ZPO vorhandene Verfahrensmangel durch Wegfall der Unpfändbarkeit mit ex-nunc-Wirkung[55] geheilt werden[56].

Bei nachträglichem Eintritt der Unpfändbarkeit soll nach der h. M.[57] der Zeitpunkt der Pfändung maßgeblich sein, d. h., hier tritt kein Pfändungsschutz nach § 811 ZPO ein. Denn sonst könnte der Schuldner die Voraussetzungen der Unpfändbarkeit nachträglich herbeiführen - indem er z. B. andere Sachen, durch deren Vorhandensein

---

51 K. Stöber, in: Zöller, ZPO, § 811, Rdn. 9; P. Hartmann, in: Baumbach/Lauterbach/Albers/Hartmann, ZPO, § 811, Rdn. 2; Rosenberg/Gaul/Schilken, Zwangsvollstreckungsrecht, § 52, III; der Schuldner bzw. Dritte tragen im Verfahren nach § 766 die Beweislast: E. Schilken, in: MünchKommZPO, § 811, Rdn. 16; dagegen: W. Schuschke, § 811, Rdn. 11 („weder Bereicherungs- noch Schadensersatzansprüche“)

52 Brox/Walker, Zwangsvollstreckungsrecht, Rdn. 293 f.; W. Münzberg, in: Stein/Jonas, ZPO, § 811, Rdn.17; K. Stöber, in: Zöller, ZPO, § 811, Rdn. 9; O. Jauernig, Zwangsvollstreckungs- und Insolvenzrecht, § 32, II, E

53 Etwa infolge eines Berufswechsels des Schuldners oder einer Einstellung seines Betriebs, P. Hartmann, in: Baumbach/Lauterbach/Albers/Hartmann, ZPO, § 811d, Rdn. 3

54 Vgl. § 811d, Abs. 2 ZPO

55 Von jetzt an (wirksam): Hofrat/Luggauer, Juristen Latein, S. 92

56 Rosenberg/Gaul/Schilken, Zwangsvollstreckungsrecht, § 52, III, 3, b; E. Schilken, in: MünchKommZPO, § 811, Rdn. 13; Baur/Stürner, Bd. I Einzelvollstreckungsrecht, Rdn. 23. 8

57 O. Jauernig, Zwangsvollstreckungs- und Insolvenzrecht, § 32, II, E; Baur/Stürner, Bd. I Einzelvollstreckungsrecht, Rdn. 23.8; LG Bochum DGVZ 1980, 37, 38; LG Berlin Rpfleger 1977, 262; P. Hartmann, in: Baumbach/Lauterbach/Albers/Hartmann, ZPO, § 811, Rdn. 13; K. Stöber, in: Zöller, ZPO, § 811, Rdn. 9; Thomas/Putzo, ZPO, § 811, Rdn. 3; W. Schuschke, § 811, Rdn. 4

der Pfandgegenstand entbehrlich war, veräußert oder vernichtet[58]. Derartiges arglistiges Verhalten des Schuldners darf aber nicht allgemein unterstellt, sondern nur vermutet werden. Es wäre deswegen in diesem Fall sachgerechter, auf den Zeitpunkt der Entscheidung des Vollstreckungsgerichts über die Erinnerung abzustellen, wenn der Schuldner beweisen kann, daß die nachträgliche Unpfändbarkeit nicht mißbräuchlich herbeigeführt wurde[59].

d) Verzicht auf den Pfändungsschutz des § 811 ZPO

Im Rahmen des § 811 ZPO ist umstritten, ob der Schuldner seinerseits auf den Pfändungsschutz dieser Vorschrift wirksam verzichten kann. Konkret geht es darum, ob der Gläubiger gegen eine Erinnerung des Schuldners mit Erfolg einwenden kann, daß dieser vor, bei oder nach der Pfändung auf den Pfändungsschutz verzichtet habe. Es ist aber noch einhellige Auffassung, daß ein Vorausverzicht des Schuldners „vor der Pfändung" nicht möglich ist[60]. Denn andernfalls bestünde die Gefahr, daß der soziale Schuldnerschutz unter dem Druck des Gläubigers durch die Aufnahme des Vorausverzichts in Allgemeine Geschäftsbedingungen praktisch beseitigt wird[61].
Zum Teil wird aber der Verzicht auf den Pfändungsschutz des § 811 ZPO „bei oder nach der Pfändung" für wirksam gehalten. Diese Ansicht gründet sich zuerst darauf, daß der Schuldner nicht gehindert sei, unpfändbare Gegenstände rechtsgeschäftlich zu veräußern, zu verpfänden, oder dem Gläubiger zur Sicherung zu übereignen, was wirtschaftlich dem Verzicht auf den Pfändungsschutz gleichkomme[62]. Ein weiteres Argument für die Verzichtsmöglichkeit auf den Pfändungsschutz ergibt sich daraus, daß der Schuldner im Hinblick auf eine Erinnerung nach § 766 ZPO gegen eine zu

---

[58] Im Härtenfällen hilft § 765a ZPO: siehe Fußnote 57 im 3. Kapitel, B dieser Arbeit; dagegen, E. Schilken, in: MünchKommZPO, § 811 Rdn. 14: Durch § 765a ZPO könne den Grundrechten des Schuldners nicht genügend Rechnung getragen werden.

[59] Brox/Walker, Zwangsvollstreckungsrecht, Rdn. 295; E. Schilken, in: MünchKommZPO, § 811 Rdn. 14; Rosenberg/Gaul/Schilken, Zwangsvollstreckungsrecht, § 52, III, 3, b; W. Münzberg, in: Stein/Jonas, ZPO, § 811, Rdn. 17

[60] M. Kleffner, DGVZ 1991, 108, 108; ; Baur/Stürner, Bd. I Einzelvollstreckungsrecht, Rdn. 10.3; Brox/Walker, Zwangsvollstreckungsrecht, Rdn. 302; E. Schilken, in: MünchKommZPO, § 811, Rdn. 9; W. Münzberg, in: Stein/Jonas, ZPO, § 811, Rdn. 8; Otto-G. Lippross, Vollstreckungsschutz, S. 183; W. Schuschke, § 811, Rdn. 8; O. Jauernig, Zwangsvollstreckungs- und Insolvenzrecht, § 32, II, A

[61] W. Schuschke, § 811, Rdn. 8; E. Schilken, in: MünchKommZPO, § 811, Rdn. 9; Brox/Walker, Zwangsvollstreckungsrecht, Rdn. 302; O. Jauernig, Zwangsvollstreckungs- und Insolvenzrecht, § 32, II, A

[62] O. Jauernig, Zwangsvollstreckungs- und Insolvenzrecht, § 32, II, A; M. Kleffner, DGVZ 1991, 108, 109 ff.; Hans F. Gaul, Rpfleger 1971, 1, 3 Fußnot 26; W. Schuschke, § 811, Rdn. 9; W. Henckel, Prozeßrecht und materielles Recht, S. 337 besonders Fußnote 92

Unrecht erfolgte Pfändung selbst entscheiden kann[63], ob er den Rechtsbehelf einlegt oder auf eine der nach § 811 ZPO geschützten Sachen verzichtet. Eine solche nach erfolgter Pfändung entstehende Verzichtsmöglichkeit auf den Schutz des § 811 ZPO spreche dafür, daß der Schuldner diese Verzichtsmöglichkeit auch vorher (also auch bei der Pfändung) haben müsse. Denn es sei nicht ersichtlich, wieso das Recht des Schuldners auf Behaltendürfen der Sachen nur dann seiner Disposition unterliegen solle, wenn es zuvor einen rechtswidrigen Angriff des Staates auf das Recht gegeben habe[64]. Nach Schilken muß darüber hinaus ein solcher Verzicht aber zu Wahrung der Schuldnerinteressen ausdrücklich und in Kenntnis der Schutzvorschrift erfolgen; nur dann entfalle das Schutzbedürfnis des Schuldners[65].

Diesen Argumenten kann allerdings folgendes entgegengehalten werden: Die rechtsgeschäftliche Veräußerung kann mit der Zwangsvollstreckung nicht gleichgesetzt werden. Normalerweise kann der Schuldner vor der Vollstreckung seine spätere Vermögenslage nicht überblicken (das braucht er auch nicht); er weiß daher nicht, ob er später[66] zu einer bescheidenen menschenwürdigen Lebensführung den Gegenstand, über den er jetzt rechtsgeschäftlich verfügt, benötigen wird[67]. Bei der rechtsgeschäftlichen Verfügung der gemäß § 811 ZPO unpfändbaren Sachen[68] geht es also eigentlich nicht um den Verzicht auf den Pfändungsschutz, sondern um eine privatautonome Verfügungshandlung. Außerdem kann der Schuldner über den um seiner Menschenwürde willen gewährten Pfändungsschutz nicht verfügen, da die Würde des Menschen ein objektiver und unverzichtbarer Wert ist[69]. Zu beachten ist

---

63 Sofern der Schuldner mit diesem Verzicht nicht Rechte Dritter tangiert: W. Henckel, Prozeßrecht und materielles Recht, S. 337

64 M. Kleffner, DGVZ 1991, 108, 110; vgl. auch W. Henckel, Prozeßrecht und materielles Recht, S. 337 Fußnote 92

65 E. Schilken, in: MünchKommZPO, § 811, Rdn. 10; Rosenberg/Gaul/Schilken, Zwangsvollstreckungsrecht, § 52, III, 1; vgl. auch O. Jauernig, Zwangsvollstreckungs- und Insolvenzrecht, § 32, II, A: Ein bloßes Absehen von der Erinnerung nach § 766 ZPO gegen die Pfändung genüge keineswegs.

66 Also bei späterem Vollstreckungsfall

67 Vgl. W. Schuschke, § 811, Rdn. 8

68 Unter anderem Aspekt: vgl. Otto-G. Lippross, Vollstreckungsschutz, S. 187: Die dem § 811 ZPO entsprechenden materiellrechtlichen Veräußerungsverbote würden sich kaum mit den Erfordernissen der Verkehrssicherheit vereinbaren lassen, weil im rechtsgeschäftlichen Verkehr die Wirksamkeit von Verfügungen möglichst nicht von äußerlich so schwer erkennbaren Merkmalen wie der Erforderlichkeit oder der Unentbehrlichkeit von Sachen für bestimmte Zwecke im Rahmen der persönlichen oder beruflichen Lebenssphäre des Schuldners abhängig gemacht werden soll.

69 Otto-G. Lippross, Vollstreckungsschutz, S. 185 f.; Münzberg begründet die Nichtigkeit des Verzichts vor allem mit der „öffentlich-rechtlichen Bindung der Vollstreckungsgewalt an das Sozialstaatsprinzip": W. Münzberg, in: Stein/Jonas, ZPO, § 811, Rdn. 8; vgl. auch Brox/Walker, Zwangsvollstreckungsrecht, Rdn. 303 f.; K. Stöber, in: Zöller, ZPO, § 811, Rdn. 10; Thomas/Putzo, ZPO, § 811, Rdn. 5; der Auffassung von Münzberg kann hier nicht zugestimmt

auch, daß der Gerichtsvollzieher nicht prüfen kann, ob der Verzicht als rechtsgeschäftliche Willenserklärung wirksam ist oder ob von Dritten (z. B. § 811 Nr. 1-4 ZPO für Familienangehörige) noch zugestimmt werden muß[70]. Im übrigen kann der Verzicht des Schuldners auf den Pfändungsschutz als „ein Zeichen vollständiger Resignation vor der durch staatliche Gewalt gestärkten Position des Gläubigers"[71] gesehen werden.
Damit zeigt sich, daß nach richtiger Auffassung jeder Verzicht des Schuldners auf den Pfändungsschutz, also vor, bei oder nach der Pfändung nichtig ist[72].

e) Privilegierte Sachpfändung durch den Vorbehaltsverkäufer

aa) Die gegenwärtige Situation

Im Rahmen der Zwangsvollstreckung wegen Geldforderungen ist die Eigentumslage der unpfändbaren Sache für die Anwendbarkeit des Pfändungsschutzes des § 811 ZPO unerheblich. Das bedeutet, eine Berufung des Schuldners auf § 811 ZPO ist auch dann zulässig, wenn die zu pfändende Sache nicht in seinem Eigentum steht und sogar dann, wenn sie dem Gläubiger selbst gehört[73]. Denn § 811 ZPO dient nicht dem Schutz des Eigentums des Schuldners bzw. von Drittbeteiligten, sondern dem Schutz des Besitzes und der damit verbundenen Gebrauchsmöglichkeit.
In diesem Zusammenhang ist die Frage umstritten, ob sich der Schuldner (Käufer) auf die Unpfändbarkeit der Kaufsache berufen kann, wenn der Eigentumsvorbehaltsverkäufer wegen des Kaufpreisanspruchs gegen ihn vollstreckt[74]. Nach herrschender Meinung ist der Pfändungsschutz des § 811 ZPO im Rahmen der Sachpfändung wegen Geldforderung auch dann zu beachten, wenn der Gläubiger die unpfändbare Sache offenkundig oder unstreitig als Eigentümer herausverlangen kann,

---

werden: siehe 3. Kapitel, A, I dieser Arbeit, besonders Fußnote 22; vgl. auch W. Henckel, JZ 1992, 645, 655

70 Vgl. W. Münzberg, in: Stein/Jonas, ZPO, § 811, Rdn. 8; Brox/Walker, Zwangsvollstreckungsrecht, Rdn. 303; Otto-G. Lippross, Vollstreckungsschutz, S. 185 f.

71 W. Münzberg, in: Stein/Jonas, ZPO, § 811, Rdn. 9

72 Vgl. auch Baur/Stürner, Bd. I Einzelvollstreckungsrecht, Rdn. 10.4

73 Allgemeine Meinung: M. Markwardt, DGVZ 1994, 1, 2; E. Schilken, in: MünchKommZPO, § 811, Rdn. 11; Brox/Walker, Zwangsvollstreckungsrecht, Rdn. 296; Otto-G. Lippross, Vollstreckungsschutz, S. 84; W. Münzberg, in: Stein/Jonas, ZPO, § 811, Rdn. 14 f.; Thomas/Putzo, ZPO, § 811, Rdn. 4; K. Stöber, in: Zöller, ZPO, § 811, Rdn. 7

74 M. Markwardt, DGVZ 1994, 1, 1

namentlich bei Sicherungseigentum und Vorbehaltseigentum[75]. Zur Durchsetzung des Rechts besteht nun für den Vorbehaltseigentümer (Eigentumsvorbehaltsverkäufer) nur die Möglichkeit, einen Herausgabetitel nach § 883 ZPO zu erwirken. Denn es ist unstreitig, daß § 811 ZPO keine Anwendung im Rahmen der Herausgabevollstreckung nach §§ 883 ff. ZPO findet[76].

Zum Teil wird dagegen vertreten, der Schuldner handelt arglistig, wenn er sich auf die Unpfändbarkeit der Sache beruft, obwohl dem Gläubiger unstreitig ein fälliger Herausgabeanspruch zusteht. Denn der Schuldner zwingt bei völlig klarer Rechtslage durch gezieltes Ausnutzen einer ihn ohnehin nur kurzfristig[77] begünstigenden Verfahrensvorschrift (§ 811 ZPO) den Gläubiger zur Erhebung einer weiteren Klage und zur Vollstreckung aus einem Herausgabetitel[78]. Aus diesem Grunde ist es treuwidrig, wenn der Schuldner trotz des Eigentumsrechts des Gläubigers bis zum Zeitpunkt des Urteils die Vorbehaltssache weiterhin benutzen[79] und entwerten kann[80]. Die Anwendung des § 811 ZPO bewahrt den Schuldner letztlich nicht vor dem Verlust des Gegenstandes und führt nur zu einem langwierigen[81] und kostspieligen Prozeß. Die strenge Beachtung des § 811 ZPO ist deswegen unnötiger und kostenträchtiger Formalismus und bewirkt damit das Gegenteil dessen, was mit dieser Vorschrift eigentlich erreicht werden soll[82].

---

75 OLG Hamm WM 1984, 671; LG Heilbronn, NJW 1988, 148; weitere zahlreiche Rechtsprechung: siehe besonders WM 1984, 671, 673 und W. Münzberg, in: Stein/Jonas, ZPO, § 811 Fußnote 75; auch Baur/Stürner, Bd. I Einzelvollstreckungsrecht, Rdn. 23. 3; Rosenberg/Gaul/Schilken, Zwangsvollstreckungsrecht, § 52, III, 2; O. Jauernig, Zwangsvollstreckungs- und Insolvenzrecht, § 32, II, A; R. Bloedhorn, DGVZ 1976, 104, 108 ff.; Münzberg/Brehm/Alisch, DGVZ 1980, 72, 72 ff.; siehe auch Fußnote 73 im 3. Kapitel, B dieser Arbeit

76 Vgl. AG Offenbach, NJW 1987, 387, 388; M. Markwardt, DGVZ 1994, 1, 2; M. Geißler, DGVZ 1990, 81, 84; siehe auch Fußnote 75, 78 im 3. Kapitel, B dieser Arbeit

77 Jederzeit kann der Vorbehaltsgläubiger sich einen Herausgabetitel erwirken und daraus vollstrecken. Deswegen ist ein längerfristige Pfändungsschutz des § 811 ZPO im diesem Fall ohnehin nicht sicherzustellen: vgl. M. Geißler, DGVZ 1990, 81, 84 f. besonders Fußnote 31

78 M. Geißler, DGVZ 1990, 81, 84 ff.; vgl. auch AG Offenbach, NJW 1987, 387, 388; T. Seip, DGVZ 1975, 113, 115 f. und 118; P. Hartmann, in: Baumbach/Lauterbach/Albers/Hartmann, ZPO, § 811d, Rdn. 6; G. Schmidt-von Rhein, DGVZ 1986, 81, 82 f.; A. Wacke, JZ 1987, 381, 381 f.; weitere zahlreiche Rechtsprechung und Literatur: siehe WM 1984, 671, 673; W. Münzberg, in: Stein/Jonas, ZPO, § 811, Rdn. 15

79 Aber Vgl. § 811 d ZPO: Brox/Walker, Zwangsvollstreckungsrecht, Rdn. 296

80 AG Offenbach NJW 1987, 387, 388; M. Geißler, DGVZ 1990, 81, 85

81 Im Gegensatz zum Zahlungstitel hilft hier nicht das schnelle und billigere formularmäßige Mahnverfahren (§§ 688 ff. ZPO), sondern der ordentliche Prozeßgang mit nicht unerheblicher Zeit und Kosten ist zu beschreiten: A. Wacke, JZ 1987, 381, 382; M. Markwardt, DGVZ 1994, 1, 1

82 T. Seip, DGVZ 1975, 113, 116; M. Gleißler, DGVZ 1990, 81, 85; G. Schmidt-von Rhein, DGVZ 1986, 81, 82 f.; A. Wacke, JZ 1987, 381, 381 f.

Gegen diese Ansicht wendet sich die herrschende Meinung mit mehreren Argumenten: Erstens darf weder dem Gerichtsvollzieher noch dem über Erinnerungen und Beschwerden entscheidenden Vollstreckungsgericht eine Prüfung über die materielle Rechtslage, etwa über den Herausgabenanspruch des Eigentumsvorbehaltsverkäufers, über die Fälligkeit dieses Anspruchs und über etwaige Gegenrechte des Schuldners auferlegt werden, einerlei, ob die Parteien über die materielle Rechtslage im Streit sind oder nicht[83]. Zweitens befürchtet man, daß die Unterschiede zwischen der Zwangsvollstreckung wegen Geldforderungen in körperliche Sachen und der Herausgabevollstreckung verwischt würden[84]. Drittens führt die Ansicht der Minderheit dazu, daß der Schuldner durch die Sicherungsübereignung oder durch den Erwerb unter Eigentumsvorbehalt automatisch auf den Pfändungsschutz des § 811 ZPO verzichten würde[85]. Schließlich kann der Gläubiger als Eigentümer die Herausgabestatt der Geldvollstreckung wählen. Entscheidet er sich zur Durchsetzung seines Zahlungsanspruchs, so muß er sich wie jeder andere Gläubiger dieser Geldvollstreckung behandeln lassen[86]. Das letztgenannte Argument der herrschenden Meinung ist bedenklich, denn in der Regel liegt das Gläubigerinteresse bei einem Kaufvertrag in erster Linie darin, den Kaufpreis zu erhalten. Es ist daher nicht sachgerecht, den Vorbehaltsverkäufer wegen seiner unerfüllten Zahlungsforderung von vornherein auf die Herausgabeklage des verkauften Gegenstandes zu verweisen[87]. Deswegen ist § 811 ZPO ergänzungsbedürftig[88].

bb) Entwurfsvorschlag für die Reform des § 811 ZPO

Die von der Justizministerkonferenz eingesetzte Arbeitsgruppe zur Überarbeitung des Zwangsvollstreckungsrechts hat versucht, diese Schutzproblematik des § 811 ZPO in bezug auf den Eigentumsvorbehalt im Rahmen der geplanten 2. Zwangsvollstreckungsnovelle zu lösen. Sie schlägt eine Ergänzung des § 811 Abs. 2 ZPO vor: „Eine in § 811 Nr. 1, 4, 5 bis 7 bezeichnete Sache kann gepfändet werden, wenn der

83 Für solche Entscheidungen sei allein das Prozeßgericht zuständig: Brox/Walker, Zwangsvollstreckungsrecht, Rdn. 298; Baur/Stürner, Bd. I Einzelvollstreckungsrecht, Rdn. 23.3; W. Münzberg, in: Stein/Jonas, ZPO, § 811, Rdn. 15; vgl. auch J. Goebel, KTS 1995, 143, 149

84 OLG Hamm WM 1984, 671, 673; M. Markwardt, 1994, 1, 2

85 O. Jauernig, Zwangsvollstreckungs- und Insolvenzrecht, § 32, II, A; Brox/Walker, Zwangsvollstreckungsrecht, Rdn. 299

86 E. Schilken, in: MünchKommZPO, § 811, Rdn. 11; W. Münzberg, in: Stein/Jonas, ZPO, § 811, Rdn. 15

87 BT-Drucksache 13/341, S. 24 = M. Markwardt, DGVZ 1994, 1, 2; T. Seip, DGVZ 1975, 113, 114; dagegen: besonders Brox/Walker, Zwangsvollstreckungsrecht, Rdn. 299

88 Vgl. BT-Drucksache 13/341, S. 24 = M. Markwardt, DGVZ 1994, 1, 2

Verkäufer wegen einer durch Eigentumsvorbehalt gesicherten Geldforderung vollstreckt. Die Vereinbarung des Eigentumsvorbehaltes[89] ist durch Urkunden nachzuweisen“[90]. Im Ergebnis führt der vorgesehene § 811 Abs. 2 ZPO zu einer privilegierten Sachpfändung (wegen der Kaufpreisforderung) in die eigene Sache des Vorbehaltsgläubigers[91]. Diese Lösung ist grundsätzlich zu begrüßen: Dadurch kann der Eigentumsvorbehaltsverkäufer einer unpfändbaren Sache den unnötig mühsamen, zeitraubenden und kostenträchtigen Umweg über die Herausgabeklage vermeiden, gleichzeitig werden auch die Gerichte entlastet[92]. Das bedeutet, die vorgesehene Lösung führt in den betreffenden Fällen zu einer Vereinfachung und Beschleunigung des Vollstreckungsverfahrens, ohne den Schuldner oder die öffentlichen Interessen im Ergebnis zu beeinträchtigen[93]. Hierbei muß der Gerichtsvollzieher prüfen, ob der Gläubiger in den Gegenstand wegen der durch Vorbehaltseigentum gesicherten Kaufpreisforderung vollstreckt. Da Vollstreckungsorgane grundsätzlich aber nicht über die materielle Rechtslage entscheiden dürfen, kann der Gerichtsvollzieher nur dann auf die unpfändbare Sache zugreifen, wenn der Eigentumsvorbehalt durch Urkunden, etwa einen vollstreckbaren Titel oder eine Kaufvertragsurkunde, nachgewiesen wird[94]. Besteht aber ein Streit darüber, ob ein Eigentumsvorbehalt tatsächlich besteht, wäre darüber dann schließlich wie schon immer im Prozeßverfahren, also im Erkenntnisverfahren zu entscheiden[95].

Im Ergebnis ist festzuhalten, daß der Schuldner sich bei der Zahlungsklage des Eigentumsvorbehaltsverkäufers auf den Vollstreckungsschutz gemäß § 811 ZPO berufen kann, solange die geplante Einführung eines neuen Abs. 2 nicht wirksam wird.

---

89 Die Privilegierung des Vorbehaltsverkäufers soll nicht in den Fälle erweiterten und verlängerten Eigentumsvorbehalts gelten: BT-Drucksache 13/341, S. 24 f.; Baur/Stürner, Bd. I Einzelvollstreckungsrecht, Rdn. 23.4

90 BT-Drucksache 13/341, S. 5; Baur/Stürner, Bd. I Einzelvollstreckungsrecht, Rdn. 23.4, 4.13; M. Markwardt, DGVZ 1993, 17, 19; ders., DGVZ 1994, 1, 1

91 Insbesondere nach französischem Vorbild (Artikel 592-2 Code de procédure civile): J. Pirrung, DGVZ 1975, 1, 6; T. Seip, DGVZ 1975, 113, 117; G. Schmidt-von Rhein, DGVZ 1986, 81, 82; Wietek/Müssig, DGVZ 1980, 1, 1; M. Geißler, DGVZ 1990, 81, 85 Fußnote 36; Dillenburger/Pauly, DGVZ 1994, 180, 184; Münzberg/Brehm/Alisch, DGVZ 1980, 72, 72

92 M. Markwardt, DGVZ 1993, 17, 19; B. Schmidt, ZRP 1995, 326, 327; Dillenburger/Pauly, DGVZ 1994, 180, 184

93 BT-Drucksache 13/341, S. 24 = M. Markwardt, DGVZ 1994, 1, 2

94 BT-Drucksache 13/341, S. 26 = M. Markwardt, DGVZ 1994, 1, 4

95 Vgl. B. Schmidt, ZRP 1995, 326, 327

f) Austauschpfändung (§ 811a ZPO)

aa) Verwertbarkeit des den Schuldnerschutz übersteigenden Sachwerts für den Gläubiger[96]

Die Pfändung einer nach § 811 Nr. 1, 5 und 6 unpfändbaren Sache kann auf Antrag des Gläubigers (nicht von Amts wegen)[97] vom Vollstreckungsgericht zugelassen werden[98], wenn der Gläubiger dem Schuldner ein geringerwertiges, aber geeignetes Ersatzstück oder den dafür erforderlichen Geldbetrag überläßt[99]. Wenn das Ersatzstück nicht von derselben Art ist, muß die Ersatzleistung durch den Gläubiger dem jeweils geschützten Verwendungszweck der zu pfändenden Sachen nach technischen und wirtschaftlichen Gesichtspunkten genügen[100]. Insbesondere geht es hier um einen zur Benutzung tauglichen Zustand und eine ähnliche Lebensdauer wie sie der zu pfändende Gegenstand hat[101]. Ist dem Gläubiger die rechtzeitige Ersatzbeschaffung nicht möglich oder nicht zuzumuten[102], so kann die Pfändung auch mit der Maßgabe zugelassen werden, daß dem Schuldner der zur Ersatzbeschaffung erforderliche Geldbetrag aus dem Vollstreckungserlös überlassen wird[103]. Diese letzte Ersatz-

---

96 Brox/Walker, Zwangsvollstreckungsrecht, Rdn. 288; dem Vollstreckungspraktiker ist bekannt, daß diese Chance nur in wenigen Fällen zu einem ökonomischen Ergebnis führt, weil nur wenige pfändbare Sachen einen Erlös erwarten lassen, der den Aufwand lohnt: A. Mümmler, JurBüro 1990, 1360, 1362; W. Münzberg, in: Stein/Jonas, ZPO, § 811a, Rdn. 1

97 Da sich der Gläubiger zunächst über die Vertretbarkeit des mit der Austauschpfändung verbundenen Aufwandes klar werden muß: W. Schuschke, § 811a, Rdn. 2; eine mündliche Verhandlung ist nicht erforderlich (§ 764 Abs. 3 ZPO)

98 Für diese Gestaltung war der Gedanke ausschlaggebend, daß die Entscheidung der teilweise recht schwierigen rechtlichen und tatsächlichen Fragen nicht dem Gerichtsvollzieher aufgebürdet werden könne, sondern dem Vollstreckungsgericht überlassen werden müsse: Klaus D. Hartmann, NJW 1953, 1856, 1856; BT-Drucksache 1/3284, S. 22

99 § 811a Abs. 1 Halbsatz 1, Abs. 2 S. 2 ZPO; vgl. FG Münster DGVZ 1990, 31; LG Bochum JurBüro 1983, 301 (Schwarz/Weiß-Fernsehgerät statt Farbfernsehgerät); LG Köln DGVZ 1982, 62 (Rundfunkgerät statt Farbfernsehgerät); weiter, BFH JurBüro 1990, 1358 (ein einfaches Schwarz/Weiß- oder Farbfernsehgerät *neben* einem zusätzlichen Rundfunkgerät): weitere zahlreiche Fernsehgeräte-Urteile und Literatur: LG Detmold DGVZ 1990, 26; OLG Stuttgart JurBüro 1987, 461; AG Düsseldorf DGVZ 1995, 28; Brox/Walker, Zwangsvollstreckungsrecht, Rdn. 290 Fußnote 149; F. Pardey, DGVZ 1987, 111; G. Lüke / M. Beck, JuS 1994, 22; N. Urban, DGVZ 1990, 103; vgl. auch OLG München DGVZ 1983, 140 (einfache Uhr statt einer goldenen Armbanduhr)

100 Rosenberg/Gaul/Schilken, Zwangsvollstreckungsrecht, § 52, IV; E. Schilken, in: MünchKommZPO, § 811a, Rdn. 4; P. Hartmann, in: Baumbach/Lauterbach/Albers/Hartmann, ZPO, § 811a, Rdn. 2

101 W. Schuschke, § 811a, Rdn. 4

102 Z. B. dem vermögenslosen Gläubiger bei der Unterhaltsvollstreckung: vgl. W. Schuschke, § 811a, Rdn. 6

103 § 811a Abs. 1 Halbsatz 2 ZPO

möglichkeit kommt jedoch nach kritischer Prüfung nur ausnahmsweise in Betracht, weil der Schuldner entgegen dem Schutzgedanken des § 811 ZPO zeitweilig ohne den an sich notwendigen, deswegen unpfändbaren Gegenstand oder ein Ersatzstück auskommen muß[104]. Eine weitere Voraussetzung für die Zulassung der Austauschpfändung ist, daß sie angemessen ist, insbesondere daß der Vollstreckungserlös voraussichtlich den Wert des Ersatzstückes erheblich übersteigen wird[105]. Über die Zulassung des Austauschpfändungsantrags entscheidet der Rechtspfleger als Vollstreckungsgericht nach Anhörung des Schuldners[106] durch Beschluß[107]. Der Wert des vom Gläubiger angebotenen Ersatzstückes oder der zur Ersatzbeschaffung erforderliche Betrag ist nach der Festsetzung des Gerichts als Kosten der Zwangsvollstreckung dem Gläubiger aus dem Vollstreckungserlös zu erstatten (§ 811a Abs. 2 S. 4 ZPO)

Durch dieses Zulassungsverfahren für die Austauschpfändung darf jedoch die Verwirklichung des mit der Austauschpfändung angestrebten Zieles, also wertvolle Sachen des Schuldners zur Befriedigung des Gläubigers heranzuziehen, nicht erschwert oder gar vereitelt werden[108]. In der Tat besteht aber die Gefahr, daß der Schuldner schon vor dem Zulassungsbeschluß des Vollstreckungsgerichts versucht, die Sache wegzuschaffen oder zu veräußern[109]. Um ihr zu begegnen, verpflichtet § 811b ZPO den Gerichtsvollzieher[110], von sich aus, also ohne vorgängige Entscheidung des Vollstreckungsgerichts und ohne Antrag des Gläubigers eine „vorläufige Austauschpfändung" vorzunehmen, wenn ihre Zulassung durch das Vollstreckungsgericht zu erwarten ist[111]. Hierbei setzt § 811b Abs. 1 S. 2 ZPO voraus, daß der

---

104 W. Schuschke, § 811a, Rdn. 6, 14; W. Münzberg, in: Stein/Jonas, ZPO, § 811a, Rdn. 7

105 Vgl. § 811a Abs. 2 ZPO; Hans-J. Ziege, NJW 1955, 48, 49; wenn sich diese Vollstreckung für den Gläubiger nicht lohnt, dann hat er kein schützwürdiges Interessen daran, daß er auf die nach § 811 Nr. 1, 5, 6 unpfändbaren Gegenstände zugreift: Brox/Walker, Zwangsvollstreckungsrecht, Rdn. 291

106 Vgl. Bei Gefährdung des Vollstreckungserfolgs einschränkend: K. Stöber, in: Zöller, ZPO, § 811a, Rdn. 8

107 Vgl. § 20 Nr. 17 RPflG; Rosenberg/Gaul/Schilken, Zwangsvollstreckungsrecht, § 52, IV; Brox/Walker, Zwangsvollstreckungsrecht, Rdn. 290; R. Lackmann, Zwangsvollstreckungsrecht, § 15, V, 2, h, bb)

108 Klaus D. Hartmann, NJW 1953, 1856, 1856

109 Vgl. Klaus D. Hartmann, NJW 1953, 1856, 1856; E. Schilken, in: MünchKommZPO, § 811b, Rdn. 1; W. Münzberg, in: Stein/Jonas, ZPO, § 811b, Rdn. 1

110 Weil der Gerichtsvollzieher im Gläubigerinteresse jede zulässige Vollstreckungsmaßnahme vornehmen muß: P. Hartmann, in: Baumbach/Lauterbach/Albers/Hartmann, ZPO, § 811a, Rdn. 4

111 Vgl. § 811b Abs. 2 S. 1; z. B. goldene Armbanduhr: OLG München DGVZ 1983, 140 = JurBüro 1983, 1418; bei einem Fernsehgerät im Schätzwert von 500 DM sei sie zulässig: LG Berlin DGVZ 1991, 91; Ablehnungsfall: AG Düsseldorf DGVZ 1995, 28

Vollstreckungserlös den Wert des Ersatzstückes erheblich übersteigen wird[112]. Der Gegenstand der Pfändung ist zunächst aber im Gewahrsam des Schuldners zu belassen[113]. Von der vorläufigen Austauschpfändung muß der Gerichtsvollzieher den Gläubiger unverzüglich benachrichtigen. Wenn der Gläubiger trotz Benachrichtigung nicht binnen einer Frist von zwei Wochen einen Antrag auf die Zulassung der Austauschpfändung bei dem Vollstreckungsgericht gestellt hat oder wenn ein solcher Antrag rechtskräftig zurückgewiesen ist, dann ist die Pfändung durch den Gerichtsvollzieher aufzuheben (§ 811b Abs. 2 ZPO).

bb) Schuldnerschutz im Bereich der Austauschpfändung

Mit Erlaß des zulassenden Beschlusses[114] wird die auszutauschende Sache beim Schuldner pfändbar. Die Wegnahme dieser Sache ist hingegen erst nach der Ersatzleistung (§ 811 Abs. 1 Halbsatz 1 ZPO) bzw. nach Rechtskraft des Zulassungsbeschlusses (§ 811 Abs. 1 Halbsatz 2, Abs. 4 ZPO) zulässig[115], weil der Schuldner in dem Gebrauch seiner an sich unpfändbaren Sachen nicht gestört werden soll[116]. Der Schuldner kann die Austauschpfändung nicht ablehnen. Das bedeutet, trotz der Ablehnung der Annahme des Ersatzstücks seitens des Schuldners erwirbt er wirksam Eigentum an dem Ersatzstück nach §§ 929 ff. BGB[117]. Gegen den Beschluß des Vollstreckungsgerichts hat jedoch der Schuldner die Möglichkeit der befristeten Rechtspflegererinnerung, die binnen der für die sofortige Beschwerde geltenden Frist[118] einzulegen ist (§ 11 Abs. 1 S. 2 RPflG). Bei Unterlassung der Anhörung des Schuldners ist die Erinnerung gemäß § 766 ZPO einzulegen. Auch gegen das

---

112 Bei dem nach Abzug der Vollstreckungskosten verbleibenden Versteigerungserlös von ca. 150 DM sei die vorläufige Austauschpfändung eines Farbfernsehgerätes abzulehnen: LG Düsseldorf DGVZ 1995, 43

113 A. Böhle-Stamschräder, NJW 1953, 1949, 1950; vgl. § 808 ZPO

114 Dieser Beschluß wirkt konstitutiv, indem er die bis dahin unpfändbare Sache pfändbar oder verwertbar (§ 811 b ZPO) macht: Klaus D. Hartmann, ZZP 67 (1954), 199, 200; L. Rosenberg, Zivilprozeßrecht, § 191, I, 3, S. 1005; vgl. auch E. Schilken, in: MünchKommZPO, § 811a, Rdn. 11

115 W. Münzberg, in: Stein/Jonas, ZPO, § 811a, Rdn. 14; K. Stöber, in: Zöller, ZPO, § 811a, Rdn. 10; E. Schilken, in: MünchKommZPO, § 811a, Rdn. 13

116 P. Hartmann, in: Baumbach/Lauterbach/Albers/Hartmann, ZPO, § 811a, Rdn. 5

117 O. Jauernig, Zwangsvollstreckungs- und Insolvenzrecht, § 32, II, B; E. Schilken, in: MünchKommZPO, § 811a, Rdn. 7; W. Münzberg, in: Stein/Jonas, ZPO, § 811a, Rdn. 25; Rosenberg/Gaul/Schilken, Zwangsvollstreckungsrecht, § 52, IV; P. Hartmann, in: Baumbach/ Lauterbach/Albers/Hartmann, ZPO, § 811a, Rdn. 5; K. Stöber, in: Zöller, ZPO, § 811a, Rdn. 11

118 Binnen einer Notfrist von zwei Wochen: § 577 Abs. 2 ZPO

Vollstreckungsverfahren des Gerichtsvollziehers gibt es des weiteren für den Schuldner den Rechtsbehelf der Erinnerung nach § 766 ZPO[119].

Bei der Ersatzgewährung im Rahmen der Austauschpfändung liegt es nahe, „passende" Vorschriften des Kaufrechts, z. B. über die Sachmängelgewährleistung nach §§ 493, 440, 459 ff. BGB, entsprechend zur Anwendung gelangen zu lassen[120]. Bei Rechts- oder Sachmängeln der Ersatzleistung scheidet aber die Wandelung der Kompetenzsache aus, es kommt nur die Minderung in Betracht, da in der Regel die früher unpfändbare Sache infolge der Versteigerung in das Eigentum eines Dritten gelangt ist und dadurch eine Rückgewähr nach § 346 BGB unmöglich ist; bei der Minderung kann der Schuldner die Wertdifferenz zwischen dem mangelhaften und einem mangelfreien Ersatzstück verlangen[121]. Wenn das Ersatzstück vom Gericht gattungsmäßig bestimmt war, steht dem Schuldner ein Anspruch auf Lieferung einer mangelfreien Sache zu[122]. Auch die Regeln der positiven Forderungsverletzung sind hier anwendbar[123].

Soll ein zur Beschaffung eines Ersatzstückes erforderlicher Geldbetrag überlassen werden, dann kommt bei der Bemessung des Betrags nur die besonders günstige Erwerbsmöglichkeiten des Schuldners, nicht die eines Gläubigers oder eines Dritten, in Betracht[124].

Ein Problem kann darin gesehen werden, daß das Gesetz die Austauschpfändung allein auf die Fälle des § 811 Nrn. 1, 5 und 6 beschränkt. In der Literatur wird diskutiert, ob die Vorschriften über die (vorläufige) Austauschpfändung auf solche Sachen analog anwendbar sind, die zusätzlich nach weiteren oder ausschließlich nach einer andern Pfändungsvorschrift unpfändbar sind. Hier ist eine analoge Anwendung des § 811 a, b ZPO zu bejahen[125], weil dem Gläubiger der Zugriff auf den hohen Wert oder

---

119 K. Stöber, in: Zöller, ZPO, § 811a, Rdn. 15; E. Schilken, in: MünchKommZPO, § 811a, Rdn. 15; W. Münzberg, in: Stein/Jonas, ZPO, § 811a, Rdn. 16; Thomas/Putzo, ZPO, § 811a, Rdn. 8

120 A. Böhle-Stamschräder, NJW 1953, 1449, 1451; W. Schuschke, § 811a, Rdn. 16; E. Schilken, in: MünchKommZPO, § 811a, Rdn. 5; W. Münzberg, in: Stein/Jonas, ZPO, § 811a, Rdn. 28

121 Klaus D. Hartmann, NJW 1953, 1856, 1858; Brox/Walker, Zwangsvollstreckungsrecht, Rdn. 290; P. Hartmann, in: Baumbach/Lauterbach/Albers/Hartmann, ZPO, § 811a, Rdn. 8; A. Böhle-Stamschräder, NJW 1953, 1449, 1451; auch W. Münzberg, in: Stein/Jonas, ZPO, § 811a, Rdn. 28: Die Wandelung sei nur in Form der Rückerlangung des dem Gläubiger aus dem Vollstreckungserlös erstatteten Betrags (§ 811a Abs. 2 S. 4) möglich.

122 E. Schilken, in: MünchKommZPO, § 811a, Rdn. 5; W. Münzberg, in: Stein/Jonas, ZPO, § 811a, Rdn. 28; Klaus D. Hartmann, NJW 1953, 1856, 1858

123 W. Schuschke, § 811a, Rdn. 16; ; W. Münzberg, in: Stein/Jonas, ZPO, § 811a, Rdn. 28; Klaus D. Hartmann, NJW 1953, 1856, 1858

124 W. Münzberg, in: Stein/Jonas, ZPO, § 811a, Rdn. 6: z. B. Händlerrabatte; W. Schuschke, § 811a, Rdn. 5: dazu noch notwendige Nebenkosten etwa für TÜV, Zoll oder Montage

125 Mindermeinung: A. Schumacher, ZZP 67 (1954), 255, 255 f.; E. Schneider, MDR 1986, 726, 726 f.; F. Pardey, DGVZ 1987, 180, 183; L. Rosenberg, Zivilprozeßrecht, § 191, I, 3, S. 1004; Thomas/Putzo, ZPO, § 811a, Rdn. 1 (aber nur für § 811 Nr. 12 eingeschränkt); O. Jauernig,

Mehrwert des Pfandgegenstandes, z. B. auf einen nach § 811 Nr. 4 ZPO unpfändbaren wertvollen Traktor eines Landwirts, oder einen nach § 811 Nr. 7 ZPO geschützten Luxuswagen eines Arztes, schlechthin nicht versagt werden darf[126].
Schließlich ist die durch die Austauschpfändung dem Schuldner überlassene Ersatzleistung, also das Ersatzstück selbst, oder der aus dem Vermögen des Gläubigers oder aus dem Vollstreckungserlös (Versteigerungserlös) zur Ersatzbeschaffung überlassene Geldbetrag unpfändbar (§ 811 Abs. 3 ZPO). Diese Unpfändbarkeit gilt auch für den etwaigen Anspruch auf Leistung eines Ersatzstücks oder Ersatzgeldbetrages[127].

2. Der Pfändungsschutz bei Geldforderungen (§§ 850 ff. ZPO)

a) Einführung

Ungeachtet des allgemeinen Wohlstandes besitzt der durchschnittliche schuldnerische Haushalt heute fast kein nennenswertes pfändbares Sachvermögen. Häufig bestehen an Vermögensgegenständen in seinem Besitz außerdem Eigentumsvorbehalte Dritter. In diesem Fall sind die Sachpfändungsvorschriften in der ZPO für das Interesse des Gläubigers wirkungslos[128]. Der Schuldner verfügt normalerweise auch nur über wenige pfändbare Forderungsrechte. Da die Zahl der von der Arbeit Abhängigen immer mehr wächst und das Arbeitseinkommen unentbehrliche Existenzgrundlage des weitaus größten Teils der Bevölkerung ist, besteht die einzige Zugriffsmöglichkeit für den Gläubiger oft auf das Dienst- und Arbeitseinkommen und damit auf die Lebensgrundlage des Schuldners[129]. Deshalb[130] ist es notwendig, den Schuldner vor

Zwangsvollstreckungs- und Insolvenzrecht, § 32, II, B (nur bei kumulierter Unpfändbarkeit); dagegen: AG Bremen, DGVZ 1984, 157; nach der herrschenden Meinung ist wegen der unzweideutigen enumerativen Aufzählung der Ausnahmen vom Pfändungsverbot eine solche analoge Anwendung ausgeschlossen: K. Stöber, in: Zöller, ZPO, § 811a, Rdn. 2; E. Schilken, in: MünchKommZPO, § 811a, Rdn. 2; W. Münzberg, in: Stein/Jonas, ZPO, § 811a, Rdn. 2; Brox/Walker, Zwangsvollstreckungsrecht, Rdn. 289; Hans-J. Ziege, NJW 1955, 48, 49; W. Noack, JurBüro, 1969, 97, 98; W. Schuschke, § 811a, Rdn. 1

126 E. Schneider, MDR 1986, 726, 727; noch weitere Beispiele: A. Schumacher, ZZP 67 (1954), 255, 255; trotz der Gegenmeinung im Ergebnis, siehe auch Brox/Walker, Zwangsvollstreckungsrecht, Rdn. 289: „Die verschiedene rechtliche Behandlung der Fälle des § 811 ist nicht berechtigt"; W. Noack, JurBüro 1969, 97, 98

127 E. Schilken, in: MünchKommZPO, § 811a, Rdn. 12; W. Münzberg, in: Stein/Jonas, ZPO, § 811a, Rdn. 30; W. Schuschke, § 811a, Rdn. 15

128 Vgl. M. Geißler, JurBüro 1986, 961, 961; W. Brehm, in: Stein/Jonas, ZPO, § 850, Rdn. 2

129 Vgl. Baur/Stürner, Bd. I Einzelvollstreckungsrecht, Rdn. 24.1, 24.2; O. Jauernig, Zwangsvollstreckungs- und Insolvenzrecht, § 33, I, A, S. 147 (20. Aufl.); M. Geißler, JurBüro 1986, 961, 961; Rosenberg/Gaul/Schilken, Zwangsvollstreckungsrecht, § 56 vor I, S. 664 (11. Aufl.):

dem vollständigen Zugriff des Gläubigers auf sein laufendes Arbeitseinkommen zu bewahren, d. h. ihm müssen die Beträge zu einer bescheidenen Lebensführung für sich und seine Familie belassen werden[131]. Hier liegt das erhebliche rechtspolitische Gewicht der Pfändungsschutzvorschriften bei Geldforderungen gemäß § 850 ff. ZPO[132].

Wie bei den §§ 811 ff. ZPO basiert dieser Pfändungsschutz des Vollstreckungsschuldners bei Geldforderungen auf der Gesamtabwägung zwischen dem Interesse des Gläubigers an einer wirkungsvollen Zwangsvollstreckung (also an einem möglichst weitreichenden Zugriff) und demjenigen des Schuldners an der Sicherung der Existenzgrundlage für sich und seine Familie[133]. Insofern sind die geltenden Regelungen des Pfändungsschutzes für Arbeitseinkommen und vergleichbare Leistungen, die sich nach den Bedürfnissen der beiden Seiten freilich ständig ändern, ein Ausdruck des gegenwärtig für richtig und angemessen befundenen Kompromisses[134]. Ferner dienen diese Pfändungsschutzvorschriften dem Schutz des Schuldners auch im öffentlichen Interesse, konkretisieren damit den Schutzgedanken des Sozialstaatsprinzips[135] und können deswegen weder vertraglich noch durch Verzicht auf den Pfändungsschutz abbedungen werden[136].

Das in Geld zahlbare Arbeitseinkommen kann nur[137] nach Maßgabe der §§ 850a bis 850i ZPO gepfändet werden (§ 850 Abs. 1 ZPO). Wieviel dem Schuldner von seinem Arbeitseinkommen verbleiben muß, kann vom Gesetz nicht generell festgelegt werden. Vielmehr müssen die besonderen Lebensumstände des Schuldners berücksichtigt

---

weitere Zugriffsmöglichkeit auf Unterhalt, Rente, Sozialleistungen oder vergleichbare existenzsichernde Bezüge; Brox/Walker, Zwangsvollstreckungsrecht, Rdn. 540

130 Nach Smid ist Grund dieses Vollstreckungsschutzes das verfassungsrechtlich verankerte allgemeine Persönlichkeitsrecht des Schuldners (Art. 2 Abs. 1 i. V. m. Art. 1 GG): S. Smid, in: MünchKommZPO, § 850, Rdn. 1

131 Baur/Stürner, Bd. I Einzelvollstreckungsrecht, Rdn. 24.2

132 Vgl. S. Smid, in: MünchKommZPO, § 850, Rdn. 2

133 Vgl. Baur/Stürner, Bd. I Einzelvollstreckungsrecht, Rdn. 24.2; Rosenberg/Gaul/Schilken, Zwangsvollstreckungsrecht, § 56 vor I, S. 868; diese Pfändungsschutzvorschriften beschränken sich nicht auf unentbehrliches Einkommen für den Schuldner und seine Familie, sondern sie führen darüber hinaus zu einer mittelbaren Lohnsicherung durch Versagen der Abtretung, Verpfändung, Aufrechnung und des Zurückbehaltungsrechts, soweit die Unpfändbarkeit reicht: W. Brehm, in: Stein/Jonas, ZPO, § 850, Rdn. 3; S. Smid, in: MünchKommZPO, § 850, Rdn. 1

134 Rosenberg/Gaul/Schilken, Zwangsvollstreckungsrecht, § 56 vor I, S. 868 f.: Seitens des Schuldners führe eine allzu rigorose Gestattung des Zugriffs auf sein Arbeitseinkommen zur Beeinträchtigung seines Arbeitswillen und dadurch auch der Vollstreckungsaussichten des Gläubigers; vgl. auch O. Jauernig, Zwangsvollstreckungs- und Insolvenzrecht, § 33, I, A

135 W. Brehm, in: Stein/Jonas, ZPO, § 850, Rdn. 1; siehe auch 3. Kapitel A, I (S. 51 ff.) und B, I, 1., a) (S. 57) dieser Arbeit

136 Vgl. S. Smid, in: MünchKommZPO, § 850, Rdn. 3; Thomas/Putzo, ZPO, § 850, Rdn. 2

137 Das „nur" bedeutet nicht den Ausschluß weitergehender Vollstreckungsschutzvorschriften. Hier gilt auch z. B. § 765a ZPO: W. Brehm, in: Stein/Jonas, ZPO, § 850, Rdn. 8

werden: Die Höhe der Pfändungsgrenze ist von der Zahl der Personen, denen der Schuldner Unterhalt gewährt und von der Höhe des Einkommens des Schuldners abhängig zu machen[138]. Auf der anderen Seite hat der Gesetzgeber ebenfalls auf die besonders wichtige Belange des Gläubigers Rücksicht genommen, indem er den Pfändungsschutz nach der Art des beizutreibenden Anspruchs mit einer gewissen Elastizität modifiziert hat. Beispiele dafür sind etwa bedingt unpfändbare Bezüge gemäß § 850b Abs. 2 ZPO, Pfändbarkeit bei Unterhaltsansprüchen gemäß § 850d ZPO oder die gerichtliche Änderung des unpfändbaren Betrags bei der Zwangsvollstreckung wegen einer Forderung aus einer vorsätzlich begangenen unerlaubten Handlung (Deliktsansprüche) gemäß § 850f Abs. 2 ZPO[139]. Außerdem ermöglichen zahlreiche Generalklauseln die weitergehende Berücksichtigung der Umstände des Einzelfalls durch das Gericht[140].

Im folgenden sollen in betreff des Schuldnerschutzes die Einzelheiten näher erörtert werden.

b) Der Schuldnerschutz bei Pfändung des Arbeitseinkommens

aa) Der Begriff des Arbeitseinkommens

Gemäß § 850 Abs. 1 ZPO kann Arbeitseinkommen, das in Geld zahlbar ist, nur nach Maßgabe der §§ 850a bis 850i ZPO gepfändet werden. § 850 Abs. 2 ZPO definiert den Begriff Arbeitseinkommen i. S. der Pfändungsschutzvorschriften wie folgt: Arbeitseinkommen sind die Dienst- und Versorgungsbezüge der Beamten, Arbeits- und Dienstlöhne, Ruhegelder und ähnliche nach dem einstweiligen oder dauernden Ausscheiden aus dem Dienst- oder Arbeitsverhältnis gewährte fortlaufende Einkünfte, ferner Hinterbliebenenbezüge sowie sonstige Vergütungen für Dienstleistungen aller Art, die die Erwerbstätigkeit des Schuldners vollständig oder zu einem wesentlichen Teil in Anspruch nehmen[141]. Zum Arbeitseinkommen gehören weiterhin gemäß § 850

---

138 Brox/Walker, Zwangsvollstreckungsrecht, Rdn. 540; Baur/Stürner, Bd. I Einzelvollstreckungsrecht, Rdn. 24.2; Lockerung der Fixierung der Pfändungsfreigrenze auf eine bestimmte Summe: O. Jauernig, Zwangsvollstreckungs- und Insolvenzrecht, § 33, I, A m. w. Nwen.

139 Vgl. W. Brehm, in: Stein/Jonas, ZPO, § 850, Rdn. 2

140 Baur/Stürner, Bd. I Einzelvollstreckungsrecht, Rdn. 24.2; Brox/Walker, Zwangsvollstreckungsrecht, Rdn. 540

141 Dazu gehören z. B. die Ansprüche der Handelsvertreter auf Fixum und Provision: BAG NJW 1962, 1221, 1221 f.; BGH NJW 1978, 756, 756 = MDR 1978, 387, 388; K. Stöber, in: Zöller, ZPO, § 850, Rdn. 9; W. Brehm, in: Stein/Jonas, ZPO, § 850, Rdn. 39 und 42; für eine Abwägung über die Vollständigkeit oder Wesentlichkeit der Erwerbstätigkeit im Sinne von § 850 Abs. 2 ZPO besteht dann kein Raum, wenn der Schuldner nur ein einziges Einkommen hat: OLG

Abs. 3 ZPO die nach Beendigung eines Dienstverhältnisses zum Ausgleich für Wettbewerbsbeschränkungen zu gewährende Bezüge (Karenzentschädigungen) und die auf Grund von Versicherungsverträgen zu gewährenden Renten.

Diese als Arbeitseinkommen in § 850 ZPO aufgezählte Tatbestände sind aber nur Beispiele. Allgemeiner Meinung nach ist der Begriff des Arbeitseinkommens weit auszulegen: Dem Begriff „Arbeitseinkommen" im Sinne des § 850 ZPO unterfallen alle Bezüge oder Vergütungen in Geld aus einer jetzigen oder früheren Arbeits- oder Dienstleistung[142] oder aus Zusagen von Arbeitsleistungen ohne Rücksicht auf ihre Benennung oder Berechnungsart[143]. So gehören dazu auch etwa einschlägige Nebenleistungen, Zuschläge aller Art (z. B. Urlaubsgeld, Weihnachtsgeld), Leistungsprämien[144] und alle diejenigen Ansprüche des Arbeitnehmers, die rechtlich oder wirtschaftlich den entgangenen Lohnanspruch ersetzen, wie dies etwa bei den §§ 615, 628 Abs. 2 BGB der Fall ist[145].

Ob es sich um höhere oder niedere Dienste, geistige oder körperliche Arbeit, selbständige oder unselbständige Tätigkeit[146] handelt, ist hierbei unerheblich. Für den Begriff „Arbeitseinkommen" ist ebensowenig bedeutsam, ob die Bezüge wiederkehrend oder nichtwiederkehrend zahlbar sind[147]. Dieser Umstand ist nur dafür entscheidend, welche Pfändungsschutzvorschrift in Betracht kommt[148].

Zu beachten ist wiederum, daß als Arbeitseinkommen nur solche Geldforderungen des Schuldners in Betracht kommen, die noch nicht an den Schuldner ausbezahlt worden sind oder die sogar noch gar nicht fällig sind[149]. Denn für den Fall, daß der Geldbetrag schon an den Vollstreckungsschuldner bar ausgezahlt oder (bei Einkommens-

---

Düsseldorf MDR 1953, 559, 559 f.; K. Stöber, Forderungspfändung (11. Aufl.), Rdn. 887; S. Smid, in: MünchKommZPO, § 850, Rdn. 34; B. Wieczorek, ZPO (1958), § 850, C II a 1; vgl. S. 93 dieser Arbeit; siehe auch Gesetzreformvorschläge im 4. Kapitel (S. 187 f.) dieser Arbeit

142 OLG Bamberg Rpfleger 1974, 30, 30

143 K. Stöber, in: Zöller, ZPO, § 850, Rdn. 2; P. Hartmann, in: Baumbach/Lauterbach/Albers/Hartmann, ZPO, § 850, Rdn. 2; Baur/Stürner, Bd. I Einzelvollstreckungsrecht, Rdn. 24.5; LAG Frankfurt/M DB 1988, 1456; vgl. auch § 850 Abs. 4 ZPO

144 Rosenberg/Gaul/Schilken, Zwangsvollstreckungsrecht, § 56 I 1.; Baur/Stürner, Bd. I Einzelvollstreckungsrecht, Rdn. 24.5

145 D. Boewer, Die Lohnpfändung, S. 176

146 BGH NJW 1962, 1221, 1221 f.: Andererseits werden Einkünfte aus freien Dienstverträgen *häufiger* unter § 850i Abs. 1 ZPO fallen; auch BGH NJW 1978, 756, 756 = MDR 1978, 387, 388

147 P. Hartmann, in: Baumbach/Lauterbach/Albers/Hartmann, ZPO, § 850, Rdn. 2; Baur/Stürner, Bd. I Einzelvollstreckungsrecht, Rdn. 24.5; W. Brehm, in: Stein/Jonas, ZPO, § 850, Rdn. 20; O. Jauernig, Zwangsvollstreckungs- und Insolvenzrecht, § 33, I, C

148 Für die nichtwiederkehrenden Bezüge: § 850i Abs. 1 ZPO; für wiederkehrend zahlbare Vergütungen: Sonstige Vorschriften von 850 ff. ZPO; vgl. D. Boewer, Die Lohnpfändung, S. 180; A. Bohn, Pfändungsschutz für Lohn (2. Bd.), S. 10, Rdn. 4; BAG NJW 1962, 1221, 1222

149 Oder als Vergütung zu erwarten sind: vgl. § 832 ZPO

überweisung auf ein Bankkonto des Schuldners) vom Konto abgehoben worden ist, kommt kein Pfändungsschutz gemäß §§ 850a ff. ZPO, sondern der Pfändungsschutz des § 811 Nr. 8 ZPO in Betracht, weil das Geld dann der Sachpfändung nach §§ 808 ff. ZPO unterliegt[150].

bb) Die uneingeschränkt der Pfändung entzogenen Bezüge (§ 850a ZPO)

Aus sozialen Gründen und mit Rücksicht auf die Zweckgebundenheit der Bezüge zählt § 850a ZPO als Ergänzung[151] des § 850 ZPO die vollständig oder teilweise absolut unpfändbaren Ansprüche aus Arbeit- und Dienstverhältnissen auf, die ansonsten nach § 850 Abs. 2 bis 4 ZPO unter den Begriff des Arbeitseinkommens fallen sollen[152]. Bei diesen Ansprüchen handelt es sich um besondere Einkommensteile aus Mehrleistung oder Aufwendungen des Schuldners oder aus verschiedenen Zwecken dienenden Beihilfen, die nicht dem Gläubiger zugute kommen sollen[153]:

Nach § 850a ZPO sind unpfändbar

- die Hälfte der Überstundenvergütung[154] (Nr. 1). Unter diesen Pfändungsschutz fällt auch die Vergütung für eine in der Freizeit für einen anderen Arbeitgeber regelmäßig geleistete Tätigkeit (sog. Nebenverdienst)[155].

---

150 Vgl. K. Stöber, in: Zöller, ZPO, § 850, Rdn. 2; Rosenberg/Gaul/Schilken, Zwangsvollstreckungsrecht, § 56, I, 1; Brox/Walker, Zwangsvollstreckungsrecht, Rdn. 540; W. Brehm, in: Stein/Jonas, ZPO, § 850k, Rdn. 1; über den *Kontenschutz*: siehe S. 98 ff. dieser Arbeit

151 P. Hartmann, in: Baumbach/Lauterbach/Albers/Hartmann, ZPO, § 850a, Rdn. 1

152 K. Stöber, Forderungspfändung (11. Aufl.), Rdn. 976; W. Brehm, in: Stein/Jonas, ZPO, § 850a, Rdn. 1; S. Smid, in: MünchKommZPO, § 850a, Rdn. 1; W. Schuschke, § 850a, Rdn. 1

153 Vgl. Baur/Stürner, Bd. I Einzelvollstreckungsrecht, Rdn. 24.17; K. Stöber, Forderungspfändung (11. Aufl.), Rdn. 976

154 Also die Hälfte einer zusätzlichen Vergütung für eine über die in einem bestimmten Betrieb gewöhnliche Arbeitszeit hinausgehende Dienstleistung (h. M.): W. Brehm, in: Stein/Jonas, ZPO, § 850a, Rdn. 7; P. Hartmann, in: Baumbach/Lauterbach/Albers/Hartmann, ZPO, § 850a, Rdn. 2; Thomas/Putzo, ZPO, § 850a, Rdn. 2; W. Schuschke, § 850a, Rdn. 2; Brox/Walker, Zwangsvollstreckungsrecht, Rdn. 550; Boewer/Bommermann, Lohnpfändung und Lohnabtretung, Rdn. 465; K. Stöber, Forderungspfändung (11. Aufl.), Rdn. 981; *a. A.* D. Boewer, Die Lohnpfändung, S. 206: Mehrarbeitsstunden seien die über die gesetzliche Arbeitszeit der §§ 3, 4, 5 Arbeitszeitordnung 1938 (jetzt Arbeitszeitrechtsgesetz - ArbZRG - vom 6.6.1994, BGBl I, S. 1170) hinausgehende Arbeitszeit.

155 K. Stöber, Forderungspfändung (11. Aufl.), Rdn. 982, Fußnote 4; W. Brehm, in: Stein/Jonas, ZPO, § 850a, Rdn. 10, § 850 Rdn. 42; m. E. soll auch der Nebenverdienst aus gelegentlicher, also vereinzelter, unregelmäßiger Dienstleistung des Schuldners in gleichem Maß wie der Nebenverdienst aus regelmäßiger Dienstleistung geschützt werden, um dem Schuldner einen Anreiz für Mehrarbeit zu gewähren; vgl. Fußnote 141 im 3. Kapitel, B (S. 73 f.) dieser Arbeit; oder siehe S. 93 dieser Arbeit und Gesetzreformvorschläge im 4. Kapitel (S. 187 f.) dieser Arbeit

- Urlaubszulagen[156], Zuwendungen aus Anlaß besonderer Betriebsereignisse (z. B aus Betriebsjubiläum oder wegen besonderem betrieblichen Erfolg) und Treugelder (z. B. für 25jährige Betriebszugehörigkeit) in üblicher Höhe[157]. Diese Bezüge sind wegen Zweckgebundenheit der Leistungen unpfändbar, daher sollen sie dem Arbeitnehmer höchstpersönlich zukommen[158] (Nr. 2).
- Aufwandsentschädigungen[159], Auslösungsgelder und sonstige soziale Zulagen für auswärtige Beschäftigungen (z. B. Umzugskosten, Wegegeld[160]), das Entgelt für selbstgestelltes Arbeitsmaterial (z. B. Werkzeuggelder, Entschädigung für den Betrieb eines beruflich genutzten Kraftwagens[161]), Gefahrenzulagen sowie Schmutz- und Erschwerniszulagen, die durch die Art der Arbeit und ihre Eigentümlichkeit entsteht, nicht aber die Zulagen für ungünstige oder unbequeme Lage der Arbeitszeit[162] (z. B. an Feiertagen oder zur Nachtzeit) in üblicher Höhe (Nr. 3).

---

156 Unpfändbar ist nur die Urlaubsgratifikation; das Urlaubsentgeld ist jedoch wie gewöhnlicher Arbeitslohn pfändbar; beim Urlaubsabgeltungsanspruch streitig:
für die Pfändbarkeit (h. M.): LAG Berlin, NZA 1992, 122, 123 = DB 1991, 2496; LAG Köln, BB 1990, 1981; D. Gaul, NZA 1987, 473, 475; H. Stehl, DB 1964, 334, 336; U. Tschöpe, BB 1981, 1902 1903; Boewer/Bommermann, Lohnpfändung und Lohnabtretung, Rdn. 450; G. Henze, Rpfleger 1980, 456, 456, Fußnote 3; W. Brehm, in: Stein/Jonas, ZPO, § 850a, Rdn. 15; Thomas/Putzo, ZPO, § 850a, Rdn. 3; P. Hartmann, in: Baumbach/Lauterbach/Albers/Hartmann, ZPO, § 850a, Rdn. 4; B. Rauscher, MDR 1963, 11, 12; nach h. M ist der Urlaubsabgeltungsanspruch auch nicht als Mehrarbeitsvergütung nach § 850a Nr. 1 ZPO einzuordnen (dagegen: F. Faecks, NJW 1972, 1448, 1451); *gegen die Pfändbarkeit*: vgl. BAG DB 1959, 350, 350 f.; LAG Schleswig Holstein BB 1964, 596, 596 f.; D. Schweer, BB 1961, 680, 680 ff.; K. Stöber, Forderungspfändung (11. Aufl.), Rdn. 988; Brox/Walker, Zwangsvollstreckungsrecht, Rdn. 551; W. Schuschke, § 850a, Rdn. 3; W. Berner, Rpfleger 1960, 5, 6

157 Was „üblich" ist, bemißt sich danach, was in gleichartigen Unternehmen bei vergleichbaren Anlässen regelmäßig gewährt wird (h. M): K. Stöber, Forderungspfändung (11. Aufl.), Rdn. 986; W. Brehm, in: Stein/Jonas, ZPO, § 850a, Rdn. 14; S. Smid, in: MünchKommZPO, § 850a, Rdn. 7; W. Schuschke, § 850a, Rdn. 5; Boewer/Bommermann, Lohnpfändung und Lohnabtretung, Rdn. 475; *a. A.* G. Henze, Rpfleger 1980, 456, 456: Nach Henze soll die Grenze des „Üblichen" an § 850a Nr. 4 bemessen werden; auch Thomas/Putzo, ZPO, § 850a, Rdn. 3; eine solche Betrachtung übersieht jedoch, daß dem § 850a Nr. 2 gerade im Gegensatz zu § 850 Nr. 4 eine flexible, an gleichartigen Unternehmen ausgerichtete Grenze zugrunde liegt: vgl. insbesondere S. Smid, a.a.O.; K. Stöber, a.a.O., Fußnote 11a

158 K. Stöber, Forderungspfändung (11. Aufl.), Rdn. 985; W. Brehm, in: Stein/Jonas, ZPO, § 850a, Rdn. 13

159 Z. B. Reisespesen, Tage- und Übernachtungsgelder, Bürogelder und Fahrgelderstattung; zahlreiche Rechtsprechungen: P. Hartmann, in: Baumbach/Lauterbach/Albers/Hartmann, ZPO, § 850a, Rdn. 5; K. Stöber, in: Zöller, ZPO, § 850a, Rdn. 7; Ausgangspunkt für das „Übliche" im Sinne von § 850a Nr. 3 ZPO sind hierbei die von den Finanzbehörden als steuerfrei anerkannten Sätze: BAG BB 1971, 1197 = JZ 1986, 498, 499 f. m. Anm. W. Brehm; BGHZ 96, 324, 329; Baur/Stürner, Bd. I Einzelvollstreckungsrecht, Rdn. 24.17, Fußnote 47; K. Stöber, Forderungspfändung (11. Aufl.), Rdn. 990; Thomas/Putzo, ZPO, § 850a, Rdn. 4

160 Vgl. W. Brehm, in: Stein/Jonas, ZPO, § 850a, Rdn. 23

161 K. Stöber, Forderungspfändung (11. Aufl.), Rdn. 995; vgl. auch S. Smid, in: MünchKommZPO, § 850a, Rdn. 12

162 Vgl. LAG Frankfurt DB 1989, 1732, 1732; P. Hartmann, in: Baumbach/Lauterbach/Albers/Hartmann, ZPO, § 850a, Rdn. 6

- Weihnachtsvergütungen bis zum Betrag der Hälfte eines halben Brutto-Arbeitseinkommens, höchstens aber bis 540 DM. Die bloße Bezeichnung als „Weihnachtsgeld" spielt hier keine Rolle, vielmehr sollen die Vergütungen zum Zweck der Beihilfe für vermehrte Aufwendungen für das Weihnachtsfest gewährt werden[163] (Nr. 4).
- Heirats- und Geburtsbeihilfen (z. B. Kinderausstattungsbeihilfen); hier spielen die Höhe und Üblichkeit des Vergütung keine Rolle[164]. Diese Ansprüche sind allerdings für diejenigen Gläubiger uneingeschränkt pfändbar, die wegen der aus Anlaß der Heirat oder der Geburt entstandenen Ansprüche (z. B. die Entbindungskosten für Arzt und Hebamme) die Vollstreckung betreiben (Nr. 5).
- Erziehungsgelder[165], Studienbeihilfen[166] und ähnliche Bezüge (Nr. 6), Blindenzulagen (Nr. 8), Sterbe- und Gnadenbezüge aus Arbeits- oder Dienstverhältnissen, die Hinterbliebenen oder sonstigen Angehörigen von Beamten[167] oder anderen Arbeitnehmern einmal oder wiederholt bezahlt werden; sie brauchen nicht Erbe zu sein[168] (Nr. 7)[169].

Diese Aufzählung der unpfändbaren Bezüge in § 850a ZPO ist nicht erschöpfend; außerdem sind auch in § 54 SGB-I[170] und einer Reihe anderer gesetzlicher

---

[163] Dann ist u. U. auch das sogenannte 13. Monatsgehalt unpfändbar; Baur/Stürner, Bd. I Einzelvollstreckungsrecht, Rdn. 24.17; W. Brehm, in: Stein/Jonas, ZPO, § 850a, Rdn. 27; K. Stöber, Forderungspfändung (11. Aufl.), Rdn. 999a ; vgl. auch W. Schuschke, § 850a, Rdn. 11

[164] Dazu gehört auch der Anspruch der nichtehelichen Mutter auf Entbindungskosten nach § 1615k BGB: K. Stöber, Forderungspfändung (11. Aufl.), Rdn. 1001; W. Brehm, in: Stein/Jonas, ZPO, § 850a, Rdn. 30; S. Smid, in: MünchKommZPO, § 850a, Rdn. 17; W. Schuschke, § 850a, Rdn. 12; *a. A.* W. Köhler, in: MünchKommBGB, § 1615k, Rdn. 4; D. Brüggemann, FamRZ 1971, 140, 144; U. Diederichsen, in: Palandt, BGB, § 1615k, Rdn. 1

[165] Dazu gehört nicht das Erziehungsgeld i. S. d. BErzGG. Denn dieses ist *anders als § 850a Nr. 6* nicht zweckgebunden, sondern besitzt „Lohnersatzfunktion": Brox/Walker, Zwangsvollstreckungsrecht, Rdn. 553; auch Baur/Stürner, Bd. I Einzelvollstreckungsrecht, Rdn. 24.17 Fußnote 52; Thomas/Putzo, ZPO, § 850a, Rdn. 7; OLG Hamm Rpfleger 1988, 31, 31 f.; *a. A.*: W. Brehm, in: Stein/Jonas, ZPO, § 850a, Rdn. 32

[166] Dazu gehören nicht Referendarbezüge, die Arbeitseinkommen gemäß § 850 ZPO sind: (h. M.) W. Brehm, in: Stein/Jonas, ZPO, § 850, Rdn. 21 und § 850a Rdn. 33; K. Stöber, Forderungspfändung (11. Aufl.), Rdn. 1002; auch nicht Ansprüche auf Ausbildungsförderung nach dem BAFöG, weil sie nach §§ 54, 55 SGB I pfändbar sind: S. Smid, in: MünchKommZPO, § 850a, Rdn. 18; W. Schuschke, § 850a, Rdn. 13

[167] Vgl. § 51 BeamtVG; § 51 BRRG

[168] K. Stöber, Forderungspfändung (11. Aufl.), Rdn. 1003; P. Bengelsdorf, ArbuR 1995, 349, 355; Brox/Walker, Zwangsvollstreckungsrecht, Rdn. 553

[169] Die in § 850a Nr. 5 ZPO genannten Ansprüche sind im Rahmen der besonderen Zweckbindung vollstreckbar. Nach Schuschke ist nicht einsichtig, warum der Gesetzgeber dies nicht auch hinsichtlich der in Nr. 7 genannten Bezüge im Hinblick auf die Bestattungskosten vorgesehen hat: W. Schuschke, § 850a, Rdn. 1

[170] Z. B. Geldleistungen, die dafür bestimmt sind, den durch einen Körper- oder Gesundheitsschaden bedingten Mehraufwand auszugleichen (§ 54 Abs. 3 Nr. 1, 3 SGB-I)

Vorschriften Bestimmungen über die Unpfändbarkeit enthalten[171]. Diese Vorschriften dürfen aber nicht ausdehnend ausgelegt werden[172].

Die in § 850a ZPO aufgeführten Bezüge dürfen unabhängig von der Lohn- und Gehaltspfändung nicht für sich allein (selbständig) gepfändet werden[173], sie sind auch im Zusammenhang mit anderen Bezügen nicht pfändbar[174]. Folgerichtig bleiben sie gemäß § 850e Nr. 1 ZPO bei der Berechnung des pfändbaren Arbeitseinkommens (§ 850c-g ZPO) unberücksichtigt. Dies gilt aber nicht für alle Ansprüche: Wird die Zwangsvollstreckung wegen Unterhaltsansprüchen betrieben, ist zugunsten privilegierter Unterhaltsgläubiger gemäß § 850d Abs. 1 S. 2 ZPO höchstens die Hälfte von den in § 850a Nr. 1, 2 und 4 ZPO genannten Bezügen pfändbar. Ein Pfändungsbeschluß wirkt deshalb nur innerhalb der nach § 850a ZPO oder § 850d ZPO pfändbaren Teile, auch wenn er solche unpfändbaren Bezüge nicht ausnimmt[175].
Die Berücksichtigung der nach § 850a ZPO unpfändbaren Bezüge ist Aufgabe des Arbeitgebers als Drittschuldner, d. h. er muß die unpfändbaren Bezüge vom Arbeitseinkommen des Schuldners absetzen, es sei denn, unter Verstoß gegen § 850a ZPO sind einzelne der unpfändbaren Bezüge ausdrücklich im (insoweit anfechtbaren) Pfändungsbeschluß als gepfändet bezeichnet[176]. Bei Verstößen gegen die Pfändungsverbote gemäß § 850a ZPO können Schuldner und Drittschuldner Erinnerung nach § 766 ZPO einlegen[177]. Sie können ferner Streitigkeiten darüber, ob Bezüge unter § 850a ZPO fallen, durch Entscheidung nach § 766 ZPO klären lassen[178]. Der

---

171 Z. B. Sozialhilfeansprüche sind nach § 4 Abs. 1 BSHG stets unpfändbar; zahlreiche weitere Beispiele: K. Stöber, in: Zöller, ZPO, § 829, Rdn. 33; vgl. § 850i Abs. 4 ZPO; insbesondere D. Boewer, Die Lohnpfändung, S. 205; P. Bengelsdorf, ArbuR 1995, 349, 354

172 P. Hartmann, in: Baumbach/Lauterbach/Albers/Hartmann, ZPO, § 850a, Rdn. 1; K. Stöber, in: Zöller, ZPO, § 850a, Rdn. 1; R. Sibben, DGVZ 1988, 4, 6 und 8

173 K. Stöber, Forderungspfändung (11. Aufl.), Rdn. 976; ders., in: Zöller, ZPO, § 850a, Rdn. 1; W. Brehm, in: Stein/Jonas, ZPO, § 850a, Rdn. 2; S. Smid, in: MünchKommZPO, § 850a, Rdn. 2; P. Bengelsdorf, ArbuR 1995, 349, 354: Die unpfändbaren Bezüge sind der Aufrechnung, Abtretung und Verpfändung entzogen (§§ 394, 400, 1274 BGB)

174 P. Hartmann, in: Baumbach/Lauterbach/Albers/Hartmann, ZPO, § 850a, Rdn. 1

175 W. Brehm, in: Stein/Jonas (21. Aufl.), ZPO, § 850a, Rdn. 3; W. Münzberg, in: Stein/Jonas (20. Aufl.), ZPO, § 850a, Rdn. 3; S. Smid, in: MünchKommZPO, § 850a, Rdn. 2

176 W. Schuschke, § 850a, Rdn. 1 und 16; K. Stöber, Forderungspfändung (11. Aufl.), Rdn. 978; G. Christmann, Rpfleger 1988, 458, 459

177 Auch Bevorrechtigte (§ 850d ZPO) und nachrangige Gläubiger: W. Münzberg, in: Stein/Jonas (20. Aufl.), ZPO, § 850a, Rdn. 2; *a. A.* W. Brehm, in: Stein/Jonas (21. Aufl.), ZPO, § 850a, Rdn. 2; bei Ablehnung der Erinnerung können Schuldner und Drittschuldner die Unpfändbarkeit mit der Beschwerde (§ 793 ZPO) weiter gelten machen: K. Stöber, Forderungspfändung (11. Aufl.), Rdn. 751

178 W. Münzberg, in: Stein/Jonas (20. Aufl.), ZPO, § 850a, Rdn. 3; S. Smid, in: MünchKommZPO, § 850a, Rdn. 3; G. Christmann, Rpfleger 1988, 458, 459; K. Stöber, Forderungspfändung (11. Aufl.), Rdn. 978; *a. A.* W. Brehm, in: Stein/Jonas (21. Aufl.), ZPO, § 850a, Rdn. 3

Gläubiger kann zur Klärung von Streitigkeiten über die Reichweite des § 850a ZPO einen Antrag auf ergänzende, die streitgegenständlichen Bezüge betreffende Pfändung stellen, der unter Angabe von Gründen abzulehnen ist, wenn die vorausgegangene Pfändung solche Bezüge schon erfaßt[179]. Soweit der Pfändungsbeschluß die Grenzen der Unpfändbarkeit selbst offen läßt, kann der Drittschuldner sie in Zweifelsfällen auch im Prozeß der Auseinandersetzung um die Auslegung des Pfändungsbeschlusses durch den Gläubiger einwenden[180].
Die der Pfändung unterliegenden Teile der in § 850a ZPO angeführten Bezüge, etwa die zweite Hälfte der Mehrarbeitsstundenvergütung, der Teil des Weihnachtsgelds, der 540 DM übersteigt, müssen der bei Auszahlung laufenden Lohnrate hinzugerechnet werden[181].

cc) Bedingte Pfändbarkeit („Billigkeitspfändung") gemäß § 850b ZPO

(1) Schuldnerschutz durch bedingt pfändbare Bezüge

Die in § 850b Abs. 1 ZPO genannten Bezüge, etwa (Unterhalts)Renten oder spezielle der Existenzsicherung dienende Unterstützungsbezüge, stellt das Gesetz pfändungsrechtlich dem Arbeitseinkommen gleich, obwohl sie ihrem Wesen nach von einem Arbeitsverhältnis unabhängig sind[182]. Solange diese Bezüge nach § 850b Abs. 2 ZPO vom Vollstreckungsgericht nicht für pfändbar erklärt werden, sind sie grundsätzlich in voller Höhe unpfändbar[183] und kommen bei der Berechnung des pfändbaren Arbeitseinkommens wie die Bezüge aus § 850a ZPO nicht in Betracht[184]. Insoweit sind Vorpfändungen dieser Bezüge auch unzulässig[185]. § 850b Abs. 1 ZPO bezweckt die Sicherung des Lebensunterhalts und damit der Existenz des Schuldners[186]. Der Schuldner wird hier also als Unterhaltsberechtigter, aber nicht als Unterhaltsgläubiger

---

[179] Vgl. G. Christmann, Rpfleger 1988, 458, 459; W. Münzberg, in: Stein/Jonas (20. Aufl.), ZPO, § 850a, Rdn. 3; S. Smid, in: MünchKommZPO, § 850a, Rdn. 2

[180] W. Münzberg, in: Stein/Jonas (20. Aufl.), ZPO, § 850a, Rdn. 4; S. Smid, in: MünchKommZPO, § 850a, Rdn. 2

[181] K. Stöber, Forderungspfändung (11. Aufl.), Rdn. 979; S. Smid, in: MünchKommZPO, § 850a, Rdn. 3

[182] Vgl. G. Christmann, Rpfleger 1988, 458, 459

[183] W. Brehm, in: Stein/Jonas, ZPO, § 850b, Rdn. 1; Thomas/Putzo, ZPO, § 850b, Rdn. 1; Brox/Walker, Zwangsvollstreckungsrecht, Rdn. 554; G. Christmann, Rpfleger 1988, 458, 459; Rosenberg/Gaul/Schilken, Zwangsvollstreckungsrecht, § 56, III

[184] W. Brehm, in: Stein/Jonas, ZPO, § 850b, Rdn. 2

[185] W. Brehm, in: Stein/Jonas, ZPO, § 850b, Rdn. 33; B. Wieczorek, ZPO, § 850b, A I. a); W. Schuschke, § 850b, Rdn. 7

[186] K. Stöber, in: Zöller, ZPO, § 850b, Rdn. 1

gemäß § 850d ZPO, geschützt[187], und solcher Schuldnerschutz fällt nicht in die Disposition der Beteiligten[188].

Im einzelnen geht es hier zuerst um die Geldrentenansprüche wegen Körperverletzung oder Gesundheitsschädigung[189] (§ 850b Nr. 1 ZPO). Die Renten müssen nicht auf gesetzlicher Vorschrift beruhen, sondern auch die auf vertraglicher Grundlage gewährten Rentenansprüche fallen hierunter[190], soweit die Zuwendung zum Ausgleich solcher Schäden bestimmt ist[191].

Das Gesetz nennt weiter die auf gesetzlicher Vorschrift beruhenden Unterhaltsrenten[192] sowie die wegen Entziehung einer solchen Forderung zu entrichtenden Renten (Nr. 2). Unter „Unterhaltsrente" im Sinne dieser Bestimmung sind nach Sinn und Zweck der Vorschrift alle auf gesetzlicher Vorschrift beruhenden, auf Geld gerichteten „Unterhaltsforderungen" oder „Unterhaltsansprüche" zu verstehen[193]. Deshalb gehören zu dem Begriff „Unterhaltsrente" nicht nur die wiederkehrenden Bezüge, sondern auch einmalige Ansprüche auf Sonderunterhalt (wegen eines unregelmäßigen außergewöhnlich hohen Bedarfs)[194]. Zu beachten ist hierbei, daß nach h. M. der

---

187 O. Jauernig, Zwangsvollstreckungs- und Insolvenzrecht, § 33, I, B; dieser Schuldner wird auch vor der Pfändung durch bevorrechtigte Unterhaltsgläubiger geschützt: S. Smid, in: MünchKommZPO, § 850b, Rdn. 1

188 S. Smid, in: MünchKommZPO, § 850b, Rdn. 2

189 Z. B. aus §§ 843, 618 Abs. 3 BGB; § 62 Abs. 3 HGB; § 8 HaftpflG, § 13 StVG; § 38 Abs. 2 LuftVG usw.: K. Stöber, Forderungspfändung (11. Aufl.), Rdn. 1006 (ohne Rücksicht auf ihre Höhe); Baur/Stürner, Bd. I Einzelvollstreckungsrecht, Rdn. 24.18; Brox/Walker, Zwangsvollstreckungsrecht, Rdn. 555; W. Brehm, in: Stein/Jonas, ZPO, § 850b, Rdn. 7

190 BGHZ 70, 206, 211 f. = NJW 1978, 950, 951; K. Stöber, Forderungspfändung (11. Aufl.), Rdn. 1007: Berufsunfähigkeits(zusatz)rente für Krankheit oder sonstigen Kräfteverfall: vgl. auch OLG Oldenburg MDR 1994, 257, 257 f.

191 W. Brehm, in: Stein/Jonas, ZPO, § 850b, Rdn. 7: z. B. private Unfallversicherung (BGHZ 70, 206), Ansprüche aus privaten Berufsunfähigkeitsversicherungen: C. Hülsmann, NJW 1995, 1521, 1522

192 Die Unterhaltsberechtigten sind die mit dem Schuldner in gerader Linie Verwandten (§§ 1601 BGB), der Ehegatte (§§ 1360 ff. BGB), die früheren Ehegatten (§§ 1569 ff. BGB) und die Mutter eines nichtehelichen Kindes (§§ 1615b, 1615n BGB): vgl. § 850d ZPO; Brox/Walker, Zwangsvollstreckungsrecht, Rdn. 569

193 OLG Düsseldorf, FamRZ 1982, 498, 499; K. Stöber, in: Zöller, ZPO, § 850b, Rdn. 3; H. Hübner, in: Staudinger, BGB, § 1360, Rdn. 61

194 W. Schuschke, § 850b, Rdn. 10 (z. B. Arzt- und sonstige Krankheitskosten, Prozeßkosten); Thomas/Putzo, ZP0, § 850b, Rdn. 8; OLG Düsseldorf, FamRZ 1982, 498, 499; OLG Karlsruhe FamRZ 1984, 1090, 1091; *a. A.* LG Frankenthal, NJW-RR 1989, 1352, 1352 (weil die zu pfändende Forderung gerade nicht laufende Zahlungen i. S. des § 1612 Abs. 1 S. 1 BGB, also Unterhaltsrenten, betrifft); aber OLG München NJW-RR 1988, 894, 894 (Unterhaltsrenten i. S. des § 850b Abs. 1 Nr. 2 ZPO müssen nicht dem Rentenbegriff des BGB entsprechen, aber es müssen wiederkehrende Leistung sein); K. Stöber, Forderungspfändung (11. Aufl.), Rdn. 1012; W. Brehm, in: Stein/Jonas, ZPO, § 850b, Rdn. 13; P. Hartmann, in: Baumbach/Lauterbach/Albers/Hartmann, ZPO, § 850b, Rdn. 3

Taschengeldanspruch des haushaltsführenden Ehegatten gegen seinen verdienenden Ehepartner, der sich aus dem Anspruch auf Familienunterhalt gem. §§ 1360, 1360a BGB ableitet, zu den Unterhaltsrenten i. S. v. § 850b Abs. 1 Nr. 2 gehört[195].

Nach herrschender Meinung sind die für die Unpfändbarkeit des Taschengeldanspruchs in der Literatur erörterten möglichen praktischen Probleme, wie z. B. unbestimmte (also nicht verallgemeinerungsfähige) Höhe und Fälligkeit des Taschengelds[196] oder Eröffnung eines dogmatischen Schleichwegs zum Zugriff auf das Vermögen des verdienenden Ehegatten durch Pfändung des Taschengeldanspruchs[197] [198], rechtlich irrelevant. Denn es komme

---

195 Eingehend OLG München NJW-RR 1988, 894 m. w. N. = Rpfleger 1988, 538 = FamRZ 1988, 1161; LG Mönchengladbach Rpfleger 1996, 77; LG Frankfurt JurBüro 1995, 606; OLG Köln FamRZ 1995, 309 = Rpfleger 1995, 76; LG Bielefeld JurBüro 1995, 46; LG Würzburg JurBüro 1994, 406; AG (FamG) Neustadt Rpfleger 1992, 530; OLG Karlsruhe JurBüro 1992, 570; OLG Frankfurt FamRZ 1991, 727; LG Trier JurBüro 1991, 1564; OLG Hamm FamRZ 1990, 547; LG Dortmund JurBüro 1990, 1364; OLG Stuttgart Rpfleger 1987, 466; LG Köln JurBüro 1993, 549; OLG Celle NJW 1991, 1960; FG Berlin FuR 1992, 48 m. Anm. von G. Niemeyer; LG Dortmund JurBüro 1990, 1060 m. Anm. von A. Mümmler; H. Büttner, FamRZ 1994, 1433, 1439 ff.; Sauer/Meiendresch, FamRZ 1994, 1441, 1442 und 1444; K. Stöber, Forderungspfändung (11. Aufl.), Rdn. 1015, 1031a ff.; ders., in: Zöller, ZPO, § 850b, Rdn. 17; P. Hartmann, in: Baumbach/Lauterbach/Albers/Hartmann, ZPO, § 850b, Rdn. 4 mit Erläuterung der Meinungsdivergenzen innerhalb der herrschenden Meinung; W. Brehm, in: Stein/Jonas, ZPO, § 850b, Rdn. 12; G. Mayer, Rpfleger 1990, 281, 281 ff.; Grunau, JurBüro, 1962, 113, 116 ff.; G. Otto, Rpfleger 1989, 207, 207 ff.; A. Wacke, in: MünchKommBGB, § 1360, Rdn. 28; Baur/Stürner, Bd. I Einzelvollstreckungsrecht, Rdn. 24.19; Hans-P. Ackmann, FamRZ 1983, 520, 521 ff. m. w. Nwen.; H. Hübner, in: Staudinger, BGB, § 1360, Rdn. 61; U. Hintzen, EWiR § 850b ZPO 1/92, S. 933 f.;

a. A. LG Berlin, NJW 1967, 204 und FamRZ 1978, 185; LG Braunschweig MDR 1972, 610; P. Derleder, JurBüro 1994, 129 (Teil 1), 195 (Teil 2); S. Smid, JurBüro, 1988, 1105, 1116 f.; ders., in: MünchKommZPO, § 850b, Rdn. 7; J. Braun, AcP 195 (1995), 311, 335 ff., 359 f.; W. Schuschke, § 850b, Rdn. 11; G. Struck, AcP 187 (1987), 404, 423; Gernhuber/Coester-Waltjen, Lehrbuch des Familienrechts, § 21 I, Nr. 16 (4. Aufl., S. 236 f.); Hans-H. Bodmann, Die Pfändbarkeit des Taschengeldanspruchs, S. 106 ff. , 192 ff.

196 Vgl. P. Derleder, JurBüro 1994, 195, 198 (Teil 2); LG Berlin NJW 1967, 204, 204 und FamRZ 1978, 185, 186; LG Braunschweig MDR 1972, 610, 610 f.; Gernhuber/Coester-Waltjen, Lehrbuch des Familienrechts, § 21 I, Nr. 16 (4. Aufl., S. 236); Hans-H. Bodmann, Die Pfändbarkeit des Taschengeldanspruchs, S. 129 ff.; U. Diederichsen, in: Palandt, BGB, § 1360a, Rdn. 4 ; A. Wacke, in: MünchKommBGB, § 1360, Rdn. 28

197 J. Braun, AcP 195 (1995), 310, 360; ähnlich W. Schuschke, § 850b, Rdn. 11

198 Weitere Stimmen ziehen aus einer Analogie zu § 888 Abs. 2 ZPO i. V. m. §§ 851 ZPO, 399 BGB (Unübertragbarkeit) bzw. unter Bezugnahme auf Art. 6 GG (Ehe und Familieschutz) die Unpfändbarkeit des Taschengeldanspruchs heraus: S. Smid, in: MünchKommZPO, § 850b, Rdn. 7; ders., JurBüro 1988, 1105, 1116 f.; Hans-H. Bodmann, Die Pfändbarkeit des Taschengeldanspruchs, S. 111 ff., 192; G. Struck, AcP 187 (1987), 404, 423 ff. insbesondere 427; W. Schuschke, § 850b, Rdn. 11; AG Dieburg, FamRZ 1991, 728, 729; *dagegen*: Bezüglich der Unübertragbarkeit ist der Taschengeldanspruch *trotz seiner höchstpersönlichen Natur* pfändbar, weil § 850b Abs. 1 Nr. 2 ZPO als „eine besondere Vorschrift" i. S. v. § 851 ZPO anzusehen ist: OLG Celle FamRZ 1986, 196, 196; OLG München NJW-RR 1988, 894, 895 = Rpfleger 1988, 538, 539; Hans-P. Ackmann, FamRZ 1983, 520, 521; vgl. auch U. Diederichsen, in: Palandt, BGB, § 1360a, Rdn. 4; H. Büttner, FamRZ 1994, 1433, 1439; außerdem läßt sich aus Art. 6 Abs. 1 GG kein besonderer Pfändungsschutz allein aufgrund der familiären Bindung

entscheidend nur darauf an, daß der Ehegatte einen Rechtsanspruch auf regelmäßige Taschengeldzahlungen hat, nicht aber darauf, ob und wie er diesen Anspruch durchsetzt[199]. Weiterhin wird noch darauf hingewiesen, daß die bedingte Pfändbarkeit der Taschengeldforderung nach § 850b Abs. 2 ZPO im Gegensatz zur absoluten Unpfändbarkeit eine einzelfallbezogene flexible Billigkeitsentscheidung ermöglicht und damit ohne nennenswerte Praktikabilitätseinbuße offensichtlichen Mißbrauchsversuchen von Schuldner und Drittschuldner entgegengetreten werden kann[200]. Außerdem entspreche die (bedingte) Pfändbarkeit eines Taschengeldanspruchs der gesellschaftlich erreichten oder zumindest gesetzlich angestrebten Gleichwertigkeit der Haushaltsführung mit Erwerbstätigkeiten[201].

Nach dem Gesetz (§ 850b Nr. 2 Hs. 2 ZPO) sind ferner auch die Geldrenten, die wegen Entziehung einer Unterhaltsrente infolge des Todes des Unterhaltspflichteten dem Unterhaltsberechtigten zustehen, bedingt pfändbar[202].
§ 850b Abs. 1 Nr. 3 ZPO nennt weiterhin als bedingt unpfändbare Bezüge die fortlaufenden Einkünfte aus Stiftungen oder die sonst auf Grund der Fürsorge und Freigebigkeit eines Dritten oder auf Grund eines Altenteils oder Auszugsvertrags bestehenden Ansprüche. Die zuerst genannten Bezüge können vertraglich oder letztwillig in Form eines Vermächtnisses erfolgen[203]. Fürsorgliche Absicht und die Freigiebigkeit eines Dritten müssen zusammentreffen, um die Lebenshaltung des Schuldners zu verbessern und zu erleichtern. Die Einkünfte müssen also dem Schuldner unentgeltlich zugewendet werden[204]. Altenteil- und Auszugsansprüche sind Versorgungsansprüche des Übergebers eines Grundstückes, eines weichenden Erben oder des überlebenden Ehegatten gegen den Übernehmer anläßlich des Generationenwechsels, nicht eines gewöhnlichen Grundstückverkaufs[205]. Ohne Rücksicht auf die

---

des Schuldners herleiten: BVerfG FamRZ 1986, 773, 773; vgl. auch H. Hübner, in: Staudinger, BGB, § 1360, Rdn. 61

199 OLG München NJW-RR 1988, 894, 894: „Die rechtliche Gebotenheit regelmäßiger Taschengeldzahlung zwingt dazu, den Taschengeldanspruch als Unterhaltsrente im Sinne des § 850b ZPO einzustufen."

200 OLG München NJW-RR 1988, 894, 894 = Rpfleger 1988, 538, 539

201 Sauer/Meiendresch, FamRZ 1994, 1441, 1442

202 Z. B. Schadensersatzrenten wegen Entziehung des Unterhaltsanspruchs durch Tötung des Verpflichteten: vgl. § 844 Abs. 2 BGB, § 12, 13 StVG; W. Zimmermann, ZPO, § 850b, Rdn. 4; W. Brehm, in: Stein/Jonas, ZPO, § 850b, Rdn. 14

203 K. Stöber, Forderungspfändung (11. Aufl.), Rdn. 1017; S. Smid, in: MünchKommZPO, § 850b, Rdn. 11; W. Schuschke, § 850b, Rdn. 12 und 14: auch aus einseitigen Auslohnung

204 Brox/Walker, Zwangsvollstreckungsrecht, Rdn. 557; W. Brehm, in: Stein/Jonas, ZPO, § 850b, Rdn. 15; W. Schuschke, § 850b, Rdn. 14; P. Hartmann, in: Baumbach/Lauterbach/Albers/Hartmann, ZPO, § 850b, Rdn. 7; K. Stöber, in: Zöller, ZPO, § 850b, Rdn. 7: Wegen der Entgeltlichkeit gehören Ruhegeldbezüge nicht hierher.

205 W. Schuschke, § 850b, Rdn. 15; W. Brehm, in: Stein/Jonas, ZPO, § 850b, Rdn. 16; K. Stöber, in: Zöller, ZPO, § 850b, Rdn. 8; OLG Hamm, OLGZ 1970, 49, 49 f. und 52; KG MDR 1960, 234, 234 f.

Höhe des Bezuges und auf die Bezeichnung des Vertrages genießen die (dinglich gesicherten oder schuldrechtlich vereinbarten)[206] Ansprüche aus Altenteil den Pfändungsschutz, wenn sie zu einem Versorgungszweck begründet wurden[207]. Schließlich werden Bezüge aus Witwen-, Waisen-, Hilfs- und Krankenkassen, soweit diese Bezüge ganz oder zu einem wesentlichen Teil dem Unterstützungszweck dienen, aufgeführt (Nr. 4). Unerheblich ist dabei, wie hoch die Leistung ist, ob sie wiederholt oder nur einmal gezahlt wird[208] und ob sie von einer privaten oder öffentliche Kassen gezahlt wird[209]. Hierher gehören unter anderem Erstattung der Kosten für ärztliche Betreuung und für Medikamente[210], Ansprüche aus einer Krankenhaustagegeldversicherung[211], Leistungen aus privater Zusatzversicherung für privatärztliche Behandlung und Wahlleistungen (z. B. Unterbringungen in einem Zweibettzimmer)[212]. Bezüge im Sinne von § 850b Abs. 1 Nr. 4 ZPO sind nach dem Tode des bisherigen Bezugsberechtigten pfändbar, weil sie dann ihren „Unterstützungszweck" verlieren[213]. Unter Nr. 4 fallen zusätzlich auch Ansprüche aus Lebensversicherungen, die nur auf den Todesfall des Versicherungsnehmers[214] abgeschlossen sind, wenn die Versicherungssumme (derzeit) 4.140 DM nicht übersteigt. Mit dieser Versicherung sorgt der Versicherungsnehmer für die anläßlich des Todesfalls entstehenden Ausgaben, insbesondere für seine eigene angemessene Bestattung vor[215]. Übersteigt die Versicherungssumme 4.140 DM, so ist der Mehrbetrag, nicht der Gesamtbetrag, uneingeschränkt pfändbar und übertragbar[216]. Hat der Schuldner mehrere Ver-

---

206 BGH NJW 1970, 282, 282 ff.; Thomas/Putzo, ZPO, § 850b, Rdn. 9; W. Schuschke, § 850b, Rdn. 15; K. Stöber, in: Zöller, ZPO, § 850b, Rdn. 8

207 W. Schuschke, § 850b, Rdn. 15; W. Brehm, in: Stein/Jonas, ZPO, § 850b, Rdn. 16 f.; K. Stöber, Forderungspfändung (11. Aufl.), Rdn. 1018

208 LG Lübeck Rpfleger 1993, 207, 207 f.; KG Berlin WuB VI E., § 850b ZPO, 1.85 = Rpfleger 1985, 73, 73; LG Oldenburg JurBüro 1983, 778; 778 f. = Rpfleger 1983, 33, 33

209 K. Stöber, Forderungspfändung (11. Aufl.), Rdn. 1019; S. Smid, in: MünchKommZPO, § 850b, Rdn. 13

210 KG Berlin WuB VI E., § 850b ZPO, 1.85 = Rpfleger 1985, 73, 73 f.

211 LG Lübeck Rpfleger, 1993, 207, 207 f.

212 LG Hannover Rpfleger 1995, 511, 511; K. Stöber, in: Zöller, ZPO, § 850b, Rdn. 9

213 KG Berlin WuB VI E., § 850b ZPO, 1.85 = Rpfleger 1985, 73

214 Also keine Fremdsterbegeldversicherungen: W. Berner, Rpfleger 1957, 193, 197; ders., Rpfleger 1964, 68, 68 f.; K. Stöber, Forderungspfändung (11. Aufl.), Rdn. 1020; *a. A.* B. Wieczorek, ZPO, § 850b, B IV a)

215 LG Mainz VersR 1972, 142, 142; Brox/Walker, Zwangsvollstreckungsrecht, Rdn. 558; W. Brehm, in: Stein/Jonas, ZPO, § 850b, Rdn. 21; W. Berner, Rpfleger 1964, 68, 68; gleichzeitig wird einer Armenbestattung aus öffentlichen Mitteln vorgebeugt.

216 OLG Bamberg JurBüro 1985, 1739, 1739 f.; W. Brehm, in: Stein/Jonas, ZPO, § 850b, Rdn. 21; S. Smid, in: MünchKommZPO, § 850b, Rdn. 15; B. Wieczorek, ZPO, § 850b, B IV a); Boewer/Bommermann, Lohnpfändung und Lohnabtretung, Rdn. 531; W. Schuschke, § 850b, Rdn. 17; W. Zimmermann, ZPO, § 850b, Rdn. 6; *a. A.*: Der Gesamtbetrag sei pfändbar: W.

sicherungen abgeschlossen, von denen keine die Höchstversicherungssumme übersteigt, sind dann eigentlich alle Ansprüche nach § 850b Abs. 1 ZPO unpfändbar. Aus Billigkeitsgründen sind die Ansprüche aus solchen Kleinlebensversicherungen aber wie Arbeitseinkommen zu pfänden; diesbezüglich kann ihre Zusammenrechnung im Verfahren nach § 850b Abs. 2 ZPO (Billigkeitspfändung) berücksichtigt werden[217] [218].

(2) Beschränkung des Schuldnerschutzes durch Billigkeitspfändung

Die nach § 850b Abs. 1 ZPO grundsätzlich unpfändbaren Bezüge des Schuldners können ausnahmsweise gemäß §§ 850b Abs. 2 ZPO wie Arbeitseinkommen in den Grenzen der §§ 850c-g ZPO gepfändet werden[219]. Eine solche Pfändung bedingt[220], daß die Vollstreckung in das sonstige bewegliche Vermögen des Schuldners nicht zu einer vollständigen Befriedigung des Gläubigers geführt hat oder voraussichtlich führen wird und die Pfändung nach den Umständen des Falles der Billigkeit entspricht (§ 850b Abs. 2 ZPO). Dafür muß der Gläubiger bei seinem Pfändungsantrag substantiiert die konkreten Tatsachen, aus denen sich die Billigkeit der Pfändung ergibt, insbesondere die Art des beizutreibenden Anspruchs und die Höhe der Bezüge[221], darlegen[222]. Im Streitfall[223] hat der Gläubiger sein tatsächliches Vorbringen

---

Berner, Rpfleger 1957, 193, 197; ders., Rpfleger 1964, 68, 68 f. m. w. Nwen (denn der Betrag von 1.500 DM (jetzt 4.140 DM) sei kein Freibetrag, sondern eine Freigrenze); AG Fürth, 1982, 59, 59; K. Stöber, Forderungspfändung (11. Aufl.), Rdn. 1021; Baur/Stürner, Bd. I Einzelvollstreckungsrecht, Rdn. 24.18

217 W. Schuschke, § 850b, Rdn. 17; W. Berner, Rpfleger 1957, 193, 197; ders., Rpfleger 1964, 68, 68 f.; OLG Düsseldorf VersR 1961, 111, 111; W. Brehm, in: Stein/Jonas, ZPO, § 850b, Rdn. 23; S. Smid, in: MünchKommZPO, § 850b, Rdn. 15; ders., NJW 1992, 1935, 1935 f.

218 Nach herrschender Meinung sollen jedoch die Versicherungssummen gleich nach § 850b Abs. 1 ZPO zusammengerechnet werden. Falls die Summe insgesamt die Höchstsumme nicht übersteigt, dann fällt sie unter den Pfändungsschutz durch § 850b Abs. 1 Nr. 4 ZPO: K. Stöber, Forderungspfändung (11. Aufl.), Rdn. 1021; ders., K. Stöber, in: Zöller, ZPO, § 850b, Rdn. 10; P. Hartmann, in: Baumbach/Lauterbach/Albers/Hartmann, ZPO, § 850b, Rdn. 10; OLG Hamm MDR 1962, 661, 661; LG Essen VersR 1962, 245, 245; AG Fürth, VersR 1982, 59, 59; AG Kiel, VersR 1971, 617, 617; ungenau aber auch: Thomas/Putzo, ZPO, § 850b, Rdn. 10; bei der h. M. herrscht Streit darüber, wie zu verfahren ist: siehe W. Brehm, in: Stein/Jonas, ZPO, § 850b, Rdn. 22

219 C. Hülsmann, NJW 1995, 1521, 1522; W. Brehm, in: Stein/Jonas, ZPO, § 850b, Rdn. 5; K. Stöber, Forderungspfändung (11. Aufl.), Rdn. 1031

220 Vgl. P. Bengelsdorf, ArbuR 1995, 349, 355

221 § 850b Abs. 2 ZPO; vgl. auch § 54 Abs. 2 und 3 SGB I

222 LG Köln Rpfleger 1993, 455, 455; LG Osnabrück Rpfleger 1992, 259, 259 f. m. Anm. v. U. Hintzen; LG Verden, Rpfleger, 1986, 100, 100; OLG Hamm Rpfleger 1989, 207, 207; W. Brehm, in: Stein/Jonas, ZPO, § 850b, Rdn. 26; G. Otto, Rpfleger 1989, 207, 208; Brox/Walker, Zwangsvollstreckungsrecht, Rdn. 560

zu beweisen. Glaubhaftmachung (§ 294 ZPO) genügt hier nicht[224]. Es reicht jedoch für den Nachweis der „Erfolgs- oder Aussichtslosigkeit der Mobiliarvollstreckung", diese durch Vorlage der Fruchtlosigkeitsbescheinigung[225] oder durch amtliche Auskunft des Gerichtsvollziehers glaubhaft zu machen[226].

Im Gegensatz zu § 834 ZPO, nach dem der Schuldner vor der Pfändung über das Pfändungsgesuch nicht zu hören ist, soll das Vollstreckungsgericht[227] vor Erlaß des Pfändungsbeschlusses die Beteiligten, etwa den Schuldner oder Drittschuldner[228] hören (§ 850b Abs. 3 ZPO), um Anhaltspunkte über die Lebensstellung und Beruf des Schuldners zu gewinnen[229]. Der Grund für diese ausnahmsweise gewährte Schuldneranhörung liegt darin, daß wegen der Unabtretbarkeit der Rentenansprüche die Anhörung des Schuldners dem Interessen des Gläubigers nicht entgegensteht[230]. Weist das Vollstreckungsgericht den Pfändungsantrag des Gläubigers ganz oder teilweise ab, dann kann der Gläubiger befristete Erinnerung einlegen und falls der Richter entscheidet[231], die sofortige Beschwerde[232]. Wenn der Schuldner oder Drittschuldner nicht gehört wurde, dann steht ihnen die Erinnerung nach § 766 ZPO zu. Wurden sie gehört, haben sie die befristete Erinnerung als Rechtsbehelf; im Fall der Entscheidung durch den Richter gilt gleiches für den Gläubiger (§ 793 ZPO)[233].

---

223 Wenn sich der Schuldner und der Drittschuldner bei der Anhörung nicht äußern, dann kann davon auszugehen sein, daß die Pfändung der Billigkeit entspricht. Denn ein Gläubiger ist häufig nach seinem eigenen Informationsstand und den zur Verfügung stehenden Informationsmöglichkeiten gar nicht in der Lage, die Vollstreckungsvoraussetzungen, insbesondere die für eine Billigkeitsprüfung erheblichen Umstände, substantiiert darzutun, soweit sie die Sphäre des Schuldners betreffen: LG Verden Rpfleger, 1986, 100, 100; vgl. auch OLG Hamm OLGZ 1979, 240, 243 f.; OLG Frankfurt OLG 1975, 488, 491

224 W. Brehm, in: Stein/Jonas, ZPO, § 850b, Rdn. 26; Thomas/Putzo, ZPO, § 850b, Rdn. 4; H. Büttner FamRZ 1994, 1433, 1439; K. Stöber, in: Zöller, ZPO, § 850b, Rdn. 15; ders., Forderungspfändung (11. Aufl.), Rdn. 1027

225 Vgl. Eidesstattliche Versicherung: § 807 ZPO: W. Brehm, in: Stein/Jonas, ZPO, § 850b, Rdn. Rdn. 28; H. Büttner, FamRZ 1994, 1433, 1439

226 Denn die Vorlage von Urkunden wird hier nicht erzwungen: W. Brehm, in: Stein/Jonas, ZPO, § 850b, Rdn. 28, Fußnote 94; S. Smid, in: MünchKommZPO, § 850b, Rdn. 19

227 Rechtspfleger (§ 20 Nr. 17 RPflG); S. Smid, in: MünchKommZPO, § 850b, Rdn. 17: In Zweifelsfällen ist die Sache dem Richter vorzulegen: vgl. § 5 Abs. 1 Nr. 2 RPflG

228 LG Verden Rpfleger 1986, 100, 100; K. Stöber, Forderungspfändung (11. Aufl.), Rdn. 1028; W. Brehm, in: Stein/Jonas, ZPO, § 850b, Rdn. 29; *a. A.* B. Wieczorek, ZPO, § 850b, A IV. a) und c): Nur der Schuldner sei zu hören; der Drittschuldner und sonstige Dritte wie der unbeteiligte Gläubiger oder unbeteiligte Schuldner dürfen nicht gehört werden.

229 LG Verden, Rpfleger, 1986, 100, 100

230 K. Stöber, Forderungspfändung (11. Aufl.), Rdn. 1028

231 Siehe Fußnote 227 im 3. Kapitel, B dieser Arbeit

232 Vgl. Rechtspflegererinnerung: § 11 RPflG; sofortige Beschwerde: § 793 ZPO

233 W. Brehm, in: Stein/Jonas, ZPO, § 850b, Rdn. 31 f.; G. Christmann, Rpfleger 1988, 458, 459; W. Zimmermann, ZPO, § 850 b, Rdn. 10

dd) Beschränkte Pfändbarkeit

Seitens gewöhnlicher Gläubiger[234] sind das Arbeitseinkommen und ihm gleichgestellte Bezüge grundsätzlich nur beschränkt, d. h. bis auf bestimmte Pfändungsgrenzen pfändbar. Denn dem Schuldner und seiner Familie soll aus verfassungsrechtlichen Gründen[235] ein erforderlicher Mindestbetrag zur Sicherung des Existenzminimums, das sich aus der Gesamtschau der Entwicklung der Lebenshaltungskosten und des durchschnittlichen[236] Sozialhilfebedarfs des Schuldners ableitet[237], gewährt werden[238]. Diesbezüglich hat die Rechtsprechung des BVerfG zur Steuerfreiheit des Existenzminimums bestätigt, daß nicht nur dem mittellosen Bürger die Mindestvoraussetzungen für ein menschenwürdiges Dasein erforderlichenfalls durch Sozialleistungen gesichert werden müssen, sondern auch dem Bürger das selbst erzielte Einkommen in der erforderlichen Höhe nicht entzogen werden darf[239]. Für regelmäßige Arbeitseinkommen steht § 850c ZPO, für nicht wiederkehrend zahlbare Vergütungen steht § 850i ZPO zur Verfügung.

(1) Laufendes Arbeitseinkommen (§ 850c ZPO)

(a) Unpfändbarer Grundbetrag

Gemäß § 850c ZPO können die Bezüge des Schuldners unter Berücksichtigung seiner Unterhaltspflichten und der Höhe seines (Netto)Arbeitseinkommens in drei Gruppen eingeteilt werden, nämlich in schlechthin unpfändbare, nach Maßgabe einer Tabelle[240] unpfändbare und stets pfändbare Bezüge[241]. Die im Gesetz festgelegten Pfändungsfreigrenzen sind von Zeit zu Zeit gemäß der allgemeinen Entwicklung der

---

234 Ihre Forderungen fallen nicht unter § 850d, oder § 850f Abs. 2 ZPO

235 Art 1 Abs. 1 GG i. V. m. Sozialstaatsgrundsatz des Art. 20 Abs. 1 GG; vgl. auch § 1 Abs. 2 S. 1 BSHG: A. Hornung, Rpfleger 1992, 331, 331; ders., Rpfleger 1978, 353, 353

236 Wegen der Einzelfallbezogenheit der Sozialhilfeleistungen ist aus den in den Ländern verschiedenen und altersgestaffelten Regelsätzen der Sozialhilfe ein Durchschnittsatz gebildet worden: BVerfGE 82, 60, 94

237 BT-Drucksache 12/1754, S. 17

238 Rosenberg/Gaul/Schilken, Zwangsvollstreckungsrecht, § 56 IV vor 1 (11. Aufl., 1997, S. 875); P. Hartmann, in: Baumbach/Lauterbach/Albers/Hartmann, ZPO, § 850c, Rdn. 2

239 BVerfGE 82, 60, 85; vgl. auch A. Hornung, Rpfleger 1992, 331, 331 f.; BT-Drucksache 12/1754, S. 15; BT-Drucksache 12/2074, S. 4; G. Christmann, DGVZ 1991, 6, 6

240 Der jeweils pfändbare genaue Betrag kann aus der *Pfändungstabelle* abgelesen werden.

241 Rosenberg/Gaul/Schilken, Zwangsvollstreckungsrecht, § 56, IV, 1; W. Brehm, in: Stein/Jonas, ZPO, § 850c, Rdn.

wirtschaftlichen Verhältnisse angepaßt worden; dabei sind gewachsene Allgemeineinkommen und die Geldentwertung berücksichtigt worden[242]; zugleich wird nicht nur den Erfordernissen des Sozialstaatsprinzips[243], sondern auch einer dauerhaften Entlastung der Sozialhilfeträger Rechnung getragen[244].

§ 850c Abs. 1 ZPO bestimmt die Grundbeträge, die dem Schuldner in jedem Fall verbleiben sollen[245]; der nicht unterhaltspflichtige Schuldner ist bei einem Arbeitseinkommen von bis zu 1.209 DM monatlich, 279 DM wöchentlich oder 55,80 DM täglich vor der Pfändung sicher. Welcher Zeitraum bei der Berechnung des Grundbetrages zugrunde gelegt wird, richtet sich nach der tatsächlichen Auszahlungsart des Einkommens[246]. Gewährt der Schuldner gesetzlichen Unterhalt[247] für eine Person, dann erhöht sich dieser unpfändbare Grundbetrag um monatlich 468 DM (108 DM wöchentlich, 21,60 DM täglich), für jeden zweiten bis fünften Unterhaltsberechtigten nochmals um monatlich je 351 DM (81 DM wöchentlich, 16,20 DM täglich)[248], auf höchstens 3.081 DM monatlich (711 DM wöchentlich, 142,20 DM täglich). Falls das Einkommen des Schuldners den jeweils unpfändbaren Grundbetrag übersteigt, ermöglicht § 850c Abs. 2 und Abs. 3 ZPO, daß der Schuldner einen Bruchteil dieses Betrages behalten kann[249], und zwar für den Schuldner selbst 3/10, für

242 Baur/Stürner, Bd. I Einzelvollstreckungsrecht, Rdn. 24.21; D. Medicus, in: Bankrechtstag 1992, 87, 95; Rosenberg/Gaul/Schilken, Zwangsvollstreckungsrecht, § 56, IV, 1; hierbei ist auch die Steigerung des durchschnittlichen Regelsatzes nach § 22 BSHG zu beachten („Koordinierung mit den laufenden Leistungen nach dem BSHG"): A. Hornung, Rpfleger 1992, 331, 331 f.; sonst kann die Leistung nach dem BSHG im Einzelfall den pfändungsfreien Betrag übersteigen. Dann verschwinden die Arbeitsmoral, die Arbeitsbereitschaft und der Leistungswillen des Schuldners, damit können Gläubigeransprüche mittelbar aus den öffentlichen Mitteln der Sozialhilfe befriedigt werden: vgl. A. Hornung, Rpfleger 1984, 125, 125; G. Christmann, DGVZ 1992, 102, 102 f.

243 BT-Drucksache 8/693, S. 47; vgl. auch Hans-W. Schubert, FuR 1992, 152, 152; G. Christmann, DGVZ 1992, 102, 102

244 BT-Drucksache 12/1754, S. 1 und 15; vgl. auch A. Hornung, Rpfleger 1992, 331, 332 f.

245 W. Schuschke, § 850c, Rdn. 2, 5: Berechnung des pfändbaren Arbeitseinkommens erfolgt nach § 850e ZPO.

246 Vgl. W. Schuschke, § 850c, Rdn. 3; den Beträgen liegt folgendes Verhältnis zugrunde: fünf Tage entsprechen einer Woche, 4,33 Wochen (= 52Wochen/12Monate) entsprechen einem Monat; somit kann der Auffassung von Schuschke, die Berechnung über den Tagelohn oder Wochenlohn sei günstiger als über den Monatslohn, nicht zugestimmt werden.

247 Nur wenn die Unterhaltsleistungen vom Schuldner tatsächlich erbracht werden (allgemeine Meinung: K. Stöber, Forderungspfändung (11. Aufl.), Rdn. 1047; W. Brehm, in: Stein/Jonas, ZPO, § 850c, Rdn. 16; Thomas/Putzo, ZPO, § 850c, Rdn. 3); über gesetzliche Unterhaltsberechtigte: siehe Fußnote 192 im 3. Kapitel, B dieser Arbeit; der ohne gesetzliche Verpflichtung geleistete Unterhalt bleibt im Rahmen des § 850c ZPO außer Betracht: W. Schuschke, § 850c, Rdn. 4

248 Das Ausmaß der Erhöhung des Grundbetrages für die 2. bis 5. Person ist relativ geringer als für die erste Person, weil diese Unterhaltsberechtigten meist Kinder sind, für die Kindergeld gezahlt wird: BT-Drucksache 10/229, S. 41; auch A. Hornung, Rpfleger 1984, 125, 126

249 Vgl. D. Medicus, in: Bankrechtstag 1992, 87, 96

einen Unterhaltsberechtigten weitere 2/10, für die zweite bis fünfte Person[250] jeweils weitere 1/10 des den Grundbetrag übersteigenden Betrages (d. h. des sog. Mehrbetrages)[251]. Diese Vorschriften geben dem Schuldner einen Anreiz, eine größere Arbeitsleistung zu erbringen und damit seinen Verdienst zu erhöhen[252]. Für diesen „Leistungszuschlag"[253] gibt es jedoch eine Obergrenze, bei deren Erreichen der Überschuß voll pfändbar ist. Diese Grenze liegt bei einem monatlichen Nettoeinkommen von 3.796 DM (§ 850c Abs. 2 S. 2 ZPO).

(b) Abänderung der Pfändungsgrenze

Den Pfändungsfreibetrag nach § 850c Abs. 1 und Abs. 2 ZPO muß der Drittschuldner (Arbeitgeber) bei Auszahlung bzw. Überweisung des Gehalts auf eigenes Risiko[254] selbst berücksichtigen, weil der Pfändungsbeschluß den genauen pfändbaren Betrag nicht angibt, sondern der Umfang des pfändungsfreien Betrages einschließlich der Freibeträge für Unterhaltsberechtigte regelmäßig abstrakt durch Blankettbeschluß unter bloßer Bezugnahme auf die Pfändungstabelle zu § 850c ZPO bestimmt wird[255]. Bei der Ermittlung der zu berücksichtigenden Unterhaltsberechtigten liegen in der Regel die Lohnsteuerkarte und die Befragung des Schuldners zugrunde. Angaben des Schuldners über Unterhaltsverpflichtungen muß der Arbeitgeber nicht überprüfen[256]. Im Zweifelsfällen kann der Drittschuldner sich aber immer der Zustimmung des Gläubigers vergewissern[257]. Falls ein Unterhaltsberechtigter des Schuldners eigene Einkünfte[258] hat, dann kann das Vollstreckungsgericht ausnahmsweise auf Antrag des

---

250 Falls es noch mehr als fünf Unterhaltsberechtigte gibt, kann der Schuldner den weiteren Schutz gemäß § 850 f Abs. 1 ZPO beantragen: vgl. BT-Drucksache 8/693, S. 48; siehe auch S. 94 ff. dieser Arbeit.

251 Deswegen ist jedenfalls ein Zehntel des Mehrbetrages immer pfändbar.

252 Vgl. W. Brehm, in: Stein/Jonas, ZPO, § 850c, Rdn. 1; Baur/Stürner, Bd. I Einzelvollstreckungsrecht, Rdn. 24.21; W. Schuschke, § 850c, Rdn. 2

253 D. Medicus, in: Bankrechtstag 1992, 87, 96

254 W. Schuschke, § 850c, Rdn. 6

255 § 850c Abs. 3 S. 2 ZPO; vgl. auch A. Hornung, Rpfleger 1978, 353, 354; G. Christmann, Rpfleger 1988, 458, 459; W. Zimmermann, ZPO, § 850c, Rdn. 4; W. Brehm, in: Stein/Jonas, ZPO, § 850c, Rdn. 21; S. Liese, DB 1990, 2065, 2065

256 W. Zimmermann, ZPO, § 850c, Rdn. 4; W. Brehm, in: Stein/Jonas, ZPO, § 850c, Rdn. 21; *a. A.* S. Liese DB 1990, 2065, 2066 und 2068

257 K. Stöber, Forderungspfändung (11. Aufl.), Rdn. 1055; A. Hornung, Rpfleger 1978, 353, 354

258 Unter „eigene Einkünfte" fallen zuerst das Entgelt aus eigener Erwerbstätigkeit (Lohn, Gehalt, Einkünfte aus selbständiger oder freier Berufstätigkeit usw.), Renten, Abfindungen, regelmäßige Zuwendungen, Erträge aus Vermögen und alle sonstigen Bezüge, die zur Bestreitung des Familienunterhalts dienen oder verwendet werden können, aber nicht Sozialhilfe, Leistung nach dem BAföG und die Grundrente sowie die Schwerstbeschädigtenzulage nach dem BVersG; K. Stöber, Forderungspfändung (11. Aufl.), Rdn. 1060; H. Arnold, BB 1978, 1314, 1318 Fußnote 46

Gläubigers[259] nach billigem Ermessen bestimmen, daß diese Person bei der Berechnung des unpfändbaren Teils des Arbeitseinkommens ganz oder teilweise[260] unberücksichtigt bleibt (§ 850c Abs. 4 ZPO[261]). Das bedeutet, der Gläubiger kann beim Schuldner mehr, als nach der Pfändungstabelle eigentlich zulässig ist, pfänden[262]. Dieser Gläubigerantrag nach § 850c Abs. 4 ZPO ist an keine Frist gebunden[263]. Wird er mit dem Pfändungsantrag zusammen gestellt, dann prüft das Vollstreckungsgericht (Rechtspfleger) von Amts wegen und entscheidet hierüber zusammen mit dem Erlaß des Pfändungsbeschlusses[264]. Davor darf der Schuldner gemäß § 834 ZPO nicht gehört werden[265]. Stellt der Gläubiger nach Erlaß eines Pfändungs- und Überweisungsbeschlusses einen (nachträglichen) Antrag gemäß § 850c Abs. 4 ZPO, dann ist der Schuldner zu hören[266]. Das Vollstreckungsgericht muß die Interessen des Gläubigers, des Schuldners und des Unterhaltsberechtigten nach billigem Ermessen abwägen[267]. Hierbei sind die Höhe der eigenen Einkünfte des Unterhaltsberechtigten, dessen Lebensbedarf, der aus dem Arbeitseinkommen des Schuldners zu bestreiten ist, und die wirtschaftliche Lage des Gläubigers von maßgeblicher Bedeutung[268].

---

259 Um den Erlaß eines Pfändungs- und Überweisungsbeschlusses nicht zu erschweren, hat man die Berücksichtigung der Einkünfte eines Unterhaltsberechtigten von dem Antrag des Gläubigers abhängig gemacht: BT-Drucksache 8/693, S. 49

260 Im Fall der Teilberücksichtigung hat das Vollstreckungsgericht den pfändungsfreien Betrag im Beschluß selbst festzusetzen. Hier reicht nicht eine bloße Bezugnahme auf die Pfändungstabelle: H. Arnold, BB 1978, 1314, 1319; G. Christmann, Rpfleger 1988, 458, 459; P. Hartmann, in: Baumbach/Lauterbach/Albers/Hartmann, ZPO, § 850c, Rdn. 11; gegen eine unzulässige Bezugnahme auf die Tabelle kann man Erinnerung nach § 766 ZPO einlegen: P. Hartmann, a.a.O., Rdn. 12

261 Eingefügt durch das vierte Gesetz zur Änderung der Pfändungsfreigrenzen vom 28.2.1978: BGBl. I, 1978, 333, 344

262 P. Hartmann, NJW 1978, 609, 610

263 A. Hornung, Rpfleger 1978, 353, 357; zur „Drittwirkung" einer Entscheidung nach § 850c Abs. 4 ZPO: siehe T. Hein, Rpfleger 1984, 260, 260 f.

264 Vgl. Thomas/Putzo, ZPO, § 850c, Rdn. 9; G. Christmann, Rpfleger 1988, 458, 459

265 G. Henze, Rpfleger 1981, 52, 52; K. Stöber, Forderungspfändung (11. Aufl.), Rdn. 1063; G. Christmann, Rpfleger 1988, 458, 459: Als Rechtsbehelf steht daher dem Schuldner die Vollstreckungserinnerung zu (§ 766 ZPO); *a. A.* H. Arnold, BB 1978, 1314, 1319; W. Brehm, in: Stein/Jonas, ZPO, § 850c, Rdn. 30

266 Thomas/Putzo, ZPO, § 850c, Rdn. 9; G. Henze, Rpfleger 1981, 52, 52 f.: In diesem Fall kann der Schuldner gegen die Entscheidung des Vollstreckungsgerichts die Rechtspflegererinnerung einlegen (§§ 793 ZPO, 11 RPflG).

267 W. Schuschke, § 850c, Rdn. 7; A. Hornung, Rpfleger 1978, 353, 355

268 Vgl. BT-Drucksache 8/693, S. 49; W. Zimmermann, ZPO, § 850c, Rdn. 8

(c) Pfändungsfreigrenze und Sozialhilfe

Der Pfändungsschutz des § 850c ZPO und die Sozialhilfe dienen unmittelbar dem Schutz und der Erhaltung des Existenzminimums[269]. Die Grenzen des Existenzminimums im Rahmen des § 850c ZPO sind jedoch nicht identisch mit der Höhe der Sozialhilfeleistungen, die nach den Regelsätzen für die Hilfe zum Lebensunterhalt nach dem Bundessozialhilfegesetz (§§ 11 ff. BSHG) tatsächlich gewährt werden[270]. Ob der dem Schuldner nach der Pfändungsfreigrenze zustehende Betrag über oder unter dem Sozialhilfesatz liegt, ist abhängig von der Höhe seines Einkommens bzw. seiner wirtschaftlichen Leistungsfähigkeit[271]. Wenn z. B. ein verheirateter Mann mit zwei Kindern (8 und 15 Jahre alt) monatlich netto 4.000 DM verdient, unterliegen davon 3.513,70 DM nicht der Pfändung[272]. Ist derselbe Mann auf Sozialhilfe angewiesen, kann er nach den für das Jahr 1997 gültigen Regelsätzen in Baden-Württemberg[273] 1.809 DM bekommen[274]. Zusätzlich übernimmt das Sozialamt die angemessenen Kosten der Unterkunft und die Heizungskosten (jeweils ca. 650 DM und 110 DM)[275]. Insgesamt kann er also vom Sozialamt ungefähr 2.569 DM bekommen. Dieses Beispiel zeigt, daß bei einem hohen Einkommen der Pfändungsschutz des § 850c ZPO im Vergleich zur Sozialhilfe für den Schuldner vorteilhaft sein kann[276]. Dem Unterschied des Existenzminimums zwischen der Sozialhilfe und dem Pfändungsschutz[277] liegt der Gedanke zugrunde, daß der Schuldner eine Verdienstmotivation verlieren würde, wenn er eine gleiche oder sogar bessere Leistung erhält, wenn er von der Sozialhilfe lebt, und ihm ein Anreiz zu einer über die Sozialhilfesätze hinausgehenden Leistung gegeben werden muß[278].

---

269 E. Schneider / W. Becher, DGVZ 1980, 177, 179

270 BT-Drucksache 12/1754, S. 15

271 Vgl. W. Grunsky, Grundzüge des Zwangsvollstreckungs- und Insolvenzrechts, Rdn. 233

272 Unpfändbarer Grundbetrag in Höhe von 2379 DM + 1134,7 DM (1621 DM x 0,7) = 3513,7 DM

273 Die Länder und die örtlichen Behörden entscheiden in eigener Verantwortung über die Ausführung des Bundessozialhilfegesetzes und die Anwendung im Einzelfall: Bundesministerium für Gesundheit, Sozialhilfe - Ihr gutes Recht, S. 5

274 Regelsätze nach dem Bundessozialhilfegesetz für *Baden-Württemberg* (1997): für den Haushaltsvorstand und alleinstehende Personen 540 DM; für Haushaltsangehörige bis zur Vollendung des siebten Lebensjahres 270 DM; vom Beginn des achten bis zur Vollendung des 14. Lebensjahres 351 DM; vom Beginn den 15. bis zur Vollendung des 18. Lebensjahres 486 DM; vom Beginn des 19. Lebensjahres an 432 DM: nach Auskunft der Mannheimer Sozialbehörden

275 Bundesministerium für Gesundheit, Sozialhilfe - Ihr gutes Recht, S. 8 ff., 13 ff.: dazu kommen von Fall zu Fall noch Mehrbedarfszuschläge und einmalige Leistungen.

276 Vgl. W. Grunsky, Grundzüge des Zwangsvollstreckungs- und Insolvenzrechts, Rdn. 233

277 Vgl. G. Christmann, DGVZ 1992, 102, 103

278 W. Grunsky, Grundzüge des Zwangsvollstreckungs- und Insolvenzrechts, Rdn. 234

Andererseits ist aber zu beachten, daß, falls der oben genannte Schuldner jedoch monatlich netto unter ca. 2.650,42 DM verdient, die Pfändungsfreigrenze hinter den Sozialhilfesätzen zurückbleibt. Es besteht hierbei die Gefahr, daß der Arbeitswille des Überschuldeten dadurch verloren geht[279]. Im Blick auf den Arbeitswillen des überschuldeten Arbeitnehmers sollte die Pfändungsfreigrenze in Zukunft weiter erhöht werden und darüber hinaus auch die Obergrenze des Pfändungsfreibetrages für die Arbeitseinkommen gemäß § 850c Abs. 2 ZPO (derzeit 3.796 DM) abgeschaffen werden, um eine unbegrenzte Realisierung der Erwerbsmöglichkeiten des Schuldners zu ermöglichen. Dies sollte de lege ferenda ernsthaft überlegt werden[280].

(2) Nicht wiederkehrend zahlbare Vergütungen (§ 850i Abs. 1 ZPO)

Trotz der Schwierigkeiten bei einer gesetzlichen Festlegung in zahlenmäßig starre Pfändungsgrenzen[281] darf das Arbeitseinkommen, das in einer einmaligen oder nur von Fall zu Fall gezahlten (also „nicht wiederkehrend zahlbaren") Vergütung[282] für persönlich geleistete Arbeiten oder Dienste besteht, nicht schutzlos vor der Pfändung des Gläubigers bleiben. Hauptanwendungsfälle dafür sind die Vergütungsansprüche der sog. freiberuflich Tätigen[283] wie z. B. von Schriftstellern, Architekten, Ärzten, Zahnärzten, Rechtsanwälten, Hebammen, Wirtschaftsprüfern, Künstlern[284].

Handelt es sich um solche unregelmäßige Zahlungen, ist zu beachten, daß „nicht wiederkehrende Vergütungen" sich in ähnlicher Weise – auch bei verschiedenen Drittschuldnern – wiederholen können und sie einzeln zu pfänden sind[285]. Deswegen ordnet das Gesetz an, bei der Entscheidung über Gewährung und Umfang des Pfändungsschutzes auf den Antrag des Schuldners[286] seine wirtschaftlichen Ver-

---

279 In diesem Fall gibt es aber nach § 850f Abs. 1 Buchst. a ZPO die Möglichkeit, seitens des Schuldners einen Antrag für die gerichtliche Änderung des unpfändbar festgelegten Betrages zu stellen: siehe S. 94 ff. dieser Arbeit

280 Siehe Reformvorschlag im vierten Kapitel (S. 186 f.) dieser Arbeit

281 Baur/Stürner, Bd. I Einzelvollstreckungsrecht, Rdn. 24.24; Rosenberg/Gaul/Schilken, Zwangsvollstreckungsrecht, § 56, IV, 2

282 Unter einmalige Vergütungen fallen u. a. Abfindungen bei Ausscheiden aus dem Arbeitsverhältnis nach § 9, 10 KSchG, Abfindungen zur Ablösung einer Ruhegeldanwartschaft nach § 3 Abs. 1 BetrAVG, Ausgleichsansprüche für Karenzentschädigungen aufgrund nachvertraglicher Wettbewerbsverbote: P. Bengelsdorf, ArbuR 1995, 349, 356

283 W. Brehm, in: Stein/Jonas, ZPO, § 850i, Rdn. 3

284 Weitere Beispiel, siehe K. Stöber, Forderungspfändung (11. Aufl.), Rdn. 1233; W. Brehm, in: Stein/Jonas, ZPO, § 850i, Rdn. 5; P. Hartmann, in: Baumbach/Lauterbach/Albers/Hartmann, ZPO, § 850i, Rdn. 2

285 W. Brehm, in: Stein/Jonas, ZPO, § 850i, Rdn. 3; mehrere einmalige Vergütungen sind zusammenzurechnen: § 850e Nr. 2 ZPO

286 Oder eines Unterhaltsberechtigten, aber nicht des Drittschuldners: allg. M., vgl. Thomas/Putzo, ZPO, § 850i, Rdn. 1; P. Hartmann, in: Baumbach/Lauterbach/Albers/Hartmann, ZPO, § 850i,

hältnisse, insbesondere seine sonstigen Verdienstmöglichkeiten, frei zu würdigen: Es kommt hier also darauf an, ob die wirtschaftlichen Verhältnisse des Schuldners es rechtfertigen, die Forderung für unpfändbar zu erklären[287]. Stehen überwiegende Belange[288] des Gläubigers entgegen, ist der Antrag des Schuldners insoweit abzulehnen (§ 850i Abs. 1 S. 4 ZPO). Durch Beschluß hat das Vollstreckungsgericht dem Schuldner soviel pfändungsfrei zu belassen, wie er während eines angemessenen Zeitraums für seinen notwendigen Unterhalt und den seiner unterhaltsberechtigten Angehörigen bedarf (§ 850i Abs. 1 S. 1 ZPO), aber nicht mehr, als ihm nach freier Schätzung des Gerichts verbleiben würde, wenn sein Arbeitseinkommen aus laufendem Arbeits- oder Dienstlohn bestünde (§ 850i Abs. 1 S. 3 ZPO).

Bei der Berechnung des Unterhaltsbedarfs des Schuldners nach § 850i ZPO braucht der Schuldner sich nur das Kinder- und Arbeitslosengeld[289], nicht aber die Sozialhilfe anrechnen zu lassen; denn wenn der Sozialhilfeanspruch des Schuldners zu berücksichtigen wäre, würde dies sowohl der Funktion des § 850i ZPO als auch dem Sinn und Zweck der Sozialhilfe widersprechen: mit der Sicherstellung des dem Schuldner und seiner Familie für den notwendigen Unterhalt erforderlichen Betrags soll § 850i Abs. 1 ZPO gerade verhindern, daß der Schuldner und seine Familie aufgrund von Pfändungen Leistungen aus Sozialhilfe in Anspruch nehmen müssen[290]. Außerdem dient die Gewährung der Sozialhilfe nicht zur Erweiterung der Vollstreckungsmöglichkeiten des Gläubigers[291].

Rdn. 5; K. Stöber, in: Zöller, ZPO, § 850i, Rdn. 2; Der Schuldner oder Unterhaltsberechtigte hat die Darlegungs- und die Beweislast für die Voraussetzungen des § 850i Abs. 1 ZPO: B. Wieczorek, § 850i, A II.; W. Schuschke, § 850, Rdn. 4

287 W. Henckel, Prozeßrecht und materielles Recht, S. 377

288 Z. B. eine wirtschaftliche Notlage; dafür ist der Gläubiger zu hören: G. Christmann, Rpfleger 1988, 458, 460

289 Sozialleistungsansprüche unterfallen einem besonderen Pfändungsschutz. Im Vordergrund steht § 54 SGB-I, nach dem grundsätzlich Ansprüche auf *laufende* Geldleistungen wie Arbeitseinkommen gepfändet werden (§ 54 Abs. 4 SGB-I). Dem trägt § 850e Nr. 2a ZPO dadurch Rechnung, daß Ansprüche auf laufende Geldleistungen nach dem SGB auf Antrag mit Arbeitseinkommen zusammenzurechnen sind, soweit nach den Umständen des Falles, insbesondere nach den Einkommens- und Vermögensverhältnissen des Leistungsberechtigten, der Art des beizutreibenden Anspruchs sowie der Höhe und der Zweckbestimmung der Geldleistung, die Zusammenrechnung der Billigkeit entspricht. Gemäß § 850 Abs. 2 SGB-I können auch Ansprüche auf *einmalige* Geldleistungen gepfändet werden, wenn die Pfändung der Billigkeit wie in § 850e Nr. 2a ZPO entspricht. Ansprüche auf Dienst- und Sachleistungen können aber nicht gepfändet werden (§ 54 Abs. 1 SGB-I). Vgl. Anhang 1 dieser Arbeit

§ 55 SGB-I erfaßt einen Pfändungsschutz für auf ein Konto überwiesene Sozialleistungen: siehe 3. Kapitel B, I, 2., c), bb), (2), Fußnote 355 dieser Arbeit

290 OLG Köln OLGZ 1990, 236, 240; vgl. § 2 BSHG: der Grundsatz des Nachrangs der Sozialhilfe

291 OLG Köln OLGZ 1990, 236, 241; Brox/Walker, Zwangsvollstreckungsrecht, Rdn. 583

Hinsichtlich der nicht wiederkehrend zahlbaren Vergütung ist noch darauf aufmerksam zu machen, daß ein Schutz nach § 850i Abs. 1 ZPO grundsätzlich nach § 850 Abs. 2 ZPO nur dann in Betracht kommt, wenn die Vergütung auf vom Schuldner erbrachten Leistungen beruht, die seine Erwerbstätigkeit *vollständig oder zu einem wesentlichen Teil* in Anspruch nehmen[292]. Falls der Vergütungsanspruch aus einer kleinen Leistung, die vom im übrigen vollbeschäftigten Schuldner nebenbei in seiner Freizeit bewirkt wird, entsteht, ist aber m. E. ein entsprechender Pfändungsschutz zu gewähren, wie ihn § 850a Nr. 1 ZPO bei Arbeitseinkommen für die Leistung von Mehrarbeitsstunden gewährt[293]. Denn es geht hier um einen Interessenausgleich zwischen Schuldner und Gläubiger: Der Schuldner erhält durch den Pfändungsschutz für Nebenverdienst einen Anreiz, mehr zu arbeiten; damit hat der Gläubiger auch bessere Chancen, sein Geld zu bekommen. § 850 Abs. 2 ZPO erfaßt einen solchen Fall nicht, da er unter dem Begriff des Arbeitseinkommens nur Vergütungen für Haupterwerbstätigkeiten („sonstige Vergütungen für Dienstleistungen aller Art, die die Erwerbstätigkeit des Schuldners vollständig oder zu einem wesentlichen Teil in Anspruch nehmen") einbezieht.

Dennoch darf die Frage, ob § 850a Nr. 1 ZPO auch im Rahmen der nicht wiederkehrend zahlbaren Vergütung analog angewendet werden kann, nicht bezweifelt werden. Das heißt, arbeitet der Arbeitnehmer oder der freiberuflich Tätige in seiner Freizeit in einem zweiten Arbeitsverhältnis, das seine Arbeitsleistung nur zu einem geringen Teil fordert, so muß auch das daraus stammende Einkommen nach § 850a Nr. 1 ZPO geschützt sein. Denn nach dem Regelungszweck des § 850a Nr. 1 ZPO scheint es widersinnig, die sonstigen Vergütungen aus Dienstleistung, die die Erwerbstätigkeit des Schuldners vollständig oder zu einem wesentlichen Teil in Anspruch nehmen, und die der kleinen Leistung, die der Schuldner nebenbei in seiner Freizeit bewirkt hat, zu unterscheiden; die Arbeitsvergütung, soweit sie aus Mehrarbeit im weiteren Sinne (die schließt die Nebentätigkeit mit ein) stammt, soll gleichsam geschützt werden[294]; denn dem Arbeitswilligen soll ein Anreiz zur Mehrarbeit bleiben.

---

292 S. Smid, in: MünchKommZPO, § 850i, Rdn. 9; K. Stöber, Forderungspfändung (11. Aufl.), Rdn. 1233

293 *A. A.* Siehe Fußnote 292 im 3. Kapitel, B dieser Arbeit; auch W. Brehm, in: Stein/Jonas, ZPO, § 850i, Rdn. 4

294 Siehe Gesetzreformvorschläge im 4. Kapitel (S. 187 f.) dieser Arbeit; auch S. 73 ff. dieser Arbeit

c) Erweiterung des Pfändungsschutzes von Geldforderungen[295]

aa) Gerichtliche Änderung des gesetzlich unpfändbar festgelegten Betrages: Härteklausel für den Schuldner (§ 850f Abs. 1 ZPO)

Zur Rechtssicherheit und Vereinfachung des Lohnpfändungsverfahrens sind die Festlegungen von Pfändungsfreigrenzen (§§ 850c, 850d Abs. 1 S. 3 ZPO) für Durchschnittsfälle unentbehrlich[296]. Solche feste und überschaubare Grenzziehung des Pfändungsschutzes führt jedoch dazu, daß die individuelle Problemlage des Schuldners nicht immer ausreichend berücksichtigt werden kann[297]. Im Einzelfall droht deswegen ein Zurückbleiben der Pfändungsfreigrenzen hinter den Regelsätzen nach dem BSHG, also hinter dem Existenzminimum, obwohl doch die Pfändungsfreigrenzen nach § 850c ZPO auf die in der Regel höheren Bedürfnisse eines arbeitenden Schuldners abstellen[298]. Hier liegt die Notwendigkeit begründet, abweichend von den generell geltenden Pfändungsbeschränkungen bestimmten außergewöhnlichen Belastungen eines Schuldners angemessen Rechnung zu tragen und die festgelegten Pfändungstabellenwerte zu korrigieren[299]. Mit der Schaffung des § 850f Abs. 1 Buchst. a ZPO[300] soll gewährleistet werden, daß in besonders gelagerten Einzelfällen[301] ein Absinken des nach der Pfändung verbleibenden Einkommens des Schuldners unter die Sozialhilfebedürftigkeitsschwelle verhindert wird[302]. Das Vollstreckungsgericht kann dem Schuldner auf Antrag[303] „einen zusätzlichen Teil“ des eigentlich gemäß §§ 850c,

---

295 Entgegen solcher Ausweitung des Pfändungsschutzes zugunsten des Schuldners sehen § 850f Abs. 2 und 3 ZPO und § 850d ZPO eine Erweiterung der Zugriffsmöglichkeiten des Gläubigers vor.

296 D. Boewer, Die Lohnpfändung, S. 272; die pfändbaren Beträge müssen auch für die Funktionsfähigkeit des Vollstreckungsverfahrens pauschal festgesetzt werden: G. Christmann, Rpfleger 1990, 403, 404

297 W. Brehm, in: Stein/Jonas, ZPO, § 850f, Rdn. 1; K. Stöber, in: Zöller, ZPO, § 850f, Rdn. 2; S. Smid, in: MünchKommZPO, § 850f, Rdn. 1

298 G. Christmann, JurBüro 1990, 425, 425

299 Vgl. Brox/Walker, Zwangsvollstreckungsrecht, Rdn. 581; G. Christmann, DGVZ 1991, 6, 6; vgl. die Pfändungsfreibeträge wurden in letzter Zeit alle sechs Jahre, nämlich jeweils zum 1. April 1972, 1978, 1984 und 1992 angehoben: G. Christmann, JurBüro 1990, 425, 428

300 Im 6. Gesetz zur Änderung der Pfändungsfreigrenzen vom 1.4.1992 (BGBl. I, S. 745)

301 § 850f Abs. 1 Buchst. a ZPO wird generelle Bedeutung erlangen, weil mit der weiteren Anhebung des Sozialhilfeleistungen ein Absinken auch der (weiteren) neuen Freibeträge unter die Sozialleistungssätze absehbar ist: G. Christmann, DGVZ 1992, 102, 103; ders., DGVZ 1991, 6, 6

302 BT-Drucksache 12/1754, S. 1, 17

303 Es ist dem Schuldner durchaus zuzumuten, einen Antrag zu stellen. Das Antragserfordernis respektiert die Selbstverantwortlichkeit des Schuldners und entspricht der Vorstellung vom mündigen Bürger: vgl. BVerfGE 61, 126, 137; A. Hornung, Rpfleger 1992, 331, 332

850d und 850i ZPO pfändbaren Arbeitseinkommens belassen, wenn der Schuldner nachweist, daß bei Anwendung der Pfändungsfreigrenzen gemäß § 850c ZPO der notwendige Unterhalt[304] im Sinne des Abschnitts 2 des BSHG für ihn und seine gesetzlichen Unterhaltsberechtigten nicht gedeckt ist[305]. Dafür kann der Schuldner eine Bescheinigung der örtlich zuständigen Sozialbehörde, die die regional unterschiedlichen Bedarfssätze am besten ermitteln kann, vorlegen[306]. Der Gerichtsvollzieher ist aber nicht daran gebunden. Er kann die Bescheinigung des Sozialamts selbst auswerten und umsetzen[307].

Als einen weiteren Grund für die Möglichkeit einer gerichtlichen Änderung des unpfändbar festgelegten Betrages zugunsten des Schuldners nennt das Gesetz das besondere Bedürfnis des Schuldners aus persönlichen oder beruflichen Gründen (§ 850f Abs. 1 Buchst. b ZPO). Darunter fallen z. B. Krankheit[308], Behinderung, bzw. Anschaffung notwendiger Kleidung, notwendige Telefongebühren, überdurchschnittliche Fahrtkosten zum Arbeitsplatz[309] oder besondere Ausgaben für eine berufliche Umschulung, soweit keine vom Einkommen getrennt berechnete Aufwandsentschädigung bezahlt wird[310]. Ferner ist der besondere Umfang der gesetzlichen Unterhaltspflichten des Schuldners, insbesondere die Zahl der Unterhaltsberechtigten mitzuberücksichtigen (§ 850f Abs. 1 Buchst. c ZPO). Diese Vorschrift gewinnt insbesondere dann an Bedeutung, wenn der Schuldner mehr als fünf Personen, die nach § 850c Abs. 1 S. 2 ZPO für die Erhöhung des pfändungsfreien Grundbetrages keine Bedeutung haben, Unterhalt leisten muß[311] oder die Limitierung des Freibetrag für die Unterhaltsberechtigten gemäß § 850c ZPO im Einzelfall den konkreten Notwendigkeiten des einzelnen Unterhaltsberechtigten nicht gerecht wird[312].

Trotz erhöhter Bedürfnisse des Schuldners für weiteren Schutz kommt die Anwendung des § 850f Abs.1 ZPO dann nicht in Betracht, wenn einer solchen Ausweitung des

---

304 Nach § 12 BSHG umfaßt der notwendige Lebensunterhalt besonders Ernährung, Unterkunft, Kleidung, Körperpflege, Hausrat, Heizung und persönliche Bedürfnisse des täglichen Lebens (Abs. 1) und den durch das Wachstum bedingten Bedarf bei Kindern und Jugendlichen (Abs. 2).

305 A. Hornung, Rpfleger 1992, 331, 332 f.; G. Christmann, Rpfleger 1990, 403, 403 f.

306 BT-Drucksache 12/1754, S. 17; A. Hornung, Rpfleger 1992, 331, 335; G. Christmann, DGVZ 1991, 6, 8: Hierbei kann eine Frist von zwei Wochen gesetzt werden (arg. § 815 Abs. 2 S. 2, § 835 Abs. 3 S. 2 ZPO)

307 G. Christmann, DGVZ 1991, 6, 8

308 LG Hannover WM 1991, 68, 69; LG Essen (LG Frankfurt, LG Mainz) Rpfleger 1990, 470, 470: Mehrbedarf für ärztlich verordnete Diätverpflegung (also für Diabetikernahrung)

309 OLG Köln FamRZ 1989, 996, 997

310 K. Stöber, Forderungspfändung (11. Aufl.), Rdn. 1177 f.; W. Brehm, in: Stein/Jonas, ZPO, § 850f, Rdn. 2b; Baur/Stürner, Bd. I Einzelvollstreckungsrecht, Rdn. 24.38, Fußnote 158; P. Hartmann, in: Baumbach/Lauterbach/Albers/Hartmann, ZPO, § 850f, Rdn. 3

311 D. Boewer, Die Lohnpfändung, S. 274

312 W. Schuschke, § 850f, Rdn. 6: z. B. Mehraufwendungen für ein behindertes oder krankes Kind

Pfändungsschutzes überwiegende Belange des Gläubigers entgegenstehen[313]: Hierbei sind die persönliche[314] und wirtschaftliche Notlage des Gläubigers, eigene Unterhaltspflichten, der Charakter[315] der Vollstreckungsforderung und andere außergewöhnliche Mehrbelastungen zu berücksichtigen[316]. Dies ist besonders bei der Pfändung seitens nach § 850d ZPO bevorrechtigter Unterhaltsgläubiger von Bedeutung, denen gegenüber der erweiterte Pfändungsschutz nach § 850f Abs. 1 ZPO wie gegenüber gewöhnlichen Gläubigern gewährt werden kann[317].

Im Rahmen der Härteklausel gemäß § 850f Abs. 1 Buchst. a ZPO ist der Umfang des zusätzlich dem Schuldner zu gewährenden Freibetrages zu beachten: Nach dieser Vorschrift ist dem Schuldner zur Deckung des individuellen Sozialhilfebedarfs von dem sonst pfändbaren Teil seines Arbeitseinkommens der Betrag zu belassen, der ihm als Sozialhilfe zum Lebensunterhalt nach Abschnitt 2 des BSHG ergänzend zu leisten wäre[318]. Hierbei kann anders als bei § 850f Abs. 1 Buchst. b, c ZPO[319] dem Schuldner der eigentlich pfändbare Einkommensteil entgegen dem Wortlaut der Vorschrift auch in voller Höhe belassen werden[320]. Denn falls sich eine solche zusätzliche Freistellung des sonst pfändbaren Einkommensteils nur auf „einen Teil" dieses pfändbaren Einkommensteils beschränkt, kann das Existenzminimum des Schuldners, das eigentlich durch eine entsprechende Änderung (Erhöhung) der Pfändungsfreigrenze

---

313 Diese Einschränkung hat im Rahmen der finanzbehördlichen Vollstreckung keine Bedeutung: Klaus D. Buciek, DB 1988, 882, 883

314 Z. B. Alter oder Gesundheitszustand des Gläubigers: W. Schuschke, § 850f, Rdn. 7

315 Z. B. ein Vollstreckungsanspruch des Gläubigers wegen einer vom Schuldner vorsätzlich begangenen unerlaubten Handlung (§ 850f Abs. 2 ZPO) steht in der Regel als überwiegender Gläubigerbelang im Sinne des § 850f Abs. 1 ZPO einer Erhöhung des Freibetrages für den Schuldner entgegen: W. Schuschke, § 850f, Rdn. 7

316 S. Smid, in: MünchKommZPO, § 850f, Rdn. 10; W. Brehm, in: Stein/Jonas, ZPO, § 850f, Rdn. 5; U. Groth, Schuldnerberatung, S. 47; hier ist eine Abwägung der Gesamtinteressen beider Seite erforderlich: A. Hornung, Rpfleger 1992, 331, 334; K. Stöber, Forderungspfändung (11. Aufl.), Rdn. 1182

317 Vgl. S. Smid, in: MünchKommZPO, § 850f, Rdn. 10; G. Christmann, JurBüro 1990, 425, 427

318 W. Brehm, in: Stein/Jonas, ZPO, § 850f, Rdn. 2a; K. Stöber, Forderungspfändung (11. Aufl.), Rdn. 1184; G. Christmann, DGVZ 1991, 6, 6 f.; vgl. auch OLG Köln FamRZ 1989, 996, 997

319 Im Rahmen von § 850f Abs. 1 Buchst. b, c ZPO muß ein Rest des nach § 850c ZPO pfändbaren Einkommensteils immer dem Gläubiger verbleiben, weil nur die Belassung eines „weiteren Teiles" des Arbeitseinkommens vorgesehen ist; u. U. ist eine zeitweilige völlige Freistellung des Einkommens von der Pfändung nach § 765a ZPO möglich: K. Stöber, Forderungspfändung (11. Aufl.), Rdn. 1185; D. Boewer, Die Lohnpfändung, S. 274; W. Schuschke, § 850f, Rdn. 4; OLG Koblenz JurBüro 1987, 306, 307; LG Aachen JurBüro 1990, 121, 122: Ein Rest des nach § 850c ZPO pfändbaren Einkommenteils muß dem Gläubiger immer verbleiben.

320 K. Stöber, in: Zöller, ZPO, § 850f, Rdn. 6; W. Brehm, in: Stein/Jonas, ZPO, § 850f, Rdn. 6; LG Köln JurBüro 1995, 103, 104; LG Gießen Rpfleger 1996, 118, 119: Sinn und Zweck des § 850f Abs. 1 Buchst. a ZPO und dessen Entstehungsgeschichte führen hier im Fall der Sozialhilfebedürftigkeit zu der vollständigen Freistellung des Arbeitseinkommens von der Pfändbarkeit; *a. A.* A. Hornung, Rpfleger 1992, 331, 334 f.

gewährleistet werden sollte, nicht gedeckt werden[321]. Zugleich können dadurch die Sozialhilfeträger entlastet und die staatliche indirekte Finanzierung von privaten Schulden vermieden werden[322].

Die Anordnung gemäß § 850f ZPO, in der das Vollstreckungsgericht den unpfändbaren Teil des Arbeitseinkommens oder die für seine Feststellung maßgeblichen einzelnen Tatsachen selbst festgelegt hat, bleibt auch bei Änderung der Verhältnisse wirksam, d. h. sie paßt sich nicht automatisch den neuen Verhältnissen an[323]. Sie kann aber jederzeit auf Antrag des Schuldners oder unterhaltsberechtigter Dritter (auch des Gläubigers) wegen Änderung der Voraussetzungen für die Bemessung des unpfändbaren Teils des Arbeitseinkommens (z. B. Veränderung der Zahl der Unterhaltsberechtigten, wesentliche Änderung der Lebensunterhaltungskosten) entsprechend abgeändert werden (§ 850g ZPO)[324].

---

321 Vgl. K. Stöber, Forderungspfändung (11. Aufl.), Rdn. 1184

322 BT-Drucksache 12/1754, S. 18

323 K. Stöber, Forderungspfändung (11. Aufl.), Rdn. 1200; W. Schuschke, § 850f, Rdn. 2

324 D. Boewer, Die Lohnpfändung, S. 276; W. Brehm, in: Stein/Jonas, ZPO, § 850g, Rdn. 1; K. Stöber, Forderungspfändung (11. Aufl.), Rdn. 1200

Abhilfemöglichkeiten beim Pfändungsbeschluß: am Beispiel der Zahl der Unterhaltsberechtigten:

Pfändungsbeschluß	*Art der Umstände*	*Abhilfemöglichkeit durch:*
nach Erlaß des Pfändungsbeschlusses	anfänglich unzutreffende Annahme der Zahl der Unterhaltsberechtigten	§§ 766 bzw. 793 ZPO; § 11 RPflG
nach Blankettbeschluß nach § 850c Abs. 3 S. 2 ZPO	Veränderung der Zahl der Unterhaltsberechtigten	Drittschuldner muß von sich aus berücksichtigen
nach Erlaß des Pfändungsbeschlusses	Geburt des 6. Unterhaltsberechtigten	§ 850f Abs. 1 ZPO
nach Erlaß des Pfändungsbeschlusses nach z. B. §§ 850d, 850e Nr. 2, 2a, 3, *850f*, 850i ZPO	Veränderung der Zahl der Unterhaltsberechtigten durch z. B. Heirat, Geburt, eigenes Einkommen oder Tod	*§ 850g ZPO*

Über den Unterschied zwischen einem Antrag des Schuldners gemäß § 850f Abs. 1 ZPO und der Erinnerung gemäß § 766 ZPO: W. Brehm, in: Stein/Jonas, ZPO, § 850f, Rdn. 20; OLG Hamm, Rpfleger 1977, 224, 224; OLG Frankfurt, Rpfleger 1978, 265, 266; vgl. auch LG Düsseldorf Rpfleger 1982, 300, 300f.; OLG Köln NJW-RR 1989, 189, 189: Bei dem Rechtsbehelf der Erinnerung gem. § 766 ZPO geht es um die Überprüfung der Rechtmäßigkeit des Pfändungs- und Überweisungsbeschlusses, weil die für die Bemessung des pfändungsfreien Betrages maßgeblichen Verhältnisse von vornherein unrichtig angenommen worden sind. Der gesonderte Antrag nach § 850f Abs. 1 ZPO hingegen läßt den Bestand und die Wirksamkeit des Beschlusses unangefochten und stützt sich auf neue, bei Erlaß des Beschlusses regelmäßig nicht bekannte Tatsachen.

bb) Pfändungsschutz für Bankguthaben gemäß § 850k Abs. 1 ZPO

(1) Entwicklung des Kontenschutzes

Angesichts des bargeldlosen Zahlungsverkehrs[325] kann ein Problem darin gesehen werden, wie auf das Konto des Schuldners bei einem Geldinstitut überwiesene wiederkehrende Einkünfte vor der Pfändung durch den Gläubiger geschützt werden können. Denn falls der Arbeitslohn bereits auf das Konto des Schuldners überwiesen, aber vom Schuldner noch nicht abgehoben worden ist, entfällt nach § 362 BGB (mit dem Erlöschen der Forderung durch Bewirkung der Leistung) der Anspruch des Schuldners gegen den Arbeitgeber und damit auch der Pfändungsschutz gemäß §§ 850 ff. ZPO[326]. Mit der Kontogutschrift entsteht zwar ein neuer Anspruch des Schuldners gegen die Bank auf Auszahlung des Guthabens, dieser ist aber grundsätzlich frei pfändbar[327]. Und wie bereits erwähnt[328], greift der Sachpfändungsschutz gemäß § 811 Nr. 8 ZPO erst ein, wenn das Geld abgehoben ist. Das bedeutet, solange sich das Geld noch auf dem Konto befindet, kann die Forderung des Schuldners gegen das Geldinstitut ohne Einschränkung gepfändet werden und die Zivilprozeßordnung weist insofern eine Lücke auf[329]. Um diese drohende Lücke der Schutzlosigkeit zu schließen und bisherige Unklarheiten auszuräumen, erweitern die durch Art. 1 Nr. 3 und 8 des Gesetzes vom 28. Feb. 1978[330] in die Zivilprozeßordnung eingefügten § 835 Abs. 3 Satz 2 und § 850k ZPO den Pfändungsschutz des Schuldners[331]. Hier gilt der Grundgedanke, das Bankguthaben eines Schuldners pfändungsrechtlich wie Bargeld in seinem Besitz zu behandeln[332]oder den Schuldner bei bargeldloser Überweisung seines

[325] BT-Drucksache 8/693, S. 45; BR-Drucksache 193/77, S. 45

[326] Vgl. W. Brehm, in: Stein/Jonas, ZPO, § 850k, Rdn. 1; A. Hornung, Rpfleger 1978, 353, 359

[327] A. Hornung, Rpfleger 1978, 353, 359 f.; W. Grunsky, ZIP 1983, 908, 911; H. Gilleßen / W. Jakobs, DGVZ 1978, 129, 130

[328] Siehe S. 73 ff. dieser Arbeit

[329] H. Arnold, BB 1978, 1314, 1319; W. Brehm, in: Stein/Jonas, ZPO, § 850k, Rdn. 1

[330] BGBl. I, 1978, S. 333; der Deutsche Bundestag hatte bereits am 3. Dez. 1971 in der zweiten und dritten Lesung des Dritten Gesetzes zur Änderung der Pfändungsfreigrenzen versucht, einen neuen § 850k in die Zivilprozeßordnung einzufügen (BR-Drucksache 687/71), der eine Unpfändbarkeit des Kontos in Höhe der Lohn- oder Gehaltsüberweisung für die Dauer von sieben Tagen vorsah. Diese Lösung ist seit dem 1.1.1976 für Sozialgeldleistungen in § 55 SGB I eingeführt: vgl. BT-Drucksache 8/693, S. 45; BR-Drucksache 193/77, S. 45; A. Hornung, Rpfleger 1978, 353, 360

[331] H. Arnold, BB 1978, 1314, 1319

[332] H. Arnold, BB 1978, 1314, 1319 f.; S. Smid, in: MünchKommZPO, § 850k, Rdn. 1; LG Hannover JurBüro 1986, 1886, 1887

Arbeitseinkommens genau so zu schützen wie bei einer Pfändung des Einkommens beim Arbeitgeber[333].

(2) Pfändungsschutz für Kontoguthaben aus wiederkehrenden Einkünften

Bei der Überweisung von wiederkehrenden Einkünften der in den §§850 bis 850b ZPO bezeichneten Art ist die Pfändung des Kontoguthabens bei einem Geldinstitut auf Antrag des Schuldners[334] vom Vollstreckungsgericht[335] insoweit aufzuheben, als das Guthaben den pfändungsfreien Einkünften für die Zeit von der Pfändung[336] bis zum nächsten Zahlungstermin[337]entspricht[338]. Das Vollstreckungsgericht entscheidet nach Anhörung des Gläubigers durch Beschluß[339]. Der Betrag der pfändungsfreien Einkünfte ist vom Vollstreckungsgericht konkret zu errechnen[340]. § 850 k Abs. 1 ZPO setzt voraus, daß auf das Konto wiederkehrende Einkünfte fließen. Das bedeutet aber nicht, daß der Kontobestand ausschließlich nur auf den wiederkehrenden Einkünften beruhen darf[341]. Denn wegen des sozialpolitischen Schutzzwecks dieser Vorschrift zur Sicherung der Lebensgrundlage des Schuldners sind nicht nur Lohn- und Gehaltskonten, sondern auch Konten, auf die andere wiederkehrende Leistungen zur Erfüllung der in §§ 850 bis 850b ZPO bezeichneten Ansprüche überwiesen werden, zu

---

333 J. Behr, Rpfleger 1989, 52, 52

334 S. Smid, in: MünchKommZPO, § 850k, Rdn. 5; A. Hornung, Rpfleger 1978, 353, 360 f. P. Hartmann, in: Baumbach/Lauterbach/Albers/Hartmann, ZPO, § 850k, Rdn. 5; K. Stöber, in: Zöller, ZPO, § 850k, Rdn. 8; ders., Forderungspfändung (11. Aufl.), Rdn. 1288: Unterhaltsberechtigte Angehörige des Schuldners und der Drittschuldner sind nicht antragsberechtigt.

335 Rechtspfleger: vgl. § 20 Nr. 17 RPflG

336 Ab dem Zeitpunkt der Zustellung des Beschlusses an den Drittschuldner, also an das Geldinstitut: vgl. § 829 Abs. 3 ZPO

337 Bis zur nächsten Gutschrift auf dem Konto: O. Jauernig, Zwangsvollstreckungs- und Insolvenzrecht, § 33, I, A

338 Vgl. § 850k Abs. 1 ZPO; Beispiele: A. Hornung, Rpfleger 1978, 353, 360; P. Hartmann, in: Baumbach/Lauterbach/Albers/Hartmann, ZPO, § 850k, Rdn. 5

339 K. Stöber, Forderungspfändung (11. Aufl.), Rdn. 1288

340 Allgemeine Meinung: Thomas/Putzo, ZPO, § 850k, Rdn. 6; K. Stöber, Forderungspfändung (11. Aufl.), Rdn. 1288; H. Schroeder, JurBüro 1978, 465, 469; H. Arnold, BB 1978, 1314, 1320; LG Darmstadt, Rpfleger 1988, 419; LG Bad Kreuznach Rpfleger 1990, 216: Das Geldinstitut kann den pfändungsfreien Betrag nicht von sich aus berechnen. Denn diesem stehen anders als dem Arbeitgeber nicht die für eine solche Berechnung notwendigen Angaben und Unterlagen zur Verfügung.

341 LG Oldenburg Rpfleger 1983, 33; K. Stöber, Forderungspfändung (11. Aufl.), Rdn. 1282 ff. ; P. Hartmann, in: Baumbach/Lauterbach/Albers/Hartmann, ZPO, § 850k, Rdn. 2

schützen[342]. Ferner ist es auch zweckmäßig, daß schon die erste Überweisung solcher Bezüge diesem Pfändungsschutz unterfällt[343]. Aus solchen Schutzgedanken heraus ist weiterhin anzunehmen, daß der Pfändungsschutz des § 850k ZPO auch die Pfändung des durch künftige Geldeingänge entstehenden Guthabens erfassen soll[344]. Denn es kann dem Schuldner trotz des anscheinend entgegenstehenden Wortlaut des § 850k Abs. 1 ZPO nicht zugemutet werden, daß er den Vollstreckungsschutzantrag für jede folgende Zahlungsperiode erneut stellt[345]; dies würde nämlich zu einer unvertretbaren Belastung der Beteiligten und auch der Gerichte führen[346]. Um den Pfändungsschutz der künftigen Geldeingänge sicherzustellen, muß der auf den Vollstreckungsschutzantrag folgende Aufhebungsbeschluß den Betrag klar bezeichnen, in dessen Höhe für künftige Geldeingänge die Pfändung aufgehoben wird[347].

Vor der abschließenden Entscheidung über den Vollstreckungsschutzantrag des Schuldners[348] kann das Vollstreckungsgericht auf diesen Antrag oder aber auch von Amts wegen[349]dem Schuldner einen Teil des gepfändeten Guthabens vorab freigeben, um ihm im dringenden Fall die Möglichkeit zu gewähren, bis zum nächsten

342 BT-Drucksache 8/693, S. 49; BR-Drucksache 193/77, S. 49; vgl. auch K. Stöber, Forderungspfändung (11. Aufl.), Rdn. 1282; S. Smid, in: MünchKommZPO, § 850k, Rdn. 1; A. Hornung, Rpfleger 1978, 353, 360; Thomas/Putzo, ZPO, § 850k, Rdn. 2; LG Oldenburg Rpfleger 1983, 33; H. Schroeder, JurBüro 1978, 465, 469

343 W. Brehm, in: Stein/Jonas, ZPO, § 850k, Rdn. 8; S. Smid, in: MünchKommZPO, § 850k, Rdn. 11; Thomas/Putzo, ZPO, § 850k, Rdn. 4; *a. A.*: P. Hartmann, in: Baumbach/ Lauterbach/Albers/Hartmann, ZPO, § 850k, Rdn. 2; H. Arnold, BB 1978, 1314, 1320 Fußnote 66: Für den Kontenschutz durch § 850k Abs. 1 ZPO ist mindestens ein zweimaliger Eingang im üblichen Abstand nötig

344 *Herrschende Meinung* : BT-Drucksache 8/693, S. 49; BR-Drucksache 193/77, S. 49; K. Stöber, Forderungspfändung (11. Aufl.), Rdn. 1297; A. Hornung, Rpfleger 1978, 353, 360 f.; J. Behr, Rpfleger 1989, 52, 52 f. (soweit in der Zukunft die gleichen wiederkehrenden Bezüge oder zumindest nicht sicher geringere Beträge zu erwarten sind); auch W. Brehm, in: Stein/Jonas, ZPO, § 850k, Rdn. 21; Thomas/Putzo, ZPO, § 850k, Rdn. 7; KG Rpfleger 1992, 307; LG Hannover JurBüro 1986, 1886, 1886 f. (da nach dem Gesetzeszweck dem Vollstreckungsschutz keine zeitliche Grenzen gesetzt seien können); mit den ähnlichen Begründungen: LG Oldenburg Rpfleger 1983, 33; LG Bad Kreuznach Rpfleger 1990, 216; LG Osnabrück Rpfleger 1989, 248, 249; *a. A.*: P. Hartmann, in: Baumbach/Lauterbach/Albers/Hartmann, ZPO, § 850k, Rdn. 2

345 Thomas/Putzo, ZPO, § 850k, Rdn. 7; W. Brehm, in: Stein/Jonas, ZPO, § 850k, Rdn. 21; LG Hannover JurBüro 1986, 1886, 1887

346 LG Bad Kreuznach, Rpfleger 1990, 216

347 Anmerkung, in: KG Rpfleger 1992, 307; LG Osnabrück Rpfleger 1989, 248, 249; dabei ist in Kauf zu nehmen, daß wegen der Änderung des jeweiligen Arbeitsentgelts und der persönlichen Verhältnissen des Schuldners, die zu jeweils unterschiedlichen pfändungsfreien Beträgen führen, für den über den nächsten Zahlungstermin hinausgehenden Zeitraum kein bestimmter pfändungsfreier Betrag genannt werden kann: LG Bad Kreuznach Rpfleger 1990, 216

348 Gesonderter Antrag auf teilweise Vorabaufhebung der Pfändung ist nicht nötig: S. Smid, in: MünchKommZPO, § 850k, Rdn. 13

349 Herrschende Meinung: S. Smid, in: MünchKommZPO, § 850k, Rdn. 17; W. Brehm, in: Stein/Jonas, ZPO, § 850k, Rdn. 22; K. Stöber, in: Zöller, ZPO, § 850k, Rdn. 13

Zahlungstermin seinen notwendigen Unterhalt zu decken (sog. Notbedarfaufhebung)[350] und seine laufenden gesetzlichen Unterhaltspflichten gegenüber den dem Gläubiger vorgehenden Berechtigten zu erfüllen oder die dem Gläubiger gleichstehenden Unterhaltsberechtigten gleichmäßig zu befriedigen. Solcher Vorabschutz ist für außerordentliche Eilfälle gedacht, in denen die einstweilige Anordnung nach § 850k Abs. 3 ZPO nicht ausreicht[351]. Diese Maßnahme steht mit § 850d Abs. 1 Satz 2 Hs. 1 ZPO im Zusammenhang, d. h. mit dem Grundgedanken, daß bei bargeldloser Überweisung des Arbeitseinkommens auf ein Bankkonto der Schuldner vorab über den Teil seines Guthabens verfügen können soll, der ihm auch dann verbleiben müßte, wenn ein Unterhaltsgläubiger pfänden würde[352]. Diese Vorabfreigabe ist nicht für künftige Zahlungsperioden, sondern nur für einen einzigen Auszahlungszeitraum zulässig, da für künftige Perioden gem. § 850k Abs. 1 noch rechtzeitig entschieden werden kann[353].

Muß das Geldinstitut vor dem Kontenschutzantrag des Schuldners gemäß § 850k Abs. 1 ZPO an den Gläubiger zahlen, weil Pfändungs- und Überweisungsbeschluß regelmäßig verbunden sind, dann kann der Antrag des Schuldners nutzlos werden[354]. Daher bestimmt § 835 Abs. 3 S. 2 ZPO in betreff eines bei einem Geldinstitut gepfändeten Guthabens eines Schuldners eine *zweiwöchige*[355] Auszahlungssperre ab Zustellung des Überweisungsbeschlusses[356] an den Drittschuldner. Es darf also inzwischen nicht aus dem Guthaben an den Gläubiger geleistet oder der Betrag

---

350 Infolge Fortdauer der Beschlagnahme während des Schutzverfahrens kann eine Gefährdung des notwendigen Lebensunterhalts des Schuldners entstehen: A. Hornung, Rpfleger 1978, 353, 361; vgl. H. Schroeder, 1978, 465, 470; Brox/Walker, Zwangsvollstreckungsrecht, Rdn. 587

351 K. Stöber, in: Zöller, ZPO, § 850k, Rdn. 13

352 BT-Drucksache 8/693, S. 49; BR-Drucksache 193/77, S. 49; H. Schroeder, JurBüro 1978, 465, 470

353 J. Behr, Rpfleger 1989, 52, 53; Thomas/Putzo, ZPO, § 850k, Rdn. 10

354 O. Jauernig, Zwangsvollstreckungs- und Insolvenzrecht, § 33, I, A

355 Bei Überweisung laufender Sozialgeldleistungen auf ein Konto des Leistungsberechtigten findet § 850k ZPO keine Anwendung. In einem solchen Fall ist die Forderung, die durch die Gutschrift entsteht, nach § 55 Abs. 1 SGB-I für die Dauer von sieben Tagen unpfändbar. Nach Ablauf der 7-tägigen-Schutzfrist kann diese Forderung gemäß § 55 Abs. 4 BSG-I insoweit nicht gepfändet werden, als ihr Betrag dem unpfändbaren Teil der Leistungen für die Zeit von der Pfändung bis zum nächsten Zahlungstermin entspricht. Die unterschiedliche Behandlung rechtfertigt sich dadurch, daß die sozialrechtlichen Ansprüche nur unter erheblich engeren Voraussetzungen als die Ansprüche auf Arbeitsentgelt gepfändet werden können: vgl. BT-Drucksache 8/693, S. 49 f.; BR-Drucksache 193/77, S. 49 f.; H. Schroeder, JurBüro 1978, 465, 470; A. Hornung, Rpfleger 1978, 353, 360; S. Smid, in: MünchKommZPO, § 850k, Rdn. 15

356 Nicht des Pfändungsbeschlusses: A. Hornung, Rpfleger 1978, 353, 360; P. Hartmann, NJW 1978, 609, 610

hinterlegt werden. Der Schuldner muß aber den Antrag unverzüglich stellen[357], sobald er von der Pfändung erfährt, damit das Gericht noch innerhalb dieser zweiwöchigen Frist entweder die Pfändung aufheben oder u. U. nach § 850k Abs. 3 ZPO in Verbindung mit § 732 Abs. 2 ZPO die Durchsetzung der Zwangsvollstreckung durch den Gläubiger einstweilen verhindern kann[358].
Schließlich ist zu beachten, daß durch diese Schuldnerschutzmaßnahme lediglich die Pfändung durch einen bestimmten Gläubiger aufgehoben wird. Gegen die Pfändung durch einen anderen Gläubiger muß der Schuldner also einen neuen Antrag stellen[359].
Abweichend vom Grundsatz des § 788 Abs. 1 ZPO, nach dem der Schuldner ohne weiteres die Kosten der Zwangsvollstreckung tragen muß, kann das Vollstreckungsgericht die Verfahrenskosten ganz oder teilweise dem Gläubiger auferlegen, wenn dies aus besonderen, in dem Verhalten des Gläubigers liegenden Gründen der Billigkeit entspricht (§ 788 Abs. 3 ZPO). Dies ist z. B. der Fall, wenn der Gläubiger trotz eines eindeutigen Interesses des Schuldners uneinsichtig auf Zwangsvollstreckungsmaßnahmen beharrt, die objektiv nicht gerechtfertigt sind[360].

II Vollstreckungsschutz des Schuldners im Verwertungsverfahren

1. Schuldnerschutz durch die Aussetzung der Verwertung

a) Verwertungsmoratorium nach § 813a ZPO

Die Lage auf dem Gebrauchsgütermarkt ist bekanntlich schlecht, die Versteigerung gepfändeter Sache bringt oftmals kaum etwas ein. Um vertrauenswürdige Schuldner, die freiwillig ihre Leistung erbringen, vor der wirtschaftlich unvertretbaren, „wertvernichtenden Versteigerung“ zu bewahren, kann das Vollstreckungsgericht nach § 813a ZPO unter Festsetzung von Zahlungsfristen dem Schuldner auf dessen Antrag eine zeitweilige Aussetzung der Verwertung gepfändeter Sachen einräumen (§ 813a

357 Aus dieser Notwendigkeit der Schuldnerinitiative ergibt sich, daß mehrere Einkommen des Schuldners auf dem Bankkonto keiner Zusammenrechnung nach § 850e Nr. 2 ZPO bedürfen: W. Grunsky, ZIP 1983, 908, 911

358 Vgl. W. Brehm, in: Stein/Jonas, ZPO, § 850k, Rdn. 3; Pfändungsaufhebung (§ 850k, Abs. 1 ZPO), Vorabfreigabe (Abs. 2) und einstweilige Anordnungen (Abs. 3) sind nebeneinander möglich: Thomas/Putzo, ZPO, § 850k, Rdn. 1; P. Hartmann, in: Baumbach/Lauterbach/Albers/Hartmann, ZPO, § 850k, Rdn. 3

359 Vgl. W. Brehm, in: Stein/Jonas, ZPO, § 850k, Rdn. 4

360 K. Stöber, in: Zöller, ZPO, § 788, Rdn. 26

Abs. 1 ZPO)[361]. Auch dem Schuldner, bei dem auf Grund individueller wirtschaftlicher Schwierigkeiten zeitweise eine Stockung in der Zahlungsfähigkeit eintritt, kann § 813a ZPO einen angemessenen Schutz gewähren[362]. Diese Vorschrift gilt für wegen Geldforderungen gepfändete bewegliche Sachen beliebiger Art, die nach den Vorschriften der ZPO zu verwerten sind[363]. Der Antrag ist binnen einer Frist von zwei Wochen nach der Pfändung zu stellen. Die für die Entscheidung wesentlichen tatsächlichen Verhältnisse, also die Voraussetzungen der Verwertungsaussetzung sind glaubhaft zu machen[364]. Der Beschluß des Rechtspflegers (§ 20 Nr. 17 RPflG) über diesen Antrag muß nach der Persönlichkeit[365] und den wirtschaftlichen Verhältnissen des Schuldners[366] sowie nach der Art der Schuld[367] angemessen erscheinen und die Aussetzung darf nicht überwiegenden Belangen des Gläubigers entgegenstehen (§ 813a Abs. 1 Hs. 2). Der Verwertungsaufschub kann hierbei nicht länger als insgesamt ein Jahr nach der Pfändung gewährt werden (§ 813a Abs. 4 ZPO). Vor der Entscheidung ist der Gläubiger zu hören, soweit dies ohne erhebliche Verzögerung möglich ist (§ 813a Abs. 5 ZPO).

Die Vollstreckungsschutzmaßnahme durch die Aussetzung der Verwertung nach § 813a ZPO spielt aber wegen ihrer Schwerfälligkeit in der Vollstreckungspraxis keine große Rolle[368]. Die Ursache ist hierzu in erster Linie darin zu sehen, daß der Antrag auf Aussetzung der Verwertung beim Vollstreckungsgericht gestellt werden muß und

---

361 Vgl. P. Hartmann, in: Baumbach/Lauterbach/Albers/Hartmann, ZPO, § 813a, Rdn. 1; K. Stöber, in: Zöller, ZPO, § 813a, Rdn. 1; A. Eich, DGVZ 1989, 49, 52; G. Holch, DGVZ 1990, 133, 133; BT-Drucksache 13/341, S. 27; E. Schilken, in: MünchKommZPO, § 813a, Rdn. 1; ähnliche Vorschrift befindet sich auch im §§ 30a ff. ZVG

362 Vgl. T. Seip, DGVZ 1974, 17, 19

363 Vgl. W. Münzberg, in: Stein/Jonas, ZPO, § 813a, Rdn. 2; E. Schilken, in: MünchKommZPO, § 813a, Rdn. 2; K. Stöber, in: Zöller, ZPO, § 813a, Rdn. 2; P. Hartmann, in: Baumbach/Lauterbach/Albers/Hartmann, ZPO, § 813a, Rdn. 2: Bei einer Geldpfändung, Arrestpfändung (§ 930 ZPO), Sicherungsvollstreckung (720a ZPO) oder bei Wechselsachen (§ 813a ZPO Abs. 6) ist § 813a ZPO nicht anwendbar, da in solchen Fällen keine Verwertung stattfindet.

364 Vgl. § 813a Abs. 5 S. 2 ZPO; § 294 ZPO: dafür ausreicht eidesstattliche Versicherungen.

365 Für die unredliche, böswillige und unzuverlässige Schuldner während des Rechtsstreites oder in der Zwangsvollstreckung kommt § 813a ZPO nicht zur Anwendung: Thomas/Putzo, ZPO, § 813a, Rdn. 4; E. Schilken, in: MünchKommZPO, § 813a, Rdn. 5

366 Für den Schuldnerschutz des § 813a ZPO soll der Schuldner mit gewisser Wahrscheinlichkeit in der Lage sein, Raten zu erbringen und künftige Zahlungsfristen einzuhalten: W. Schuschke, ZPO, § 813a, Rdn. 9

367 Es geht hier um die wirtschaftliche Bedeutung der Forderung für den Gläubiger. Ein Aufschub der Verwertung gemäß § 813a ZPO ist etwa bei der der Natur nach sofort zu erfüllenden Forderung z.B. wegen laufender Unterhaltsleistung oder wegen laufenden Arbeitslohns oder bei der Ansprüchen aus unerlaubten Handlungen zu versagen: K. Stöber, in: Zöller, ZPO, § 813a, Rdn. 6; W. Münzberg, in: Stein/Jonas, ZPO, § 813a, Rdn. 6

368 BT-Drucksache, 13/341, S. 26; A. Mümmler, DGVZ 1972, 49, 49; E. Schilken, in: MünchKommZPO, § 813a, Rdn. 19

in einem förmlichen Beschlußverfahren, das eine mündliche Verhandlung nicht ausschließt, zur Entscheidung steht[369]. Ungewandtheit des Schuldners, Schwellenangst gegenüber den Behörden und die belastende Abgabe der erforderlichen Anlagen für das gerichtliche Verfahren wie z. B. Gehaltsbescheinigungen oder Kaufverträge, können als Grund für die untergeordnete Rolle des § 813a ZPO genannt werden[370]. Auch ein schriftlicher Antrag, in dem alle erforderlichen Anlagen enthalten sein sollen, ist für einen schreibungewandten Schuldner nicht immer einfach zu erstellen[371]. Ferner scheuen viele Schuldner auch vor der geforderten Abgabe einer eidesstattlichen Versicherung zurück.

J. Behr nennt außerdem noch die zweiwöchige Ausschlußfrist des § 813a Abs. 2 ZPO als einen besonders wichtigen Grund für die Schwerfälligkeit der Vorschrift[372]. Denn nicht selten entstehe für den Schuldner etwa wegen einer unerwarteten Kreditablehnung oder einer Uneinziehbarkeit von Außenständen die Notwendigkeit der Gewährung von Ratenzahlung erst wenige Tage vor dem Versteigerungstermin[373]. Dieser Auffassung ist allerdings entgegenzuhalten, daß die Gefahr der Zurückweisung des Antrags des Schuldners nach § 813a Abs. 2 ZPO ohne sachliche Prüfung wegen Verspätung nur dann entsteht, wenn eine Verschleppungsabsicht oder grobe Nachlässigkeit festzustellen ist. Somit ist darauf hinzuweisen, daß der Antrag nach § 813a Abs. 1 ZPO grundsätzlich nicht befristet ist[374]. Die Antragsfrist tritt also nur ausnahmsweise einer Verschleppungstaktik des Schuldners entgegen und dient einer schnellen Abwicklung der Vollstreckung[375].

---

369 G. Holch, DGVZ 1990, 133, 133; BT-Drucksache, 13/342, S. 26; A. Eich, DGVZ 1989, 49, 53; T. Seip, DGVZ 1974, 17, 18

370 Vgl. J. Behr, DGVZ 1977, 162, 163 f.; Gleiches gilt auch für den schriftlichen Antrag.

371 A. Mümmler, DGVZ 1972, 49, 50; T. Seip, DGVZ 1974, 17, 18; A. Eich / T. Lübbig, DGVZ 1991, 33, 35

372 J. Behr, DGVZ 1977, 162, 164

373 Bezüglich der Schwerfälligkeit des § 813a ZPO weist W. Zeiss zu Recht anders als J. Behr auf eine Situation hin, daß etwa der Schuldner erst kurz vor dem angesetzten Versteigerungstermin Teilzahlungen anbietet, um Aussetzung bittet und der Gläubiger schweigt oder nicht mehr erreichbar ist: W. Zeiss, DGVZ 1974, 178, 180 = ders., JZ 1974, 564, 566; vgl. auch A. Mümmler, DGVZ 1972, 49, 50

374 Vgl. K. Stöber, in: Zöller, ZPO, § 813a, Rdn. 9

375 Vgl. H. Alisch, Wege zur interessengerechteren Auslegung vollstreckungsrechtlicher Normen, S. 85; W. Brehm, DGVZ 1983, 101, 108

b) Teilzahlungsbewilligung durch den Gerichtsvollzieher gemäß § 813a ZPO-Gesetzentwurf des Bundesrates vom 16.12.1994[376]

aa) Der Gerichtsvollzieher pfändet einen Gegenstand häufig nicht, um aus seinem Erlös den Gläubiger zu befriedigen, sondern um den Schuldner unter dem Druck der drohenden Verwertung zur freiwilligen Zahlung zu veranlassen[377]. Seit langem ist bekannt, daß eine Verwertung der Sachen überwiegend unter dem tatsächlichen Wert eines Pfandgegenstandes erfolgt, also sie häufig eine Vermögensverschleuderung mit sich bringt[378]. Insbesondere ist häufig der Versteigerungserlös im Verhältnis zu dem für den Schuldner subjektiven Wert des Pfandgegenstandes noch geringwertiger[379]. Damit bleibt der Versteigerungserlös von der Deckung der einzuziehenden Forderung des Gläubigers noch weiter entfernt[380]. Zu beachten ist hierbei auch, daß die Verwertung des gepfändeten Gegenstandes zu einer endgültigen Erlahmung des schuldnerischen Zahlungswillens führen kann, da der Schuldner häufig nicht in der Lage ist, sich wieder entsprechenden Ersatz zu beschaffen[381]. Insgesamt kann also die Verwertung der gepfändeten Sachen den Interessen der beiden Parteien entgegenlaufen.

In der Vollstreckungspraxis hat sich schon seit langem auch gezeigt, daß der Gläubiger meist mehr an einer möglichst vollen Befriedigung seines titulierten Anspruchs in zeitlich angemessenen Abständen durch Ratenzahlungen[382] interessiert ist als an einer sofortigen Verwertung[383]. Denn für den Gläubiger kann die Gewährung einer derartigen Ratenzahlung zwar nicht sofort, aber auf längere Sicht zur besseren Befriedigung seiner Forderung führen[384] und er erhält dadurch ein angemessenes

---

376 BT-Drucksache 13/341, 1995, S. 5 f.

377 A. Mümmler, DGVZ 1972, 49, 49; T. Seip, DGVZ 1974, 17, 17; ders., DGVZ 1971, 102, 105; A. Eich, DGVZ 1989, 49, 52; Hans-M. Pawlowski, ZZP 90 (1977), 345, 346 f.; ders., DGVZ 1991, 177, 177; K. Schreiber, JR 1979, 236, 236 Fußnote 1; W. Noack, JurBüro 1973, 261, 264

378 W. Münzberg, in: Stein/Jonas, ZPO, § 813a, Rdn. 1; BT-Drucksache 13/341, S. 27; G. Holch, DGVZ 1990, 133, 133; E. Schilken, in: MünchKommZPO, § 813a, Rdn. 1; A. Eich, DGVZ 1989, 49, 52; A. Eich / T. Lübbig, DGVZ 1991, 33, 34

379 BT-Drucksache 13/341, S. 27; G. Holch, DGVZ 1990, 133, 133; J. Behr, DGVZ 1977, 162, 162; T. Seip, DGVZ 1974, 17, 18

380 Vgl. T. Seip, DGVZ 1974, 17, 17 f.

381 A. Mümmler, DGVZ 1972, 49, 49 f.; BT-Drucksache 13/341, S. 27

382 Bei der Vollstreckung wird eine Ratenzahlung bis jetzt nicht selten von den Gerichtsvollziehern in das Verfahren der Haftvollstreckung nach §§ 909 S. 1, 757 Abs. 1 ZPO bewilligt: E. Schilken, in: MünchKommZPO, § 813a, Rdn. 19; vgl. ders., DGVZ 1989, 33, 33 ff.

383 A. Mümmler, DGVZ 1972, 49, 49; Hans-M. Pawlowski, ZZP 90 (1977), 345, 351; W. Noack, DGVZ 1975, 97, 103; A. Eich / T. Lübbig, DGVZ 1991, 33, 34

384 E. Schilken, DGVZ 1989, 161, 162; H. Alisch, Wege zur interessengerechteren Auslegung vollstreckungsrechtlicher Normen, S. 87; W. Zeiss, DGVZ 1974, 178, 180

Äquivalent für die Beschränkung seines grundsätzlichen Rechts auf sofortige Verwertung[385]. Eine ratenweise Abzahlung entspricht auch dem Interesse des Schuldners, weil sie häufig für den Schuldner als einziges Mittel in Betracht kommt, um seinen wirtschaftlichen Ruin zu verhindern, und ihm damit die Möglichkeit bietet, wieder in geordnete Verhältnisse zu gelangen[386]. Für beide Parteien ist es hierbei von Bedeutung, daß der Schuldner durch die Ratenzahlungsgewährung zur Tilgung seiner Schuld motiviert werden kann[387]. Ferner kann der Schuldner auch von der belastenden Abgabe der eidesstattlichen Versicherung gemäß § 807 ZPO sowie gegebenenfalls von einer Lohn- oder Gehaltspfändung, die im Anschluß an einer Versteigerung wegen des nicht getilgten Restes der Schuld oft folgt, befreit werden. Auch die Vollstreckungsgerichte werden durch die Teilzahlungsbewilligung entlastet[388].

bb) Deshalb ist es notwendig und wird in der Literatur seit langem gefordert, § 813a ZPO dahingehend anzupassen, daß er Teilzahlungsmöglichkeiten besonders durch den Gerichtsvollzieher gewährt und somit den tatsächlichen Lebensbedürfnissen besser entspricht[389]. Denn als der erste unmittelbare Ansprechpartner (§ 753 Abs. 1 ZPO) kennt der Gerichtsvollzieher die Einkommens- und Vermögensverhältnisse des Schuldners besser als der zur Zeit nach § 20 Nr. 17 RPflG für die Entscheidung zuständige Rechtspfleger; von daher ist der Gerichtsvollzieher eher in der Lage, die Voraussetzung des Verwertungsaufschubs nach § 813a ZPO zu beurteilen[390]. Weiterhin kann er die Zahlungen des Schuldners berücksichtigen, insbesondere auch unmittelbar vor dem Versteigerungstermin[391]. Derartige Überlegungen kommen zwar schon seit 1971 in § 141 Nr. 2 Abs. 2 GVGA (Geschäftsanweisung für Gerichtsvollzieher) zum Ausdruck[392]; hiernach kann der Gerichtsvollzieher eine Ratenzahlung unter einstweiliger Einstellung oder eine Verlegung des Versteigerungstermins bewilligen, wenn eine ausdrückliche Zustimmung oder

385 H. Alisch, Wege zur interessengerechteren Auslegung vollstreckungsrechtlicher Normen, S. 85

386 J. Behr, DGVZ 1977, 162, 163; T. Seip, DGVZ 1971, 102, 105; A. Eich, DGVZ 1989, 49, 52

387 H. Alisch, Wege zur interessengerechteren Auslegung vollstreckungsrechtlicher Normen, S. 87; A. Eich / T. Lübbig, DGVZ 1991, 33, 34

388 BT-Drucksache 13/341, S. 27; G. Holch, DGVZ 1990, 133 f.; T. Seip, DGVZ 1974, 17, 19; W. Brehm, DGVZ 1983, 101, 107

389 T. Seip, DGVZ 1974, 17, 17 ff. und 20; ders., DGVZ 1971, 102, 105; J. Polzius, DGVZ 1971, 145, 147; A. Mümmler, DGVZ 1972, 49, 50; J. Behr, DGVZ 1977, 162, 162 f.

390 W. Brehm, DGVZ 1983, 101, 108; W. Zeiss, DGVZ 1974, 178, 181; H. Alisch, DGVZ 1982, 33, 35; J. Behr, DGVZ 1977, 162, 164: Der Gerichtsvollzieher hat die bessere Sach- und Personennähe als der Rechtspfleger, der zwangsläufig auf die dürftigen schriftlichen Informationen aus Schuldner, Gläubiger und Gerichtsvollzieher angewiesen ist.

391 G. Holch, DGVZ 1990, 133, 133 f.; BT-Drucksache 13/341, S. 27

392 Siehe Anhang 2 dieser Arbeit

mindestens ein stillschweigendes Einverständnis des Gläubigers vorliegt. Da die GVGA aber wegen ihres fehlenden Rechtsnormcharakters für Parteien und Gerichte unverbindlich ist, existiert jedoch bis heute keine gesetzliche Grundlage für die Teilzahlungsgewährung durch den Gerichtsvollzieher[393].

cc) Ferner wird in der Literatur vorgeschlagen, das Verfahren der Verwertungsaussetzung nach dem geltenden § 813a ZPO auf den Gerichtsvollzieher zu übertragen[394]. Dieser Vorschlag wurde in den Gesetzentwurf für die zweite Zwangsvollstreckungsnovelle nicht aufgenommen, weil der Gerichtsvollzieher kein Entscheidungs- sondern ein Vollstreckungsorgan ist und die Übertragung dieser Aufgabe daher eine ganz erhebliche Ausweitung seines bisherigen Funktionsbereichs als Zustellungs- und Vollstreckungsbeamter (§154 GVG) bedeuten würde[395]. Neben dem Verfahren der Verwertungsaussetzung nach dem geltenden § 813a ZPO sieht daher der geplante § 813a ZPO-nF vor, daß der Gerichtsvollzieher unter bestimmten Voraussetzungen die Verwertung gepfändeter Sachen auch ohne ausdrückliches Einverständnis des Gläubigers von Amts wegen aufschieben kann. Erforderlich ist dazu, daß sich der Schuldner verpflichtet, den Betrag, der zur Befriedigung des Gläubigers und zur Deckung der Zwangsvollstreckungskosten erforderlich ist, innerhalb eines Jahres zu bezahlen. Auch darf der Gläubiger bei der Antragstellung eine Zahlung in Teilbeträgen nicht ausdrücklich ausgeschlossen haben. § 813a Abs. 2 ZPO-nF erlaubt aber zu Recht, daß der Gläubiger dem Verwertungsaufschub seitens des Gerichtsvollziehers widersprechen kann (813a Abs. 2 ZPO-nF)[396]. Dem liegt der Gedanke zugrunde, daß der Gläubiger selbst bestimmen kann, wie er sein Recht ausübt; will der Gläubiger trotz der besseren Befriedigungsmöglichkeit durch den Verwertungsaufschub mit Ratenzahlungen „unvernünftig" seinen titulierten Anspruch baldmöglichst zwangsweise durchsetzen, dann muß der Gerichtsvollzieher die Verwertung ohne jede Verzögerung betreiben[397]. Auch im Rahmen des § 813a ZPO

---

393 A. Eich / T. Lübbig, DGVZ 1991, 33, 35

394 T. Seip, DGVZ 1974, 17, 19 ff.; J. Behr, DGVZ 1977, 162, 164 f.; Hans-M. Pawlowski, DGVZ 1991, 177, 179; W. Zeiss, JZ 1974, 564, 566 = ders., DGVZ 1974, 178, 181; Hans-J. Gottschalk, DGVZ 1988, 35, 39: Dem Gerichtsvollzieher solle die Befugnis zur Verwertungsaussetzung uneingeschränkt eingeräumt werden und die Gläubigerrechte seien gegebenenfalls nur im Wege der Erinnerung wahrzunehmen.

395 G. Holch, DGVZ 1990, 133, 134 ; BT-Drucksache 13/341, S. 27; A. Mümmler, DGVZ 1972, 49, 52; auch H. Alisch, Wege zur interessengerechteren Auslegung vollstreckungsrechtlicher Normen, S 84; ders., DGVZ 1982, 33, 36; Hans F. Gaul, JZ 1973, 473, 479; W. Brehm, DGVZ 1983, 101, 108: Seitens des Schuldners kann der Gerichtsvollzieher nicht die neutrale Person sein.

396 BT-Drucksache 13/341, S. 5 f.; BR-Drucksache 134/94, Artikel 1, Nr. 16, S. 7 f.; auch W. Münzberg, in: Stein/Jonas, ZPO, § 754, Rdn. 9a ff.

397 Vgl. Hans-M. Pawlowski, ZZP 90 (1977), 345, 350

muß der Gläubiger gemäß der im Vollstreckungsrecht geltenden Dispositionsmaxime „Herr des Verfahrens“ bleiben[398], indem die Vollstreckung auf seinen Antrag eingeleitet, auf seine Bewilligung auszusetzen oder einzustellen ist[399].
Der geltende § 813a ZPO findet sich nahezu unverändert im geplanten neuen § 813b ZPO, da der Schuldnerschutz des § 813a ZPO, der den Inhalt des Urteils durch Gewährung von Verwertungsaufschub verändert, allein Aufgabe der Gerichte bleiben muß[400].
Durch Reform des § 813a ZPO könnte eine sinnvolle Schuldenabwicklung innerhalb der Zwangsvollstreckung ohne gravierende Einschnitte in die Grundkonzeption des Vollstreckungsrechtssystems[401] im Interesse aller Beteiligten gesetzlich abgesichert werden[402]. § 813a ZPO mit §§ 811 ff. und 850 ff. ZPO würde damit zu einer der wichtigsten Vollstreckungsvorschriften aus dem Tätigkeitsbereich des Gerichtsvollziehers[403].

2. Schuldnerschutz gegen die wirtschaftliche Verschleuderung des Schuldnervermögens (§ 817a ZPO)

Bei der Versteigerung beweglicher Sachen[404] darf nach § 817a Abs. 1 ZPO der Zuschlag nur auf ein Gebot erteilt werden, das mindestens die Hälfte des gewöhnlichen Verkaufswertes der Sache erreicht, sogenanntes Mindestgebot. Bei Gold- und Silbersachen ist der volle Edelmetalwert nach § 817a Abs. 3 ZPO zu berücksichtigen; ist also der Metallwert höher als das Mindestgebot, dann darf nicht unter dem Metallwert, ist er niedriger, dann darf nicht unter dem Mindestgebot zugeschlagen werden[405]. Durch dieses „Mindestgebot“ wird die Rechtsmacht des

---

398 Schilken, DGVZ 1989, 161, 164; Rosenberg/Gaul/Schilken, Zwangsvollstreckungsrecht, § 5, VI, 3, insbesondere § 25, IV, 1 a); G. Holch, DGVZ 1990, 133, 134; BT-Drucksache 13/341, S. 28; vgl. auch W. Noack, DGVZ 1975, 97, 98; Hans-M. Pawlowski, ZZP 90 (1977), 345, 356; M. Degenhart, DGVZ 1968, 116, 119

399 Rosenberg/Gaul/Schilken, Zwangsvollstreckungsrecht, § 25, IV, 1, a); R. Stürner, ZZP 99 (1986), 291, 298 ff.

400 Hans-M. Pawlowski, ZZP 1977, 345, 350; G. Holch, DGVZ 1990, 133, 134; BT-Drucksache 13/341, S. 27

401 Z. B. Dispositionsmaxime in der Zwangsvollstreckung und die Aufgabentrennung zwischen dem handelnden Gerichtsvollzieher und dem entscheidenden Vollstreckungsgericht: Rosenberg/Gaul/ Schilken, Zwangsvollstreckungsrecht, § 5, VI, 3; vgl. Fußnote 398 im 3. Kapitel, B dieser Arbeit

402 Vgl. E. Schilken, DGVZ 1989, 161, 164 f.; A. Eich / T. Lübbig, DGVZ 1991, 33, 35

403 R. Bloedhorn, DGVZ 1976, 104, 104

404 E. Schilken, in: MünchKommZPO, § 817a, Rdn. 2; R. Ammermann, MDR 1975, 458, 458; für die Immobiliarvollstreckung: § 85a ZVG

405 W. Münzberg, in: Stein/Jonas, ZPO, § 817a, Rdn. 2

Gläubigers begrenzt, um eine unangemessene wirtschaftliche Verschleuderung gepfändeter Vermögensgegenstände zu verhindern[406]. Damit dient diese Vorschrift vor allem dem Schutz des Schuldners, ferner auch dem Interesse der Allgemeinheit[407]. Diesem Schutz liegt die Eigentumsgarantie des Art. 14 GG zugrunde[408].
Der gewöhnliche Verkaufswert ist der Preis, der bei freihändiger Veräußerung für eine Sache gleicher Art und Güte nach den allgemeinen wirtschaftlichen Verhältnissen und zeitlichen oder örtlichen Umständen erfahrungsgemäß durchschnittlich zu erzielen wäre[409]. Der Gerichtsvollzieher, der § 817a ZPO von Amts wegen beachten muß[410], soll in der Regel den gewöhnlichen Verkaufswert schon bei der Pfändung festlegen (§§ 813 Abs. 1, 753 Abs. 1 ZPO)[411]. Der geschätzte gewöhnliche Verkaufswert, das aus ihm errechnete Mindestgebot und der Edelmetallwert von Geld- und Sibersachen sollen als Anhaltspunkt für den Interessenten bei dem Ausbieten der Gegenstände als Teil der Versteigerungsbedingungen bekanntgegeben werden (§ 817a Abs. 1 S. 2)[412].

Hinsichtlich des Verhältnismäßigkeitsgrundsatzes kann aber ausnahmsweise der Zuschlag in den sog. „Eilfällen"[413] unter dem Mindestgebot erteilt werden, um die Gefahr im Sinne des § 816 Abs. 1 ZPO, also eine beträchtliche Wertverringerung z. B. durch Verderben der Pfandsache abzuwenden oder unverhältnismäßige Kosten einer längeren Aufbewahrung zu vermeiden[414]. Die Mindestgebotsgrenze braucht auch dann nicht eingehalten werden, wenn der Schuldner und alle Pfändungsgläubiger zugestimmt haben, weil es nicht zu verbieten ist, auch unverhältnismäßige Vermögenseinbußen freiwillig hinzunehmen[415].

---

406 M. Geißler, DGVZ 1994, 33, 36; Otto-G. Lippross, Vollstreckungsschutz, S. 131

407 H. Alisch, Wege zur interessengerechteren Auslegung vollstreckungsrechtlicher Normen, S. 63; W. Münzberg, in: Stein/Jonas, ZPO, § 817a, Rdn. 1; E. Schilken, in: MünchKommZPO, § 817a, Rdn. 1; Brox/Walker, Zwangsvollstreckungsrecht, Rdn. 416; auch BVerfGE 46 (1978), 325, 332 f.

408 K. Stöber, in: Zöller, ZPO, § 817a, Rdn. 1; W. Schuschke, ZPO, § 817a, Rdn. 1; J. Polzius, DGVZ 1987, 33, 37

409 P. Hartmann, in: Baumbach/Lauterbach/Albers/Hartmann, ZPO, § 813, Rdn. 2; E. Schilken, in: MünchKommZPO, § 813, Rdn. 3; K. Stöber, in: Zöller, ZPO, § 813, Rdn. 2; M. Geißler, DGVZ 1994, 33, 36

410 W. Schuschke, ZPO, § 817a, Rdn. 2; K. Schreiber, JR 1979, 236, 236

411 Thomas/Putzo, ZPO, § 813, Rdn. 4; W. Münzberg, in: Stein/Jonas, ZPO, § 813, Rdn. 4; in den Fällen des § 813 Abs. 1 S. 2 und Abs. 3 ZPO (z. B. die Schätzung des Wertes von Kostbarkeiten) soll die Schätzung einem Sachverständigen übertragen werden.

412 W. Münzberg, in: Stein/Jonas, ZPO, § 817a, Rdn. 5; W. Schuschke, ZPO, § 817a, Rdn. 3

413 H. Alisch, Wege zur interessengerechteren Auslegung vollstreckungsrechtlicher Normen, S. 65

414 Allgemeine Meinung: K. Stöber, in: Zöller, ZPO, § 817a, Rdn. 2; W. Schuschke, ZPO, § 817a, Rdn. 6; W. Münzberg, in: Stein/Jonas, ZPO, § 817a, Rdn. 3; E. Schilken, in: MünchKommZPO, § 817a, Rdn. 3

415 W. Schuschke, ZPO, § 817a, Rdn. 1; W. Noack, JurBüro 1973, 261, 266

Falls der Verzicht des Schuldners auf das Mindestgebot den Interessen des Gläubigers entgegensteht, kann der Gläubiger nach § 825 ZPO einen Antrag auf eine andere, für ihn günstigere, einträgliche Verwertungsart stellen[416]. Gleiches gilt für den Fall, in dem der Zuschlag nicht erteilt wird, weil ein das Mindestgebot erreichendes Gebot nicht abgegeben ist. In diesem Fall bleibt das Pfandrecht des Gläubigers bestehen und der Gläubiger kann, soweit er einen Antrag nach § 825 ZPO nicht gestellt hat, jederzeit die Anberaumung eines neuen Versteigerungstermins beantragen (§ 817a Abs. 2 ZPO)[417]. Nach allgemeiner Ansicht ist die Pfändung beim Scheitern derartiger weiterer Versuche und im Falle der Aussichtslosigkeit der Verwertung (nach der Gewährung einer Äußerungsgelegenheit des Gläubigers) in entsprechender Anwendung des § 803 Abs. 2 ZPO auf Grund einer Erinnerung des Schuldners nach § 766 ZPO aufzuheben und die Sache dem Schuldner zurückzugeben[418]. Diese Ansicht wird von H. Alisch zu Recht nicht geteilt. Nach ihm ist § 817a ZPO dahingehend auszulegen, daß nach zweimaligem ergebnislosen Versuch, das Mindestgebot zu erreichen, die Verwertung auch unter dem Mindestgebot zuzulassen ist. Denn auch das Interesse des Gläubigers an der Befriedigung aus dem Erlös soll angemessen berücksichtigt werden. Ferner sind schwerlich Gründe dafür ersichtlich, warum der Schuldner nur wegen der Schwierigkeiten beim Pfandverkauf die Möglichkeit haben soll, evtl. sogar sehr wertvolle Gegenstände weiter zu benutzen[419].

Ein Verstoß gegen das Mindestgebot führt aber nicht zur Unwirksamkeit des Eigentumserwerbs des Erstehers bei der Ablieferung der Sache. Denn es ist im Einzelfall für den Ersteher kaum überprüfbar, ob der Gerichtsvollzieher das Mindestgebot richtig festgesetzt hat[420]. Ferner ist der Umstand, daß der Ersteher den

---

416 W. Schuschke, ZPO, § 817a, Rdn. 1

417 Falls bei der Versteigerung für Geld- oder Silbersachen ein den Zuschlag gestattendes Gebot nicht abgegeben wird, kann der Gerichtsvollzieher unter Berücksichtigung des Mindestgebotes einen freihändigen Verkauf der Gegenstände durchführen: § 817a Abs. 3 ZPO

418 P. Hartmann, in: Baumbach/Lauterbach/Albers/Hartmann, ZPO, § 817a, Rdn. 4; K. Stöber, in: Zöller, ZPO, § 817a, Rdn. 4; W. Schuschke, ZPO, § 817a, Rdn. 5; W. Münzberg, in: Stein/Jonas, ZPO, § 817a, Rdn. 10; M. Geißler, DGVZ 1994, 33, 37; demgegenüber ist das Nichterreichen des Mindestgebot eines Grundstückswertes nach § 85a Abs. 2 ZVG schon im 2. Versteigerungstermin kein Versagungsgrund des Zuschlages (Grundsatz der Einmaligkeit): Dassler / Schiffhauer, ZVG, § 85a, Rdn. 36; Zeller / Stöber, ZVG, § 85a, 3.3; auch Otto-G. Lippross, Vollstreckungsschutz, S. 131 f.

419 H. Alisch, Wege zur interessengerechteren Auslegung vollstreckungsrechtlicher Normen, S. 64 f.

420 W. Schuschke, ZPO, § 817a, Rdn. 2; K. Stöber, in: Zöller, ZPO, § 817a, Rdn. 6, § 817 Rdn. 9; K. Schreiber, JR 1979, 236, 237 f.; Brox/Walker, Zwangsvollstreckungsrecht, Rdn. 416; Thomas/Putzo, ZPO, § 817a, Rdn. 3, § 817 Rdn. 9; W. Noack, JurBüro 1973, 261, 267; ders., DGVZ 1967, 34, 36; OLG Frankfurt/M, VersR 1980, 50, 50; *a. A.*: W. Münzberg, in: Stein/Jonas, ZPO, § 817a, Rdn. 7 (nur dann unwirksam, wenn ein bekanntgegebenes Mindestgebot nicht eingehalten wurde); P. Hartmann, in: Baumbach/Lauterbach/Albers/Hartmann, ZPO, § 817a, Rdn. 3 (die Versteigerung sei meist ungültig.)

Verstoß gegen § 817a ZPO erkennen kann, für die Wirksamkeit des Eigentumserwerbs nicht von Bedeutung, weil ansonsten die Rechtsgültigkeit dieses Hoheitsaktes von dem subjektiven Wissensstand des Erstehers abhängig gemacht würde[421]. In diesem Fall steht dem Schuldner nur ein Schadenersatzanspruch gegen den Staat wegen Amtspflichtverletzung nach 839 BGB i. V. m. Art. 34 GG zu[422]. Hierbei beschränkt sich der Ersatzanspruch grundsätzlich auf die Differenz zwischen dem erzielten Erlös (Untergebot) und dem Mindestgebot, weil die Festlegung des Mindestgebots bei der Hälfte des gewöhnlichen Verkaufswertes gleichzeitig die Schutzgrenze des Eigentumsschadens im Sinne von § 817a ZPO konkretisiert[423].

III Schuldnerschutz gegen die Wohnungszwangsräumung (§§ 721, 794a ZPO)

Bei dem § 721 ZPO handelt es sich um die Vollstreckungsschutznorm zugunsten des zur Räumung von Wohnraum verurteilten Schuldners[424]. Auf Antrag oder von Amts wegen kann das wegen des Räumungsanspruchs angerufene Prozeßgericht[425] dem Schuldner eine den Umständen nach angemessene Räumungsfrist, jedoch einschließlich einer möglichen Verlängerung[426] (gerechnet vom Tag der Rechtskraft des Urteils[427]) nicht mehr als ein Jahr, gewähren. Dieser Wohnraum muß tatsächlich zu Wohnzwecken[428] vom Schuldner selbst und den mit ihm zusammenlebenden Personen

---

421 M. Geißler, DGVZ 1994, 33, 37

422 R. Ammermann, MDR 1975, 458, 458 f.; F. Gürtler, JuS 1997, 643, 644; W. Münzberg, in: Stein/Jonas, ZPO, § 817a, Rdn. 7; W. Schuschke, ZPO, § 817a, Rdn. 2: Kein Bereicherungsanspruch gegen den Ersteher und den Gläubiger entsteht.

423 Vgl. K. Schreiber, JR 1979, 236, 237; R. Ammermann, MDR 1975, 458, 459

424 K. Stöber, in: Zöller, ZPO, § 721, Rdn. 1; W. Krüger, in: MünchKommZPO, § 721, Rdn. 1; W. Grunsky, Grundzüge des Zwangsvollstreckungs- und Insolvenzrechts, Rdn. 229; W. Münzberg, in: Stein/Jonas, ZPO, § 721, Rdn. 1; Brox/Walker, Zwangsvollstreckungsrecht, Rdn. 1059

425 M. Geißler, DGVZ 1996, 161, 162; H. Buche, MDR 1972, 189, 190; also auch das Berufungsgericht oder das Revisionsgericht: W. Krüger, in: MünchKommZPO, § 721, Rdn. 4; W. Schuschke, ZPO, § 721, Rdn. 6, Fußnote 17

426 Die Räumungsfrist gemäß § 721 Abs. 1 ZPO kann auf Antrag verlängert oder verkürzt werden: § 721 Abs. 3; im Fall der Abkürzung der Räumungsfrist muß der Vermieter den etwaigen Verlust an Mietzins tragen, weil der Räumungsschutz des § 721 ZPO nur dem Interesse des Schuldners dient und es hier um die Sozialpflichtigkeit des Eigentums (Art. 14 Abs. 2 S. 1 GG) geht: W. Münzberg, in: Stein/Jonas, ZPO, § 721, Rdn. 3; E. Schläger, ZMR 1986, 421, 424

427 Oder, wenn nach einem Urteil auf künftige Räumung an einem späteren Tage zu räumen ist, ab diesem Tag: § 721 Abs. 5

428 Dieser Wohnraum kann z. B. auch eine Gartenlaube, ein Wohnwagen oder ein Schiff sein: W. Krüger, in: MünchKommZPO, § 721, Rdn. 8

genutzt werden, umfaßt also nicht gewerbliche Räume oder sonstige Grundstücke[429]. Für den Vollstreckungsschutz bei einem Räumungsvergleich gilt die gesonderte Regelung des § 794a ZPO; bei der Zwangsvollstreckung aus dem gerichtlichen[430] Räumungsvergleich von Wohnraum kann das Amtsgericht als Prozeßgericht[431], in dessen Bezirk der Wohnraum belegen ist, dem Schuldner auf Antrag eine den Umständen nach angemessene Räumungsfrist bewilligen (§ 794a Abs. 1 S. 1).

Bei dem Schuldnerschutz des § 721 ZPO steht die Grundidee im Vordergrund, daß der erzwungene Wohnungswechsel bzw. -verlust in aller Regel einen einschneidenden Eingriff des Staates in die bisherigen Lebensverhältnisse eines Menschen darstellt[432]. Dieser Schutzmaßnahme kommt insbesondere dann noch größere Bedeutung zu, wenn die Tatsache berücksichtigt wird, daß in der Praxis fristlose Kündigungen nach §§ 553 ff. BGB keineswegs selten sind[433] und kurzfristig sehr schwer eine angemessene Ersatzwohnung beschafft werden kann. Neben dem Kündigungsschutz im materiellen Recht, etwa den Kündigungsfristen des § 565 BGB, dem Kündigungswiderspruchsrecht des Mieters gemäß § 556a BGB oder der Fortsetzung des Mietverhältnisses gemäß §§ 556 b, c BGB, ermöglicht die Räumungsfrist für Wohnraum gemäß § 721 ZPO dem Räumungsschuldner, sich rechtzeitig eine andere angemessene Ersatzwohnung zu suchen[434]. Ferner kann damit die Obdachlosigkeit vermieden werden und gleichzeitig eine sozialbehördliche Schutzmaßnahme erspart werden[435].

Ist auf künftige Räumung erkannt und über eine Räumungsfrist noch nicht entschieden oder soll die dem Schuldner schon gewährte Räumungsfrist verlängert werden, so muß der Antrag spätestens zwei Wochen vor dem Tage, an dem nach dem Urteil zu räumen ist, bzw. spätestens zwei Wochen vor Ablauf der bisherigen Räumungsfrist, gestellt werden. Um hinsichtlich der Härte des Verlustes der bisherigen Wohnung den

---

429 W. Schuschke, ZPO, § 721, Rdn. 10; K. Stöber, in: Zöller, ZPO, § 721, Rdn. 2; auch für die der Wohnung zugehörige Gaststätte kommt der Räumungsschutz nicht in Betracht: LG Köln NJW-RR, 1989, 403, 404

430 § 794a ZPO ist weder auf außergerichtliche Vergleiche, noch auf bürgerlich-rechtliche Vergleiche anwendbar: H. Wolfsteiner, in: MünchKommZPO, § 794a, Rdn. 3; P. Hartmann, in: Baumbach/Lauterbach/Albers/Hartmann, ZPO, § 794a, Rdn. 2; K. Stöber, in: Zöller, ZPO, § 794a, Rdn. 1; W. Münzberg, in: Stein/Jonas, ZPO, § 794a, Rdn. 1

431 Hierbei entscheidet also der Richter, nicht nach § 20 Nr. 17 RPflG der Rechtspfleger: W. Schuschke, ZPO, § 794a, Rdn. 2; H. Wolfsteiner, in: MünchKommZPO, § 794a, Rdn. 7

432 Vgl. G. Scholz, ZMR 1986, 227, 227; H. Buche, MDR 1972, 189, 189 f.; auch W. Krüger, in: MünchKommZPO, § 721, Rdn. 1; H. Bindokat, NJW 1992, 2872, 2874; C. Münch, NJW 1993, 1181, 1182

433 Vgl. M. Geißler, DGVZ 1996, 161, 161; G. Scholz, ZMR 1986, 227, 227

434 W. Henckel, Prozeßrecht und materielles Recht, S. 390; W. Krüger, in: MünchKommZPO, § 721, Rdn. 9

435 W. Krüger, in: MünchKommZPO, § 721, Rdn. 1 und 9

Räumungsschutz sicherzustellen, wird weiterhin für den Fall der Versäumung dieser zweiwöchigen Antragfristen die „Wiedereinsetzung in den vorigen Stand" gemäß § 233 ZPO in § 721 Abs. 2 S. 2, Abs. 3 S. 3 ZPO ausdrücklich zugelassen[436]. Gleiches gilt für den Fall der Zwangsvollstreckung aus Räumungsvergleich nach § 794a ZPO[437]. Der Antrag auf Gewährung oder Verlängerung der Räumungsfrist kann auch nach rechtskräftiger Ablehnung erneut gestellt werden, wenn neue Tatsachen eingetreten sind[438].

Hat das Gericht beim Urteil oder bei den Entscheidungsgründen den Antrag auf Räumungsfrist einfach übergangen, dann kann der Räumungsschuldner binnen einer zweiwöchigen Frist, die mit der Zustellung des Urteils beginnt, schriftlich eine Ergänzung des Urteils gemäß § 321 ZPO beantragen. Bis zur nachträglichen Entscheidung gemäß § 321 ZPO kann das Gericht die Räumungsvollstreckung einstweilen einstellen (§ 721 Abs. 1 S. 3 ZPO)[439].

Die Entscheidung über die Bewilligung einer Räumungsfrist steht in vollem Umfang im Ermessen des Gerichts. Das Gericht muß für die „angemessene" Entscheidung[440] Gläubiger- und Schuldnerbelange aufgrund des vorgetragenen Sachverhalts gegeneinander abwägen[441]. Hierbei können z. B. Alter und Gesundheitszustand des Schuldners, eine kurzfristige Umzugsmöglichkeit des Schuldners, eine ungünstige Lage auf dem lokalen Wohnungsmarkt, Mietrückstände[442] bzw. Rückstände an Nutzungsentschädigung oder Eigenbedarf des Gläubigers berücksichtigt werden[443].

§ 721 ZPO gewährt den Räumungsschutz auch in den Fällen, in denen der Räumungsschuldner von sich aus das Mietverhältnis über Wohnraum kündigt[444] oder er die Räume ohne Rechtsgrund innegehabt hat und vom Eigentümer Herausgabe

---

436 Vgl. auch H. Buche, MDR 1972, 189, 190; M. Dorn, Rpfleger 1989, 262, 265

437 Vgl. § 794a Abs. 1 S. 2 ZPO

438 M. Dorn, Rpfleger 1989, 262, 265; H. Buche, MDR 1972, 189, 191

439 Vgl. M. Dorn, Rpfleger 1989, 262, 265

440 Die sofortige Bewilligung der gesetzlichen Höchsträumungsfrist von einem Jahr darf nicht gestattet werden, weil sonst der Schuldner zunächst nicht ernst eine Ersatzwohnung suchen müßte: W. Schuschke, ZPO, § 721, Rdn. 14; H. Buche, MDR 1972, 189, 191

441 W. Münzberg, in: Stein/Jonas, ZPO, § 721, Rdn. 10; W. Krüger, in: MünchKommZPO, § 721, Rdn. 9; H. Buche, MDR 1972, 189, 191; P. Hartmann, in: Baumbach/Lauterbach/Albers/Hartmann, ZPO, § 721, Rdn. 12

442 Dem Gläubiger kann nicht zugemutet werden, die Wohnung dem Schuldner unentgeltlich zu überlassen. Im allgemeinen kann deswegen die Gewährung einer Räumungsfrist nur dann in Betracht kommen, wenn der Schuldner in der Lage ist, den Zahlungsrückstand, evtl. in Raten, auszugleichen und fortlaufend Leistungen zu erbringen: H. Buche, MDR 1972, 189, 192; W. Krüger, in: MünchKommZPO, § 721, Rdn. 10

443 Zahlreiche weitere Abwägungskriterien bei: P. Hartmann, in: Baumbach/Lauterbach/Albers/Hartmann, ZPO, § 721, Rdn. 13-30; H. Buche, MDR 1972, 189, 191 f.; M. Dorn, Rpfleger 1989, 262, 265; vgl. auch E. Schläger, ZMR 1986, 421, 424

444 K. Stöber, in: Zöller, ZPO, § 721, Rdn. 1

verlangt wird[445] oder es sich nicht um eine Mietstreitigkeit, sondern um ein anderes Nutzungsverhältnis, handelt[446]. Diese Vorschrift gilt aber nur für Räumungsurteile von Wohnraum im Erkenntnisverfahren, also nicht für andere Räumungstitel wie z. B. eine einstweilige Anordnung über die Benutzung der Ehewohnung und des Hausrats gemäß § 620 Abs. 1 Nr. 7, einen Zuschlagsbeschluß gegen den Besitzer des Grundstücks oder einer mitversteigerten Sache nach § 93 ZVG oder einen Konkurseröffnungsbeschluß nach §§ 108, 117 KO[447]. Ferner macht § 721 Abs. 7 ZPO deutlich, daß auf Mietverhältnisse über Wohnraum im Sinne des § 564b Abs. 7 Nr. 4 und 5 BGB (etwa über Wohnraum in Ferienhäusern) und in den Fällen des § 564c Abs. 2 BGB (Ausschlußfälle des Anspruchs auf Fortsetzung des Mietverhältnisses) § 721 ZPO keine Anwendung findet[448].

Während der Räumungsfrist wird das wirksam gekündigte ursprüngliche Mietverhältnis nicht verlängert; hier geht es nur um den zeitweisen Ausschluß der Vollstreckbarkeit des titulierten Anspruchs[449]. Trotzdem muß der Schuldner gem. § 557 Abs. 1 BGB als Entschädigung weiter den vereinbarten Mietzins bzw. den ortsüblichen Mietzins für vergleichbare Räume bezahlen. Sonstiger weiterer Schadensersatz kommt für den Räumungsschuldner nach § 557 Abs. 3 BGB nicht in Betracht und das ist unabdingbar (§ 557 Abs. 4 BGB)[450].

Durch die Anwendung des § 721 bzw. 794a ZPO kann nicht der Vollstreckungsschutz des § 765a ZPO (Härteklausel) verdrängt werden. Ein Rückgriff auf § 765a ZPO kann aber nur in Betracht kommen, wenn der Schuldnerschutz durch §§ 721, 794a ZPO als Spezialregelungen im Vergleich zu § 765a ZPO ausgeschöpft ist[451].

---

[445] H. Buche, MDR 1972, 189, 190

[446] W. Münzberg, in: Stein/Jonas, ZPO, § 721, Rdn. 18; K. Stöber, in: Zöller, ZPO, § 721, Rdn. 1; W. Krüger, in: MünchKommZPO, § 721, Rdn. 2

[447] W. Münzberg, in: Stein/Jonas, ZPO, § 721, Rdn. 1; W. Krüger, in: MünchKommZPO, § 721, Rdn. 2; diese Schuldner können einen Räumungsschutz nach § 765a ZPO beantragen; H. Buche, MDR 1972, 189, 190; W. Schuschke, ZPO, § 721, Rdn. 1; W. Noack, ZMR 1978, 65, 65

[448] Auch hier kommt der Schuldnerschutz des § 765a ZPO in Betracht: K. Stöber, in: Zöller, ZPO, § 721, Rdn. 3; siehe Fußnote 447 im 3 Kapitel, B dieser Arbeit

[449] W. Münzberg, in: Stein/Jonas, ZPO, § 721, Rdn. 1; M. Geißler, DGVZ 1996, 161, 162

[450] Vgl. W. Schuschke, ZPO, § 721, Rdn. 17

[451] Vgl. W. Rupp / G. Fleischmann, Rpfleger 1985, 71, 71

IV Schuldnerschutz durch die Härteklausel des § 765a ZPO

1. Im Allgemeinen

§ 765a Abs. 1 ZPO sieht die Möglichkeit vor, eine Maßnahme der Zwangsvollstreckung, ohne daß formelle Fehler des Vollstreckungsverfahrens oder materielle Einwendungen gegen den Vollstreckungsanspruch des Gläubigers vorliegen,[452] zugunsten des Schuldners ganz oder teilweise, dauernd oder zeitweise, aufzuheben, zu untersagen oder einstweilen einzustellen[453]. Es handelt sich hier nicht um die Vernichtung des Vollstreckungstitels[454], sondern um die Beschränkung der Anspruchsdurchsetzung des Gläubigers[455], die aus sozialen Gründen in besonderen Härtefällen dem allgemeinen Rechtsgefühl widerspricht und unangemessen ist[456].

Wie Wolfram Henckel erörtert hat, konkretisiert § 765a ZPO durch seinen Wortlaut „mit den guten Sitten nicht vereinbare Härte" die Regeln über die unzulässige Rechtsausübung[457] (Rechtsmißbrauchsklausel[458]). Bei der Entscheidung, in welchen Grenzen die Rechtsausübung zulässig ist, müssen die Vollstreckungsgerichte auch die Wertentscheidungen des Grundgesetzes und die dem Schuldner in der Zwangsvollstreckung gewährleisteten Grundrechte berücksichtigen[459]. Dabei gibt es im konkreten Fall nur eine richtige Entscheidung, die durch das Recht geboten ist[460]. Anders gesagt: Hinsichtlich der tatbestandlichen Voraussetzungen hat das

---

452 Vgl. Brox/Walker, Zwangsvollstreckungsrecht, Rdn. 1472; siehe auch Fußnote 454 im 3. Kapitel, B dieser Arbeit; gegen Art und Weise der Zwangsvollstreckung: Erinnerung gemäß § 766 ZPO; gegen den durch das Urteil festgestellten Anspruch: Vollstreckungsgegenklage gemäß § 767 Abs. 1 ZPO

453 Vgl. BVerfGE 52 (1980), 214, 219; NJW 1979, 2607, 2607

454 Im Verfahren des § 765a ZPO darf also die Rechtskraft des (auch fehlerhaften oder gar erschlichenen) Titels nicht angetastet werden: *Ganz h. M.*: Otto-G. Lippross, Vollstreckungsschutz, S. 180; P. Hartmann, in: Baumbach/Lauterbach/Albers/Hartmann, ZPO, § 765a, Rdn. 1; Hans F. Gaul, Rpfleger 1971, 81, 92; O. Jauernig, Zwangsvollstreckungs- und Insolvenzrecht, § 31, V; Thomas/Putzo, ZPO, § 765a, Rdn. 5; Rosenberg/Gaul/Schilken, Zwangsvollstreckungsrecht, § 43, III, 4; W. Münzberg, in: Stein/Jonas, ZPO, § 765a, Rdn. 8; K. Stöber, in: Zöller, ZPO, § 765a, Rdn. 14; H. Arnold, in: MünchKommZPO, § 765a, Rdn. 10; W. Gerhardt, Grundbegriffe, Rdn. 200; Baur/Stürner, Bd. I Einzelvollstreckungsrecht, Rdn. 47.4

455 Vgl. Rosenberg/Gaul/Schilken, Zwangsvollstreckungsrecht, § 43, I, 2; W. Henckel, Prozeßrecht und materielles Recht, S. 362

456 OLG Frankfurt Rpfleger 1980, 440, 440; P. Hartmann, in: Baumbach/Lauterbach/Albers/Hartmann, ZPO, § 765a, Rdn. 1; Thomas/Putzo, ZPO, § 765a, Rdn. 3

457 W. Henckel, Prozeßrecht und materielles Recht, S. 375, 378; Rosenberg/Gaul/Schilken, Zwangsvollstreckungsrecht, § 43, I, 4

458 Hans f. Gaul, in: FS für Gottfried Baumgärtel, S. 76

459 BVerfGE 52, 214, 219 f.; vgl. auch BVerfGE 42, 64, 73; BVerfGE 46, 325, 333; BVerfG NJW 1994, 1719, 1719; LG Arnsberg, DGVZ 1986, 170, 171

460 W. Henckel, Prozeßrecht und materielles Recht, S. 375; Hans F. Gaul, Rpfleger 1971, 81, 92

Vollstreckungsgericht kein Handlungsermessen, sondern es kann nur entscheiden, was im konkreten Falle rechtens ist[461].

Nach Literatur und Rechtsprechung darf § 765a ZPO nicht schuldnerfreundlich ausgelegt werden, was sich auch aus Wortlaut und Entstehungsgeschichte[462] ergibt. Vielmehr steht hierbei das Schutzbedürfnis des Gläubigers im Vordergrund[463]. § 765a ZPO darf also nicht einfach für eine Vorschrift gehalten werden, die die speziellen Schutzvorschriften[464] erweitert[465], weil bei der Anwendung dieser Vorschrift die Gefahr besteht, daß durch die Maßnahme des Schuldnerschutzes der Titel selbst in seiner „Vollstreckbarkeit" entwertet wird[466] und dadurch das verfassungsmäßig garantierte Eigentümerrecht des Gläubigers (Art. 14 GG) übermäßig beeinträchtigt wird[467]; dem Gläubiger ist es nur unter besonderen Voraussetzungen zuzumuten, auf die Durchsetzung seines titulierten Anspruchs auf Dauer entschädigungslos zu warten[468], denn dies würde faktisch zu einem mit dem Rechtsstaatsprinzip nicht zu vereinbarenden Stillstand der Rechtspflege führen[469].

---

461 W. Henckel, Prozeßrecht und materielles Recht, S. 375; Hans F. Gaul, Rpfleger 1971, 81, 92

462 § 872 des Entwurfs einer ZPO 1931; das Gesetz zur Verhütung mißbräuchlicher Ausnutzung von Vollstreckungsmöglichkeiten (Vollstreckungs-MißbrauchsG) vom 13.12. 1934 (RGBl. I, S. 1234); Verordnung auf dem Gebiet des bürgerlichen Streitverfahrens und der Zwangsvollstreckung (SchutzVO) vom 4.12.1943 (RGBl I, S. 666); seit 20.8.1953 mit dem noch heute gültigen Wortlaut in die ZPO eingefügt (BGBl I, S. 952): H. Fenger, Rpfleger 1988, 55, 56; Hans F. Gaul, Rpfleger 1971, 81, 92; vgl. auch W. Münzberg, in: Stein/Jonas, ZPO, § 765a, Rdn. 1; H. Fuchs-Wissemann, DRiZ 1978, 110, 110

463 Vgl. J. Behr, Rpfleger 1989, 13, 13; H. Arnold, in: MünchKommZPO, § 765a, Rdn. 7 f.; W. Münzberg, in: Stein/Jonas, ZPO, § 765a, Rdn. 1a; Hans F. Gaul, Rpfleger 1971, 81, 92; Thomas/Putzo, ZPO, § 765a, Rdn. 2; Brox/Walker, Zwangsvollstreckungsrecht, Rdn. 1471; P. Hartmann, in: Baumbach/Lauterbach/Albers/Hartmann, ZPO, § 765a, Rdn. 1; O. Jauernig, Zwangsvollstreckungs- und Insolvenzrecht, § 31, V; vgl. auch BGHZ 44 (1966), 138, 143; OLG Köln NJW-RR 1995, 1472, 1472

464 Z. B. §§ 811 ff., 850 ff., 817a, 813a, 721, 794a ZPO: Rosenberg/Gaul/Schilken, Zwangsvollstreckungsrecht, § 43, I, 2; Otto-G. Lippross, Vollstreckungsschutz, S. 139; dagegen: W. Münzberg, in: Stein/Jonas, ZPO, § 721, Rdn. 1; W. Henckel, Prozeßrecht und materielles Recht, S. 390: §§ 721, 794a ZPO seien keine Spezialnormen des Räumungsvollstreckungsschutzes.

465 W. Münzberg, in: Stein/Jonas, ZPO, § 765a, Rdn. 1a

466 Hans F. Gaul, Rpfleger 1971, 81, 92; Rosenberg/Gaul/Schilken, Zwangsvollstreckungsrecht, § 43, III, 4; siehe auch Fußnote 454 im 3. Kapitel, B dieser Arbeit

467 Otto-G. Lippross, Vollstreckungsschutz, S. 138; M. Dorn, Rpfleger 1989, 262, 267; H. Alisch, DGVZ 1981, 106, 106

468 Walker/Gruß, NJW 1996, 352, 352; H. Alisch, DGVZ 1981, 106, 109

469 Walker/Gruß, NJW 1996, 352, 352

2. Voraussetzung des Schuldnerschutzes gemäß § 765a ZPO

Für den Schuldnerschutz nach § 765a ZPO ist ein erinnerungsartiger[470] Antrag des Schuldners erforderlich. Er kann in jeder Lage des Verfahrens – schon ab der Bedrohung[471] der Zwangsvollstreckung und bis zum ihren Ende – gestellt werden[472]. Es genügt, wenn der Schuldner sich darauf beruft, daß er die angegriffene Vollstreckungsmaßnahme für sittenwidrig hält. Deswegen kann ein solcher Schutzantrag in einem Erinnerungsantrag mitenthalten sein[473]. Dieser Schutzantrag soll sich auf eine einzelne konkrete Zwangsvollstreckungsmaßnahme (z. B. die Erteilung des Zuschlags oder der Zwangsräumung) richten, nicht aber auf die Durchführung des Zwangsvollstreckungsverfahrens im allgemeinen[474]. Denn das Gesetz stellt das Zwangsvollstreckungsverfahren wie das Erkenntnisverfahren zur Verfolgung von Rechtsansprüchen zur Verfügung[475]. Ferner ist das Antragserfordernis mit dem Grundgesetz vereinbar, weil dadurch die Selbstverantwortlichkeit des Schuldners anerkannt wird und ermöglicht wird, daß der Schuldner nicht nur als Objekt eines vom Staat verordneten Schutzes angesehen wird, sondern selbst auf das Vollstreckungsverfahren einwirkt[476]. Ohne daß beim Schuldner vorwerfbare Gründe bestehen, kann aber ein Schutzantrag gemäß § 765a Abs. 1 ZPO bei der Herausgabe von Sachen oft zu spät sein. Hierfür gewährt § 765a Abs. 2 ZPO dem Gerichtsvollzieher in den Fällen der Herausgabe von beweglichen Sachen oder Grundstücken (§§ 883 bis 885 ZPO) einschließlich der Räumung einer Wohnung (§ 181 Nr. 2 iVm. § 113 GVGA) die Möglichkeit, eine Zwangsvollstreckungsmaßnahme bis zur Entscheidung des Vollstreckungsgerichts, längstens aber für eine Woche[477], aufzuschieben, wenn ihm

---

470 Rosenberg/Gaul/Schilken, Zwangsvollstreckungsrecht, § 43, I, 1

471 Wegen der Möglichkeit der Vollstreckungsuntersagung: Brox/Walker, Zwangsvollstreckungsrecht, Rdn. 1477

472 P. Hartmann, in: Baumbach/Lauterbach/Albers/Hartmann, ZPO, § 765a, Rdn. 8; BT-Drucksache 13/341, S. 18

473 K. Stöber, in: Zöller, ZPO, § 765a, Rdn. 19; Brox/Walker, Zwangsvollstreckungsrecht, Rdn. 1474; W. Münzberg, in: Stein/Jonas, ZPO, § 765a, Rdn. 19

474 OLG Köln MDR 1994, 728, 728; W. Schuschke, ZPO, § 765a, Rdn. 7; Brox/Walker, Zwangsvollstreckungsrecht, Rdn. 1473; Thomas/Putzo, ZPO, § 765a, Rdn. 4

475 OLG Köln MDR 1994, 728, 728: Deswegen kann sich der Schuldner nicht darauf stützen, daß schon das Verfahren selbst ihn so unverhältnismäßig belastet, daß die Durchführung des Verfahrens unterbleiben muß.

476 BVerfGE 61, 126, 137 = Rpfleger 1983, 80, 81; NJW 1983, 559; F. Bittmann, Rpfleger 1983, 261, 261; A. Hornung, Rpfleger 1992, 331, 332; K. Stöber, in: Zöller, ZPO, § 765a, Rdn. 19; P. Hartmann, in: Baumbach/Lauterbach/Albers/Hartmann, ZPO, § 765a, Rdn. 8; H. Arnold, in: MünchKommZPO, § 765a, Rdn. 76

477 Die Räumungsvollstreckung gegen den schwerkranken Schuldner, der wegen seiner Transportunfähigkeit den Antrag des § 765a Abs. 1 ZPO weder selbst noch mit Hilfe einer anderen Person stellen kann, ist unabhängig von der einwöchigen Frist länger aufzuschieben, weil

die Voraussetzungen des Vollstreckungsschutzes gemäß § 765a Abs. 1 ZPO glaubhaft gemacht werden und dem Schuldner die rechtzeitige Anrufung des Vollstreckungsgerichts nicht möglich war.

Der Vollstreckungsschutz des § 765a ZPO wird zuerst durch das Erfordernis „wegen ganz besonderer Umstände" auf die Fälle krasser Ausnahmen beschränkt[478]. Allgemeiner Meinung nach ist daher § 765a ZPO als Ausnahmevorschrift für individuell gelagerte, außergewöhnliche Fälle, die nicht dem Schutzbereich der speziellen Vollstreckungsschutznormen unterfallen, trotz scheinbaren Ermessensspielraums eng auszulegen und mit großer Zurückhaltung anzuwenden[479].
Der enge Anwendungsbereich des § 765a ZPO wird mit dem weiteren Tatbestandsmerkmal „sittenwidrige Härte" noch deutlicher. Bei der Feststellung der Sittenwidrigkeit eines Vollstreckungsaktes geht es nicht um das subjektive Empfinden des Betroffenen, sondern um objektive Gesichtspunkte[480]. Sie kann sich also aus äußeren Kriterien z. B. aus der Art und Weise, dem Ort, dem Zeitpunkt[481] oder dem Zeitraum der Vollstreckungsmaßnahme ergeben[482]. Auch die Person des Schuldners und des Gläubigers spielt eine große Rolle[483]. Hierbei braucht der Gläubiger nicht moralisch verwerflich zu handeln; entscheidend ist allein, ob die Vollstreckungsmaßnahme objektiv zu einem „ganz untragbaren Ergebnis", nämlich zu einem sittenwidrigen Erfolg führt[484]. Die Härte, welche jede Zwangsvollstreckung in der

---

478 W. Schuschke, ZPO, § 765a, Rdn. 9; H. Honsell, AcP 186 (1986), 115, 150; H. Arnold, in: MünchKommZPO, § 765a, Rdn. 54

479 Vgl. BGHZ 44 (1966), 138, 143; H. Arnold, in: MünchKommZPO, § 765a, Rdn. 7 f.; W. Münzberg, in: Stein/Jonas, ZPO, § 765a, Rdn. 1a; Thomas/Putzo, ZPO, § 765a, Rdn. 2; Brox/Walker, Zwangsvollstreckungsrecht, Rdn. 1471; P. Hartmann, in: Baumbach/Lauterbach/Albers/Hartmann, ZPO, § 765a, Rdn. 1; O. Jauernig, Zwangsvollstreckungs- und Insolvenzrecht, § 31, V; OLG Köln NJW-RR 1995, 1472, 1472; OLG Frankfurt Rpfleger 1981, 24, 24; G. Scholz, ZMR 1986, 227, 227

480 AG Hannover Rpfleger 1990, 174, 174 f.

481 LG Stuttgart Rpfleger 1985, 71, 71: Das Räumungsverlangen des Gläubigers sei sittenwidrig, wenn der Schuldner (in diesem Fall) innerhalb von drei Monaten eine Bezugsmöglichkeit einer Ersatzwohnung hat.

482 AG Hannover Rpfleger 1990, 174, 175; OLG Frankfurt Rpfleger 1981, 117, 118; P. Hartmann, in: Baumbach/Lauterbach/Albers/Hartmann, ZPO, § 765a, Rdn. 12

483 W. Schuschke, ZPO, § 765a, Rdn. 9: z. B. hohes Alter (LG Heilbronn DGVZ 1980, 111, 111: die Pfändung eines Hundes, den die 76jährige Schuldnerin als Trost für ihr tödlich verunglücktes Enkelkind erhalten hat), Krankheit (LG Köln DGVZ 1989, 185, 186: wenn die Zwangsräumung eine akute Gesundheitsgefährdung für den Schuldner bedeutet) oder Schwangerschaft (OLG Frankfurt JurBüro 1980, 1898, 1898 f.: bei Gefahr einer Fehlgeburt beim Umzug)

484 Vgl. P. Hartmann, in: Baumbach/Lauterbach/Albers/Hartmann, ZPO, § 765a, Rdn. 12; Brox/Walker, Zwangsvollstreckungsrecht, Rdn. 1482; BGHZ 44 (1966), 138, 143; W.

Regel mit sich bringt, wie z. B. drohende Arbeitslosigkeit[485], finanzielle Aufwendungen durch den Umzug in eine neue Wohnung und für die Wiederbeschaffung von Gegenständen[486], reichen jedoch für die Anwendung der Vorschrift nicht[487]. Liegen die beiden genannten Voraussetzungen vor, wird die Vollstreckungsmaßnahme noch nicht an sich unzulässig[488]. Denn in der Zwangsvollstreckung gibt es regelmäßig eine Interessenkollision zwischen dem schutzwürdigen Interesse des Schuldners, die sich unmittelbar auf die Erhaltung von Leben und Gesundheit des Schuldners oder seiner Angehörigen bezieht[489], und dem entgegenstehenden ebenfalls grundrechtlich[490] geschützten Gläubigerinteresse (Gläubigerschutzbedürfnis[491]), das auf die alsbaldige wirkungsvolle Zwangsvollstreckung gegen das gesamte Schuldnervermögen gerichtet ist[492]. § 765a ZPO trägt dieser Kollision im Einzelfall mit seinem Abwägungsmechanismus Rechnung[493]. Hierbei ist das Schutzbedürfnis des Gläubigers in erster Linie zu würdigen[494]. Aufgrund seines titulierten subjektives Rechts, durch das die Vollstreckung des Gläubigers als sozial gerechtfertigt belegt werden kann[495], hat der Gläubiger also bei der Untersuchung der Voraussetzungen des § 765a ZPO die grundsätzlich bessere Ausgangsposition[496]. Die Einschränkung der Zwangs-

---

Münzberg, in: Stein/Jonas, ZPO, § 765a, Rdn. 1a; O. Jauernig, Zwangsvollstreckungs- und Insolvenzrecht, § 31, V

485 LG Wiesbaden, DGVZ 1994, 120, 120

486 W. Schuschke, ZPO, § 765a, Rdn. 9

487 Vgl. OLG Köln NJW-RR 1995, 1472, 1472; W. Münzberg, in: Stein/Jonas, ZPO, § 765a, Rdn. 6

488 Rosenberg/Gaul/Schilken, Zwangsvollstreckungsrecht, § 43, I, 4

489 Brox/Walker, Zwangsvollstreckungsrecht, Rdn. 1471

490 Art. 14 Abs. 1 GG

491 Z. B. eigene Notlage des Gläubigers, dringende Erfordernisse des Gläubigerbetriebs; H. Arnold, in: MünchKommZPO, § 765a, Rdn. 45; W. Münzberg, in: Stein/Jonas, ZPO, § 765a, Rdn. 7

492 Rosenberg/Gaul/Schilken, Zwangsvollstreckungsrecht, § 43, I, 2 und 5; W. Gerhardt, ZZP 95 (1982), 467, 487; K. Stöber, in: Zöller, ZPO, § 765a, Rdn. 6; W. Münzberg, in: Stein/Jonas, ZPO, § 765a, Rdn. 5; H. Arnold, in: MünchKommZPO, § 765a, Rdn. 45; I. Scherer, DGVZ 1995, 33, 35

493 W. Gerhardt, ZZP 95 (1982), 467, 487

494 W. Münzberg, in: Stein/Jonas, ZPO, § 765a, Rdn. 7; Brox/Walker, Zwangsvollstreckungsrecht, Rdn. 1483; Walker/Gruß, NJW 1996, 352, 352; O. Jauernig, Zwangsvollstreckungs- und Insolvenzrecht, § 31, V

495 Otto-G. Lippross, Vollstreckungsschutz, S. 106; Hans F. Gaul, Rpfleger 1971, 81, 93; H. Arnold, in: MünchKommZPO, § 765a, Rdn. 46; Rosenberg/Gaul/Schilken, Zwangsvollstreckungsrecht, § 43, I, 2 und III, 1; W. Henckel, Prozeßrecht und materielles Recht, S. 362

496 Vgl. Walker/Gruß, NJW 1996, 352, 352; H. Alisch, DGVZ 1981, 106, 109; H. Arnold, in: MünchKommZPO, § 765a, Rdn. 46; W. Münzberg, in: Stein/Jonas, ZPO, § 765a, Rdn. 5; E. Schneider, JurBüro 1994, 321, 324; F. Bittmann, Rpfleger 1983, 261, 263; W. Noack, ZMR 1978, 65, 65; LG Braunschweig, DGVZ 1991, 187, 187; LG Arnsberg, DGVZ 170, 171; *a. A.* J. Behr, Kritische Justiz 1980, 156, 160 f.; vgl. auch M. Dorn, Rpfleger 1989, 262, 267: aber dann keine bevorzugte Berücksichtigung der Gläubigerbelange, wenn Grundrechte des Schuldners tangiert sind.

vollstreckung durch die Vorschrift des § 765a ZPO kann daher nur bei krassem Mißverhältnis der Interessen der beiden Parteien, also nur bei dem Fall, in dem die Interessenabwägung eindeutig zugunsten des Schuldners ausfällt, gewährt werden[497]. Nach der Rechtsprechung des Bundesverfassungsgerichts kann ein gleichwohl erfolgender staatlicher Eingriff das Prinzip der Verhältnismäßigkeit und das Grundrecht des Schuldners aus Art. 2 Abs. 2 S. 1 GG verletzen[498]. Diesbezüglich können z. B. Gefahr eines Schlaganfalles, Suizidgefahr, schwerste Gesundheitsgefahren und altersbedingte Gebrechlichkeit als wichtige Gründe für die Anwendung des § 765a ZPO genannt werden, aber nicht als absolute Schuldnerschutzgründe. Denn beim Vollstreckungsschuldner kann nie mit völliger Sicherheit die Realisierung derartiger Gefahren vorhergesagt werden[499]; deshalb muß bei der Interessenabwägung das durch den Vollstreckungstitel formalisierte Rechtsverhältnis der Vollstreckungsparteien zugrunde gelegt werden[500]

3. Verhältnis zu anderen Schuldnerschutzvorschriften

§ 765a ZPO als „Auffangtatbestand“ ist eine die Spezialnormen ergänzende vollstreckungsrechtliche Generalklausel des Schuldnerschutzes[501]. Er gilt für alle Vollstreckungsarten[502]; für die Vollstreckung wegen Geldforderungen in das bewegliche Vermögen (§§ 803 ff. ZPO), in Forderungen und andere Vermögensrechte (§§ 828 ff. ZPO), in das unbewegliche Vermögen (§§ 864 ff. ZPO) und für die

---

497 LG Braunschweig DGVZ 1991, 187, 187; K. Stöber, in: Zöller, ZPO, § 765a, Rdn. 6; Rosenberg/Gaul/Schilken, Zwangsvollstreckungsrecht, § 43, I, 2; Thomas/Putzo, ZPO, § 765a, Rdn. 9; H. Alisch, DGVZ 1981, 106, 109; Otto-G. Lippross, Vollstreckungsschutz, S. 139

498 BVerfGE 52, 214, 220; BVerfG NJW 1994, 1272, 1272; BVerfG NJW 1994, 1719, 1719; Brox/Walker, Zwangsvollstreckungsrecht, Rdn. 1471; W. Dütz, DB 1980, 1069, 1071; I. Scherer, DGVZ 1995, 33, 36; soweit kann § 765a ZPO als Konkretisierung des Verhältnismäßigkeitsgrundsatzes verstanden werden: J. Behr, Rpfleger 1989, 13, 13; Rosenberg/Gaul/Schilken, Zwangsvollstreckungsrecht, § 43, I, 5; *a. A.*: O. Jauernig, Zwangsvollstreckungs- und Insolvenzrecht, § 31, V

499 Vgl. I. Scherer, DGVZ 1995, 33, 35

500 Rosenberg/Gaul/Schilken, Zwangsvollstreckungsrecht, § 43, I, 4; LG Braunschweig DGVZ 1991, 187, 187

501 W. Henckel, Prozeßrecht und materielles Recht, S. 369; H. Arnold, in: MünchKommZPO, § 765a, Rdn. 1; Brox/Walker, Zwangsvollstreckungsrecht, Rdn. 1471; Hans F. Gaul, in: FS für Gottfried Baumgärtel, S. 95; W. Grunsky, Grundzüge des Zwangsvollstreckungs- und Insolvenzrechts, Rdn. 231

502 Rosenberg/Gaul/Schilken, Zwangsvollstreckungsrecht, § 43, IV, 1; W. Schuschke, ZPO, § 765a, Rdn. 4; Brox/Walker, Zwangsvollstreckungsrecht, Rdn. 1473; H. Arnold, in: MünchKommZPO, § 765a, Rdn. 11; W. Münzberg, in: Stein/Jonas, ZPO, § 765a, Rdn. 2

Vollstreckung zur Erwirkung der Herausgabe von Sachen (§§ 883 ff. ZPO[503]) und von Handlungen und Unterlassungen (§§ 887 ff. ZPO) sowie im Offenbarungsverfahren (§§ 899 ff. ZPO).

Die auf die jeweilige Vollstreckungsart eingerichteten speziellen Normen des Vollstreckungsschutzes haben Vorrang vor der Härteklausel des § 765a ZPO[504]. Da die für die Anwendung des § 765a ZPO zu berücksichtigenden Maßstäbe in gleicher Weise schon durch die Spezialnormen des Vollstreckungsschutzes berücksichtigt werden[505], ist § 765a ZPO nur subsidiär anwendbar[506] und damit ist er „ultima ratio" des Vollstreckungsschutzes[507]. Ferner darf durch § 765a ZPO der Schuldnerschutz grundsätzlich nicht breiter gestattet werden, als er nach der Spezialvorschrift ermöglicht werden soll; sind die speziellen Schuldnerschutzvorschriften bereits ausgeschöpft, dann kann der Schuldner in der Regel nicht mehr gemäß § 765a ZPO diesen beendeten Schutz erneuern[508]. Diese Ansicht kann aus folgenden Gründen unterstützt werden: bei der Zwangsvollstreckung in bewegliche Sachen wird der Schuldner etwa durch §§ 808 Abs. 2 (gegen die sofortige Wegnahme), 811 ff. (Pfändungsschutzkatalog für die bewegliche Sache), § 813a (Verwertungsaufschub), § 817a (Mindestgebot) ZPO hinreichend geschützt[509]. Im Bereich der Forderungspfändung sehen die spezielle Schutzvorschriften z. B. §§ 850b Abs. 2, 850e Nr. 2a, 850f Abs. 1, 850i ZPO schon eine umfassende gerichtliche Interessenabwägung vor[510] und insbesondere durch § 850f Abs. 1 ZPO können die Besonderheiten des Einzelfalles ausreichend beachtet werden[511]. Ferner ist es von dem Gläubiger nicht zu

---

503 Insbesondere auch Räumungsvollstreckung gemäß §§ 721, 794a ZPO: BVerfGE 52, 221; W. Schuschke, ZPO, § 765a, Rdn. 4; Brox/Walker, Zwangsvollstreckungsrecht, Rdn. 1473; siehe auch Fußnote 514-519 im 3. Kapitel, B dieser Arbeit

504 H. Arnold, in: MünchKommZPO, § 765a, Rdn. 13; W. Henckel, Prozeßrecht und materielles Recht, S. 369; Baur/Stürner, Bd. I Einzelvollstreckungsrecht, Rdn. 47,7; Brox/Walker, Zwangsvollstreckungsrecht, Rdn. 1471; *a. A.* Rupp/Fleischmann, Rpfleger 1985, 71, 71 (Anm. von LG Stuttgart Rpfleger 1985, 71): Der Schuldner habe die freie Wahl, ob er nach § 765a ZPO oder §§ 721, 794a ZPO vorgeht.

505 W. Henckel, Prozeßrecht und materielles Recht, S. 369, 378

506 Baur/Stürner, Bd. I Einzelvollstreckungsrecht, Rdn. 47. 7; W. Henckel, Prozeßrecht und materielles Recht, S. 378; Brox/Walker, Zwangsvollstreckungsrecht, Rdn. 1472; Walker/Gruß, NJW 1996, 352, 352; siehe auch Fußnote 507 im 3. Kapitel, B dieser Arbeit

507 H. Honsell, AcP 186 (1986), 115, 150; Rosenberg/Gaul/Schilken, Zwangsvollstreckungsrecht, § 43, II; Hans F. Gaul, Rpfleger 1971, 81, 92; H. Arnold, in: MünchKommZPO, § 765a, Rdn. 7

508 H. Arnold, in: MünchKommZPO, § 765a, Rdn. 14; vgl. auch Rosenberg/Gaul/Schilken, Zwangsvollstreckungsrecht, § 43, IV, 2; *a. A.* W. Schuschke, ZPO, § 765a, Rdn. 6

509 Rosenberg/Gaul/Schilken, Zwangsvollstreckungsrecht, § 43, IV, 2, a); W. Henckel, Prozeßrecht und materielles Recht, S. 378 ff., insbesondere 380; H. Arnold, in: MünchKommZPO, § 765a, Rdn. 53

510 W. Münzberg, in: Stein/Jonas, ZPO, § 765a, Rdn. 34

511 W. Henckel, Prozeßrecht und materielles Recht, S. 382; auch H. Arnold, in: MünchKommZPO, § 765a, Rdn. 55

erwarten, über den Schuldnerschutz gemäß §§ 811 ff., 850 ff. ZPO hinaus Aufgaben der Sozialbehörden zu übernehmen[512]. Das bedeutet aber nicht, daß im Anschluß an den auslaufenden Spezialschuldnerschutz eine Anwendung des § 765a ZPO überhaupt nicht in Betracht kommen kann[513]. Ein Beispiel: Bezüglich der Räumungsvollstreckung ist § 765a ZPO für nachträglich eintretende neue Tatsachen wie z. B. die Notwendigkeit eines kurzfristigen Zwischenumzugs[514], schwerwiegende körperliche Beeinträchtigung (Erkrankung)[515], akute Gefährdung des Lebens oder der Gesundheit[516], insbesondere Suizidgefahr[517] oder unmittelbar bevorstehende Entbindung oder gerade erfolgte Entbindung[518] anzuwenden[519]. Denn die Spezialvorschriften für den Schuldnerschutz dienen im wesentlichen der Sicherung des Existenzminimums des Schuldners, wohingegen die Härteklausel des § 765a ZPO unabhängig hiervon die während des Vollstreckungsverfahrens auftretenden besonderen Schutzbedürfnisse des Schuldners, die die sofortige Vollstreckung als sittenwidrige Härte erscheinen lassen, sichern soll. In der Praxis bildet die Räumungsvollstreckung den Hauptanwendungsbereich des § 765a ZPO[520]; soweit die Räumungsfrist des § 721 Abs. 5

---

512 OLG Düsseldorf DGVZ 1986, 116, 116 f.; LG Duisburg JurBüro 1991, 868, 868 = Rpfleger 1991, 514, 514 f. m. Anm. W. Kohte; P. Hartmann, in: Baumbach/Lauterbach/Albers/Hartmann, ZPO, § 765a, Rdn. 10; Rosenberg/Gaul/Schilken, Zwangsvollstreckungsrecht, § 43, IV, b); W. Münzberg, in: Stein/Jonas, ZPO, § 765a, Rdn. 7; Baur/Stürner, Bd. I Einzelvollstreckungsrecht, Rdn. 47.2; *a. A.* H. Arnold, in: MünchKommZPO, § 765a, Rdn. 40: Denn die eine unsittliche Härte iSd. § 765a ZPO darstellende Vollstreckungsmaßnahme könnte auch dann zugelassen werden, wenn dem Schuldner die durch die Vollstreckungsmaßnahme entzogenen Mittel für den dringendsten Lebensbedarf durch die Sozialhilfe zur Verfügung gestellt würden.

513 Vgl. H. Arnold, in: MünchKommZPO, § 765a, Rdn. 15

514 LG Stuttgart, Rpfleger 1985, 71, 71 m. Anm. W. Rupp / G. Fleischmann: durch einen kurze Zeit späteren Einzugstermin für die Ersatzwohnung als der Lauf der Räumungsfrist für die jetzige Wohnung

515 BVerfGE 52, 214 = NJW 1979, 2607; LG Braunschweig, DGVZ 1991, 187

516 OLG Köln NJW-RR 1990, 590 = DGVZ 1990, 9; OLG Frankfurt Rpfleger 1994, 174 = NJW-RR 1994, 81; BVerfG NJW 1992, 1155

517 BVerfG NJW 1994, 1719 = Rpfleger 1994, 470; KG NJW-RR 1995, 848; BVerfG NJW 1991, 3207 Nr. 1; LG Arnsberg, DGVZ 1986, 170; vgl., Vollstreckung eines Räumungsurteils trotz akuter Selbstmordgefahr: BVerfG NJW 1994, 1272; weitere Literatur: vgl. I. Scherer, DGVZ 1995, 33; E. Schneider, JurBüro 1994, 321; H. Bindokat, NJW 1992, 2872

518 OLG Frankfurt Rpfleger 1981, 24; AG Waldbröl und LG Bonn DGVZ 1994, 75 (grundsätzlich ist *sechs* Wochen vor und *acht* Wochen nach einer Entbindung Räumungsschutz zu gewähren); LG Wuppertal DGVZ 1995, 41(allenfalls einen Räumungsaufschub bis 5 Tage nach der Entbindung); auch H. Arnold, in: MünchKommZPO, § 765a, Rdn. 30; W. Münzberg, in: Stein/Jonas, ZPO, § 765a, Rdn. 6; Thomas/Putzo, ZPO, § 765a, Rdn. 8

519 Weitere ausführliche Beispiele: Rosenberg/Gaul/Schilken, Zwangsvollstreckungsrecht, § 43, III, und IV, 2, d)

520 Walker/Gruß, NJW 1996, 352, 352; Brox/Walker, Zwangsvollstreckungsrecht, Rdn. 1471; vgl. H. Bindokat, NJW 1992, 2872, 2874: Angesichts der negativen sozialen Folgen des Wohnungsverlustes ist die Anwendung des § 765a ZPO im Bereich der Räumungsvollstreckung

ZPO im Einzelfall nicht ausreicht, kann dem Schuldner ein Räumungsschutz nach § 765a ZPO gewährt werden[521]. Der Räumungsschutz von Wohnraum gemäß § 721 ZPO wird also durch diese Härteklausel erweitert, damit vervollständigt[522]. Diesbezüglich ist weiterhin zu beachten, daß der Schuldnerschutz durch die Anwendung des Grundsatzes der Verhältnismäßigkeit nicht zur völligen Enteignung des Gläubigers führen darf[523]; der Vollstreckungsschutz darf also nicht so weit erweitert werden, daß die Vollstreckung aussichtlos dauerblockiert wird und damit der Vollstreckungstitel praktisch außer Kraft gesetzt wird[524]. Nach Alisch[525] würde die Eigentumsgarantie des Art. 14. GG fast gänzlich leerlaufen und die Rechtssicherheit gefährdet, wenn die Durchsetzung eines rechtskräftigen Titels auf Dauer (z. B. um mehr als 1 Jahr) verhindert würde. Gleichzeitig kann das zur Minderung des Vertrauens der Bevölkerung in die Effizienz des Rechts und zum Untergang der wirtschaftlichen Moral führen[526]. Jauernig weist dafür auf eine mögliche Gläubigernot und auf die Rückwirkungen auf das gesamte Preisniveau hin, das der wegen des Schuldnerschutzes in der Zwangsvollstreckung teuer gewordene Kredit verursacht. Nach ihm liegt das keineswegs im Interesse der Gesamtheit aller Schuldner. Damit zeigt sich, daß nach richtiger Auffassung die Schutzmaßnahme nach § 765a ZPO (auch) bei Räumungstiteln grundsätzlich nur mit zeitlicher Beschränkung gewährt werden darf[527].

---

von Bedeutung. Die Wohnung gehört wie das Arbeitseinkommen zu den elementaren Bestandteilen des Lebens; auch G. Scholz, ZMR 1986, 227, 227

521 Vgl. W. Schuschke, ZPO, § 721, Rdn. 4

522 Vgl. W. Krüger, in: MünchKommZPO, § 721, Rdn. 1

523 E. Schneider, JurBüro 1994, 321, 324; W. Schuschke, ZPO, § 765a, Rdn. 1; W. Münzberg, in: Stein/Jonas, ZPO, § 765a, Rdn. 8; Baur/Stürner, Bd. I Einzelvollstreckungsrecht, Rdn. 47.4 („Was hilft mir das schönste Urteil, wenn ich nicht vollstrecken kann"); Otto-G. Lippross, Vollstreckungsschutz, S. 181; Gaul, Rpfleger 1971, 81, 92; O. Jauernig, Zwangsvollstreckungs- und Insolvenzrecht, § 31, V

524 Rosenberg/Gaul/Schilken, Zwangsvollstreckungsrecht, § 43, III, 4; W. Münzberg, in: Stein/Jonas, ZPO, § 765a, Rdn. 8; LG Frankenthal, Rpfleger 1984, 68, 68 f.; OLG Köln, NJW-RR 1990, 590, 591; *a. A.* BVerfGE 52, 214, 219 = NJW 1979, 2607, 2607: Hierbei wird darauf hingewiesen, daß § 765a Abs. 1 ZPO nicht nur die Möglichkeit der zeitweiligen Einstellung, sondern auch der - selbst vollständig und auf Dauer wirkenden - Untersagung der Zwangsvollstreckung vorsieht; auch BVerfG NJW 1992, 1155, 1155; I. Scherer, DGVZ 1995, 33, 35

525 H. Alisch, DGVZ 1981, 106, 109

526 H. Alisch, DGVZ 1981, 106, 109; O. Jauernig, Zwangsvollstreckungs- und Insolvenzrecht, § 31, III

527 Otto-G. Lippross, Vollstreckungsschutz, S. 181; W. Münzberg, in: Stein/Jonas, ZPO, § 765a, Rdn. 12; Rosenberg/Gaul/Schilken, Zwangsvollstreckungsrecht, § 43, III, 4; LG Frankenthal, Rpfleger 1984, 68, 68 f.

Außerdem ist § 765a ZPO auch neben § 813a ZPO[528] (Vollstreckungsschutz durch Verwertungssaufschub) und § 900 Abs. 4 ZPO (Schuldnerschutz durch die Vertagung des Termins zur Abgabe der eidesstattlichen Versicherung) anwendbar[529].

4. Reformdiskussion zu § 765a ZPO

Wenn der Schuldner kurz vor der Vollstreckungshandlung einen Vollstreckungsschutzantrag nach § 765a ZPO stellt, dann ist es dem Gericht häufig nicht möglich, vor der endgültigen Entscheidung über den Antrag den Gläubiger zu hören[530]. Um das Interesse des Gläubigers sicherzustellen, sollte hierbei das Gericht die Möglichkeit haben, vom Schuldner eine Sicherheitsleistung für die Nutzungsentschädigung für die Dauer des Vollstreckungssaufschubs zu verlangen. Die Notwendigkeit einer solchen Sicherheitsleistung des Schuldners wird noch deutlicher, wenn man die Fälle der Verurteilung zur Räumung wegen Zahlungsrückständen oder die Fälle des Bestehens von Zweifeln an der Zahlungswilligkeit des Schuldners in Betracht zieht[531]. Es ist deshalb sachgerecht, daß der Entwurf zur 2. Zwangsvollstreckungsnovelle in § 765 Abs. 1 ZPO nach Satz 1 folgenden Satz einfügt: „Es ist befugt, die in § 732 Abs. 2 bezeichneten Anordnungen zu erlassen."[532]
Ferner sieht der Gesetzentwurf in einem neuen § 765a Abs. 3 ZPO eine „generelle zeitliche Sperre" vor. Hiernach sollen Anordnungen nach dem geltenden § 765a Abs. 1 ZPO „in Räumungssachen nur ergehen, wenn der Antrag spätestens zwei Wochen vor dem Räumungstermin gestellt wird, es sei denn, daß die Gründe, auf denen der Antrag beruht, erst nach diesem Zeitpunkt entstanden sind oder der Schuldner ohne sein Verschulden an einer rechtzeitigen Antragstellung gehindert war"[533]. Er verfolgt dabei das Ziel, gegen die Antragstellung des Schuldners in zeitlicher Nähe zu der Vollstreckungshandlung die Belange des Gläubigers, besonders das Vertrauen auf rechtzeitige Räumung, in Räumungssachen zu schützen[534]. Es ist zu begrüßen, daß durch solche Antragsbefristung dem Mißbrauch durch oft „im letzten Augenblick"

---

528 Die Anwendung des § 765a ZPO neben § 813a ZPO kommt nur in ganz extremen Fällen in Betracht, etwa wenn der Schuldner vor Ablauf der Jahresfrist erkrankt und deshalb die letzten Raten nicht mehr fristgerecht zahlen kann: Hans F. Gaul, Rpfleger 1971, 81, 93

529 W. Münzberg, in: Stein/Jonas, ZPO, § 765a, Rdn. 33; H. Arnold, in: MünchKommZPO, § 765a, Rdn. 54; K. Stöber, in: Zöller, ZPO, § 765a, Rdn. 19

530 BT-Drucksache 13/341, 1995, S. 18

531 P. Jesse, DGVZ 1993, 85, 86

532 BT-Drucksache, 13/341, 1995, S. 4 und 18 f.; BR-Drucksache 134/94, S. 4

533 BT-Drucksache, 13/341, 1995, S. 5 und 19

534 Vgl. BT-Drucksache, 13/341, 1995, S. 19

gestellte Anträge begegnet werden[535] und das titulierte Gläubigerrecht besser als bisher gewährleistet werden kann[536], weil der Schuldner in seinem Interesse rechtzeitig einen Schutzantrag stellen muß und so für den Gläubiger frühzeitig klar wird, ob und wann er über die betreffenden Räume verfügen kann[537]. Weiterhin trägt § 765a Abs. 3 letzter HS. dieses ZPO-Entwurfs sowohl dem Umstand, daß auch nach Fristablauf nachträglich Schutzgründe entstehen können, als auch dem Bedenken[538], daß möglicherweise der Schuldner einen Vollstreckungsschutzantrag nach § 765a ZPO überhaupt nicht stellen kann, wenn der Gerichtsvollzieher eine Räumung in kürzerer Frist als zwei Wochen ankündigt, ausreichend Rechnung[539]. Jedoch ist zu fordern, daß zur Entscheidung der Räumungssache nicht das Vollstreckungsgericht sondern das Prozeßgericht zuständig sein soll. Denn - so Jesse - der Richter, der das Räumungsurteil erlassen hat und der vielleicht schon über einen Antrag auf Bewilligung einer Räumungsfrist nach § 721 ZPO entschieden hat, kennt die Sache und die Beteiligten meist genau und kann die Angelegenheit besser beurteilen als der Rechtspfleger[540].

Die Kommission für Zwangsvollstreckungsrecht des Bundes deutscher Rechtspfleger hat ebenfalls seit längerer Zeit Vorschläge einer Neufassung des § 765a ZPO erarbeitet. Die vorgeschlagene Neufassung[541] lautet:

> „(1) Auf Antrag des Schuldners kann das Vollstreckungsgericht eine Maßnahme der Zwangsvollstreckung untersagen, aufheben oder aussetzen, wenn die Maßnahme aus sozialen, wirtschaftlichen oder humanen Gründen nach den besonderen Verhältnissen des Schuldners eine unverhältnismäßige Härte darstellen würde.
>
> (2) Der Antrag ist abzulehnen, wenn die begehrte Schutzmaßnahme dem Gläubiger unter Berücksichtigung seiner persönlichen und wirtschaftlichen Verhältnisse nicht zuzumuten ist, insbesondere wenn sie ihm einen unverhältnismäßigen Nachteil bringen würde. -----
>
> (4) Das Vollstreckungsgericht ist befugt, die in § 732 Abs. 2 bezeichneten Anordnungen zu erlassen. -----
>
> (8) Die Vorschrift gilt nicht für die Räumung von Wohnraum."

Diesem Reformvorschlag liegt die Ansicht zugrunde, daß die gegenwärtige, durch die Sittenwirdrigkeitsklausel geprägte Formulierung des § 765a ZPO grundsätzlich fast

535 Rosenberg/Gaul/Schilken, Zwangsvollstreckungsrecht, § 43, VI, 8

536 E. Schilken, Rpfleger 1994, 138, 142

537 BT-Drucksache, 13/341, 1995, S. 19

538 P. Jesse, DGVZ 1993, 85, 85 f.; andere Reformüberlegung von Jesse: Verkürzung der Frist des vorgeschlagenen § 765a ZPO auf eine Woche und Neuschaffung einer Regelung in der ZPO, daß der Gerichtsvollzieher eine Räumung mindestens zwei Wochen vorher anzukündigen soll.

539 Vgl. E. Schilken, Rpfleger 1994, 138, 142

540 P. Jesse, DGVZ 1993, 85, 86; E. Schilken, Rpfleger 1994, 138, 142

541 Hans F. Gaul, in: FS für Gottfried Baumgärtel, S. 76; J. Behr, Rpfleger 1989, 13, 13

keinen Vollstreckungsschutz für den Schuldner gewährleisten kann[542]. Dieser Entwurf vermeidet deswegen den Begriff der Sittenwidrigkeit und gestaltet damit den Charakter der Regel als Rechtsmißbrauchsklausel zu einem solchen des allgemeinen Abwägungsprinzips der Verhältnismäßigkeit um[543]. Dieser Entwurf hat jedoch übersehen, daß der Vollstreckungsschutz des § 765a ZPO auf die Fälle krasser Ausnahmen beschränkt bleiben muß, weil das Gesetz in weiten Bereichen spezielle Schutzvorschriften zugunsten des Schuldners geschaffen hat[544] und damit der Schuldner im Regelfall schon ausreichend geschützt wird (z. B. durch §§ 811 ff., 850 ff., 721 794a ZPO usw.)[545]. Deswegen gibt es hier keinen Grund, den der geltenden Härteklausel des § 765a ZPO zugrunde liegenden spezifisch vollstreckungsrechtlichen Rechtsmißbrauchsgedanken durch ein allgemeines Abwägungsprinzip des Verhältnismäßigkeitsgrundsatzes zu ersetzen[546].

V Zusammenfassende Schlußbemerkung

Bei der Betrachtung der vollstreckungsrechtlichen Regelungen ist zu beachten, daß die Zwangsvollstreckung der Verwirklichung des Gläubigerrechts dient, das sich regelmäßig bereits im ordentlichen Verfahren als berechtigt erwiesen hat und nunmehr zwangsweise durchgesetzt werden soll[547]. Der Anspruch des Gläubigers auf zügige wirkungsvolle Vollstreckung unter Zuhilfenahme staatlicher Gewalt[548] genießt den verfassungsrechtlichen Schutz des Art. 14 GG[549]. Ferner geht es bei dem Vollstreckungschutz nicht ausschließlich um den Schutz des sozial Schwächeren, und der Staat darf auch nicht auf Kosten des Gläubigers Sozialpolitik treiben[550].

542 J. Behr, Rpfleger 1989, 13, 13

543 Hans F. Gaul, in: FS für Gottfried Baumgärtel, S. 76

544 W. Grunsky, Grundzüge des Zwangsvollstreckungs- und Insolvenzrechts, 1996, Rdn. 231

545 Vgl. Thomas/Putzo, ZPO, § 765a, Rdn. 2; Rosenberg/Gaul/Schilken, Zwangsvollstreckungsrecht, § 43, IV, 2, a); W. Henckel, Prozeßrecht und materielles Recht, S. 378 ff., insbesondere 380 und 382; H. Arnold, in: MünchKommZPO, § 765a, Rdn. 53 ff.

546 Hans F. Gaul, in: FS für Gottfried Baumgärtel, S. 77

547 Hans F. Gaul, Rpfleger 1971, 81, 93; Rosenberg/Gaul/Schilken, Zwangsvollstreckungsrecht, § 43, I, 2; § 52, I

548 Vgl. H. Alisch, DGVZ 1981, 106, 109

549 F. Bittmann, Rpfleger 1983, 261, 263; H. Alisch, DGVZ 1981, 106, 106

550 W. Henckel, Prozeßrecht und materielles Recht, S. 362, und 359 f.; W. Münzberg, in: Stein/Jonas, ZPO, § 811, Rdn. 4;

Andererseits darf aber auch nicht verkannt werden, daß dem Schuldner um der Menschenwürde willen ein Existenzminimum erhalten bleiben muß[551]. In diesem Zusammenhang muß auch darauf hingewiesen werden, daß der Staat, da er die Zwangsvollstreckung mit seinem eigenen Organen betreibt, bei seinem erheblichen Eingriff in die Eigentums- und Freiheitssphäre des Schuldners dessen elementare Grundrechte zu gewährleisten hat[552]. Insgesamt darf der Staat daher bei der Zwangsvollstreckung nicht allein den Interessen des Gläubigers dienen. Vielmehr muß er auch die Belange des Schuldners und die sozialen und gesamtwirtschaftlichen Auswirkungen der Zwangsvollstreckung berücksichtigen[553]. Hierbei ist gleichzeitig zu berücksichtigen, daß eine derartige Gewährleistung des Existenzminimums auch zugunsten des Gläubigers erforderlich ist[554], weil nur so von dem Schuldner noch eine gewisse Leistungsbereitschaft für die Tilgung seiner Verbindlichkeit erwartet werden kann[555].

Die Vollstreckungseinschränkungen der §§ 811 ff, 850 ff ZPO lassen das materielle Anspruchs- und Haftungssystem, also die grundsätzlich unbeschränkte Vermögenshaftung des Schuldners, unberührt, sie begrenzen nur die staatliche Vollstreckungsgewalt[556].
Daß das Schuldnervermögen in dem für die Sicherung eines Existenzminimums des Schuldners erforderlichen Umfang von der Vollstreckung ausgenommen werden kann[557], bedeutet andererseits, daß bei dem Vollstreckungsschutz in der ZPO dem Schuldner nur ein angemessenes und bescheidenes Leben gestattet wird. Die Frage, was „angemessen“ und „bescheiden“ ist, kann nur angesichts des stetig sich vollziehenden technischen Fortschritts und der damit verbundenen kontinuierlichen

551 W. Henckel, Prozeßrecht und materielles Recht, S. 358; Brox/Walker, Zwangsvollstreckungsrecht, Rdn. 277; Rosenberg/Gaul/Schilken, Zwangsvollstreckungsrecht, § 56, IV vor 1; A. Hornung, Rpfleger 1992, 331, 331; ders., Rpfleger, 1978, 353, 353

552 Vgl. W. Schuschke, ZPO, § 765a, Rdn. 1

553 BGH NJW, 1978, 950, 951

554 W. Henckel, Prozeßrecht und materielles Recht, S. 358; O. Jauernig, Zwangsvollstreckungs- und Insolvenzrecht, § 31, I

555 Vgl. E. Schneider / W. Becher, DGVZ 1980, 177, 185; E. Schilken, in: MünchKommZPO, § 811, Rdn. 1; W. Münzberg, in: Stein/Jonas, ZPO, § 811, Rdn. 4

556 J. Eckert, WM 1987, 945, 953: Deshalb sind Verpflichtungsverträge, die z. B. die Pfändungsfreigrenzen der § 850 ff. ZPO überschreiten, wirksam.

557 G. Streit, Kartenzahlung und Verbraucherverschuldung, S. 130; W. Henckel, Prozeßrecht und materielles Recht, S. 359; W. Münzberg, in: Stein/Jonas, ZPO, § 811 Rdn. 1; Brox/Walker, Zwangsvollstreckungsrecht, Rdn. 277; W. Frenz, JR 1994, 92, 93 f.; Otto-G. Lippross, Vollstreckungsschutz, S. 99; M. Vollkommer, Rpfleger 1982, 1, 2; R. Stürner, ZZP 1986, 291, 318

sozialen Entwicklung richtig beantwortet werden[558]. Diesbezüglich ist es weiterhin zu berücksichtigen, daß der Schuldner nach der Zwangsvollstreckung einen konkreten Zuwachs seines Lebensniveaus erfahren und so seine Lebensqualität verbessern können muß[559]. Werden die Schulden des Schuldners durch die Vollstreckung nicht getilgt, verbleibt aber nach dem geltenden Vollstreckungsrecht dem Schuldner in der Regel keine Chance auf angemessene Selbstverwirklichung, weil die Gläubiger in Verfolgung ihres noch unbefriedigten Anspruchs weiter vollstrecken[560] und der Schuldner sich im Extremfall für den Rest seines Lebens mit dem gegebenen Existenzminimum begnügen muß; der Vollstreckungsschutz, insbesondere die Pfändungsfreigrenzen bilden für den Schuldner einerseits eine Art Schutzmauer zur Sicherung der Existenz, andererseits eine Art Gefängnismauer innerhalb des Existenzminimums[561]. Ein solches, sich auf das Existenzminimum beschränkendes Leben ohne Aussicht auf Verbesserung kann man nur schwer menschlich oder menschenwürdig nennen. Der Vollstreckungsschutz in der Zivilprozeßordnung sichert zwar ein physisches Überleben des überschuldeten Schuldners, er bringt aber keine Hoffnung auf eine bessere Zukunft. Wenn dem Schuldner lebenslang nur ein Leben an der Grenze des Existenzminimums, also immer mit dem gleichen geringen Geldbetrag, soweit das Gesetz nicht geändert wird, in Aussicht steht, muß er ein sehr beschränktes Leben führen, wie ein Vogel im Käfig. Er ist zwar geschützt vor der Katze, aber er kann nicht mehr in die Freiheit fliegen. Es ist daher festzuhalten, daß der auf das Existenzminimum gerichtete vollstreckungsrechtliche Schuldnerschutz, also der Vollstreckungsschutz durch die pfändungsfreien Beträge und sonstige Vollstreckungsbeschränkungen dem Schuldner keinen Ausweg aus dem „modernen Schuldturm“ bieten, sondern ihm nur „den bleibenden Aufenthalt in diesem Schuldturm“ erleichtern können[562].

Hinsichtlich einer Chance eines wirtschaftlichen Neubeginns und eines Anreizes zur optimalen Realisierung der Erwerbsmöglichkeiten des Schuldners[563] sind die Schutzmaßnahmen der ZPO insgesamt für den überschuldeten Schuldner nicht ausreichend und sollten, wie später noch anzuführen sein wird, verbessert werden[564].

---

558 E. Schneider / W. Becher, DGVZ 1980, 177, 184; H. Alisch, DGVZ 1981, 106, 107

559 E. Schneider / W. Becher, DGVZ 1980, 177, 185; H. Alisch, DGVZ 1981, 106, 107

560 G. Streit, Kartenzahlung und Verbraucherverschuldung, S. 130; BMJ, Zweiter Bericht der Kommission für Insolvenzrecht, S. 164; H. Fink, ÖJZ 1992, 8, 22

561 Vgl. D. Rehbein, JR 1995, 45, 47

562 H. Fink, ÖJZ 1992, 8, 22

563 Vgl. H. Fink, ÖJZ 1992, 8, 22

564 Siehe Reformvorschläge im vierten Kapitel (S. 186 ff.) dieser Arbeit

In dieser Situation könnte dem Überschuldeten nur die Restschuldbefreiung in der neuen Insolvenzordnung eine Hoffnung geben, daß er als Teilnehmer der sozialen und wirtschaftlichen Gesellschaft ein menschenwürdiges Leben führen und wieder für sich und für die Gesellschaft arbeiten kann[565]. Anschließend soll daher auf die Restschuldbefreiung in der neuen Insolvenzordnung eingegangen werden.

C Die Restschuldbefreiung nach der neuen Insolvenzordnung[1]

I Einleitung

1. Krise des Insolvenzrechts

Die „Krise des Insolvenzrechts" wird schon seit langem erörtert und beklagt[2]. Die an der Schwelle des Industriezeitalters entstandene Konkursordnung erfüllt ihre ursprüngliche Funktion, beim finanziellen Zusammenbruch eines Schuldners ein ordnungsmäßiges Verfahren der Gesamtvollstreckung und damit eine gleichmäßige Befriedigung der Gläubiger zu gewährleisten[3], heute nicht mehr[4]. Denn schon vor Einleitung des Konkursverfahrens wird die Masse durch die vorhergehenden Einzelvollstreckungen oder die konkursfesten Sicherungen häufig stark gemindert[5], so daß zumeist eine Abweisung mangels Masse nach § 107 Abs. 1 KO bzw. Einstellung

565 Vgl. D. Medicus, in: Bankrechtstag 1992, S. 96

1 BGBl. 1994, Teil I, S. 2866 ff.

2 J. Kilger, KTS 1975, 142 ff. („Konkurs des Konkurses"); ders., ZRP 1976, 190 ff.; H. Hanisch, ZZP 1977, 1 ff.; A. Hornung, DGVZ 1976, 168 ff., 180 ff.; W. Uhlenbruck, NJW 1975, 897 ff.; A. Weber, WM 1992, 1133 ff.; H. Arnold, Rpfleger 1977, 385 ff.

3 H. Hanisch, ZZP 1977, 1, 1 f.; O. Jauernig, Zwangsvollstreckungs- und Insolvenzrecht, § 38, I, 1: Die Gläubiger bilden eine Art von „Schicksals- und Verlustgemeinschaft"; R. Stürner, ZZP 1981, 263, 269: Hierbei werden Gleichheit und Gerechtigkeit auf formale Gleichheit im Sinne einer möglichst einheitlichen Befriedigungsquote reduziert; W. Siedschlag, DGVZ 1974, 33, 34

4 H. Arnold, Rpfleger 1977, 385, 385; W. Siedschlag, , DGVZ 1974, 33, 34

5 Gegen die Massearmut enthält die neue Insolvenzordnung verschiedene Maßnahmen, wie z. B. das Inaussichtstellen einer Restschuldbefreiung (§§ 286 ff. InsO), die Verwertung von Sicherungsgut durch den Insolvenzverwalter bei gleichzeitiger Verfahrenskostenbeteiligung der gesicherten Gläubiger (= die „besitzlosen Mobiliarsicherheiten") gemäß §§ 170, 171 InsO: vgl. R. Bork, Einführung in das neue Insolvenzrecht, Rdn. 12; A. Burger, DB 1992, 2149, 2149 ff.; W. Henckel, ZZP 1984, 369, 378 ff; H. Hess, FLF 1995, 8, 10; A. Burger / B. Schellberg, BB 1995, 261, 264; A. Weber, WM 1992, 1133, 1133 ff.; W. Marotzke, ZZP 1996, 429, 455 ff.

nach § 204 KO erfolgen muß oder lediglich eine niedrige Deckungsquote vorhanden ist[6].

Durch folgende Zahlen wird deutlich, daß Insolvenzverfahren in Deutschland weithin nicht mehr sachgerecht durchführbar sind[7]: In den letzten Jahren (1992-1996) wurden mehr als 73% der beantragten Konkursverfahren mangels Masse nicht eröffnet. Noch 1950 lag dieser Anteil nur bei 27%, 1960 bei 35% und 1970 bei 47%[8]. Wenn man die mangels Masse später eingestellten Verfahren hinzunimmt, so erhöht sich der Anteil der masselosen Insolvenzfälle noch erheblich. Daneben betragen die Deckungsquoten für nicht bevorrechtigte Konkursforderungen seit Jahren nur ungefähr 4% der Forderungen[9]. Berücksichtigt man außerdem, daß, wie oben gezeigt, über 2/3 der beantragten Konkursverfahren mangels Masse nicht mehr eröffnet werden können, muß man feststellen, daß der Konkurs als Rechtsinstitut für die Insolvenzbereinigung bereits weitgehend seine Funktion verloren hat[10].

Wenn ein Konkurs nicht eröffnet wird, findet eine geordnete gleichmäßige Gläubigerbefriedigung nicht statt, sondern die Rückkehr zu dem „Urzustand" des bellum omnes contra omnes (Krieg aller gegen alle), nämlich der Konkurrenz der Gläubiger, die sich nunmehr im Wege der Individualvollstreckung aus dem rechtlich unverwalteten Vermögen des Schuldners befriedigen[11]. In diesem Fall kann derjenige, der seine Interessen härter durchsetzt als andere oder gute Beziehungen zum Schuldner unterhält, besser befriedigt werden. Nachgiebig oder weniger informierte Gläubiger, insbesondere Kleingläubiger, gehen allzuoft leer aus[12]. Ferner besteht besonders bei Fabrikationsbetrieben die Gefahr, daß wegen der Verwaltungslosigkeit der

6 W. Uhlenbruck, NJW 1975, 897, 897; vgl. auch W. Siedschlag, , DGVZ 1974, 33, 34

7 So auch schon im Jahr 1975: J. Kilger: KTS 1975, 142, 143

8 Für das frühere Bundesgebiet: vgl. Statisches Jahrbuch für die Bundesrepublik Deutschland 1997, S. 138; C. Doehring, Insolvenzen im statistischen Blickfeld, KTS 1993, S. 197ff.; ZIP 1994, S. 830 ff.; ZIP 1993, S. 1124 ff.; M. Obermüller, FLF 1994, 170, 170; auch BT-Drucksache 12/2443, S. 72

9 *Deckungsquote (Konkurse mit Masse) im früheren Bundesgebiet*:

Jahr	Bevorrechtigte Forderung (%)	Nicht bevorrechtigte Forderung (%)	Festgestellte Konkurs-verlustein Mio DM
1960	54,2	9,0	257
1970	43,5	4,5	1109
1980	32,1	5,8	2983
1990	37,1	3,1	4656
1991	25,5	4,7	4811
1992	33,7	3,1	8594
1993	38,6	3,9	12501

vgl. Statisches Jahrbuch für die Bundesrepublik Deutschland 1997, S. 141

10 H. Hanisch, ZZP 1977, 1, 2; A. Weber, WM 1992, 1133, 1133

11 J. Kilger, ZRP 1976, 190, 190

12 BT-Drucksache 12/2443, S. 73; M. App, DGVZ 1990, 33, 33

Vermögensmasse das aktive Schuldnervermögen nicht mehr realisiert werden kann und dadurch alle Beteiligten benachteiligt werden können: Dies gilt z. B. für die Uneinziehbarkeit von Außenständen wegen der mangelnden Buchhaltung oder für die Wertlosigkeit von Halbfabrikaten[13]. Es liegt also auf der Hand, daß eine derartige Situation vermieden werden soll.

Nach geltendem (west)deutschen Insolvenzrecht kann der Gemeinschuldner im Falle des Konkurses nur im Rahmen eines gerichtlichen Vergleichsverfahrens oder durch einen Zwangsvergleich die Chance erhalten, von seinen Schulden endgültig befreit zu werden[14]. Eine derartige Bereinigung der Verschuldung durch das Konkurs- und Vergleichsverfahren kommt aber in der Praxis nur in seltenen Ausnahmefällen vor[15]. Zuerst stellt der für ein Vergleich erforderliche Mindestsatz von 35% der Forderungen[16] für den überschuldeten Schuldner oder für die Sanierung erhaltenswerter Unternehmen oft eine unüberwindliche Hürde dar[17]. Die Statistik zeigt, daß das Vergleichsverfahren in der Praxis völlig bedeutungslos geworden ist: Seit 1983 wurde in weniger als 1% der Insolvenzen ein gerichtlicher Vergleich betätigt. Desssen Anteil fiel von etwa 30% im Jahr 1950 (11.6% 1960; 7,7% 1970) auf etwa 0.3% im Jahr 1993[18]. Auch ein Zwangsvergleich kam nur in etwa 8% der eröffneten Konkursverfahren in Gang[19]. Vergleich und Zwangsvergleich sind als Sanierungsinstrumente besonders auch deswegen ungeeignet, weil - wie im Konkursverfahren - gesicherte Gläubiger nicht in die Verfahren einbezogen sind und dem Unternehmen unentbehrliche Betriebsmittel entziehen können[20]. Damit zeigt sich, daß die Funktion von Vergleich und Zwangsvergleich, ohne Verschleuderung der Vermögensmasse zur Erhaltung der wirtschaftlichen Existenz des Schuldners und zu einer besseren Chance

---

13 J. Kilger, ZRP 1976, 190, 190; ders., KTS 1975, 142, 157

14 G. Kuhn / W. Uhlenbruck, Konkursordnung, § 164 , Rdn. 1; BT-Drucksache 12/2443, S. 81; W. Henckel, ZZP 1984, 369, 386; Franz J. Scholz, FLF 1995, 88, 88; H. Vallender, DGVZ 1997, 97, 97

15 BT-Drucksache 12/2443, S. 81; J. Kraemer, Das neue Insolvenzrecht, S. 26

16 Vgl. § 7 Abs.1 S. 2 VerglO; der Mindestsatz erhöht sich auf 40%, wenn der Schuldner eine Zahlungsfrist von mehr als einem Jahr ab Vergleichsbestätigung beansprucht: § 7 Abs. 2 S. 1 VerglO; W. Uhlenbruck / K. Delhaes, Konkurs- und Vergleichsverfahren, Rdn. 1095

17 Vgl. BT-Drucksache 12/2443, S. 73 = KTS 1992, 33, 34 f.

18 Vgl. C. Doehring, KTS 1993, 197, 198; BT-Drucksache 12/2443, S. 72

19 BT-Drucksache 12/2443, S. 72; im Gegensatz zur Vergleichsordnung ist eine Mindestquote für den Zwangsvergleich nicht vorgeschrieben: W. Uhlenbruck / K. Delhaes, Konkurs- und Vergleichsverfahren, Rdn. 960

20 BT-Drucksache 12/2443, S.73; siehe auch Fußnote 5 im 3. Kapitel, C dieser Arbeit

der Befriedigung des Gläubigers den Konkurs abzuwenden bzw. zu beenden, in der Tat kaum noch erfüllt werden kann[21].

Aufgrund dieser tatsächlichen und rechtlichen Gegebenheiten ergibt sich insgesamt, daß im Bereich des geltenden deutschen Insolvenzrechts eine durchgreifende und umfassende Reform durchgeführt werden mußte. Durch eine solche grundlegende Neuordnung sollte das Insolvenzverfahren nicht mehr als „ein Wertvernichter der schlimmsten Sorte“[22] gelten. Vielmehr mußte das Insolvenzverfahren den verfassungsrechtlich zu gewährleistenden Grundrechte und Erfordernissen des sozialen Rechtsstaates gerecht[23] und damit anziehungskräftig für den Überschuldeten werden. Diesem Bestreben dient insbesondere das in der Insolvenzordnung neu aufgenommene Institut der Restschuldbefreiung.

2. Einführung des Rechtsinstituts der Restschuldbefreiung

Nachdem in zahlreichen Staaten[24] Maßnahmen der Restschuldbefreiung oder des allgemeinen Vollstreckungsschutzes bei Überschuldung eingeführt worden waren[25], hat der vom Bundesministerium der Justiz vorgelegte Diskussionsentwurf zur Reform des Insolvenzrechts erst im August 1988 in den §§ 225 bis 242[26] ein Restschuldbefreiungsverfahren für natürliche Personen unter bestimmten Voraussetzungen vorgesehen[27].

Bei den Reformüberlegungen zur Insolvenzordnung hatte noch der 2. Bericht der vom Bundesjustizministerium eingesetzten Kommission für Insolvenzrecht in seinem Leit-

---

21 Vgl. W. Uhlenbruck / K. Delhaes, Konkurs- und Vergleichsverfahren, Rdn. 995 und 1066; BT-Drucksache 12/2443, S. 72

22 H. Arnold, Rpfleger 1977, 385, 386; W. Uhlenbruck, NJW 1975, 897, 897

23 H. Arnold, Rpfleger 1977, 385, 391

24 Z. B. Vereinigte Staaten von Amerika, Großbritannien, Japan und Südkorea: vgl. Hans-P. Ackmann, Schuldbefreiung durch Konkurs?, S. 15 ff.; Hans-G. Landfermann, Bankrechtstag 1992, S. 114 ff.; M. Balz, ZRP 1986, 12 ff. (insbesondere zu USA, Großbritannien, Frankreich); auch H. Hirte / K. Otte, ZIP 1994, 1493 ff. (zu USA); M. Ito, Forschung des Sanierungsverfahrens für den Schuldner, S. 3 ff.; K. Ueda, Jiyu to Seigi 36-6, Jun. 1985, 21 ff.; T. Kurita, Minji-Soshoho Zasshi 32 (1986), 74 ff. (zu Japan); H.-W. Lee, Erklärung für die Konkurspraxis, S. 459 ff. (zu Süd-Korea); vgl. aber auch M. App, DGVZ 1991, 180 f.; O. Klopp, KTS 1992, 347 ff.; F. Ferrand, ZEuP 1995, 600 ff (zu Frankreich); A. Konecny, ZEuP 1995, 589 ff.; F. Wenzel, KTS 1993, 187 ff. (zu Österreich)

25 W. Kohte, ZIP 1994, 184, 184

26 Auch in den §§ 225-242 Referentenentwurf einer Insolvenzordnung, §§ 235-252 Regierungsentwurf einer Insolvenzordnung

27 BMJ, Gesetz zur Reform des Insolvenzrechts, 1988; vgl. W. Uhlenbruck, DGVZ 1992, 33, 33 ff.; ders., WiB 1994, 849, 856; F. Wenzel, DB 1990, 975, 975 ff.; ders., ZRP 1993, 161, 161 ff.; E. Limbach, FLF 1994, 83, 83 f.; Franz J. Scholz, FLF 1995, 88 ff. (Teil 1), 145 ff. (Teil 2)

satz 6.3 eine insolvenzrechtliche Regelung der Restschuldbefreiung ausdrücklich abgelehnt[28]. Neben einem erleichterten liquidationsbeendenden Zwangsvergleich (Leitsätze zu 5.) und einer vereinfachten Schuldenregulierung (Leitsätze zu 6.2) komme im einheitlichen Insolvenzverfahren eine Restschuldbefreiung (discharge) nicht in Betracht. In der Begründung wurde dargelegt, daß eine „Discharge“ nach dem Vorbild des englischen und US-amerikanischen Rechts[29] mit tragenden Grundprinzipien des einheitlichen Insolvenzverfahrens nicht zu vereinbaren sei. Das Liquidationsverfahren diene in erster Linie dem Zweck, die Haftung des Schuldners zu verwirklichen. Es sei seiner Funktion nach kein „Entschuldungsverfahren“, mit dessen Hilfe sich der Schuldner seiner Verbindlichkeiten entledigen könne. Außerdem widerspreche ein solches Entschuldungsverfahren dem Grundsatz der Gläubigerautonomie[30] und es bestehe die Gefahr des Mißbrauchs[31] und der übermäßigen Belastung der Gerichte[32]. Entgegen den Vorschlägen der Reformkommission wurde jedoch nach langer Diskussion[33] aufgrund der später anzuführenden Gründe die neue Insolvenzordnung mit dem Institut der Restschuldbefreiung am 5.10.1994 verabschiedet[34].

Bereits während des Gesetzgebungsverfahrens hat der BGH in einer Entscheidung zum internationalen Insolvenzrecht generell darauf hingewiesen, daß die Einführung einer Restschuldbefreiung oder -beschränkung mit den Grundrechten und wesentlichen Grundsätzen des deutschen Rechts nicht schlechthin unvereinbar ist. Darüber hinaus hat er weiter erklärt, die deutsche Rechtsordnung kenne bereits einen Teilerlaß der Schulden mit Zustimmung einer Gläubigermehrheit (§ 193 KO, § 82 VglO). Die Rechtsordnung nehme damit eine Sanierung als Verfahrenszweck, den sie so bisher nicht selbst vorsieht, wenigstens hin und der Staat könne eine Regelung zum Schutz einkommens- und vermögensschwacher Personen auch kraft eigener Verantwortung

---

28 BMJ, Zweiter Bericht der Kommission für Insolvenzrecht, 1986, S. 162 ff.; W. Hofmann, DRiZ 1994, 411, 412; G. Streit, Kartenzahlung und Verbraucherverschuldung, S. 133

29 Vor allem die „discharge“ nach Chapter 13 des US-Bankruptcy Code; vgl. dazu Hans-P. Ackmann, Schuldbefreiung durch Konkurs?, S. 52 ff.; ders., ZIP 1982, 1266, 1269 ff.; ders., KTS 1986, 555, 556 ff.

30 Die Gläubigerautonomie spiegelt sich wider in den Vorschriften über den Gläubigerausschuß (§§ 67 ff. InsO), die Gläubigerversammlung (§§ 74 ff. InsO) und insbesondere über den Insolvenzplan (§§ 217 ff. InsO): R. Bork, Einführung in das neue Insolvenzrecht, Rdn. 15

31 Dafür ausführlich, J. Lösch, JA 1994, 44. 44 ff.

32 BMJ, Zweiter Bericht der Kommission für Insolvenzrecht, 1986, S. 163 f.

33 Hans-P. Ackmann, ZIP 1982, 1266 ff.; W. Uhlenbruck, DGVZ 1992, 33 ff.; ders., KTS 1992, 499 ff.; J. Lösch, JA 1994, 44 ff.; F. Wenzel, DB 1990, 975 ff.; ders., VuR 1990, 121 ff.; ders., ZRP 1993, 161 ff.; U. Reifner, VuR 1990, 132 ff.; M. Wochner, BB 1989, 1065 ff.; Franz J. Scholz, BB 1992, 2233 ff.; A. Burger / B. Schellberg, DB 1994, 1833 ff.; R. Stürner, in: Insolvenzrecht im Umbruch, S. 41 ff.; S. Smid, in: Insolvenzrecht im Umbruch, S. 139 ff.

34 Insolvenzordnung vom 5.10.1994: Bundesgesetzbl. 1994, Teil I, S. 2866 ff.

einführen (Vgl. Art. 20 Abs. 1 GG und dazu BVerfGE 81, 242, 255), soweit eine objektiv vertretbare Abwägung mit den berechtigten Interessen der Gläubiger erfolge[35].

Zwar ist dem deutschen Rechtskreis der Entschuldungsgrundsatz ebenfalls nicht neu: Als Beispiel dafür lassen sich die Gesamtvollstreckungsordnung[36] als Übergangsrecht der neuen Bundesländer und Ost-Berlins[37] und ferner die Hamburger Fallitenordnung von 1753[38] anführen. Nach § 18 Abs. 2 S. 3 GesO wird der Gläubiger, der bezüglich seiner Forderung in einem Gesamtvollstreckungsverfahren ganz oder teilweise unbefriedigt geblieben ist, bei der Durchsetzung seines Nachforderungsrechts beschränkt[39]. Das bedeutet aber nicht, daß die Regelung die Nachhaftung des Schuldners für unbeglichene Verbindlichkeiten beseitigt[40]. Die Vorschrift lautet: „Die Vollstreckung findet nur statt, soweit der Schuldner über ein angemessenes Einkommen hinaus zu neuem Vermögen gelangt; dies gilt aber nicht, wenn der Schuldner vor oder während des Verfahrens vorsätzlich oder grob fahrlässig zum

---

35 BGH , Urt. v. 27.5. 1993 - IX ZR 254/92 (OLG Köln), ZIP 1993, 1094, 1097; auch ZEuP 1994, 301, 305 m. Anm. C. Paulus; G. Streit, Kartenzahlung und Verbraucherverschuldung, S. 133, Fußnote 32; H. Haarmeyer / W. Wutzke / K. Förster, Gesamtvollstreckungsordnung, § 18, Rdn. 54

36 Die Gesamtvollstreckungsordnung in der Fassung der Bekanntmachung vom 23. Mai 1991 (BGBl. I, S. 1185), die am 6.6.1990 vom Ministerrat der DDR auf der Grundlage von § 208 Abs. 1 DDR-ZPO vom 19.6.1975 (GBl. DDR I, S. 533) beschlossen wurde (GBl. DDR I, Nr. 32, S 285), und heute (aber nur bis Ende 1998: vgl. Art. 1 § 20 und Art. 2 Nr. 7 EGInsO) aufgrund des Einigungsvertrages (BGBl. II, 1990, S. 889, 1153) im Rang eines Bundesgesetzes auf dem Gebiet der früheren DDR weiter gilt, ist am 1.7.1990 an die Stelle der DDR-Gesamtvollstreckungsverordnung vom 18.12.1975 (GBl. DDR I 1976, Nr. 1 S. 5) getreten: vgl. J. Schmidt-Räntsch, DtZ 1990, 199, 199; F. Wenzel, Die „Restschuldbefreiung“ in den neuen Bundesländern, S. 1; ders., ZIP 1991, 425, 425; H. Arnold, DGVZ 1993, 33, 33 f.; ders., BB 1992, 2227, 2227 f. ; Gustav-A. Lübchen / Hans-G. Landfermann, ZIP 1990, 829, 837 f.

37 H. Arnold fürchtete „die neuen Länder als Schuldnerasyl“, weil Einwohner aus den alten Ländern in die neuen übersiedeln könnten, um die dort geltende „Schuldbefreiung“ auszunützen: H. Arnold, BB 1992, 2227, 2227; vgl. auch S. Smid, DtZ 1993, 98, 98 f.; F. Wenzel, MDR 1992, 1023, 1024 („forum shopping“)

38 In Hinblick auf das Recht der Gläubiger zur Nachforderung knüpfte die Hamburger Fallitenordnung je nach Zugehörigkeit zu einem der Schuldnertypen (vorsätzlich/böshaft, leichtsinnig oder unglücklich) verschiedene Rechtsfolgen: Hans-P. Ackmann, Schuldbefreiung durch Konkurs?, S. 11; auch Hans-G. Landfermann, Bankrechtstag 1992, S. 114; weitere Beispiele: die Bremer Debitverordnung von 1848, die nach §§ 244 ff. dem Schuldner innerhalb von drei Jahren nach Beendigung eines Konkursverfahrens das „benificium competentiae“ gewährte; § 135 der Lübecker Konkursordnung von 1862, der den Schuldner gegen das Nachforderungsrecht durch die Gewährung einer „allgemeinen Rechtswohltat der Kompetenz“ („beneficium competentiae“) zur Bestreitung des notwendigen Lebensunterhaltes sicherte: Hans-P. Ackmann, Schuldbefreiung durch Konkurs?, S. 10; W. Uhlenbruck, DGVZ 1992, 33, 34

39 Vgl. F. Wenzel, MDR 1992, 1023, 1023; ders., ZIP 1991, 425, 425

40 H. Haarmeyer / W. Wutzke / K. Förster, Gesamtvollstreckungsordnung, § 18, Rdn. 53

Nachteil seiner Gläubiger gehandelt hat“[41]. Die Vorschrift ist so auszulegen, daß der Schuldner nicht schon dann über ein angemessenes Einkommen hinausgehendes neues Vermögen erlangt, wenn seine Einkünfte die Pfändungsfreigrenzen übersteigen[42]. Vielmehr muß ihm ein weitergehender Teil seines Einkommens verbleiben, um einen standesgemäßen, das heißt seinen normalen persönlichen und beruflichen Verhältnissen entsprechenden Lebenswandel zu führen, der weder ärmlich noch übertrieben aufwendig ist[43]. Auch notwendige Anschaffungen sind erlaubt[44]. Der Vorteil dieses Verfahrens liegt in seiner Flexibilität und dem Anreiz für den Schuldner, weiterhin produktiv zu sein[45]. Nach der Hamburger Fallitenordnung von 1753 wurde einem Schuldner, der seinen Vermögensverlust als unverschuldet dokumentieren konnte, gem. Art. 107 die „cessio bonorum“[46] gestattet, damit er seine Schulden vollständig abtragen konnte[47]; eine spätere Nachforderung seitens der Gläubiger war dann ausgeschlossen, Art. 107 (1) HambFO[48].

Nach Ansicht des Deutschen Richterbundes entsteht durch die Einführung des neuen Insolvenzordnung ein Mehrbedarf von 500 Richtern und 1.800 Rechtspflegern in

41 Diese Regelung lehnt sich an Art. 265 Abs. 2 S. 2 des schweizerischen Schuldbeitreibungs- und Konkursgesetzes (SchkG) an: F. Wenzel, Die „Restschuldbefreiung“ in den neuen Bundesländern, S. 46 ff.; ders., ZIP 1991, 425, 426; S. Smid, AnwBl 1992, 154, 160; ders., Smid/Zeuner-Gesamtvollstreckungsordnung, § 18, Rdn. 39 ff.; H. Arnold, DGVZ 1993, 33, 38; ders., BB 1992, 2227, 2228 f.; H. Haarmeyer / W. Wutzke / K. Förster, Gesamtvollstreckungsordnung, § 18, Rdn. 55; R. Schmidt-Räntsch, in: FS für Hans Hanisch, S. 219 f.

42 J. Schmidt-Räntsch, DtZ 1990, 199, 204; S. Smid, AnwBl 1992, 154, 160: Dem Pfändungsfreibetrag wird ein „angemessener Zuschlag“ für den Bedarf des Schuldners an Genußmitteln, Bekleidung, kulturellem Leben, Urlaub und für die angemessene geschäftliche Repräsentation hinzugerechnet; Gustav-A. Lübchen / Hans-G. Landfermann, ZIP 1990, 829, 838

43 J. Schmidt-Räntsch, DtZ 1990, 199, 204; F. Wenzel, ZIP 1991, 425, 427 f.; S. Smid, AnwBl 1992, 154, 160; ders., DtZ 1993, 98, 98 f. (aber nur mit der Erinnerung) ; § 811 Abs. 2 S. 3 wolle den Bürgern der früheren DDR angesichts des raschen Wandels des Wirtschaftssystems einen Ausweg aus dem Schicksal eines lebenslangen Existenzminimums bieten: F. Wenzel, DtZ 1992, 343, 344 f.; auch H. Arnold, DGVZ 1993, 33, 37; der Bestand der im Gesamtvollstreckungsverfahren nicht befriedigten Forderung bleibt materiellrechtlich unberührt. Insofern ist die Bezeichnung „Restschuldbefreiung“ irreführend: H. Arnold, DGVZ 1993, 33, 37

44 F. Wenzel, ZIP 1991, 425, 427; J. Schmidt-Räntsch, DtZ 1990, 199, 204

45 G. Streit, Kartenzahlung und Verbraucherverschuldung, S. 134

46 Das Institut der „cessio bonorum (Abandon)“ stammt aus dem römischen Recht. Nach diesem Institut konnte der Praetor unter der Voraussetzung der Ehrlichkeit und des mangelnden Verschuldens des Schuldners den Besitz des Schuldnervermögens den Gläubigern übertragen, wenn der Schuldner erklärte, daß er den Gläubigern sein ganzes Vermögen überlasse. Nach der Verwertung und Verteilung des Vermögens durch einen unter den Gläubigern gewählten Verwalter konnte der Schuldner von dem Praetor ein Urteil verlangen, das erklärte, er sei „in id quod facere potest“ (nur soweit sein Vermögen reicht) verantwortlich: T. Mikami, DGVZ 1995, 17, 18

47 W. Uhlenbruck, DGVZ 1992, 33, 34

48 Hans-P. Ackmann, Schuldbefreiung durch Konkurs?, S. 11 f.; vgl. auch H. Arnold, DGVZ 1996, 65, 66

Deutschland[49]. Auf der zu erwartenden schwerwiegenden personellen und finanziellen Mehrbelastung der Gerichte liegt die Hauptkritik der Länder, die die Verschiebung des Inkrafttretens der Insolvenzordnung vom 1.1.1997[50] auf den 1.1.1999[51] erreichten[52]. Auch zur Zeit (Okt. 1997) gibt es aus denselben Gründen einen Versuch von fünf Bundesländern[53], den Einführungstermin für das neue Insolvenzrecht um drei weitere Jahre zu verschieben.

II Problematik des freien Nachforderungsrechts nach der geltenden Konkursordnung

1. Der Grundsatz der freien Nachforderung gemäß § 164 Abs. 1 KO

a) Das freie Nachforderungsrecht der Konkursgläubiger

Die deutsche Konkursordnung vom 10.2.1877[54] hat sich in § 164 Abs. 1 den Grundsatz der sogenannten „freien Nachforderung der Konkursgläubiger" zueignen gemacht. Dort heißt es: „Nach der Aufhebung des Konkursverfahrens können die nicht befriedigten Konkursgläubiger ihre Forderungen gegen den Schuldner unbeschränkt geltend machen".

Nach dieser Bestimmung fällt die Schranke, die im Konkursverfahren die individuelle Einzelzwangsvollstreckung wegen der Berücksichtigung des konkursrechtlichen Grundsatzes der Gleichbehandlung aller Gläubiger (par conditio creditorum)[55] nach

---

49 W. Uhlenbruck, WiB 1994, 849, 857

50 Es war ursprünglich daran gedacht, das Gesetz entweder zum 1. Januar 1995 oder zum 1. Juli 1995 in Kraft treten zu lassen. Danach wurde der Termin auf den 1. Januar 1997 verschoben: BT-Drucksache 12/7303, S. 103 und 119; auch E. Limbach, FLF 1994, 83, 83; ZIP 1994, A35, Nr. 91; A48, Nr. 109; A80, Nr. 221

51 BT-Drucksache, 12/7948, Nr. 1; § 335 InsO i. V. m. Art. 110 Abs. 1 EGInsO (BGBl. I, 1994, S. 2952)

52 W. Uhlenbruck, WiB 1994, 849, 857; R. Schmidt-Räntsch, DStR 1994, 1466, 1469, insbesondere Fußnote 11-13; E. Pick, NJW 1995, 992, 992

53 Saarland, Bayern, Niedersachsen, Sachsen und Schleswig-Holstein: o. V., „Länder wollen die Insolvenzreform um drei Jahre verschieben", Frankfurter Allgemeiner Zeitung v. 13.10.1997

54 Der heutige § 164 Abs. 1 KO befand sich in § 152 Abs. 1 der Reichskonkursordnung. Die heutige Zählung beruht auf der Novelle von 1898: vgl. Hans-P. Ackmann, Schuldbefreiung durch Konkurs?, S. 1, Fußnote 1

55 H. Hanisch, ZZP 1977, 1, 4 stellt dar, daß „das Prinzip der par conditio creditorum für den Konkurs und jede andere Form der Insolvenzbereinigung als Ausgangspunkt zeitlos und unverzichtbar ist"; H. Arnold, Rpfleger 1977, 385, 391; R. Stürner, ZZP 1981, 263, 269; § 14 KO dient also dem Schutz der anderen Gläubiger vor einer Auszehrung der Masse: G. Streit,

§§ 12, 14, 15 KO ausschließt, wieder weg[56]. Daher können die im Konkursverfahren gänzlich oder zum Teil unbefriedigt gebliebenen Gläubiger des Gemeinschuldners nach Aufhebung des Konkursverfahrens[57] ihre ungetilgten Forderungen gegenüber dem Gemeinschuldner im Wege der Einzelzwangsvollstreckung wieder individuell unbeschränkt geltend machen. Das heißt, soweit also ein Konkursgläubiger nach Verfahrensbeendigung noch unbefriedigt ist, steht ihm die Sonderverfolgung seines Anspruchs wie vor dem Konkurs frei, einerlei, ob er sich am Verfahren beteiligt hat oder nicht[58].
Über den in § 164 Abs. 1 KO geregelten Normalfall der Aufhebung des Konkursverfahrens nach Abhaltung der Schlußtermins hinaus gilt das freie Nachforderungsrecht der Konkursgläubiger gemäß § 206 Abs. 2 KO i. V. m. § 164 Abs. 1 KO auch in den Fällen der Einstellung des Verfahrens mangels kostendeckender Konkursmasse (§ 204 KO), der Einstellung des Verfahrens wegen Konkursverzichts (§ 202 KO), sowie selbstverständlich in den Fällen der Abweisung des Eröffnungsantrags mangels Masse (§ 107 Abs. 1 KO) und der Aufhebung im Rechtsmittelverfahren des zunächst eröffneten Konkurses (§§ 109, 116 KO)[59].

Der Gläubiger kann neben den noch ungetilgt gebliebenen Konkursforderungen Forderungen geltend machen, die am Verfahren absichtlich oder aus Unkenntnis des Konkurses nicht oder nicht rechtzeitig beteiligt waren oder erst während des Konkurses entstanden sind (vgl. § 3 KO). Ferner können solche Forderungen geltend gemacht werden, die nach Maßgabe des § 63 KO unanmeldbar[60] waren, wie beispielsweise die seit Konkursbeginn erwachsenen Zinsen, die vom Gemeinschuldner zu erstattenden Kosten der Beteiligung am Verfahren oder Geldstrafen, Geldbußen, Ordnungsgelder usw.[61]. Der Grundsatz des freien Nachforderungsrechts gilt auch,

---

Kartenzahlung und Verbraucherverschuldung, S. 131; H. Hess, Kommentar zur Konkursordnung, § 14, Rdn. 1

56 Vgl. E. Jaeger / F. Weber, Konkursordnung, § 164, Rdn. 1

57 Die Aufhebung des Konkursverfahrens beschließt das Gericht nach der Abhaltung des Schlußtermins (§ 163 Abs. 1 KO). Deswegen ist eine Inanspruchnahme des Gemeinschuldners normalerweise zulässig, sobald das Konkursverfahren nach Abhaltung des Schlußtermins durch Gerichtsbeschluß aufgehoben ist.

58 Vgl. B. Knüllig-Dingeldey, Nachforderungsrecht oder Schuldbefreiung, S. 1; E. Jaeger / F. Weber, Konkursordnung, § 164, Rdn. 1; J. Kilger, Konkursordnung, § 164, 1, (14. Aufl., S. 454); S. Smid, in: Smid/Zeuner-Gesamtvollstreckungsordnung, § 18, Rdn. 30

59 Hans-P. Ackmann, Schuldbefreiung durch Konkurs?, S. 1

60 Das bedeutet, daß die Forderungen im Konkursverfahren nicht geltend gemacht werden können.

61 Das Nachforderungsrecht besteht ohne Rücksicht darauf, ob die Forderungen im bürgerlichen oder im öffentlichen Recht begründet sind (z. B. als Steueransprüche) und ob das Schuldverhältnis im Konkurs unberührt geblieben ist: vgl. G. Kuhn / W. Uhlenbruck,

wenn eine juristische Person Gemeinschuldner war. Zwar wird eine Rechtsperson mit der Ausschüttung der Masse gelöscht. Wenn es sich aber nachträglich herausstellt, daß sie noch Vermögen besitzt, dann können die Gläubiger ihre Ansprüche ungehindert verfolgen[62].

b) Die unbeschränkte Haftung des Gemeinschuldners

Der Gemeinschuldner wird nach deutschem Recht durch den Konkurs nicht von seinen Rechtsverbindlichkeiten befreit, vielmehr haftet er „unbeschränkt", bis er durch Befriedigung der Gläubiger seine Schuld erfüllt hat. Die Haftung des Schuldners kann nur in besonderen Fällen erleichtert werden, nämlich durch Zwangsvergleich (§§ 173 ff. KO)[63], freiwilligen Erlaß oder Stundung[64].
Insofern stellt § 164 Abs. 1 KO den Grundsatz unbeschränkter Haftung des Gemeinschuldners fest, der dazu führt, daß der unbeschränkt haftende Schuldner für die Erfüllung seiner Schuld noch haftet, obgleich er das gesamte, der Zwangsvollstreckung unterliegende Vermögen[65] durch Ausschüttung der Konkursmasse bereits verloren hat[66]. Das bedeutet, daß sich die Lage des Schuldners nach dem Abschluß des Konkursverfahrens nicht verbessert, soweit er durch dieses Verfahren seine Schulden nicht ganz getilgt hat[67]. Er muß mehr einsetzen als alles, was ihm zur Zeit seines Konkurses gehört; er muß sich mit jedem neu erworbenen Vermögensgegenstand gegenüber dem Zugriff der Gläubiger so lange aussetzen, bis diese befriedigt sind. Weil sich die unbeschränkte Haftung des Gemeinschuldners auf das gesamte hinter der Person des Schuldners stehende Vermögen erstreckt, kann sie als „persönliche Haftung" bezeichnet werden[68].
Die Rechtsfolge des § 164 Abs. 1 KO ist verschuldensunabhängig, d. h., ungeachtet des Verschuldensgrundsatzes[69] haftet der Schuldner, selbst wenn seine Zahlungs-

---

Konkursordnung, § 164, Rdn. 1; B. Kropshofer, in: Hess / Kropshofer, Kommentar zur Konkursordnung, § 164, Rdn. 3; E. Jaeger / F. Weber, Konkursordnung, § 164, Rdn. 2

62 G. Kuhn / W. Uhlenbruck, Konkursordnung, § 164, Rdn. 1

63 Nach geltendem Konkursrecht hat der Gemeinschuldner nur die Möglichkeit, sich durch einen Zwangsvergleich von seinen Schulden endgültig zu befreien. Wirtschaftlich gilt das gleiche, wenn der Schuldner bereits einen konkursabwendenden Vergleich nach der Vergleichsordnung erreicht.

64 E. Jaeger / F. Weber, Konkursordnung, § 164, Rdn. 1; Hans-P. Ackmann, Schuldbefreiung durch Konkurs?, S. 2

65 § 1 KO

66 Das heißt, daß der Gemeinschuldner vermögenslos geworden ist; vgl. K. Menzinger, Das freie Nachforderungsrecht, S. 29

67 G. Streit, Kartenzahlung und Verbraucherverschuldung, S. 132

68 K. Menzinger, Das freie Nachforderungsrecht, S. 29 f.

69 Vgl. § 276 BGB; K. Larenz, Lehrbuch des Schuldrechts, Band I, S. 225

unfähigkeit und damit sein Unvermögen zur Befriedigung der Schuld etwa durch höhere Gewalt oder sonstige Ereignisse verursacht wurde, die er nicht beherrschen konnte[70]. Damit muß man feststellen, daß ein unverschuldet vermögensloser Schuldner nach geltendem Konkursrecht keine Aussicht hat, dem „modernen Schuldturm" zu entrinnen, und vielmehr für seine Zahlungsunfähigkeit schlechthin einstehen muß[71].

2. Die Berechtigung des freien Nachforderungsrechts und ihre kritische Hinterfragung

Begreift man den Grundsatz der freien Nachforderung als ein Leitprinzip unserer Rechts- und Wirtschaftsordnung, dürfte das Rechtsinstitut der Schuldbefreiung nicht eingeführt, sondern müßte vielmehr das Nachforderungrecht beibehalten werden. Ein derartiger Gedanke wurde insbesondere in der ersten Hälfte dieses Jahrhunderts zum Teil auf der Basis eines ordo-liberalen Wirtschaftsmodells[72] in unmittelbarem Zusammenhang mit der Lehre vom Gleichlauf von Herrschaft und Haftung[73] entwickelt[74].

Eucken hat sich zu diesem Grundsatz wie folgt ausgesprochen: „Wer den Nutzen hat, muß auch den Schaden tragen"[75]. Das bedeutet: Wer über sein Unternehmen bzw. seinen Haushalt irgendwie entscheidet, d. h. die Herrschaft ausübt, muß auch finanzielle Verluste in voller Höhe tragen, indem er unbeschränkt, d. h. nicht nur mit seinem gesamten im Konkurs vorhandenen, sondern weitergehend mit allem neuerworbenen Vermögen haftet.

Durch die mit Beginn der industriellen Revolution einsetzende Tendenz zur Haftungsbeschränkung, besonders durch die Zulassung von Gesellschaftsformen mit beschränkter Haftung, wird die Berechtigung des zwingenden Gleichlaufs von

70 K. Menzinger, Das freie Nachforderungsrecht, S. 34

71 S. Smid, in: Smid/Zeuner-Gesamtvollstreckungsordnung, § 18, Rdn. 30; S. Schumacher, ZEuP 1995, 576, 578; K. Menzinger, Das freie Nachforderungsrecht, S. 33 f.

72 Der Ordoliberalismus vertritt die Ansicht, daß das Haftungsprinzip für eine auf Wettbewerb, Freiheit und Selbstverantwortung bauende Wirtschaftsordnung schlechthin konstituierend sei; „Wer für Pläne und Handlungen der Unternehmen (Betriebe) und Haushalte verantwortlich ist, haftet (Haftungsprinzip).": W. Eucken, Grundsätze der Wirtschaftspolitik, S. 280, besonders S. 281; U. Immenga, Die personalistische Kapitalgesellschaft, S. 117 ff.

73 Müller-Erzbach formuliert diesen Grundsatz wie folgt: „Es muß dem geschäftsführenden Gesellschafter entsprechend seiner Herrschaft über die Geschäftsführung auch die volle Haftung für die Schulden auferlegt werden, die aus dieser Geschäftsleitung entspringen.": R. Müller-Erzbach, JZ 1956, 705, 708; W. Eucken, Grundsätze der Wirtschaftspolitik, S. 279 ff.

74 B. Knüllig-Dingeldey, Nachforderungsrecht oder Schuldbefreiung, S. 86 f.

75 W. Eucken, Grundsätze der Wirtschaftspolitik, S. 279; U. Immenga, Die personalistische Kapitalgesellschaft, S. 119

Herrschaft und Haftung heutzutage eindeutig abgelehnt[76]. Schon 1892 hat der Gesetzgeber bei der Schaffung des GmbH-Gesetzes den Grundsatz vom Gleichlauf der Herrschaft und Haftung durchbrochen. Noch deutlicher weist die Tatsache, daß die Einmann-GmbH am 4.7.1980 vom Bundestag legislatorisch anerkannt wurde, darauf hin, daß der Gesetzgeber die beschränkte Haftung für den Einzelunternehmer trotz hundertprozentiger Beherrschung des eigenen Betriebes grundsätzlich akzeptiert[77].
Um die Berechtigung des freien Nachforderungsrechts, das von dem Grundsatz vom Gleichlauf der Herrschaft und Haftung weitgehend getragen wird, nachzuweisen, soll im folgenden erörtert werden, welche Funktionen die unbegrenzte Haftung im allgemeinen hatte und insbesondere, ob diese Funktionen in der veränderten sozialen Wirtschaftswirklichkeit noch immer Geltung haben.

a) Sicherungsfunktion

Zweck der unbegrenzten nachkonkurslichen Haftung ist die Leistungserzwingung und damit die Gewährleistung der Sicherung der Gläubiger[78]. Das bedeutet, die unbeschränkte Haftung soll das Verantwortungsbewußtsein zu wecken helfen, um dadurch das Risiko der Uneinbringlichkeit von Forderungen zu mindern[79].
Ob und in welcher Höhe die Gläubiger nach einem Konkursverfahren weiter befriedigt werden können, ist jedoch nicht nur von der Möglichkeit der Leistungserzwingung der Haftung, sondern vielmehr vom Willen des Schuldners abhängig[80]. Denkt der Schuldner hierbei nur an sich und ökonomisch, ist er um so weniger an der Zurückzahlung seiner Restschulden interessiert, je höher sein Schuldenberg ist[81].
Abgesehen von dem seltenen und unrealistischen Fall des Vermögenserwerbs aufgrund von beträchtlichen Schenkungen oder Erbschaften kommt bei einem Konkursfall in der Regel nur das pfändbare Arbeitseinkommen des Schuldners als Zugriffsobjekt in Frage, weil der Gemeinschuldner nach dem Konkursverfahren (einerlei, ob das Verfahren durchgeführt oder eingestellt worden ist) mittellos ist. Deshalb ist es wenig plausibel, ein Verdienstinteresse und damit auch eigene Verantwortlichkeit des Schuldners oberhalb der Pfändungsfreigrenze für Arbeitseinkommen nach § 850c Abs. 2, also von derzeit 3.796 DM monatlich[82], zu unterstellen, wenn der Schuldner

[76] Vgl. Hans-P. Ackmann, Schuldbefreiung durch Konkurs?, S. 108 f.
[77] B. Knüllig-Dingeldey, Nachforderungsrecht oder Schuldbefreiung, S. 102
[78] H. Wiedemann, Gesellschaftsrecht, Bd. I, S. 536, 538
[79] Vgl. R. Müller-Erzbach, JZ 1956, 705, 708
[80] Hans-P. Ackmann, Schuldbefreiung durch Konkurs?, S. 111
[81] Vgl. Hans-P. Ackmann, Schuldbefreiung durch Konkurs?, S. 111
[82] Siehe S. 90 f. und Reformvorschlag im 4. Kapitel (S. 186 f.) dieser Arbeit

keine Aussicht hat, relativ kurzfristig seine Restschulden tilgen zu können[83]. Damit zeigt sich, daß die Sicherungsfunktion für die Berechtigung der unbeschränkten Haftung nicht ausreicht.

b) Aussonderungsfunktion

Einigen Autoren zufolge zwingt die unbegrenzte Haftung die Unternehmen und Unternehmer, bei wirtschaftlichen Fehlleistungen aus dem Markt und dem Wettbewerb auszuscheiden. Nur der Anbieter günstiger wirtschaftlicher Leistungen bleibe durch die Rentabilität seines Wirtschaftens am Markt[84]. Entsprechend hat Eucken geschrieben: „Haftung gehört zur Lenkungsmechanik der vollständigen Konkurrenz“[85].
Die unbeschränkte Haftung des Schuldners (das freie Nachforderungsrecht der Konkursgläubiger) kann im Zusammenhang mit der natürlichen Reinigungsfunktion des Konkurses[86] gesehen werden, die innerhalb einer freien Wettbewerbsordnung durch ein geordnetes Verfahren leistungs- und lebensunfähige Unternehmer aus dem Wirtschaftsgeschehen eliminiert[87]: „Ein Schuldner, der dem Zugriff seiner unbefriedigt gebliebenen Altgläubiger nicht entgegenzutreten vermag, kann sich selbständig (mit den regelmäßig hierzu erforderlichen Investitionen und Kundenkrediten) am Wirtschaftsleben nicht mehr beteiligen“[88].

Dieser Auslesefunktion des Konkurses und der unbeschränkten Haftung kann folgendes entgegengehalten werden:
Zuerst muß beachtet werden, daß sich die Selbstreinigung der Wirtschaft heute tatsächlich weniger im Wege des Konkurses vollzieht, als viel eher durch außergerichtliche Schuldenbereinigungsverfahren, z. B. stille Liquidation durch Großunternehmen (insbesondere Banken), außergerichtliche Vergleichsvereinbarungen, Betriebsübernahmen usw.[89] Faktisch ist eine Selbstreinigungsfunktion dort aufgehoben, wo kein Konkursverfahren an sich lebensunfähiger Unternehmen stattfindet, weil aus anderen „übergeordneten“ Erwägungen wie z. B. ihrer Größe, ihres

---

83 Vgl. Hans-P. Ackmann, Schuldbefreiung durch Konkurs?, S. 112

84 U. Immenga, Die personalistische Kapitalgesellschaft, S. 118; W. Eucken, Grundsätze der Wirtschaftspolitik, S. 280

85 W. Eucken, Grundsätze der Wirtschaftspolitik, S. 281

86 Oder umgekehrt gewendet: die Selbstreinigung der Wirtschaft mit Hilfe des Konkurses: W. Gerhardt, in: FS für Friedrich Weber zum 70. Geburtstag, S. 183

87 W. Uhlenbruck, in: Einhundert Jahre Konkursordnung 1877-1977, S. 22; F. Weber, KTS 1959, S. 83

88 K. Menzinger, Das freie Nachforderungsrecht, S. 98

89 Vgl. K. Menzinger, Das freie Nachforderungsrecht, S. 100

Diversifikationsgrades und ihrer Verflechtung mit anderen Unternehmen[90] Hilfen in Formen von meist öffentlichen Subventionen geboten werden[91]. Da man das Unternehmen nicht mehr nur als die Zusammenfassung der Produktionsmittel des wirtschaftenden Unternehmers sehen kann[92], sondern es auch in seinen Beziehungen zu den Arbeitnehmern und der ganzen Volkswirtschaft betrachten muß, werden Unternehmen, die sich als lebensunfähig erwiesen haben, aus sozial- und wirtschaftspolitischen Gründen am Leben erhalten[93].

Es ist selbstverständlich notwendig, daß untüchtige Unternehmen aus dem Wirtschaftsprozeß entfernt werden. Jedoch muß ferner beachtet werden, daß eine marktgerechte Auslese nicht allein auf die über das Konkursverfahren hinausgehende unbeschränkte Haftung angewiesen ist, d. h. auch bei beschränkter Haftung des Unternehmers eine Entfernung des lebensunfähigen Unternehmens möglich ist. Durch den Konkurs und die Realisierung des Nachforderungsrechts werden andererseits nicht nur untüchtige Unternehmer vom Markt eliminiert[94], sondern es kann in der Tat passieren, daß auch erhaltungswürdige Unternehmen in Konkurs fallen und somit die Reinigungsfunktion des Konkurses oft ihr Ziel verfehlt[95].

Nach Gerhardt konnte dem Konkurs jene positiv bewertbare Ausscheidungsfunktion nur solange zukommen, wie die Wirtschaftswelt von der Vorstellung des ehrbaren und königlichen Kaufmanns geprägt war. Da man heute den Konkurs nicht mehr als die Folge des vorwerfbaren Verhaltens einzelner und das Konkursverfahren darum nicht mehr als die darauf notwendigerweise zu verhängende Sanktion verstehe, sondern als Unglück mit gesamtwirtschaftlichen Auswirkungen, könne die Eliminierung nicht mehr Funktion des Konkurses sein[96]. Vielmehr ist dem Unternehmer grundsätzlich ein Anreiz zu gewähren, seine Kenntnisse und Erfahrungen weiter nützlich zur Verfügung

---

90 B. Knüllig-Dingeldey, Nachforderungsrecht oder Schuldbefreiung, S. 96

91 W. Gehardt, in: FS für Friedrich Weber zum 70. Geburtstag, S. 184

92 F. Weber, KTS 1959, 80, 83

93 Knüllig-Dingeldey hat als Beispiel Angst vor Arbeitslosigkeit, erheblichen Steuermindereinnahmen, Konkursen, die als Kettenreaktion in anderen Betrieben verursacht werden, weiter vor einem Vertrauensschwund der Bevölkerung in die Leistungsfähigkeit und Stabilität der Wirtschaft sowie struktur- oder kommunalpolitische Rücksichten gezeigt: B. Knüllig-Dingeldey, Nachforderungsrecht oder Schuldbefreiung, S. 97; W. Gehardt, in: FS für Friedrich Weber zum 70. Geburtstag, S. 184

94 Z. B. Abhängigkeit von intakten Zulieferbetrieben; zu beachten ist die Tatsache, daß tüchtige junge Unternehmer insolvent werden, weil sie noch nicht über genügend Bank- und Geschäftsverbindungen verfügen, um in der krisenanfälligen Aufbauphase vorübergehende Zahlungsschwierigkeiten überbrücken zu können: K. Menzinger, Das freie Nachforderungsrecht, S. 100 f.

95 B. Knüllig-Dingeldey, Nachforderungsrecht oder Schuldbefreiung, S. 95 f.; vgl. auch W. Uhlenbruck, KTS 1986, 27, 27

96 W. Gerhardt, in: FS für Friedrich Weber zum 70. Geburtstag, S. 188

zu stellen und er ist dazu vor dem sofortigen Zugriff der Altgläubiger auf den künftigen Ertrag seiner Arbeitskraft zu bewahren[97]. Diese Aspekte werden jedoch bei einem unbegrenzten Nachforderungsrecht nicht entsprechend berücksichtigt.

c) Die konzentrationshemmende Funktion

Teilweise wird geltend gemacht, die unbeschränkte Haftung wirke der Bildung wirtschaftlicher Macht durch Konzernierungen entgegen, konstituiere die Wettbewerbsordnung[98] und verhindere die Entstehung systemwidriger Marktformen[99]. Soweit dagegen herrschende Unternehmen als Nutznießer der wirtschaftlichen Eingliederung anderer Wirtschaftseinheiten das wirtschaftliche Risiko für den Einsatz der oft erheblichen Vermögenswerte und Produktionskapazitäten nur teilweise tragen müßten, werde eine Machtkonzentration gefördert. Das bedeutet, wenn man für ein neugekauftes Unternehmen vollständig hafte, werde man sich genau überlegen, ob man das Unternehmen kaufen soll. Also wirke die universale Geltung der Haftung gegen die Konzentration[100].

Die beschränkte Haftung beseitige deswegen die freie Konkurrenz, führe zur Bildung von Monopolen, verletze die Rechte aller und schade der Volkswohlfahrt[101].

Ein weiterer Nachteil der Haftungsbeschränkung besteht allerdings darin, daß sie im Bereich der Einzelunternehmen möglicherweise fusionshindernde Wirkung auch dort haben kann, wo die Fusion an sich wünschenswert und wirtschaftlich sinnvoll ist: Wer keine lebenslängliche Schuldverstrickung befürchten muß, kann in Unternehmenskrisen motiviert werden, seinen Betrieb unvernünftig lange aufrechtzuerhalten und auf eine Verbesserung der Ertragslage vertrauen. Damit muß er sich nicht so schnell mit einem markt- und kapitalstärkeren Unternehmen verbinden wie derjenige, der mit einem Totalverlust seiner Existenzgrundlage rechnen muß[102].

---

97 B. Knüllig-Dingeldey, Nachforderungsrecht oder Schuldbefreiung, S. 99

98 Das Risiko (d.h. Haftung) trage dazu bei, die zum Schutz der Freiheit im gesellschaftlichen Raum erforderliche Machtbalance zu erhalten: B. Großfeld, Aktiengesellschaft, Unternehmenskonzentration und Kleinaktionär, S. 105

99 W. Eucken, Grundsätze der Wirtschaftspolitik, S. 280; U. Immenga, Die personalistische Kapitalgesellschaft, S. 118

100 W. Eucken, Grundsätze der Wirtschaftspolitik, S. 280

101 B. Großfeld, Aktiengesellschaft, Unterhehmenskonzentration und Kleinaktionär, S. 106 f.

102 B. Knüllig-Dingeldey, Nachforderungsrecht oder Schuldbefreiung, S. 100

d) Steuerungsfunktion

Die Steuerungsfunktion der unbeschränkten Haftung bestehe darin, die Betroffenen zu vorsichtigem und sorgsamem Wirtschaften anzuhalten, d. h. ihr wirtschaftliches Verhalten zu steuern[103]. Denn die Gefahr, auch mit dem Privatvermögen haften zu müssen, werde den Unternehmer zu vorsichtigerem Einsatz von Kapital sowie zu sorgsamerem Planen und Durchführen von Investitionen, d. h., zu einem risikobewußteren Wirtschaften veranlassen[104].
Die unbeschränkte Haftung warne so den Schuldner vor unsolider Geschäftsvergrößerung, treibe ihn zum vollen Einsatz seiner Kräfte und halte ihn zu sorgfältiger Vertragserfüllung an[105]. Sie wirke insofern prophylaktisch gegen die Gefahr eines Verschleuderns volkswirtschaftlichen Vermögens und zwinge zu vorsichtigem Abtasten der Märkte; damit diene sie nicht nur den Interessen der Gläubiger und Arbeitnehmer, sondern auch denen der Allgemeinheit[106].
Gegen diese Ansicht argumentiert zu Recht Martin Lohmann: Selbst wenn der pädagogische Einfluß der unbeschränkten Haftung auf den Unternehmer wirklich bewirkt, daß er vorsichtiger handelt, führen den Unternehmer die unübersehbaren Wahlmöglichkeiten und die Differenziertheit der Entscheidungen, vor die ihn das moderne Wirtschaftsleben stellt, nicht zwangsläufig zu der gesamtwirtschaftlich richtigen Entscheidung[107].
Abgesehen von dieser Komplexität und Unberechenbarkeit des modernen Wirtschaftslebens[108] werde eine optimale risikobewußte Entscheidungsfindung auch durch eine zunehmende Beteiligung der Arbeitnehmer an der Herrschaft durch Erweiterung der Mitbestimmung behindert, an die jedoch keine Haftungsfolgen geknüpft sind[109]. Dieses Mitbestimmungsrecht könne zur erheblichen Einengung der unternehmerischen Gestaltungsfreiheit führen und den Betriebsinhaber zu einer Entscheidung zwingen,

---

103 Vgl. Hans-P. Ackmann, Schuldbefreiung durch Konkurs?, S. 112; K. Schmidt, ZIP 1980, 233, 238; R. Müller-Erzbach, JZ 1956, 705, 708

104 B. Knüllig-Dingeldey, Nachforderungsrecht oder Schuldbefreiung, S. 88

105 K. Menzinger, Das freie Nachforderungsrecht, S. 103

106 W. Eucken, Grundsätze der Wirtschaftspolitik, S. 280; U. Immenga, Die personalistische Kapitalgesellschaft, S. 118

107 M. Lohmann, AcP 150 (1949), 506, 507

108 Nach Limbach schränkt der durch die Automation, Rationalisierung und Spezialisierung gekennzeichnete wirtschaftliche Entwicklungsprozeß aber nicht nur das Wirkungsfeld der persönlichen Fähigkeiten des Gewerbetreibenden ein, sondern mindert auch dessen persönliche Verantwortlichkeit: J. Limbach, Theorie und Wirklichkeit der GmbH, S. 101; B. Knüllig-Dingeldey, Nachforderungsrecht oder Schuldbefreiung, S. 89

109 Johann G. Helm, ZGR 2 (1973), 478, 482

die nicht seiner eigentlichen Überzeugung entspricht[110]. Diesen Ansichten zufolge ergibt sich, daß die unbegrenzte Haftung dem Unternehmer in wirtschaftlichen Angelegenheiten keine ökonomisch richtige Entscheidung garantiert.
Ferner darf natürlich nicht außer Betracht gelassen werden, daß die unbeschränkte Haftung und die drohende lebenslängliche Schuldverstrickung den Schuldner bei seiner Geschäftsführung möglicherweise zu übertriebener Vorsicht veranlassen können. Gewagtere, nicht vollständig übersehbare und kalkulierbare Vorhaben gewissenhafter Kaufleute dürfen nicht durch solch übertriebene Vorsicht unterdrückt werden, weil die Wirtschaft oft von riskanten und antizyklischen Unternehmensentscheidungen lebt[111].
Gegenüber der These, daß die unbeschränkte Haftung des Gemeinschuldners generell aus Gründen der allgemeinen Prophylaxe erforderlich sei, kann schließlich noch eingewendet werden: Gegenüber der Verlustminimierung als dominierende Handlungsmaxime müßten hiernach auch andere Handlungsmotive berücksichtigt werden, da nämlich unternehmerische Entscheidungen nicht nur auf wirtschaftlichen Gesichtspunkten beruhen, sondern oft auch auf persönlichen Motiven, z. B. die Befriedigung durch Selbstachtung, Sozialprestige, Erfolg, Lust und Zuneigung usw[112].

Als Ergebnis der Erörterungen zeigt sich, daß es trotz der hier dargelegten Funktionen der unbeschränkten Haftung nicht zwingend erscheint, das Nachforderungsrecht aufrecht zu erhalten. Vor diesem Hintergrund soll nun erörtert werden, welche Probleme die unbeschränkte Haftung selbst mit sich bringt.

3. Reformbedürftigkeit des freien Nachforderungsrechts

a) Die freie Nachforderung und menschenwürdige Entfaltungsfreiheit

Wie schon am Anfang dieser Arbeit erörtert wurde, führt der Konkurs nicht zur Haftungsbeschränkung. Auch wer sein gesamtes Vermögen den Gläubigern zur Verfügung gestellt hat, ist nach wie vor bettelarm und haftet noch 30 Jahre lang[113] oder

---

110 B. Knüllig-Dingeldey, Nachforderungsrecht oder Schuldbefreiung, S. 90

111 B. Knüllig-Dingeldey, Nachforderungsrecht oder Schuldbefreiung, S. 91; M. Lohmann, AcP 150 (1945), 506, 507

112 K. Menzinger, Das freie Nachforderungsrecht, S. 105

113 § 218 Abs. 1 S. 2 BGB i. V. m. § 145 Abs. 2 KO, § 164 Abs. 2 KO

darüber hinaus[114] für die unbefriedigt gebliebenen Forderungen. Das bedeutet, daß die Gemeinschuldner häufig lebenslänglich total verschuldet bleiben[115].

Diese lebenslängliche Forthaftung eines Schuldners, die ihn an der Pfändungsfreigrenze[116] und damit auf Sozialhilfeempfängerniveau niederhält[117], verträgt sich nicht leicht mit menschenwürdiger Entfaltungsfreiheit (Art. 1 Abs. 1; 2 Abs. 1 GG). Jedoch rechtfertigt sich der Eingriff (d. h. die Forderungsdurchsetzung) des Gläubigers zwanglos aus den Grundrechten der Gläubiger und ihrer Rechtschutzgewährleistung (Art. 1 Abs. 1, Art. 14 Abs. 1 GG)[118].

Um die Frage, ob dem Schuldner im konkreten Fall ein Neuanfang (also eine Schuldbefreiung) um der Menschenwürde willen ermöglicht werden soll, beantworten zu können, müssen die Grundrechte des Gläubigers und das des Schuldners gegeneinander gewogen werden[119]. Als Ergebnis ergibt sich nach Baur/Stürner: Wo der Schuldner vorsätzlich oder leichtfertig fremde Rechtsgüter verletzt hat, erscheint seine lebenslängliche Forthaftung sinnvoll und vertretbar. Wo aber gewöhnliche Fahrlässigkeit oder gar schicksalshafte Ereignisse die Insolvenz verursacht haben, ist die lebenslängliche Forthaftung mit Art. 1 Abs. 1, 2 Abs. 1 GG vor allem dann schwer zu vereinbaren, wenn der hieraus resultierende Befriedigungseffekt für die Gläubiger denkbar gering ist[120].

b) Ungleichbehandlung von Einzelkaufleuten und Gesellschaftern einer Kapitalgesellschaft bei der nachkonkurslichen Haftung

Für die Reformbedürftigkeit des freien Nachforderungsrechts gem. § 164 Abs. 1 KO könnte die bei der nachkonkurslichen Haftung bestehende Ungleichbehandlung von Gesellschaftern juristischer Personen (AG, GmbH, besonders Einmann-GmbH)

---

114 Vgl. §§ 208, 209 und 217 BGB (die Möglichkeiten der Verjährungsunterbrechung); siehe Fußnote 16 im 1. Kapitel dieser Arbeit

115 H. Heilmann, KTS 1975, 18, 18

116 § 850c ZPO

117 Vgl. Johann G. Helm, ZGR 2 (1973), 478, 483

118 BVerfGE 51, 405, 408

119 Vgl. Baur/Stürner, Bd. II Insolvenzordnung, Rdn. 6.24: Baur/Stürner hat ein Beispiel gezeigt: Der gerade 18-jährige, nicht Haftpflichtversicherte A verursacht mit seinem Fahrrad fahrlässig einen Verkehrsunfall mit zwei querschnittsgelähmten, unterhaltspflichtigen Eltern. Die Regreßhaftung und die Direkthaftung in Millionenhöhe erlauben ihm kein Entrinnen aus dem lebenslänglichen Würgegriff drohender Vollstreckung, obwohl die Gläubiger hiervon nur geringe Vorteile haben.

120 Baur/Stürner, Bd. II Insolvenzordnung, Rdn. 6.24

einerseits und Einzelkaufleuten sowie persönlich haftenden Gesellschaftern einer OHG bzw. KG andererseits sprechen[121].

Da die als juristische Personen organisierten Kapitalgesellschaften durch die Konkurseröffnung aufgelöst werden[122] und nach Ausschüttung der Masse erlöschen[123], existiert nach Konkursbeendigung kein Schuldner mehr, gegen den die Gläubiger ihr Nachforderungsrecht weiter geltend machen können. Dadurch kann die juristische Person faktisch von ihren Schulden befreit werden[124]; Wenn z. B. eine mit dem Einzelkaufmann vergleichbare Einmann-GmbH in Konkurs geht, verliert der Einmanngesellschafter nur das in sein Unternehmen investierte Kapital[125], weil ausschließlich das vom Privatvermögen getrennte Gesellschaftsvermögen für die Verteilung im Konkurs zur Verfügung gestellt wird. Im Gegensatz zu den juristischen Personen haftet der Einzelkaufmann[126] nach Konkursbeendigung auch für die ungetilgt gebliebenen Forderungen seiner Gläubiger gem. § 164 KO weiter[127].

Während dem Einzelkaufmann, der im Konkurs sein Gesamtvermögen verliert, der Aufbau einer neuen wirtschaftlichen Existenz durch das geltende Nachforderungsrecht erheblich erschwert wird, kann der Einmanngesellschafter, der keine weitere Inanspruchnahme durch Altgläubiger befürchten muß, seine Geschäfte wieder aufnehmen, indem er erneut eine GmbH gründet oder als Einzelunternehmer tätig ist[128].

Das bedeutet, die praktisch lebenslange Haftung trifft nur die „biederen Unternehmer", die unter vollem Einsatz ihres Vermögens ihre Geschäfte getätigt haben, oder Privatpersonen, die in Schulden geraten sind, nicht aber die „cleveren Unternehmer", die ihre Geschäfte in Form einer AG, GmbH oder GmbH & Co. KG betreiben und

---

121 Hans-P. Ackmann, Schuldbefreiung durch Konkurs?, S. 3, 120; ders., ZIP 1982, 1266, 1273; H. Arnold, DGVZ 1996, 65, 66

122 Vgl. § 42Abs. 1 BGB, § 262 Abs. 1 Nr. 3 AktG, § 60 Abs. 1 Nr. 4 GmbHG, § 101 GenG; K. Menzinger, Das freie Nachforderungsrecht, S. 16

123 Hans-P. Ackmann, Schuldbefreiung durch Konkurs?, S. 3; E. Jaeger / F. Weber, Konkursordnung, Band II, §§ 207, 208 Anm. 63

124 Vgl. B. Knüllig-Dingeldey, Nachforderungsrecht oder Schuldbefreiung, S. 21; K. Menzinger, Das freie Nachforderungsrecht, S. 16

125 Das Mindeststammkapital der Gesellschaft beträgt fünfzigtausend Deutsche Mark: § 5 Abs. 1 GmbHG

126 Auch die Gesellschafter einer oHG sowie die persönlich haftenden Gesellschafter einer KG: §§ 128, 161 HGB, 212 KO

127 Hans-P. Ackmann, Schuldbefreiung durch Konkurs?, S. 3

128 Die Stellung eines Konkursantrages könne sich deshalb für den in einer entsprechenden Gesellschaftsform tätigen Unternehmer als heilsames Mittel für einen unbeschwerten Neuanfang erweisen: vgl. G. Pape, ZRP 1993, 285, 285; B. Knüllig-Dingeldey, Nachforderungsrecht oder Schuldbefreiung, S. 22

auch dem vielfachen Drängen der Banken auf persönliche Verbürgung widerstanden haben[129].

Dieser eben erörterten Diskrepanz kann zwar der Grundsatz der freien Rechtsformwahl entgegengehalten werden. Jeder Unternehmer kann frei entscheiden, in welcher Rechtsform und infolgedessen mit welchen Vorteilen und Risiken er sein Unternehmen betreiben will. Diesem Einwand ist jedoch mit Ackmann entgegenzutreten. Ackmann hat die für die Rechtsformwahl wesentlichen fünf Entscheidungskriterien, d. h. Leitungsbefugnis, Gewinn- und Verlustrechnung, Fremdkapitalbeschaffung, Steuerbelastung und Aufwendung für die Rechtsform und Publizitätszwang, im Hinblick darauf untersucht, ob der Nachteil, der einem Einzelkaufmann bzw. persönlich haftenden Gesellschafter einer OHG oder KG gerade durch das Nachforderungsrecht nach §164 Abs. 1 KO entsteht, durch andere bereits bei der Rechtsformwahl zu berücksichtigende Vorteile ausgeglichen werden kann[130]. Er hat in dieser Untersuchung zu Recht darauf hingewiesen, daß einzelkaufmännische Betriebe oder Personenhandelsgesellschaften zwar den Nachteil der unbeschränkten persönlichen Haftung tragen, auf der anderen Seite aber bezüglich der Fremdkapitalbeschaffung sowie auf dem Gebiet der steuerlichen Belastung im Verhältnis zur GmbH besser stehen. Da solche Vorteile der Personenunternehmen bei der Fremdkapitalbeschaffung und der Besteuerung durch das Risiko der vollen Haftung mit dem gegenwärtigen Privatvermögen hinreichend ausgeglichen werden können, läßt sich das Nachforderungsrecht in der Tat als nicht gebotene Überkompensation betrachten, und damit erscheint es gerecht, im Konkurs von Einzelkaufleuten und persönlich haftenden Gesellschaftern die Möglichkeit einer Restschuldbefreiung vorzusehen[131].

---

129 H. Heilmann, KTS 1975, 18, 19; K. Menzinger, Das freie Nachforderungsrecht, S. 16; J. Lösch, JA 1994, 44, 47

130 Hans-P. Ackmann, Schuldbefreiung durch Konkurs?, S. 121-125

131 Jedoch unter einer Bedingung: daß den Gläubigern mindestens soviel Haftungsmasse zur Verfügung steht wie das gesetzliche Mindeststammkapital einer GmbH (also 50.000 DM) beträgt, um einem möglichen Mißbrauch vorzubeugen: Hans-P. Ackmann, Schuldbefreiung durch Konkurs?, S. 125 f.; ders., ZIP 1982, 1266, 1273

c) Auswirkung der unbeschränkten Haftung

aa) Auswirkung der unbeschränkten Haftung auf den Schuldner

Nach § 14 Abs. 1 KO dürfen die Konkursgläubiger während der Dauer des Konkursverfahrens auf persönliche Verdienste und anderen Neuerwerb[132] des Gemeinschuldners nicht zugreifen, um dem Gemeinschuldner die Möglichkeit zu geben, eine neue Existenz zu begründen[133]. Diese „Atempause“[134] ist aber zu kurz für den Aufbau einer neuen Existenz und die Schaffung beachtlicher Vermögenswerte, die Haftpotential für die nichtbefriedigten Gläubiger bilden könnten[135], und endet auch wieder, wenn und sobald das Konkursverfahren ohne Zwangsvergleich abgeschlossen wurde. Nunmehr können die Gläubiger, deren Forderungen im Konkursverfahren zur Tabelle festgestellt wurden, 30 Jahre lang gegen den Gemeinschuldner vollstrecken, auch wenn die Forderungen ursprünglich einer kürzeren Verjährungsfrist unterlagen[136]. Infolgedessen sind selbst junge Schuldner häufig bis an ihr Lebensende der Rechtsverfolgung der Konkursgläubiger ausgesetzt[137].
Bei Konkursbeendigung besitzt der Schuldner in der Regel kein Vermögen mehr, in das vollstreckt werden darf, abgesehen davon, daß er inzwischen durch einen Glücksfall (Erbschaften, Lottogewinn, Schenkungen) zu Vermögen gekommen wäre. Daher ist der Aufbau einer neuen wirtschaftlichen Existenzgrundlage nur dadurch möglich, daß der Schuldner sich allmählich wieder emporarbeitet. Hierbei ist jedoch der Fortbestand der alten Forderungen für ihn ein „Klotz am Bein“, der alle Versuche, in den früheren Zustand zurückzugelangen, erschwert[138].

Ein häufiger Versuch, der nachkonkurslichen Haftung dadurch zu entgehen, daß der überschuldete Ehemann sein Handelsgeschäft seiner Frau überträgt und als ihr Angestellter ein unter der Pfändungsgrenze liegendes Gehalt erhält, dabei aber an den Gewinnen teilhat, wird durch § 850h ZPO (Verschleiertes Arbeitseinkommen) verhindert. Denn gem. § 850h Abs. 2 ZPO gilt im Verhältnis des Gläubigers zu dem

---

132 Also dasjenige Vermögen des Gemeinschuldners, das mangels Pfändbarkeit zum Zeitpunkt der Konkurseröffnung oder aufgrund späteren Erwerbs nicht zur Konkursmasse gehört: H. Hess, Kommentar zur Konkursordnung, § 14, Rdn. 1

133 E. Jaeger / W. Henckel, Konkursordnung (Großkommentar), § 14, Rdn. 2

134 Hans Heilmann hat so genannt, KTS 1975, 18, 20

135 B. Knüllig-Dingeldey, Nachforderungsrecht oder Schuldbefreiung, S. 16 f.

136 H. Heilmann, KTS 1975, 18, 20 f.; auch W. Uhlenbruck, WiB 1994, 849, 856; vgl. § 218 Abs. 1 S. 2 BGB i. V. m. § 145 Abs. 2 KO

137 BT-Drucksache 12/2443, S. 81; J. Kraemer, Das neue Insolvenzrecht, S. 26

138 O. Jauernig, Zwangsvollstreckungs- und Insolvenzrecht, § 57, II (20. Aufl., 1996, S. 246)

Empfänger der Arbeits- und Dienstleistungen eine angemessene Vergütung als geschuldet[139].

Da durch das Konkursrecht dem Schuldner ein Neuanfang erheblich erschwert[140], wenn nicht ganz unmöglich gemacht wird, könnte jener versuchen, das Vermögen von vornherein dem Gläubigerzugriff zu entziehen; sei es durch die unmittelbare Zuwendung des Vermögens an Familienangehörige, sei es durch einen Transfer ins Ausland, sofern er die Restschulden nicht in relativ kurzer Zeit ganz abtragen kann[141]. Ein anderer „vermeintlicher Ausweg" besteht freilich noch im Abtauchen in die Schattenwirtschaft oder in die Schwarzarbeit[142].

Außerdem kann der Gemeinschuldner seinen Verdienst auch an den Pfändungsfreigrenzen orientieren, d. h. er arbeitet und verdient genau soviel, daß ihm seine Einkünfte komplett verbleiben[143]. Das würde gleichzeitig bedeuten, daß der Schuldner sowohl als Steuerzahler als auch als Verbraucher weitergehend hinter seinen tatsächlichen Möglichkeiten zurückbliebe (Steuerausfälle und Ausfälle in der Konsumgüternachfrage)[144]. Zum anderen kann dadurch auch die selbstverantwortliche Teilnahme am Wirtschaftsleben, z. B. die Gründung eines neuen Unternehmens, gravierend verhindert werden. Auf die Verluste für die gesamte Wirtschaft braucht angesichts dessen nicht mehr ausdrücklich aufmerksam gemacht zu werden[145].

bb) Auswirkung der unbeschränkten Haftung auf die Gläubiger

Wie oben gezeigt, werden heute über zwei Drittel aller Konkurse mangels Masse erst gar nicht eröffnet oder sie werden später eingestellt. Ein nicht geringer Teil derartiger Massearmut könnte dadurch bedingt sein, daß der persönlich haftende Gemeinschuldner dem Schuldenzuwachs bis zum bitteren Ende seinen Lauf läßt[146]. Denn die lebenslängliche Weiterhaftung des Gemeinschuldners für nicht befriedigte Forde-

---

139 B. Knüllig-Dingeldey, Nachforderungsrecht oder Schuldbefreiung, S. 18

140 H. Heilmann, KTS 1975, 18, 21

141 B. Knüllig-Dingeldey, Nachforderungsrecht oder Schuldbefreiung, S. 19; Hans-P. Ackmann, Schuldbefreiung durch Konkurs?, S. 115; F. Wenzel, DGVZ 1993, 81, 82

142 BT-Drucksache 12/2443, S. 81; W. Uhlenbruck, WiB 1994, 849, 856; F. Wenzel, ZIP 1991, 425, 426; ders., DGVZ 1993, 81, 82; R. Schmidt-Räntsch, in: FS für Hans Hanisch, S. 219

143 Vgl. G. Streit, Kartenzahlung und Verbraucherverschuldung, S. 134

144 Hans-P. Ackmann, ZIP 1982, 1266, 1272; S. Smid, AnwBl 1992, 154, 158; ders., in: Smid/Zeuner-Gesamtvollstreckungsordnung, § 18, Rdn. 30

145 Hans-P. Ackmann, ZIP 1982, 1266, 1272: Ackmann hat weiter erörtert : Allerdings müsse auch hier vor einer einseitigen Sicht gewarnt werden. Denn es liege keineswegs ganz fern, daß die Lähmung des ehemaligen Gemeinschuldners auch die Erwirtschaftung neuer Verluste und damit die Schädigung weiterer Gläubiger verhindert.

146 Vgl. K. Menzinger, Das freie Nachforderungsrecht, S. 51

rungen läßt ein Konkursverfahren für den betroffenen Schuldner in keiner Weise attraktiv erscheinen[147] und gewährt ihm damit keinen Anreiz zur rechtzeitigen Stellung des Konkursantrages[148].
Durch diese Verschleppung des Konkurses aber besteht die Gefahr, daß die Konkursquote gemindert wird, sofern eine Konkurseröffnung wegen Masselosigkeit nicht ohnehin entfällt. Damit aber werden die Befriedigungschancen insgesamt gemindert, da höhere Konkursquoten durch rechtzeitige Eröffnung des Konkurses in der Praxis größere Befriedigungschancen bieten können als das freie Nachforderungsrecht nach einem mehr oder minder masselosen Konkurs[149].
Auch nach Konkursbeendigung kann das Nachforderungsrecht der Gläubiger die Situation der Gläubiger negativ beeinflussen. Das bedeutet, daß nach Aufhebung des Konkursverfahrens alle unbefriedigten Konkursgläubiger, einerlei, ob sie Alt- oder Neugläubiger, Kredit- oder Deliktsgläubiger sind, gleichermaßen kämpfen müssen, um aus dem verbliebenen Schuldnervermögen, im wesentlichen also aus den vom Schuldner seit Konkurseröffnung neu erworbenen Vermögenswerten, befriedigt zu werden. Dieses Konkurrenzproblem könnte nur durch ein erneutes Konkursverfahren vermieden werden. Die Eröffnung eines derartigen Verfahrens müßte allerdings gem. § 107 Abs. 1 KO mangels Masse abgewiesen werden[150].
Bei solcher das Prioritätsprinzip[151] beherrschenden Einzelzwangsvollstreckung konkurrieren die Neugläubiger, deren Ansprüche nach Konkurseröffnung begründet wurden und Unterhaltsgläubiger[152] mit den anderen im Konkursverfahren wenigstens zum Teil befriedigten Gläubigern. Insbesondere für die auf die Unterhaltsleistungen des Schuldners existentiell angewiesenen Gläubiger können das Nachforderungsrecht und die Vollstreckungsmöglichkeiten der Altgläubiger eine erhebliche Härte bedeuten[153].

Zusammengefaßt ergibt sich folgendes: Abgesehen von dem Nachteil für den Gemeinschuldner wirkt sich die unbegrenzte Weiterhaftung sowohl für Gläubiger als auch für

---

147 Vgl. F. Wenzel, DGVZ 1993, 81, 82

148 Vgl. E. Stoldt, KTS 1967, 193, 198; B. Knüllig-Dingeldey, Nachforderungsrecht oder Schuldbefreiung, S. 20; H. Heilmann, KTS 1975, 18, 21

149 K. Menzinger, Das freie Nachforderungsrecht, S. 52

150 K. Menzinger, Das freie Nachforderungsrecht, S. 53 f.; B. Knüllig-Dingeldey, Nachforderungsrecht oder Schuldbefreiung, S. 20

151 Vgl. § 804 Abs. 3 ZPO

152 Gemäß § 3 Abs. 2 KO sind die Unterhaltsgläubiger grundsätzlich nur bezüglich der bis zum Zeitpunkt der Konkurseröffnung fällig gewordenen Unterhaltsansprüche Konkursgläubiger: B. Knüllig-Dingeldey, Nachforderungsrecht oder Schuldbefreiung, S. 20

153 B. Knüllig-Dingeldey, Nachforderungsrecht oder Schuldbefreiung, S. 21

die Gesamtwirtschaft negativ aus, sofern der Schuldner wegen der Restschulden keinen Anreiz mehr hat, sich wieder emporzuarbeiten[154]. Das gilt nicht zuletzt in Fällen, in denen der Restschuldenberg sehr hoch ist.
In diesen Fällen können die Restforderungen der Gläubiger fast nicht mehr getilgt werden, während der Schuldner zugleich in vermindertem Maße am Wirtschaftsleben teilnimmt[155]. Berücksichtigt man, daß der Konkurs durch überraschende Entwicklungen in der Wirtschaft ohne Verschulden des Schuldners herbeigeführt worden sein kann, ist die lebenslang dauernde unbeschränkte Haftung des Gemeinschuldners ungerecht und unsozial[156].

III Restschuldbefreiung in der neuen Insolvenzordnung

§ 1 Satz 2 der neuen Insolvenzordnung nennt als weiteres Ziel des Insolvenzverfahrens neben der gemeinschaftlichen Befriedigung der Gläubiger die Verschaffung einer Möglichkeit für den redlichen Schuldner[157], sich bei Abschluß des Verfahrens von seinen restlichen, d. h. nach Beendigung des Insolvenzverfahrens verbliebenen, Verbindlichkeiten zu befreien und wirtschaftlich neu anzufangen[158]. Um den Schuldner vor den Folgen der Rechtsunkenntnis über die Chance der Restschuldbefreiung zu schützen, ist der Schuldner schon bei der Eröffnung des Insolvenzverfahrens darauf hinzuweisen, daß er nach Maßgabe der §§ 286 bis 303 InsO Restschuldbefreiung erlangen kann (§ 30 Abs. 3 InsO)[159].
Zur Herbeiführung einer Entschuldung bietet die neue Insolvenzordnung drei selbständige und nebeneinander stehende Formen[160]:

1. Der an die Stelle des bisherigen Vergleichsverfahrens nach der Vergleichsordnung und des Zwangsvergleichs nach §§ 173 ff. KO tretende Insolvenzplan[161] gemäß

---

154 Vgl. G. Pape, ZRP 1993, 285, 285 f.

155 Hans-P. Ackmann, Schuldbefreiung durch Konkurs?, S. 116

156 Vgl. H. Heilmann, KTS 1975, 18, 18 f.; R. Schmidt-Räntsch, in: FS für Hans Hanisch, S. 218

157 Die Begründung zum Entwurf der Insolvenzordnung enthält keine näheren Angaben darüber, welche Voraussetzungen für die Redlichkeit bestehen: J. Lösch, JA 1994, 44, 47

158 Vgl. S. Smid, in: Smid/Zeuner-Gesamtvollstreckungsordnung, § 18, Rdn. 30; BT-Drucksache 12/2443, S. 108 f.; F. Wenzel, ZRP 1993, 161, 163

159 BT-Drucksache 12/2443, S. 120, Begründung zu § 37 RegE der InsO; vgl. G. Streit, Kartenzahlung und Verbraucherverschuldung, S. 137

160 Vgl. H. Arnold, DGVZ 1996, 65, 66

161 Vgl. R. Bork, ZZP 109 (1996), 473, 473; H. Prütting, in: FS für Wolfram Henckel, S. 671; Hans-G. Landfermann, BB 1995, 1649, 1654

§§ 217 bis 269 InsO, der eine einvernehmliche Schuldenbereinigung zwischen dem Schuldner und den Gläubigern ermöglicht[162].

2. Die Restschuldbefreiung nach den allgemeinen Regelungen der §§ 286 bis 303 InsO, die sog. *gesetzliche Restschuldbefreiung*, nach der es redlichen Schuldnern möglich ist, im Anschluß an ein Insolvenzverfahren nach Durchlaufen einer sogenannten siebenjährigen Wohlverhaltensperiode von ihren Schulden befreit zu werden[163].
3. Das Verbraucherinsolvenzverfahren mit Schuldenbereinigungsplan gemäß §§ 304 bis 314 InsO.

Von den Regelungen der Restschuldbefreiung verspricht sich der Gesetzgeber, wie es in der allgemeinen Begründung heißt, Anreiz zur rechtzeitigen Antragstellung und zur korrekten Abwicklung des Insolvenzverfahrens. Damit dienen diese Regelungen nicht nur dem Interesse des Schuldners, sondern auch der Gläubiger[164].

1. Insolvenzplan

a) Einleitung

Jeder Schuldner kann gem. §§ 1, 217 ff. InsO auf der Grundlage eines Insolvenzplans privatautonom Tilgungspläne mit den Gläubigern vereinbaren. In einem Insolvenzplan können also z. B. die Befriedigung der absonderungsberechtigten Gläubiger und der Insolvenzgläubiger, die Verwertung der Insolvenzmasse und deren Verteilung an die Beteiligten sowie die Haftung des Schuldners nach der Beendigung des Insolvenzverfahrens abweichend von den Vorschriften der Insolvenzordnung flexibel und wirtschaftlich effektiv[165] geregelt werden (vgl. § 217 InsO). Eine derartige Vereinbarungsmöglichkeit kommt besonders für die Schuldner in Betracht, für die eine

---

162 BT-Drucksache 12/2443, S. 188

163 Vgl. F. Wenzel, ZRP 1993, 161, 163; Baur/Stürner, Bd. II Insolvenzordnung, Rdn. 6.24

164 BT-Drucksache 12/2443, S. 101

165 E. Pick, NJW 1995, 992, 995; Hans-G. Landfermann, BB 1995, 1649, 1654

gesetzliche Restschuldbefreiung gemäß §§ 286 bis 303 InsO wegen des Einzelfalls[166] oder wegen ihrer strengen Anforderungen als ungünstig oder beschwerlich erscheint[167]. Eine solche privatautonome Bewältigung der Insolvenz erfolgt im Gegensatz zu früher, als es die getrennten Verfahren nach Vergleichsordnung und Konkursordnung gab, nicht mehr in einem eigenständigen Verfahren, sondern im Rahmen eines einheitlichen Insolvenzverfahrens[168]. Deswegen setzt auch das Planverfahren die Eröffnung des (einheitlichen) Insolvenzverfahrens voraus; Eröffnungsgründe sind Zahlungsunfähigkeit als allgemeiner Eröffnungsgrund (§ 17 InsO), drohende Zahlungsunfähigkeit bei Antrag des Schuldners (§ 18 InsO) und Überschuldung bei einer juristischen Person (§ 19 InsO)[169]. Im Eröffnungsbeschluß bestimmt das Insolvenzgericht Berichtstermin[170] und Prüfungstermin[171] (§ 29 Abs. 1 InsO). Ab dem Berichtstermin des Insolvenzverfahrens können die Verwertung und Verteilung des Schuldnervermögens entweder durch die gesetzlichen Vorschriften über die Zwangsverwertung und Zwangsverteilung oder durch Insolvenzplan vorgenommen werden[172].

Wie oben bereits erwähnt, ist einer der wichtigsten Zwecke eines solchen Schuldenregulierungsplans die Restschuldbefreiung; ist im Insolvenzplan nichts anderes bestimmt, wird der Schuldner mit der im „gestaltenden Teil“[173] vorgesehenen Befriedigung der Insolvenzgläubiger von seinen restlichen Verbindlichkeiten befreit (§ 227 Abs.1 InsO). Jedoch ist diese Restschuldbefreiung nicht an die Voraussetzungen der gesetzlichen Restschuldbefreiungsregelungen (§§ 296 - 303 InsO) gebunden[174]. Anknüpfend an das im US-amerikanischen Recht praktizierte

---

166 Denkbar ist, daß ein Schuldner, der ein besonderes Interesse daran hat, daß ein bestimmter Vermögensgegenstand im Insolvenzverfahren nicht verwertet wird, sich im Gegenzug zu besonderen Leistungen während einer vereinbarten Tilgungszeit verpflichtet: F. Wenzel, ZRP 1993, 161, 162

167 Vgl. S. Smid, BB 1992, 501, 509; M. Balz, ZIP 1988, 273, 293; H. Prütting, in: FS für Wolfram Henckel, S. 671

168 Vgl. R. Bork, ZZP 109 (1996), 473, 473

169 Vgl. A. Burger / B. Schellberg, BB 1995, 261 ff.; BMJ, Erster Bericht der Kommission für Insolvenzrecht, S. 108 ff.; A. Burger, DB 1992, 2149 ff.; W. Uhlenbruck, KTS 1986, 27 ff.; H. Hess, FLF 1995, 8 ff.; Karl-H. Jäger, DB 1986, 1441 ff.; auch W. Vonnemann, Die Feststellung der Überschuldung, S. 3; M. App, DGVZ 1990, 33, 35

170 Termin für eine Gläubigerversammlung, in der auf der Grundlage eines Berichts des Insolvenzverwalters über den Fortgang des Insolvenzverfahrens beschlossen wird (§ 29 Abs. 1 Nr. 1 InsO)

171 Termin für eine Gläubigerversammlung, in der die angemeldeten Forderungen geprüft werden (§ 29 Abs. 1 Nr. 2 InsO)

172 A. Burger / B. Schellberg, DB 1994, 1833, 1833 f.: Im Verfahren des Insolvenzplans gibt es noch drei Möglichkeiten: Liquidationsplan (Insolvenzplan als Grundlage einer Liquidation), Übertragungsplan und Sanierungsplan; auch R. Bork, Einführung in das neue Insolvenzrecht, Rdn. 312; M. Balz, ZIP 1988, 273, 285: „Der Plan ist ein universelles Instrument der Masseverwertung, nicht nur der Sanierung.“

173 § 221 InsO

174 W. Uhlenbruck, DGVZ 1992, 33, 38

Reorganisationsverfahren[175] verlangt die Insolvenzordnung nach dem Grundsatz der Gläubigerautonomie[176] für das Zustandekommen eines Insolvenzplans weder Redlichkeit des Schuldners[177] noch Mindestbefriedigungsquoten[178].

b) Aufstellung des Insolvenzplans

Bis zum Schlußtermin (§ 197 InsO) können der Schuldner und der Insolvenzverwalter einen Insolvenzplan an das Insolvenzgericht vorlegen (§ 218 Abs. 1 InsO)[179]. Der Insolvenzverwalter kann außerdem auch im Auftrag der Gläubigerversammlung einen Plan ausarbeiten (§ 218 Abs. 2 InsO). Legt der Schuldner den Plan vor, kann er mit dem Antrag auf Eröffnung des Insolvenzverfahrens verbunden werden.
Der Insolvenzplan besteht bei „größeren Insolvenzen"[180] aus dem „darstellenden Teil", der das grundlegende Sanierungskonzept des Planvorschlags darstellt[181], und dem „gestaltenden Teil", der die Rechtsänderungen, die durch die Bestätigung des Plans konstitutiv verwirklicht werden sollen[182], enthält (vgl. §§ 219 ff. InsO). Diese Aufgliederung soll die Information aller Beteiligten gewährleisten, damit eine klare Grundlage für die Entscheidung über die Annahme des vorgeschlagenen Insolvenzplans besteht[183].

---

175 Hans-G. Landfermann, Bankrechtstag 1992, S. 123; E. Pick, NJW 1995, 992, 995; A. Flessner, Sanierung und Reorganisation, S. 33 ff.; weitere Literatur, siehe R. Bork, ZZP 109 (1996), 473, 473, Fußnote 2

176 S. Smid, BB 1992, 501, 510; siehe auch J. Lösch, JA 1994, 44. 44 ff.

177 F. Wenzel, ZRP 1993, 161, 162; BT-Drucksache 12/2443, S. 194; weil die Gläubiger entscheiden können, ob eine „planmäßige" Schuldbefreiung des Schuldners in ihrem Interesse liegt: vgl. W. Uhlenbruck, DGVZ 1992, 33, 38; M. Balz, FLF 1989, 16, 18

178 Vgl. E. Pick, NJW 1995, 992, 994 f.

179 R. Stürner sieht das Initiativrecht des Insolvenzverwalters zur Vorlage eines Insolvenzplans als entbehrlich an: R. Stürner, in: Insolvenzrecht im Umbruch, S. 42; dagegen siehe W. Henckel, KTS 1989, 477, 491; M. Balz, ZIP 1988, 273, 285

180 Bei einer Kleininsolvenz wäre die Aufgliederung des Plans dagegen meist ein unnötiger Aufwand. Deswegen hat eigentlich § 257 Abs. 2 RegE der InsO in einem solchen Fall den Verzicht auf den „darstellenden Teil" zugelassen. Dieser Absatz 2 wurde nachträglich gestrichen, weil bei Kleinverfahren an die Stelle des Insolvenzplans der Schuldenbereinigungsplan treten soll (§§ 304 ff. InsO). Vgl. BT-Drucksache 12/2443, S. 197, Begründung zu 257 RegE der InsO; BT-Drucksache 12/7302, S. 182, Begründung zu § 257 des Vorschlags des Rechtsausschusses

181 R. Bork, ZZP 109 (1996), 473, 475; der darstellende Teil des Insolvenzplans soll alle Angaben zu den Grundlagen und Auswirkungen des Plans, die für die Entscheidung der Gläubiger über die Zustimmung des Plans und für die gerichtliche Bestätigung erheblich sind, enthalten (§ 220 Abs. 2 InsO).

182 Vgl. BT-Drucksache 12/2443, S. 197 und 199, Begründung zu § 258 und § 264 RegE der InsO; A. Burger / B. Schellberg, DB 1994, 1833, 1834 f.

183 R. Bork, ZZP 109 (1996), 473, 475

Bei der Festlegung der Rechte der Beteiligten im Insolvenzplan sind Gruppen zu bilden. Dabei werden alle Gläubiger mit gleicher Rechtsstellung im Plan in der Regel der gleichen Gruppe zugewiesen und gleich behandelt, in den Gruppen werden Gläubiger mit gleichartigen wirtschaftlichen Interessen zusammengefaßt (§§ 222, 226 Abs. 1 InsO)[184]. Gläubiger mit Absonderungsrechten, einfache Insolvenzgläubiger und nachrangige Insolvenzgläubiger bilden stets eine besondere Gruppe. Auch Kleingläubiger können als eine besondere Gruppe behandelt werden[185].
Wird der Insolvenzplan vom Insolvenzgericht nicht z. B. wegen eines unbehebbaren Mangels oder wegen fehlender Aussicht auf Annahme durch die Gläubiger von Amts wegen zurückgewiesen (vgl. § 231 Abs. 1 InsO)[186], leitet das Insolvenzgericht ihn zur Stellungnahme den Beteiligten[187] zu (§ 232 Abs. 1 InsO). Zu berücksichtigen ist hierbei, daß dem Plan durch den Fortgang der Verwertung die tatsächliche Grundlage entzogen werden kann[188]. Deshalb wird dem Schuldner und dem Verwalter das Recht eingeräumt, eine Anordnung des Insolvenzgerichts über die Aussetzung der Verwertung und Verteilung zu beantragen (§ 233 S. 1 InsO). Das Gericht sieht von der Aussetzung ab oder hebt sie auf, soweit mit ihr die Gefahr erheblicher Nachteile für die Masse verbunden ist oder soweit der Verwalter mit Zustimmung des Gläubigerausschusses oder der Gläubigerversammlung die Fortsetzung der Verwertung und Verteilung beantragt (§ 233 S. 2 InsO).

c) Annahme und Bestätigung des Insolvenzplans

Zur Annahme des Insolvenzplans ist die Zustimmung des Schuldners und die Mehrheit der Gläubiger erforderlich. Der Schuldner kann dem Plan bis zum Abstimmungstermin schriftlich oder zu Protokoll der Geschäftsstelle widersprechen (§ 247 Abs. 1 InsO).

> Die neue Insolvenzordnung teilt den Vergleichstermin des geltenden Rechts (§§ 66 VerglO, 179 KO) in zwei Termine auf. Dies sind der Erörterung- und der Abstimmungstermin. Der Erörterungstermin dient der Erläuterung des Plans durch den Insolvenzverwalter bzw. Schuldner[189]. In diesem Termin kann der Vorlegende einzelne Regelungen des Insolvenzplans

---

184 BT-Drucksache 12/7302, S. 182, Begründung zu § 265 des Vorschlags des Rechtsausschusses

185 § 222 Abs. 1 und 3 InsO

186 Wegen der Möglichkeit der erheblichen Verfahrensverzögerungen (vgl. § 231 Abs. 3 InsO) kritisiert W. Henckel die Vorprüfung des Insolvenzplans durch das Gericht: W. Henckel, KTS 1989, 477, 490

187 Also dem Gläubigerausschuß, wenn ein solcher bestellt ist, dem Betriebsrat, dem Sprecherausschuß der leitenden Angestellten und dem Schuldner bzw. Verwalter (§ 232 Abs. 1 InsO)

188 BT-Drucksache 12/2443, S. 204, Begründung zu § 277 RegE der InsO; § 233 Abs. 1 InsO

189 Vgl. BT-Drucksache 12/2443, S. 206, Begründung zu § 279 RegE der InsO

auf Grund der Verhandlungen inhaltlich ändern (§ 240 InsO) und die Grundlagen für die endgültige Entscheidung der Beteiligten geschaffen werden[190]. Anschließend erfolgt der Abstimmungstermin, der Klarheit über die Annahme des Plans bringt. Die beide Termine dürfen nicht vor dem Prüfungstermin stattfinden, weil die Beurteilung, ob die im Plan vorgesehene Gestaltung der Rechte der Beteiligten sachgerecht ist, ohne Ergebnisse des Prüfungstermins fast unmöglich ist[191]. Die beiden Termine können jedoch verbunden werden (§ 236 S. 2 InsO).

Der Widerspruch des Schuldners gegen den Plan kann unberücksichtigt bleiben, wenn er durch den Plan nicht schlechter gestellt wird, als er ohne einen Plan stünde[192] und außerdem kein Gläubiger einen wirtschaftlichen Wert erhält, der den vollen Betrag seines Anspruchs übersteigt (§ 247 Abs. 2 InsO). Das bedeutet, daß im Fall der wirtschaftlichen Gleichstellung mit dem Fall der Liquidation der Schuldner einen Vergleichsvorschlag seitens der Gläubiger ohne Rücksicht auf seinen Willen akzeptieren muß. Es besteht hierbei ein erhebliches Bedenken, ob der Schuldner bei einem solchen erzwungenen Vergleich tatsächlich alles versuchen wird, um den Insolvenzplan zu erfüllen.

Die Gläubiger stimmen über den Plan in Gruppen gesondert ab[193]. Hierbei ist es zur Annahme des Insolvenzplans erforderlich, daß der Plan in jeder Gruppe die Kopfmehrheit der abstimmenden Gläubiger und die Summenmehrheit der Forderungen aller abstimmenden Gruppenmitglieder erhält (§ 244 Abs. 1 InsO)[194]. Durch diese Abstimmung kann der Plan als Regelungsgrundlage legitimiert werden[195].

Auch wenn in einer Abstimmungsgruppe die erforderlichen Mehrheiten nicht erreicht worden sind, kann die Zustimmung dieser Gruppe als erteilt angesehen werden, wenn die Gläubiger dieser Gruppe durch den Insolvenzplan mindestens den Liquidationswert ihrer Rechte erhalten (Werterhaltungsprinzip) und an einem etwaigen Fortführungsmehrwert auf der Grundlage des Plans angemessen[196] beteiligt werden (Gleich-

---

190 BT-Drucksache 12/2443, S. 206, Begründung zu § 279 RegE der InsO; E. Pick, NJW 1995, 992, 996

191 § 236 S. 1 InsO; BT-Drucksache 12/2443, S. 206, Begründung zu § 280 RegE der InsO

192 Das bedeutet insbesondere, daß ihn gegen seinen Willen keine weitergehende Nachhaftung trfft als im Falle einer konkursmäßigen Zwangsverwertung: M. Balz, FLF 1989, 16, 18; auch BT-Drucksache 12/2443, S. 210, Begründung zu § 293 RegE der InsO

193 § 243 InsO

194 Vgl. W. Uhlenbruck, WiB 1994, 849, 854

195 R. Bork, ZZP 109 (1996), 473, 478

196 Eine angemessene Beteiligung der Gläubiger einer Gruppe liegt vor, wenn nach dem Plan erstens kein anderer Gläubiger wirtschaftliche Werte erhält, die den vollen Betrag seines Anspruchs übersteigen, zweitens weder ein Gläubiger, der ohne einen Plan mit Nachrang gegenüber den Gläubigern der Gruppe zu befriedigen wäre, noch der Schuldner oder eine an ihm beteiligte Person einen wirtschaftlichen Wert erhält und drittens kein Gläubiger, der ohne einen Plan

behandlungsprinzip)[197]. Gleichzeitig muß die Mehrheit der abstimmenden Gruppen dem Plan mit den erforderlichen Mehrheiten zugestimmt haben (§ 245 Abs. 1 InsO). Das „Obstruktionsverbot" nach § 245 InsO soll verhindern, daß ein wirtschaftlich sinnvoller und die Gläubigerinteressen wahrender Plan durch einen Widerstand einzelner Gläubiger scheitert[198]. Nach der Begründung zum Entwurf der Insolvenzordnung besteht unter den gerade erörterten drei Bedingungen des § 245 Abs. 1 InsO kein vernünftiger Grund dafür, daß eine Gruppe einem von anderen Gläubigern gewünschten Plan widerspricht[199]. Bezüglich der Planannahme und Planbestätigung ist aber immer zu beachten, daß der Wertvergleich zwischen Liquidationswert und Planwert schwerlich praktikabel ist und stets hypothetische Prognoseelemente und Wertungen einschließt und deswegen der Barwert der Liquidation dem sachgerecht verzinsten gestundeten Wert des Plans nicht gleichstehen kann[200]. Ferner kann der Streit um mögliche „Obstruktionen" nach § 245 InsO zu erheblichen Verzögerungen des Verfahrens führen[201].

Nach der Annahme des Insolvenzplans bedarf der Plan noch der Bestätigung[202] durch das Insolvenzgericht (§ 248 Abs. 1 InsO), also durch den Rechtspfleger (Art. 14 Nr. 5 EGInsO).

d) Wirkung des bestätigten Plans

Die Wirkungen des Insolvenzplans ergeben sich in erster Linie aus dem Plan, d. h., aus dem gestaltenden Teil des rechtskräftig bestätigten Insolvenzplans selbst[203]. Gemäß § 254 Abs. 1 S. 1 und 3 InsO wirkt der Plan für und gegen alle Beteiligten, also auch für solche Insolvenzgläubiger, die ihre Forderung nicht angemeldet haben und auch für Beteiligte, die dem Plan widersprochen haben[204]. Unberührt bleiben die Ansprüche der

---

gleichrangig mit den Gläubigern der Gruppe zu befriedigen wäre, besser gestellt wird als diese Gläubiger (§ 245 Abs. 2 InsO).

197 Vgl. M. Balz, ZIP 1988, 273, 287; R. Bork, ZZP 109 (1996), 473, 478

198 BT-Drucksache 12/7302, S. 184, Begründung zu § 290 RegE der InsO; R. Bork, ZZP 109 (1996), 473, 478; dazu ablehnend R. Stürner, in: Insolvenzrecht im Umbruch, S. 47 und 49

199 BT-Drucksache 12/2443, S. 208, Begründung zu § 290 RegE der InsO

200 R. Stürner, in: Insolvenzrecht im Umbruch, S. 46; Baur/Stürner, Bd. II Insolvenzordnung, Rdn. 4.47; R. Bork, ZZP 109 (1996), 473, 486; W. Henckel, KTS 1989, 477, 492

201 S. Smid, BB 1992, 501, 510

202 Die Bestätigung des Insolvenzplans kann wegen des *Minderheitenschutzes* auf Antrag eines Gläubigers versagt werden, wenn ein überstimmter Gläubiger spätestens im Abstimmungstermin dem Plan widersprochen hat und glaubhaft macht, daß er durch den Plan schlechter gestellt wird, als er ohne diesen stünde (§ 251 InsO)

203 R. Bork, in: Insolvenzrecht im Umbruch, S. 51

204 Vgl. W. Uhlenbruck, WiB 1994, 849, 854

Gläubiger gegen Mitschuldner und Bürgen des Schuldners sowie dingliche Sicherungsrechte (einschließlich einer Vormerkung) am Vermögen Dritter (§ 254 Abs. 2 InsO)[205].

Nach der rechtskräftigen Bestätigung des Insolvenzplans hebt das Insolvenzgericht das Insolvenzverfahren durch Beschluß[206] auf (§ 258 Abs. 1 InsO). Damit erlöschen grundsätzlich die Ämter des Insolvenzverwalters und der Mitglieder des Gläubigerausschusses und der Schuldner erhält das Recht zurück, über die Insolvenzmasse frei zu verfügen (§ 259 Abs. 1 InsO). Die Planerfüllung des Schuldners erfolgt also außerhalb des Insolvenzverfahrens. Damit ist es nicht möglich, dieses beim Scheitern des Planes wieder fortlaufen zu lassen[207]. Falls hierbei über das Vermögen des Schuldners kein neues Insolvenzverfahren eröffnet wird, können die Insolvenzgläubiger, deren Forderungen festgestellt[208] und nicht vom Schuldner im Prüfungstermin bestritten worden sind, aus dem rechtskräftig bestätigten Insolvenzplan in Verbindung mit der Eintragung in die Tabelle wie aus einem vollstreckbaren Urteil die Zwangsvollstreckung gegen den Schuldner betreiben (§ 257 Abs. 1 InsO). In diesem Fall sind Stundungen oder Erlasse, die auf Grund des gestaltenden Teil des Insolvenzplans gewährt worden sind, für alle Insolvenzgläubiger hinfällig (§ 255 Abs. 1, 2 InsO)[209].

e) Überwachung der Planerfüllung

Die Erfüllung des Plans wird nach der Aufhebung des Insolvenzverfahrens durch den Insolvenzverwalter auf Kosten des Schuldners (§ 269 InsO) überwacht, wenn der gestaltende Teil des Plans dies vorsieht[210]. Die Überwachung ist z. B. für den Fall sinnvoll, daß nach dem Plan der Schuldner sein Unternehmen fortführt und die Gläubiger aus den Erträgen befriedigt werden sollen[211]. Die Ämter des Verwalters und der Mitglieder des Gläubigerausschusses und die Aufsicht des Insolvenzgerichts über

---

205 R. Bork, in: Insolvenzrecht im Umbruch, S. 52

206 Ein förmlicher Aufhebungsbeschluß ist erforderlich, um das Ende der Verfahrenswirkungen zweifelsfrei zu bestimmen: R. Bork, in: Insolvenzrecht im Umbruch, S. 57; § 258 Abs. 3 InsO

207 R. Bork, in: Insolvenzrecht im Umbruch, S. 57

208 Die also weder vom Insolvenzverwalter noch von einem Insolvenzgläubiger bestritten worden sind: BT-Drucksache 12/2443, S. 214, Begründung zu § 304 RegE der InsO

209 Im Fall des erheblichen Rückstands der Planerfüllung (vgl. § 255 Abs. 1 S. 2 InsO) werden Stundung und Erlaß nur für den betroffenen Gläubiger hinfällig (§ 255 Ab.s 1 S. 1 InsO): „Wiederauflebensklausel"; vgl. auch R. Bork, Einführung in das neue Insolvenzrecht, Rdn. 347

210 §§ 260 Abs. 1und 2, 261 Abs. 1 InsO

211 BT-Drucksache 12/2443, S. 215, Begründung zu § 307 RegE der InsO

den Verwalter bestehen insoweit fort (§ 261 Abs. 1 InsO). Der Insolvenzverwalter ist aber in der Regel nur zu einer beobachtenden Kontrolle befugt[212]. Diesbezüglich ist zu beachten, daß nach § 263 S. 1 InsO im gestaltenden Teil des Insolvenzplans vorgesehen werden kann, daß während der Zeit der Überwachung die Wirksamkeit bestimmter Rechtsgeschäfte[213] des Schuldners an die Zustimmung des Insolvenzverwalters gebunden ist. Die ungeachtet dieses Zustimmungsvorbehaltes vorgenommenen Verfügungen des Schuldners über die Gegenstände der Insolvenzmasse und die Leistungen an den Schuldner im Überwachungszeitraum sind also ebenso unwirksam wie während des Insolvenzverfahrens (§ 263 S. 2 InsO i. V. m. §§ 81 Abs. 1, 82 InsO)[214].

Nach § 261 Abs. 2 InsO ist der Verwalter berichtspflichtig. Falls der Insolvenzverwalter eine Verzögerung oder Gefährdung der Planerfüllung feststellt[215], muß er den Gläubigerausschuß bzw. die einzelnen Gläubiger[216] und das Insolvenzgericht unverzüglich zu unterrichten (§ 262 Abs. 1 InsO). Dadurch kann dem Gläubiger die Möglichkeit gewährt werden, rechtzeitig ein neues Insolvenzverfahren zu beantragen[217].

Falls die Planansprüche erfüllt sind oder ihre Erfüllung gewährleistet ist oder falls ohne Antrag auf Eröffnung eines neuen Insolvenzverfahrens eine Höchstfrist von drei Jahren verstrichen ist[218], so wird die Überwachung durch einen förmlichen Aufhebungsbeschluß[219] beendet (§ 268 Abs. 1 InsO); dieser Beschluß muß ebenso wie derjenige zur Überwachung selbst öffentlich bekanntgemacht werden (§§ 267 Abs. 1, 268 Abs. 2 InsO).

---

212 R. Bork, ZZP 109 (1996), 473, 479; vgl. auch BT-Drucksache 12/2443, S. 215, Begründung zu § 308 RegE der InsO: Ausnahmen ergeben sich aus den § 263 InsO (zustimmungsbedürftige Geschäfte) und § 264 InsO (schriftliche Bestätigung von Krediten)

213 Insbesondere solche, die wirtschaftlich besonders bedeutsam sind oder ein besonderes Risiko einschließen: BT-Drucksache 12/2443, S. 216, Begründung zu § 310 RegE der InsO

214 Vgl. R. Bork, Einführung in das neue Insolvenzrecht, Rdn. 352

215 Außerdem können der Gläubigerausschuß und das Insolvenzgericht von dem Verwalter jederzeit einzelne Auskünfte oder einen Zwischenbericht verlangen (§ 261 Abs. 2 S. 2 InsO).

216 Falls ein Gläubigerausschuß nicht bestellt ist, dann muß der Verwalter alle Gläubiger unterrichten (§ 262 S. 2 InsO).

217 BT-Drucksache 12/2443, S. 215, Begründung zu 309 RegE der InsO

218 Die Überwachung kann also nicht zum Dauerzustand werden, sondern ist unterstützende Maßnahme für eine Übergangszeit:vgl. BT-Drucksache, 12/2443, S. 217, Begründung zu § 315 RegE der InsO; R. Bork, in: Insolvenzrecht im Umbruch, S. 61

219 Der Beschluß ist gemäß § 6 InsO (sofortige Beschwerde) nicht anfechtbar: R. Bork, in: Insolvenzrecht im Umbruch, S. 61; nach derzeit geltendem Recht (§ 95 VerglO) erfogt die Beendigung der vereinbarten Überwachung durch eine öffentliche Bekanntmachung auf Antrag des Schuldners oder des Sachwalters, also ohne förmlichen Beschluß.

2. Die sog. gesetzliche Restschuldbefreiung

a) Antrag auf Restschuldbefreiung und Abtretungserklärung des Schuldners

Die Restschuldbefreiung setzt gemäß § 287 Abs. 1 S. 1 InsO einen Antrag des Schuldners voraus. Der Antrag kann zusammen mit dem Antrag auf Eröffnung des Insolvenzverfahrens oder spätestens im Berichtstermin gestellt werden (§ 287 Abs. 1 S. 2 und 3 InsO)[220]. Mit dem Antrag verbindet der Schuldner die Erklärung, daß er seine pfändbaren Forderungen auf Bezüge aus einem Dienstverhältnis oder an deren Stelle tretende laufende Bezüge für die Dauer von sieben Jahren, gerechnet ab der Aufhebung des Insolvenzverfahrens[221], zwecks Gläubigerbefriedigung[222] an einen vom Gericht zu bestimmenden Treuhänder abtritt (§ 287 Abs. 2 Satz 1 InsO), der hieraus die Insolvenzgläubiger anteilig befriedigt[223]. Das bedeutet, daß für eine Restschuldbefreiung sich der Schuldner für mindestens 7 Jahre mit dem pfändungsfreien Teil seines Arbeitseinkommens begnügen muß[224].

Diesbezüglich ist die frühere Abtretung der künftigen Bezüge des Schuldners von Bedeutung. Wenn der Schuldner vor Eröffnung[225] des Insolvenzverfahrens künftige Bezüge aus einem Dienstverhältnis oder an deren Stelle tretende laufende Bezüge abgetreten oder verpfändet hat, so ist diese frühere Verfügung nach § 114 Abs. 1 InsO nur wirksam, soweit sie sich auf die Bezüge für die Zeit vor Ablauf von drei Jahren nach dem Ende des zur Zeit der Eröffnung des Verfahrens laufenden Kalendermonats bezieht[226]. In diesem Fall kann die nach § 287 Abs. 2 S. 1 InsO mit dem Antrag auf

220 Im Verbraucherinsolvenzverfahren kann auch unverzüglich nach dem Eröffnungsantrag der Antrag auf Restschuldbefreiung gestellt werden (§ 305 InsO), weil es hier keinen Berichtstermin gibt (§ 312 Abs. 1 InsO).

221 D. h., Verfahrensaufhebung nach Rechtskraft des Ankündigungsbeschuß der Restschuldbefreiung nach § 289 Abs. 2 S. 2 InsO: vgl. Streit, Kartenzahlung und Verbraucherverschuldung, S. 139

222 R. Schmidt-Räntsch, in: FS für Hans Hanisch, S. 223

223 W. Uhlenbruck, WiB 1994, 849, 856

224 Vgl. BT-Drucksache 12/2443, S. 189, Begründung zu § 236 RegE der InsO; durch die 7-jährige Laufzeit der Lohnabtretung wird ein Mittelweg zwischen dem Recht der freien Nachforderung und dem sehr schuldnerfreundlichen amerikanischen Recht gesucht: vgl. M. Balz, ZIP 1988, 273, 292; BT-Drucksache 12/2443, S. 188; F. Wenzel, VuR 1990, 121, 123

225 Hat der Schuldner nach der Eröffnung des Insolvenzverfahrens über einen Gegenstand der Insolvenzmasse verfügt, so ist diese Verfügung gemäß § 81 Abs. 1 InsO unwirksam.

226 Vgl. W. Uhlenbruck, DGVZ 1992, 33, 35; ist vor der Eröffnung des Verfahrens im Wege der Zwangsvollstreckung über die Bezüge für die spätere Zeit verfügt worden, so ist diese Verfügung nach § 114 Abs. 3 S. 1 InsO nur wirksam, soweit sie sich auf die Bezüge für den zur Zeit der

Restschuldbefreiung abgegebene Abtretungserklärung des Schuldners nur die Bezüge für den Rest der siebenjährigen Lohnabtretungslaufzeit erfassen[227]. Die Befristung der Gültigkeit einer früheren Lohnabtretung auf längstens rund 3 Jahre nach der Eröffnung des Insolvenzverfahrens stellt eine wesentliche Maßnahme zum Schuldnerschutz dar. Sie vermeidet eine Aushöhlung der Restschuldbefreiung durch eine fortwirkende (Voraus)Lohnabtretung, durch die der Schuldner trotz der Erteilung der Restschuldbefreiung gezwungen sein könnte, bis an sein Lebensende unter der Pfändungsfreigrenze zu leben[228]. Gleichzeitig bewirkt die Einräumung einer Drei-Jahres-Frist, daß die Lohnabtretung als Kreditsicherungmittel für die Kreditwirtschaft nicht unvertretbar eingeschränkt wird. Sie ermöglicht ferner eine gleichmäßige Befriedigung der anderen Gläubiger innerhalb des verbleibenden Zeitraums der 7-jährigen Lohnabtretungslaufzeit[229].

Die mit dem Antrag auf Restschuldbefreiung abgegebene Lohnabtretungserklärung des Schuldners wird erst wirksam, wenn der Treuhänder (§ 291 Abs. 2 InsO) durch die Übernahme des Amtes konkludent sein Einverständnis mit der Abtretung erklärt[230].

b) Versagungsgründe der Restschuldbefreiung vor der Ankündigung

Die Insolvenzgläubiger und der Insolvenzverwalter, der meist den besten Einblick in das Verhalten des Schuldners vor und während der Zeit des Insolvenzverfahrens hat, sind zu dem Antrag des Schuldners auf Restschuldbefreiung zu hören. Die Anhörung ist erst im Schlußtermin durchzuführen, damit für die gesamte Verfahrensdauer festgestellt werden kann, ob der Schuldner seinen Auskunfts- und Mitwirkungspflichten[231] erfüllt hat. Nach der Anhörung der Beteiligten entscheidet das Insolvenzgericht[232] durch Beschluß über den Antrag des Schuldners auf Erteilung der

Eröffnung des Verfahrens laufenden Kalendermonat bezieht. Unberührt bleiben allerdings Vollstreckungsmaßnahmen von Unterhalts- und Deliktsgläubigern in den erweitert pfändbaren Teil der Bezüge: vgl. § 114 Abs. 3 S. 3 InsO in Verbindung mit § 89 Abs. 2 S. 2 InsO

227 Der Schuldner hat auf diese frühere Abtretung oder Verpfändung in der dem Antrag auf Restschuldbefreiung beizufügenden Abtretungserklärung hinzuweisen; vgl. § 287 Abs. 2 S. 2 InsO; BT-Drucksache 12/2443, S.189, Begründung zu 236 RegE der InsO

228 Vgl. R. Schmidt-Räntsch, in: FS für Hans Hanisch, S. 225

229 Vgl. W. Uhlenbruck, MDR 1990, 4, 7

230 § 398 S. 1 BGB: BT-Drucksache 12/2443, S. 189, Begründung zu § 236 RegE der InsO

231 Vgl. § 290 Abs. 1 Nr. 5 InsO

232 Für das Insolvenzverfahren ist das Amtsgericht als Insolvenzgericht ausschließlich zuständig (§ 2 Abs. 1 InsO)

Restschuldbefreiung (Ankündigung der Restschuldbefreiung)[233]. Bereits zu diesem Zeitpunkt, also vor der Ankündigung der Restschuldbefreiung, kann die Restschuldbefreiung wegen des Vorliegens der Versagungsgründe gemäß §§ 289 Abs. 3 und 290 InsO versagt werden.

aa) Versagung der Restschuldbefreiung wegen Masseinsuffizienz nach § 289 Abs. 3 InsO

Ein Versagungsgrund der Restschuldbefreiung liegt bei Masseinsuffizienz vor. § 289 Abs. 3 InsO sieht vor, daß im Falle der Einstellung des Insolvenzverfahrens eine Restschuldbefreiung nur im Fall der Masseunzulänglichkeit erteilt werden kann, also wenn zwar die Verfahrenskosten abgedeckt sind, nicht aber die fälligen sonstigen Masseverbindlichkeiten erfüllt werden können (§ 208 Abs. 1 InsO). Falls das Insolvenzverfahren mangels Masse nicht eröffnet wird (Abweisung des Eröffnungsantrages des Insolvenzverfahrens gemäß § 26 Abs. 1 S. 1 InsO) oder wenn es nach der Eröffnung des Insolvenzverfahrens mangels Masse eingestellt wird (§ 207 Abs. 1 S. 1 InsO), erhält der Schuldner keine Chance, von seinen Restschulden befreit zu werden. Durch diesen Mechanismus werden gerade die „Ärmsten der armen Schuldner“[234] von der Möglichkeit der Restschuldbefreiung völlig ausgeschlossen[235]. Bezüglich dieser Regelung hat der Gesetzgeber in der Begründung folgendes erörtert: In einem Insolvenzverfahren, das vorzeitig abgebrochen werden muß, weil nicht einmal die Kosten des Verfahrens gedeckt werden können, kann in aller Regel keine vollständige Übersicht über das Vermögen und die Verbindlichkeiten des Schuldners gewonnen werden. Ein solches Verfahren ist daher keine geeignete Grundlage für die Restschuldbefreiung[236].

Gegen diese Ansicht kann allerdings eingewendet werden, daß hinsichtlich der Befriedigung der Massegläubiger die oben genannten drei Fälle, also die Ablehnung der Eröffnung mangels Masse, die Einstellung mangels Masse und die Masseunzulänglichkeit, gleich sind. Der einzige Unterschied besteht in der Abdeckung der Kosten des Insolvenzverfahrens. Es ist nicht sachgerecht, daß durch einen solch geringen Unterschied im Insolvenzverfahren über das Fortbestehen der lebens-

---

233 BT-Drucksache 12/2443, S. 189 f., Begründung zu §§ 237, 238 RegE der InsO; § 289 Abs. 1 InsO

234 Hans-P. Ackmann, ZIP 1982, 1266, 1274

235 G. Pape, ZRP 1993, 285, 290

236 Auch nach einer vorzeitigen Einstellung wegen Wegfalls des Eröffnungsgrunds (§ 212 InsO) oder mit Zustimmung der Gläubiger (§ 213 InsO) kommt eine Restschuldbefreiung nicht in Betracht: BT-Drucksache 12/2443, S. 222, Begründung zu § 329 RegE der InsO

länglichen Haftung entschieden werden soll. Außerdem haben die Verfahrenskosten insgesamt eine geringere Bedeutung als die Beitragsmöglichkeit des Schuldners für die Gesellschaft; durch die Gewährung der Restschuldbefreiung kann der Schuldner motiviert werden, als Produzent, Verbraucher und Steuerzahler wieder aktiv zu arbeiten. Aus diesem Grund ist § 289 Abs. 3 InsO reformbedürftig[237].

bb) Versagung der Restschuldbefreiung nach § 290 InsO im Schlußtermin

Nur dem redlichen Schuldner soll die Restschuldbefreiung zuteil werden[238]. Um dieser Anforderung nachzukommen, gewährt § 290 InsO den Gläubigern im Schlußtermin ein Antragsrecht auf die Versagung der Restschuldbefreiung. Dadurch kann die Restschuldbefreiung durch Beschluß vor der sog. Lohnabtretungslaufzeit versagt werden, wenn die Versagungsgründe des § 290 InsO vorhanden sind:
Nach § 290 Abs. 1 Nr. 1 InsO wird die Restschuldbefreiung versagt, wenn der Schuldner wegen einer Straftat nach den §§ 283 bis 283c des Strafgesetzbuchs rechtskräftig verurteilt worden ist.
Ebensowenig ist der Schuldner schutzwürdig, der in den letzten drei Jahren vor dem Insolvenzantrag oder nach diesem Antrag vorsätzlich oder grob fahrlässig schriftlich unrichtige oder unvollständige Angaben über seine wirtschaftlichen Verhältnisse gemacht hat, um einen Kredit zu erhalten, Leistungen aus öffentlichen Mitteln zu beziehen oder Leistungen an öffentliche Kassen zu vermeiden (§ 290 Abs. 1 Nr. 2 InsO). Dieser Ausschlußgrund stellt sehr hohe Anforderungen an den Verbraucher, weil er häufig durch Ratenzahlung, Lastschriftverfahren, bargeldlose Zahlung mittels Kreditkarten usw. den Überblick über seine finanzielle Verhältnisse verliert oder sie zu günstig einschätzt[239]. Gerade in solchen Fällen sind Schuldner gefährdet, falsche Angaben über ihre wirtschaftlichen Verhältnisse zu machen und daraufhin Kredite zu erhalten, die zu der Versagung der Restschuldbefreiung führen[240].
Nach § 290 Abs. 1 Nr. 3 InsO wird die Restschuldbefreiung versagt, wenn in den letzten zehn Jahren vor dem Insolvenzantrag oder nach diesem Antrag dem Schuldner bereits eine Restschuldbefreiung erteilt oder wegen einer Obliegenheitsverletzung oder einer Verurteilung des Schuldners[241] versagt worden ist. Dieser Versagungsgrund ist

---

237 Siehe auch S. 190 dieser Arbeit

238 Vgl. M. Balz, ZIP 1988, 273, 292; F. Wenzel, VuR 1990, 121, 123

239 Vgl. W. Hadding, Gutachten zum 53. DJT, S. 137 ff.; G. Streit, Kartenzahlung und Verbraucherverschuldung, S. 143; siehe auch S. 24 ff. dieser Arbeit

240 Vgl. G. Streit, Kartenzahlung und Verbraucherverschuldung, S. 143

241 Vgl. §§ 295, 296, 297 InsO

ein wichtiges Element des Gläubigerschutzes[242]. Mit dieser zehnjährigen Zeitsperre kann verhindert werden, daß ein Schuldner beliebig oft Restschuldbefreiung als Mittel zur wiederholten Reduzierung der Schuldenlast erlangen und deswegen die Restschuldbefreiung als Zuflucht bei Überschuldung berechnend einplanen kann[243]. Zu beachten ist hierbei, daß es zu einer erneuten Restschuldbefreiungschance wegen der Wohlverhaltensperiode in der Regel erst 24 Jahre[244] nach der ersten Überschuldung, ungerechnet die Verfahrensdauer[245], kommen kann[246]. Im Hinblick auf einen sinnvollen Schutz des redlichen, unverschuldet in Not geratenen Schuldners und im Vergleich zu Sechsjahressperre in US-amerikanische Bankruptcy Code[247] ist dies Zeitraum zu lang[248].

§ 290 Abs. 1 Nr. 4 InsO schließt die Restschuldbefreiung aus, wenn der Schuldner im letzten Jahr vor dem Insolvenzantrag oder nach diesem Antrag vorsätzlich oder grob fahrlässig die Befriedigung der Insolvenzgläubiger durch Begründung unangemessener Verbindlichkeiten, Verschwendung oder Verzögerung des Insolvenzverfahrens ohne Aussicht auf eine wirtschaftliche Besserung beeinträchtigt hat. Hierbei beziehen sich die „unangemessenen Verbindlichkeiten" entsprechend der Wortbedeutung nur auf die unredlichen Fälle, wie in der Begründung zum Entwurf der Insolvenzordnung als Beispiel gezeigt, etwa auf Ausgaben für Luxusaufwendungen oder auf die Begründung von Schadensersatzforderungen durch vorsätzliche unerlaubte Handlungen[249]; in der Situation eines überschuldeten Verbrauchers muß also nicht jede weitere Kredit-

---

242 R. Schmidt-Räntsch, in: FS für Hans Hanisch, S. 224

243 R. Schmidt-Räntsch, in: FS für Hans Hanisch, S. 224; BT-Drucksache, 12/2443, S. 190, Begründung zu 239 RegE der InsO; F. Wenzel, ZRP 1993, 161, 163; Franz J. Scholz, FLF 1995, 145, 146

244 Erste 7-jährige Wohlverhaltensperiode + 10-jährige Sperrfrist + Zweite 7-jährige Wohlverhaltensperiode

245 Die Zeit zwischen Antragstellung und Entscheidung über den Antrag sowie die Zeit zwischen Ablauf der Wohlverhaltensperiode und endgültiger Entscheidung über die Erteilung der Restschuldbefreiung müssen zusammen gerechnet werden; vgl. auch J. Lösch, JA 1994, 44, 49

246 Vgl. G. Streit, Kartenzahlung und Verbraucherverschuldung, S. 141 f.

247 B. Knüllig-Dingeldey, Nachforderungsrecht oder Schuldbefreiung, S. 127; vgl. H. Fink, ÖJZ 1992, 8, 20, der eine Sperrfrist von 5 Jahren vorschlägt. G. Streit, Kartenzahlung und Verbraucherverschuldung, S. 142, Fußnote 71, stimmt dem Vorschlag zu; in Österreich wird der Einleitungsantrag des Abschöpfungsverfahrens, das mit dem Begriff der Wohlverhaltensperiode in Deutschland vergleichbar ist, abgewiesen, wenn innerhalb der letzten zwanzig Jahre ein Abschöpfungsverfahren eingeleitet wurde (§ 201 Abs. 1 Nr. 6 Öst-KO). Es ist also noch strenger!: vgl. W. Jelinek, Konkursordnung, § 201 Abs. 1 Nr. 6, S. 191; A. Konecny, ZEuP 1995, 589, 595 f.; F. Wenzel, KTS 1993, 187, 191

248 Siehe Reformvorschlag im 4. Kapitel (S. 192) dieser Arbeit

249 BT-Drucksache 12/2443, S. 190, Begründung zu § 239 RegE der InsO

aufnahme, die die finanzielle Krisensituation verschärft, unangemessen sein und damit nicht zur Versagung der Restschuldbefreiung führen[250].
Schließlich werden weitere Versagungsgründe ausgelöst, wenn der Schuldner während des Insolvenzverfahrens Auskunfts- oder Mitwirkungspflichten nach diesem Gesetz vorsätzlich oder grob fahrlässig verletzt hat (§ 290 Abs. 1 Nr. 5 InsO) oder in den nach § 305 Abs. 1 Nr. 3 InsO vorzulegenden Verzeichnissen seines Vermögens und seines Einkommens, seiner Gläubiger und der gegen ihn gerichteten Forderungen vorsätzlich oder grob fahrlässig unrichtige oder unvollständige Angaben gemacht hat (§ 290 Abs. 1 Nr. 6 InsO).
Das Vorliegen der hier genannten Versagungsgründe muß von dem Gläubiger glaubhaft gemacht werden (290 Abs. 2 InsO).

c) Entscheidung über die Ankündigung der Restschuldbefreiung und Wohlverhaltensperiode

Besteht keiner der oben genannten Versagungsgründe, wird die Restschuldbefreiung nach § 291 Abs. 1 InsO angekündigt; das Gericht stellt in dem Beschluß fest, daß der Schuldner in Zukunft eine Restschuldbefreiung erlangen kann, wenn er während der siebenjährigen Laufzeit der Abtretungserklärung den Obliegenheiten nach § 295 InsO nachkommt und die Voraussetzungen für eine Versagung nach § 297 (wegen Insolvenzstraftaten) oder 298 InsO (wegen Nichtzahlung der Mindestvergütung an den Treuhänder) nicht vorliegen[251]. Diese Laufzeit der Lohnabtretung nennt man „*Wohlverhaltensperiode*". Bei Ankündigung der Restschuldbefreiung wird das Insolvenzverfahren nach Rechtskraft der Entscheidung aufgehoben, und es beginnt gleichzeitig für den Schuldner die „Wohlverhaltensperiode"[252]. Nach Art. 107 EGInsO verkürzt sich für Altfälle diese Wohlverhaltensperiode von sieben auf fünf Jahre, wenn bei einem nach Inkrafttreten der Insolvenzordnung gestellten Antrag auf Restschuld-

---

250 Vgl. zu weitgehend G. Streit, Kartenzahlung und Verbraucherverschuldung, S. 143 f., der davon ausgeht, daß weitere Kreditaufnahmen eines überschuldeten Verbrauchers durch den Gebrauch von Kreditkarten grundsätzlich unangemessen sind.

251 Vgl. §§ 289, 291 Abs. 1 InsO; siehe auch R. Bork, Einführung in das neue Insolvenzrecht, Rdn. 25 und 393; gegen den Beschluß steht dem Schuldner und jedem Insolvenzgläubiger, der im Schlußtermin die Versagung der Restschuldbefreiung beantragt hat, die sofortige Beschwerde zu (§ 289 Abs. 2 S. 2 InsO): Nach Smid entstehen diesbezüglich verfassungs- und verfahrensrechtlich begründete Bedenken, weil im Fall der Gewährung der Restschuldbefreiung den Gläubigern keine Instanz zur Verfügung steht, vor der sie prozeßförmig das Vorliegen der tatbestandsmäßigen Voraussetzung der Restschuldbefreiung bestreiten können: S. Smid, in: Smid/Zeuner-Gesamtvollstreckungsordnung, § 18, Rdn. 34

252 Vgl. § 289 Abs. 2 S. 2; R. Bork, Einführung in das neue Insolvenzrecht, Rdn. 25 und 393

befreiung festgestellt wird, daß der Schuldner bereits vor dem 1. Januar 1997 zahlungsunfähig war[253].

Während der Dauer der „Wohlverhaltensperiode" sind Zwangsvollstreckungen zu Gunsten einzelner Insolvenzgläubiger in das Vermögen des Schuldners und jede Art von Abkommen zwischen Schuldner und einzelnen Gläubigern über Sondervorteile nicht zulässig (§ 294 Abs. 1 und 2 InsO)[254]. Das Vollstreckungsverbot erstreckt sich auch auf jeden Neuerwerb des Schuldners[255]. Das Recht zur Zwangsvollstreckung kann nur insoweit wieder aufleben, als die Restschuldbefreiung wegen einer Obliegenheitsverletzung des Schuldners rechtskräftig versagt wird[256].
Im Zusammenhang mit der Wohlverhaltensperiode ist auch die Rechtsstellung des Treuhänders zu berücksichtigen. Bei der Ankündigung der Restschuldbefreiung bestimmt das Gericht zugleich einen Treuhänder, der die Beträge, die er durch die Abtretung erlangt, und sonstige Leistungen des Schuldners oder Dritter von seinem Vermögen getrennt zu halten und einmal jährlich auf Grund des Schlußverzeichnisses an die Insolvenzgläubiger zu verteilen hat (§ 292 Abs. 1 S. 2 InsO). Von den Beträgen, die er durch die Abtretung erlangt und den sonstigen Leistungen hat er an den Schuldner nach Ablauf von 4 Jahren seit der Aufhebung des Insolvenzverfahrens 10%, 5 Jahren 15% und 6 Jahren 20% abzuführen (§ 292 Abs. 1 S. 3 InsO). Mit diesem „Selbstbehalt" soll die Motivation des Schuldners, die siebenjährige Wohlverhaltensperiode durchzustehen, gestärkt werden[257]. Daneben kann dem Treuhänder von der Gläubigerversammlung die Aufgabe übertragen werden, die Erfüllung der Obliegenheiten des Schuldners zu überwachen. Der Treuhänder ist aber nur zur Überwachung verpflichtet, soweit die ihm dafür zustehende zusätzliche Vergütung gedeckt ist oder vorgeschossen wird (§ 292 Abs. 2 S. 3 InsO)[258].

---

253 H. Vallender, ZIP 1996, 2058, 2059 f.; ders., DGVZ 1997, 97, 101; ders., VuR 1997, 155, 156; G. Pape, NJW 1997, 980, 983; H. Wagner, DStR 1995, 220, 223

254 R. Schmidt-Räntsch, in: FS für Hans Hanisch, S. 224 f.; S. Döbereiner, JA 1996, 724, 727

255 W. Uhlenbruck, DGVZ 1992, 33, 37: Denn nach § 35 InsO umfaßt die Insolvenzmasse nicht nur das Vermögen, das dem Schuldner zur Zeit der Eröffnung des Verfahrens gehört, sondern auch dasjenige, das er während des Verfahrens erlangt

256 BT-Drucksache 12/2443, S. 191, Begründung zu § 243 RegE der InsO

257 BT-Drucksache 12/7302, S. 188, Begründung zu § 346g des Vorschlags des Rechtsausschusses = M. Balz / Hans-G. Landfermann, Die neuen Insolvenzgesetze, S. 415

258 Aber die Erteilung der Restschuldbefreiung ist nicht von der Kostentragung der Überwachung abhängig: vgl. BT-Drucksache 12/7302, S. 188, Begründung zu § 346g des Vorschlags des Rechtsausschusses

d) Obliegenheiten des Schuldners während der sog. „Wohlverhaltensperiode"

Als eine der zentralen Regelungen der Restschuldbefreiung legt § 295 InsO die Obliegenheiten des Schuldners fest, die dieser während der Dauer der „Wohlverhaltensperiode" zu beachten hat. Der Schuldner soll sich nach Kräften bemühen, seine Gläubiger während dieses Zeitraums so weit wie möglich zu befriedigen, um anschließend endgültig von seinen restlichen Schulden befreit zu werden[259].
Daher scheint es folgerichtig, daß der Schuldner nach § 295 InsO Abs. 1 Nr. 1 eine angemessene Erwerbstätigkeit auszuüben hat. Damit unterliegt er zwar keiner Rechtspflicht zu irgendeiner Berufstätigkeit. Wenn er aber eine zumutbare Tätigkeit ablehnt, können die Insolvenzgläubiger beim Insolvenzgericht die Versagung der Restschuldbefreiung mit der Folge des Wiederauflebens des freien Nachforderungsrechts beantragen[260]. An die Zumutbarkeit der Erwerbstätigkeit sind strenge Anforderungen zu stellen. Sie ist in erster Linie unter dem Gesichtspunkt der bestmöglichen Befriedigung der Insolvenzgläubiger zu sehen. Der Schuldner, der einen Beruf ausübt, ist gehalten, dies in einer leistungsfreundlichen Weise zu tun. Vom arbeitslosen Schuldner ist zum Beispiel auch eine berufsfremde Arbeit, eine auswärtige Arbeit, notfalls auch eine Aushilfs- oder Gelegenheitstätigkeit anzunehmen[261]. Diese Obliegenheit des Schuldners stellt eine strenge Forderung an den Leistungswillen des Schuldners dar.
§ 295 Abs. 1 Nr. 2 InsO sieht als weitere Obliegenheit des Schuldners vor, daß dieser Vermögen, das er von Todes wegen oder mit Rücksicht auf ein künftiges Erbrecht erwirbt, zur Hälfte des Wertes an den Treuhänder herauszugeben hat. Im Vergleich zu den anderen Obliegenheiten des Schuldners mag eine solche großzügige Regelung erstaunen. Sie wird erst verständlicher, wenn man ihren Normzweck, Vermeidung der Ausschlagung der Erbschaft[262], mit berücksichtigt. Dennoch mutet es seltsam an, daß der Schuldner einen nicht selbst erwirtschafteten Vermögensbetrag zur Hälfte behalten darf, während er den pfändbaren Teil seiner mühsam erarbeiteten Einkünfte aus Erwerbstätigkeit in vollem Umfang dazu einsetzen muß, seine Schulden zu tilgen.

---

259 BT- Drucksache 12/2443, S. 192, Begründung zu § 244 RegE der InsO

260 F. Wenzel, ZRP 1993, 161, 162; ders., VuR 1990, 121, 127

261 Der Erwerbslose muß sich selbst um eine Arbeitsstelle bemühen, das reine Vorhalten seiner Arbeitskraft für das Arbeitsamt genügt nicht; BT-Drucksache 12/2443, S. 192, Begründung zu § 244 RegE der InsO

262 BT-Drucksache 12/2443, S. 192, Begründung zu § 244 RegE der InsO

Bereits die Gewährung eines wesentlich niedrigeren Anteils der Erbschaft könnte einem solchen Normzweck genügen[263].
Weiterhin muß der Schuldner jeden Wechsel des Wohnsitzes oder der Beschäftigungsstelle unverzüglich dem Insolvenzgericht und dem Treuhänder anzeigen und dem Gericht und dem Treuhänder gegenüber auf Verlangen jederzeit Auskunft über seine Erwerbstätigkeit oder seine Bemühungen um eine solche sowie über seine Bezüge und sein Vermögen erteilen. Zahlungen zur Befriedigung der Insolvenzgläubiger dürfen nur an den Treuhänder geleistet werden und keinem Insolvenzgläubiger darf der Schuldner einen Sondervorteil verschaffen (§ 295 Abs. 1 InsO).
Soweit der Schuldner eine selbständige Tätigkeit etwa als Unternehmer oder freiberuflich ausübt, muß er seine Gläubiger finanziell mindestens ebenso stellen, wie wenn er ein angemessenes Dienstverhältnis eingegangen wäre (§ 295 Abs. 2 InsO). In diesem Fall darf der Schuldner aus wirtschaftlichen Gründen zeitweilig geringere oder gar keine Leistung erbringen. Er muß dies aber durch spätere höhere Leistungen ausgleichen[264].

e) Versagungsgründe der Restschuldbefreiung nach der Ankündigung

Verletzt der Schuldner während der Laufzeit der Wohlverhaltensperiode eine der genannten Obliegenheiten und gefährdet er dadurch die Gläubigerbefriedigung, kann jeder Gläubiger unter Glaubhaftmachung des Grundes binnen eines Jahres nach dem Zeitpunkt, in dem ihm die Obliegenheitsverletzung bekannt geworden ist, einen Antrag auf die Versagung der Restschuldbefreiung stellen (§ 296 Abs. 1 InsO). Wenn hierbei der Schuldner die Auskunft über die Erfüllung seiner Obliegenheiten oder die eidesstattliche Versicherung für die Richtigkeit dieser Auskunft ohne hinreichende Entschuldigung nicht innerhalb der ihm gesetzten Frist abgibt oder zu dem dafür anberaumten Termin trotz ordnungsgemäßer Ladung nicht erscheint, so ist die Restschuldbefreiung zu versagen (§ 296 Abs. 2 InsO).
Gleiches gilt auch für den Fall, daß der Schuldner zwischen Schlußtermin und Aufhebung des Insolvenzverfahrens oder während der Wohlverhaltensperiode wegen einer Straftat nach den §§ 283 bis 283c des Strafgesetzbuchs rechtskräftig verurteilt wird (§ 297 InsO).
Ferner muß der Treuhänder wenigstens einmal in jedem Jahr seiner Tätigkeit eine bescheidene Mindestvergütung erhalten[265]. Diesbezüglich kann der Treuhänder die

---

[263] Siehe Reformvorschlag im 4. Kapitel (S. 192) dieser Arbeit
[264] BT-Drucksache 12/2443, S. 192 f., Begründung zu § 244 RegE der InsO
[265] BT- Drucksache 12/2443, S. 193, Begründung zu § 246 RegE der InsO

Versagung der Restschuldbefreiung beantragen, wenn die an ihn abgeführten Beträge[266] für das vorangegangene Jahr seiner Tätigkeit die Mindestvergütung nicht decken und der Schuldner den fehlenden Betrag nicht einzahlt, obwohl ihn der Treuhänder schriftlich zur Zahlung binnen einer Frist von mindestens zwei Wochen auffordert und ihn dabei auf die Möglichkeit der Versagung der Restschuldbefreiung hingewiesen hat (§ 298 Abs. 1 InsO). Diesen Ausschlußgrund der Restschuldbefreiung trifft insbesondere die arbeitslosen Gemeinschuldner, die trotz jeder denkbaren Anstrengungen dafür keine Einkünfte erwerben können[267].
Außerdem erklärt die Begründung zum Entwurf der Insolvenzordnung, daß der Schuldner diese Mindestvergütung notfalls aus seinem unpfändbaren Vermögen einzahlen soll[268]. Wenn man aber davon ausgeht, daß sich die geltende Pfändungsfreigrenze auf das Existenzminimum bezieht, scheint dieser Gedanke nicht angebracht.

f) Die Erteilung der Restschuldbefreiung und ihre Wirkung

Nach Durchführung der siebenjährigen Wohlverhaltensperiode ohne eine vorzeitige Beendigung[269] und der sogenannten erneuten Anhörung der Insolvenzgläubiger, des Treuhänders und des Schuldners (§ 300 Abs. 1 InsO) entscheidet das Insolvenzgericht durch Beschluß endgültig über die Erteilung der Restschuldbefreiung[270]. Falls gegen die Restschuldbefreiung kein Versagungsantrag der Gläubiger unter Glaubhaftmachung der Tatsachen (§ 296 Abs. 1 S. 3 InsO)[271] oder des Treuhänders[272] gestellt wird[273], erteilt das Gericht die Restschuldbefreiung. In diesem Fall wandeln sich die im Insolvenzverfahren noch nicht erfüllten Ansprüche der Gläubiger in sog. „unvollkommene Verbindlichkeiten (Naturalobligation)“, die zwar weiterhin erfüllbar, aber

266 Die Vergütung des Treuhänders kann im allgemeinen aus den Beträgen gedeckt werden, die auf Grund der Abtretungserklärung des Schuldners beim Treuhänder eingehen: BT-Drucksache 12/2443, S. 193, Begründung zu § 246 RegE der InsO

267 G. Streit, Kartenzahlung und Verbraucherverschuldung, S. 146

268 BT- Drucksache 12/2443, S. 193, Begründung zu § 246 RegE der InsO

269 Franz J. Scholz, FLF 1995, 145, 148; W. Uhlenbruck, WiB 1994, 849, 856

270 Es kann auch im schriftlichen Verfahren entschieden werden: BT-Drucksache 12/7302, S. 189, Begründung zu § 346o des Vorschlags des Rechtsausschusses; § 300 InsO Abs. 1

271 Wegen Obliegenheitsverletzungen gemäß § 296 InsO oder wegen Insolvenzstraftaten gemäß § 297 InsO

272 Wegen Nichtzahlung der Mindestvergütung für das vorangegangene Jahr gemäß § 298 InsO

273 Vgl. § 300 Abs. 2 InsO

nicht mehr erzwingbar sind, um[274]. Der Beschluß ist öffentlich bekanntzumachen, und zwar sowohl im örtlichen Bekanntmachungsorgan als auch im „Bundesanzeiger"[275]. Die Restschuldbefreiung wirkt gegen alle Insolvenzgläubiger. Dies gilt auch für Gläubiger, die ihre Forderungen nicht angemeldet haben (§ 301 Abs.1 InsO). Durch die Gewährung der Restschuldbefreiung werden die Rechte der Gläubiger gegen mithaftende Personen und die Zugriffsrechte auf dingliche Sicherheiten nicht tangiert. Aufgrund der Restschuldbefreiung ist jedoch der Regreß des Mitschuldners, Bürgen oder anderer Rückgriffsberechtigter gegenüber dem Schuldner ausgeschlossen[276] (§ 301 Abs. 2 InsO).

g) Widerruf der Restschuldbefreiung

Auf Antrag eines Insolvenzgläubigers widerruft das Insolvenzgericht nach der Anhörung des Schuldners und des Treuhänders die Erteilung der Restschuldbefreiung, wenn sich nachträglich herausstellt, daß der Schuldner eine seiner Obliegenheiten vorsätzlich verletzt und dadurch die Befriedigung der Insolvenzgläubiger erheblich beeinträchtigt hat (§ 303 Abs. 1 und 3 InsO). Aus Gründen der Rechtssicherheit kann der Antrag nur binnen Jahresfrist nach der Rechtskraft der Entscheidung über die Restschuldbefreiung gestellt werden (§ 303 Abs. 2 InsO). Zusätzlich hat der antragstellende Gläubiger die Voraussetzungen des § 303 Abs. 1 InsO und die Tatsache, daß er vor Rechtskraft der Entscheidung keine Kenntnis von diesen Umständen hatte, glaubhaft zu machen[277]. Gegen die Entscheidung über den Widerruf der Restschuldbefreiung steht dem Antragsteller und dem Schuldner die sofortige Beschwerde zu (§ 303 Abs. 3 InsO).
Mit dem rechtskräftigen Widerruf entfallen die Wirkungen der Restschuldbefreiung und das unbeschränkte Nachforderungsrecht der Gläubiger lebt wieder auf (vgl. § 201 Abs. 1 InsO).

---

[274] F. Wenzel, ZRP 1993, 161, 162; M. Balz, FLF 1989, 16, 20; BT-Drucksache 12/2443, S. 194, Begründung zu § 250 RegE der InsO; D. Rehbein, JR 1995, 45, 47; nach Balz hat die Restschuldbefreiung die Wirkung eines bestätigten Vergleichs nach geltendem Recht oder eines bestätigten Insolvenzplans nach künftigem Recht: M. Balz, BewHi 1989, 103, 119: siehe auch § 301 Abs. 3

[275] Vgl. §§ 9, 300 Ab. 3 InsO; Franz J. Scholz, FLF 1995, 145, 148

[276] Vgl. G. Streit, Kartenzahlung und Verbraucherverschuldung, S. 140; gemäß § 302 InsO werden von der Erteilung der Restschuldbefreiung nicht berührt: Verbindlichkeiten aus einer vorsätzlich begangenen unerlaubten Haftung, Geldstrafen, Geldbußen, Ordnungsgelder und Zwangsgelder sowie solche Nebenfolgen einer Straftat oder Ordnungswidrigkeit, die zu einer Geldzahlung verpflichten.

[277] BT-Drucksache 12/2443, S. 194, Begründung zu § 252 RegE der InsO

h) Kritik an der allgemeinen Regelung der Restschuldbefreiung in der neuen Insolvenzordnung

Die geplante Einführung des Instituts einer Restschuldbefreiung führt außer zu den oben ausgeführten Problemen noch zu weiteren Kritikpunkten. Kritiker halten dem Gesetzgeber die zu erwartende schwerwiegende finanzielle und personelle Belastung der Insolvenzgerichte (d. h. Belastung der Länderhaushalte), einen Eingriff in die Privatautonomie, einen Vertrauensverlust in die Erfüllung von Verträgen, eine zu befürchtende Beeinträchtigung der Kreditversorgung (z. B. Kreditverteuerung wegen Risikoerhöhung) und insbesondere eine Mißbrauchsgefahr vor[278]. Eine solche Mißbrauchsgefahr besteht gerade in bezug auf die siebenjährige sogenannte Wohlverhaltensperiode: Zahlreiche Verbraucher sind heute ohne weiteres bereit, Kredite - auch solche, die nicht der Baufinanzierung dienen - mit Laufzeiten von mehr als sieben Jahren aufzunehmen. Bei allen Krediten, deren Laufzeit länger als der Zeitraum der Wohlverhaltensperiode ist, besteht jedoch im Zweifel die Gefahr einer Flucht des Schuldners in das Insolvenzverfahren anstelle der vertragsmäßigen Kreditrückführung[279]. Ferner ist zu berücksichtigen, daß die formell gegen Mißbrauch eingefügten Vorschriften der Insolvenzordnung so schwach sind, daß sie kaum greifen, zumal das Vorliegen von Versagungsgründen und Obliegenheitsverletzungen von den Gläubigern geltend und glaubhaft gemacht werden muß[280]; die Gläubiger werden wohl kaum Zeit und Geld verschwenden können und wollen, um dem insolventen Schuldner in dieser Richtung sieben Jahre lang nachzuspüren[281].

Im Zusammenhang mit den Obliegenheiten des Schuldners ist jedoch im Gesetz nicht eindeutig geklärt, wie das Gericht feststellen soll, ob der Schuldner im Einzelfall alles Mögliche getan hat, um seinen Teil zur Gläubigerbefriedigung beizutragen[282]. Ferner könnte diese Verpflichtungen des Schuldners selbst zweifelhaft erscheinen, weil § 295 InsO (Obliegenheiten des Schuldners) dem Schuldner eine Restschuldbefreiung auch ohne Rücksicht auf tatsächliche Zahlungen des Schuldners ermöglicht[283], so daß eine erhebliche Mißbrauchsgefahr auf der Hand liegt[284].

---

278 S. Smid, BB 1992, 501, 512; ders., in: Insolvenzrecht im Umbruch, S. 144; Hans-P. Ackmann, ZIP 1982, 1266, 1274; J. Lösch, JA 1994, 44, 44; W. Uhlenbruck, MDR 1990, 4, 9 f.; ders., KTS 1992, 499, 518; BMJ, Zweiter Bericht der Kommission für Insolvenzrecht, S. 163; Franz J. Scholz, BB 1992, 2233, 2234; G. Pape, ZRP 1993, 285, 288

279 P. Wacket, FLF 1989, 65, 66 f.; J. Lösch, JA 1994, 44, 46

280 §§ 290 Abs. 2, 296 Abs. 1, 300 Abs. 2, 303 Abs. 2 InsO

281 Franz J. Scholz, BB 1992, 2233, 2234; J. Lösch, JA 1994, 44, 47

282 W. Uhlenbruck, MDR 1990, 4, 10

283 Nämlich dann, wenn der Schuldner keine angemessene oder zumutbare Erwerbsstelle findet: J. Lösch, JA 1994, 44, 46; außerdem könnte der arbeitslose Gemeinschuldner im Vergleich zu anderen Bewerbern schwerer eine Arbeitsstelle finden, weil der potentielle Arbeitgeber mangelnde

Der wichtigste Kritikpunkt der Restschuldbefreiung liegt darin, daß es während des Verfahrens noch offen ist, ob nach der Durchführung der Wohlverhaltensperiode die Restschuldbefreiung dem Schuldner tatsächlich gewährt wird[285]. Der Schuldner muß während der gesamten Dauer des Verfahrens[286] und selbst noch ein Jahr nach der rechtskräftigen Entscheidung (§ 303 Abs. 2 InsO) wegen einer etwaigen Obliegenheitsverletzung oder wegen des möglichen Vorliegens der anderen Versagungsgründe andauernd mit dem „Damoklesschwert des Scheiterns über seinem Haupt" leben[287]. Solche Unsicherheiten über die Gewährung der Restschuldbefreiung könnten den Schuldner, der in der Regel als Motivationsanreiz ein „Licht am Ende des Tunnels" sehen will, dazu verführen, daß er seinen Lebensstandard nicht sieben Jahre lang an den Pfändungsfreigrenzen orientiert, vielmehr auf eine breite „Palette von Schuldnertricks", wie z. B. die Führung von Strohmann-Geschäften oder das Abgleiten in die Schattenwirtschaft oder Schwarzarbeit, zurückgreift, die den Gläubigern die Vollstreckung erschweren oder unmöglich machen[288].

3. Verbraucherinsolvenzverfahren

a) Vorbemerkung

Wie am Anfang dieser Arbeit erörtert wurde, kommt seit etwa 15 Jahren das Problem der wachsenden Verbraucherverschuldung unter den Schlagworten „moderner Schuldturm" und „Schuldenkarussell" immer wieder in die Diskussion[289], und zeigt, daß rechtspolitische Maßnahmen zum Schutz überschuldeter Privatpersonen dringlich und sachlich geboten sind[290]. Dennoch ist es eine Tatsache, daß das geltende Konkurs- und

---

Motivation durch die Lohnabtretung des Arbeitnehmers befürchten wird: G. Streit, Kartenzahlung und Verbraucherverschuldung, S. 146

284 P. Wacket, FLF 1989, 65, 67

285 Vgl. G. Streit, Kartenzahlung und Verbraucherverschuldung, S. 146 f.

286 Siebenjährige Wohlverhaltensperiode und die Verfahrensdauer: siehe Fußnote 245 im 3. Kapitel C dieser Arbeit

287 J. Lösch, JA 1994, 44, 48

288 Hans-P. Ackmann, Schuldbefreiung durch Konkurs?, S. 115; J. Lösch, JA 1994, 44, 48; vgl. auch F. Wenzel, ZIP 1991, 425, 426; ders., DGVZ 1993, 81, 82; G. Christmann, DGVZ 1992, 177, 179

289 W. Uhlenbruck, DGVZ 1992, 33, 33; vgl. H. de With / A. Nack, ZRP 1984, 1 ff.; D. Medicus, in: Bankrechtstag 1992, S. 87 ff.; G. Pape, ZIP 1994, 515 ff.; T. Lotz, Der Weg aus dem „Schuldturm", 1 ff.; F. J. Scholz, MDR 1987, 7 ff.; weitere Literatur: siehe Fußnote 9 im 1. Kapitel dieser Arbeit

290 W. Kohte, ZIP 1994, 184, 184; E. Limbach, FLF 1994, 83, 83; siehe auch 1. Kapitel, C (S. 5 ff.) dieser Arbeit

Vergleichsverfahren privaten Verbrauchern und Arbeitnehmern praktisch kaum zugänglich ist[291]. Zu beachten ist ferner, daß sich das Problem der Verbraucherinsolvenz nicht allein auf den Konsumentenratenkredit beeinschränkt. Deshalb wäre der Eingriff in einzelne Rechtsverhältnisse, z. B. durch richterliche Vertragshilfe[292] oder richterliche Inhaltskontrolle von Kreditgeschäften keine genügende Antwort auf die Verbraucherüberschuldung. Vielmehr müßte der umfassenden allseitigen Bereinigung der Überschuldung gegenüber solchen einschränkenden Lösungsansätzen Vorrang gewährt werden[293]. In dieser Hinsicht erscheint die Einführung[294] eines Verbraucherinsolvenzverfahrens durch die Insolvenzordnung als Lösungsversuch für die Problematik der Verbraucherüberschuldung sachgerecht.

b) Zu den Regelungen im einzelnen

aa) Außergerichtlicher Einigungsversuch

§§ 304 ff. InsO sehen ein vereinfachtes Schuldenregulierungsverfahren speziell für natürliche Personen vor, die keine oder nur eine geringfügige[295] selbständige wirtschaftliche Tätigkeit ausüben. Für ein Verbraucherinsolvenz-/Kleinverfahren ist vor dem Eröffnungsantrag eine außergerichtliche gütliche Verhandlung zwischen dem Schuldner und seinen Gläubigern zu versuchen[296]. Erst bei deren Scheitern kann das gerichtliche Schuldenbereinigungsverfahren durchgeführt werden, weil eine außergerichtliche Einigung für den Schuldner und für die Gläubiger günstiger ist. Der Schuldner vermeidet dadurch den mit einem Verfahren verbundenen Insolvenzantrag und Verfahrenskosten sowie die Gefahr der Obliegenheitsverletzung. Für den Gläubiger ist eine außergerichtliche Einigung deshalb von Vorteil, weil seine Zu-

---

291 Allgemeine Begründung zum RegE der InsO, BT-Drucksache 12/2443, S. 82

292 J. Lösch, JA 1994, 44, 49

293 M. Balz, FLF 1989, 16, 16

294 Die Regelungen über Verbraucherinsolvenz- und sonstige Kleinverfahren wurden erst im Laufe der Ausschußberatungen im Rechtsausschuß des Bundestages konzipiert und eingefügt: Franz J. Scholz, FLF 1995, 88, 89; R. Schmidt-Räntsch, MDR 1994, 321, 323

295 Eine selbständige wirtschaftliche Tätigkeit ist dann geringfügig, wenn sie nach Art oder Umfang einen in kaufmännischer Weise eingerichteten Geschäftsbetrieb nicht erfordert (§ 304 Abs. 2 InsO); dieser Begriff beschränkt sich nicht auf die Minderkaufleute i. S. des § 4 HGB, sondern bezieht auch alle anderen gewerblich oder beruflich Selbständigen ein, deren wirtschaftliche Tätigkeit nur geringen Umfangs ist: Franz J. Scholz, FLF 1995, 88, 89

296 Franz J. Scholz, FLF 1995, 88, 90; E. Limbach, FLF 1994, 83, 83

stimmung hier nicht durch das Gericht ersetzt werden kann[297]. Ferner wird dieses außergerichtliche Vorverfahren nach der Erwartung des Rechtsausschusses des Deutschen Bundestages die Zahl der gerichtlichen Verbraucherinsolvenzverfahren drastisch mindern und damit zur Entlastung der Gerichte führen[298]. Im Verbraucherinsolvenzverfahren wird der Vorrang des außergerichtlichen Einigungsversuchs dadurch gewährleistet, daß der Schuldner zusammen mit seinem Antrag auf Eröffnung des Insolvenzverfahrens oder unverzüglich danach eine von einer dazu geeigneten Person oder Stelle[299] ausgestellte Bescheinigung vorzulegen hat, daß eine gütliche außergerichtliche Schuldenbereinigung auf der Grundlage eines Plans[300] in den letzten 6 Monaten erfolglos versucht worden ist (§ 305 Abs. 1 Nr. 1 InsO)[301].

bb) Schuldenbereinigungsplan

Wie gerade erwähnt kann vom Schuldner (§ 305 Abs. 1 InsO) oder einem Gläubiger (§ 306 Abs. 3 InsO) die Eröffnung des Verbraucherinsolvenzverfahrens erst nach Scheitern eines außergerichtlichen Schuldenbereinigungsverfahrens beantragt werden. Hierbei hat der Schuldner neben einem Vermögens-, Gläubiger- und Forderungsverzeichnis und dem Antrag auf Erteilung von Restschuldbefreiung[302] einen Schuldenbereinigungsplan vorzulegen (§ 305 Abs. 1 InsO). Diesem wiederholten Schuldenbereinigungsversuch mit einem Schuldenbereinigungsplan liegt der Gedanke zugrunde, daß trotz des Scheiterns der außergerichtlichen Verhandlungen im frühest möglichen Stadium des gerichtlichen Verfahrens[303], also bevor höhere Kosten entstehen, noch

---

297 BT-Drucksache 12/7302, S. 189, „Vorbemerkung" der Berichterstatter des Bundestagsrechtsausschusses zum neunten Teil der InsO = M. Balz / Hans-G. Landfermann, Die neuen Insolvenzgesetze, S. 426

298 BT-Drucksache 12/7302, S. 190, Begründung zu § 357b des Vorschlags des Rechtsausschusses = M. Balz / Hans-G. Landfermann, Die neuen Insolvenzgesetze, S. 428; E. Limbach, FLF 1994, 83, 84; R. Schmidt-Räntsch, MDR 1994, 321, 323; aber Scholz zeigt zweiflerisch eine Möglichkeit eines dadurch entstehenden unnötigen Zeitverlust: Franz J. Scholz, FLF 1995, 88, 90

299 Nach Schmidt-Räntsch können (als geeignete Stellen) zuverlässige Schuldnerberatungsstellen, Gütestellen und ähnliche Einrichtungen und (als geeignete Personen) Notare, Rechtsanwälte, Angehörige eines wirtschafts- oder steuerberatenden Berufs sowie Schiedsmänner in Betracht kommen: R. Schmidt-Räntsch, MDR 1994, 321, 323; auch Träger der Freien Wohlfahrtspflege: Franz J. Scholz, FLF 1995, 88, 90

300 R. Schmidt-Räntsch, MDR 1994, 321, 323

301 Vgl. Franz J. Scholz, FLF 1995, 88, 90

302 Oder die Erklärung, daß Restschuldbefreiung nicht beantragt werden soll: § 305 Abs. 1 Nr. 2 InsO

303 Zuständig ist der Richter: siehe Art. 14 Nr. 5 EGInsO

einmal versucht werden soll, einen gütliche Einigung herbeizuführen[304]. Den Inhalt des Schuldenbereinigungsplans können die Beteiligten privatautonom frei gestalten[305]. Ein Schuldenbereinigungsplan kann deshalb alle Regelungen enthalten, die unter Berücksichtigung der Gläubigerinteressen sowie der Vermögens-, Einkommens- und Familienverhältnisse des Schuldners geeignet sind, zu einer angemessenen Schuldenbereinigung zu führen, wie z. B. Stundungen, Ratenzahlung, Verzinsung oder Teilerlaß[306]

Um die geeigneten Unterlagen und den Schuldenbereinigungsplan vorlegen zu können, ist der Schuldner berechtigt, Auskünfte von seinen Gläubigern zu verlangen (Mitwirkungspflichten der Gläubiger). Dies führt einerseits zur sorgfältigeren Erstellung der geforderten Unterlagen, zum anderen werden die Gerichte entlastet und das Verfahren beschleunigt[307]. Auf Aufforderung des Schuldners sind daher die Gläubiger verpflichtet, auf ihre Kosten[308] dem Schuldner zur Vorbereitung des Forderungsverzeichnisses eine schriftliche Aufstellung ihrer gegen ihn gerichteten Forderungen zu erteilen (§ 305 Abs. 2 S. 2 InsO).

Fehlen die gerade genannten Erklärungen und Unterlagen und werden sie trotz der Aufforderung des Insolvenzgerichts zur Ergänzung nicht innerhalb eines Monats nachgeschoben, so gilt der Antrag des Schuldners auf Eröffnung des Insolvenzverfahrens als zurückgenommen (§ 305 Abs. 3 InsO). Sind die Unterlagen ordnungsgemäß eingereicht, ruht das Verfahren über den Antrag auf Eröffnung des Insolvenzverfahrens bis zur Entscheidung über den Schuldenbereinigungsplan. Dieser Zeitraum soll 3 Monate nicht überschreiten (§ 306 Abs. 1 InsO). Hat nach der Zustellungen der Unterlagen kein Gläubiger innerhalb einer Frist von einem Monat Einwendungen gegen den Schuldenbereinigungsplan erhoben, so kommt der Schuldenbereinigungsplan durch Beschluß des Insolvenzgerichts zustande und hat die Wirkung eines vollstreckbaren Vergleichs im Sinne des § 794 Abs. 1 Nr. 1 ZPO[309].

---

304 BT-Drucksache 12/7302, S. 189, „Vorbemerkung" der Berichterstatter des Bundestagsrechtsausschusses zum neunten Teil der InsO = M. Balz / Hans-G. Landfermann, Die neuen Insolvenzgesetze, S. 426

305 BT-Drucksache 12/7302, S. 190, Begründung zu § 357b des Vorschlags des Rechtsausschusses; deswegen kann hierbei für eventuelle Problemsituationen (z. B. arglistige Täuschung, Drohung bei Angabe) das BGB herangezogen werden: Franz J. Scholz, FLF 1995, 88, 92; R. Schmidt-Räntsch, MDR 1994, 321, 326

306 S. Schumacher, ZEuP 1995, 576, 582; Franz J. Scholz, FLF 1995, 88, 90

307 BT-Drucksache 12/7302, S. 189, „Vorbemerkung" der Berichterstatter des Bundestagsrechtsausschusses zum neunten Teil der InsO = M. Balz / Hans-G. Landfermann, Die neuen Insolvenzgesetze, S. 426

308 Die Gläubiger haben gegen den Schuldner keinen Anspruch auf Erstattung der Kosten im Zusammenhang mit dem Schuldenbereinigungsplan: § 310 InsO

309 §§ 307 Abs. 1 und 2, 308 Abs. 1 InsO; damit wird klargestellt, daß der Schuldenbereinigungsplan Vollstreckungstitel ist: R. Schmidt-Räntsch, MDR 1994, 321, 326

Wenn einzelne Gläubiger dem Schuldenbereinigungsplan widersprechen, so kann ihre Zustimmung auf Antrag eines Gläubigers oder des Schuldners durch gerichtliche Entscheidung ersetzt werden. Diese Zustimmungsersetzung, die gegen eine obstruktive Zustimmungsverweigerung wirken soll, kann jedoch nur erlaubt werden, wenn die Kopf- und die Kapitalmehrheit der benannten Gläubiger dem Schuldenbereinigungsplan zugestimmt haben (§ 309 Abs. 1 InsO). Dies gilt nicht, wenn der widersprechende Gläubiger im Verhältnis zu den übrigen Gläubigern nicht angemessen beteiligt wird (§ 309 Abs. 1 Nr. 1 InsO)[310] oder dieser Gläubiger durch den Schuldenbereinigungsplan wirtschaftlich schlechter gestellt wird, als er bei einem allgemeinen Insolvenzverfahren stehen würde (§ 309 Abs. 1 Nr. 2 InsO)[311].
Wenn ein Schuldenbereinigungsplan durch Zustimmung der Gläubiger oder durch Zustimmungsersetzung angenommen wird, kann eine Schuldbefreiung auch ohne das Insolvenzverfahren erreicht werden[312]; In diesem Fall gelten die Anträge auf Eröffnung des Insolvenzverfahrens und auf Erteilung von (gesetzlicher) Restschuldbefreiung als zurückgenommen (§ 308 Abs. 2 InsO).

cc) Vereinfachtes Insolvenzverfahren

Beim Scheitern des Schuldenbereinigungsverfahrens wegen Gläubigereinwendungen, die nicht gemäß § 309 InsO durch gerichtliche Zustimmung ersetzt werden können, soll das Verfahren über den Eröffnungsantrag des Verbraucher- oder Kleininsolvenzverfahrens von Amts wegen ohne einen neuen Antrag des Schuldners wieder aufgenommen werden (§ 311 InsO). Dies dient der Beschleunigung des Verfahrens[313]. Das Verfahren wird hierbei im Vergleich zum allgemeinen Insolvenzverfahren stark vereinfacht[314]:

(1) Bestimmung nur eines Prüfungstermin bei der Eröffnung des Insolvenzverfahrens (§ 312 Abs. 1 InsO)[315],

---

310 Das bedeutet, daß diejenigen Gläubiger, die die Zustimmung zu dem Plan aus berechtigten Gründen verweigert haben, geschützt werden sollen (z. B. gesicherte Gläubiger): Franz J. Scholz, FLF 1995, 88, 91

311 W. Kohte, ZIP 1994, 184, 184; diese Berechnung soll so erfolgen, als ob die Einkommens-, Vermögens- und Familienverhältnisse des Schuldners zum Zeitpunkt des Antrags während der gesamten Dauer des Verfahrens maßgeblich bleiben (§ 309 Abs. 1 Nr. 2 InsO).

312 G. Streit, Kartenzahlung und Verbraucherverschuldung, S. 136

313 BT-Drucksache 12/7302, S. 193, Begründung zu § 357h des Vorschlags des Rechtsausschusses

314 Franz J. Scholz, FLF 1995, 88, 92

315 Der Berichtstermin, in dem die Gläubiger über den Fortgang des Insolverfahrens entscheiden können (§ 29 Abs. 1 Nr. 1 InsO), braucht hier nicht mehr bestimmt zu werden, da schon vor der Verfahrenseröffnung die Möglichkeiten für einvernehmliche Lösungen abgetastet werden: BT-Drucksache 12/7302, S. 193, Begründung zu § 357i des Vorschlags des Rechtsausschusses

(2) schriftliches Verfahren bei überschaubaren Vermögensverhältnissen des Schuldners und bei geringer Gläubigerzahl oder Verbindlichkeitenhöhe (§ 312 Abs. 2 InsO),

(3) keine Anwendbarkeit der Vorschriften über den Insolvenzplan (§§ 217 bis 269 InsO)[316] und der Vorschriften über die Eigenverwaltung (§§ 270 bis 285 InsO)[317],

(4) vereinfachte Verteilung des Schuldnervermögens, bei der von einer Verwertung der Insolvenzmasse ganz oder teilweise abgesehen wird (§ 314 Abs. 1 InsO)[318], wenn der Schuldner aus seinem pfändungsfreien Vermögen oder aus Zuwendungen Dritter einen Betrag in Höhe des zu erwartenden Verwertungserlöses an den Treuhänder zahlen kann und keine Nachteile für die Gläubiger ersichtlich sind[319]. In diesem Fall darf die Entscheidung über einen Antrag des Schuldners auf Erteilung von Restschuldbefreiung (§§ 289 bis 291 InsO) erst nach Ablauf der Frist, die vom Gericht für die Zahlung des Schuldners festgesetzt ist, ggf. einer Nachfrist von zwei Wochen getroffen werden (§§ 314 Abs. 3 InsO).

(5) Zur weiteren Verfahrensvereinfachung werden in dem vereinfachten Insolvenzverfahren für die Verbraucher und Kleingewerbetreibende die Aufgaben des Insolvenzverwalters prinzipiell vom Treuhänder wahrgenommen, aber nur in reduziertem Umfang[320]; nach § 313 Abs. 2 und 3 InsO werden Tätigkeiten des Treuhänders in seiner Funktion als Verwalter teilweise auf die Gläubiger verlagert: Zur Anfechtung von Rechtshandlungen und zur Verwertung von Gegenständen, an denen Pfandrechte oder andere Absonderungsrechte bestehen, ist nicht der Treuhänder, sondern jeder Insolvenzgläubiger berechtigt[321].

Sobald nach Scheitern der Durchführung des Schuldenbereinigungsplans die Schlußverteilung vollzogen ist, beschließt das Insolvenzgericht die Aufhebung des Verbraucherinsolvenz-/Kleinverfahrens (§ 200 Abs. 1 InsO i. V. m. § 304 Abs. 1 InsO). Dann können die Insolvenzgläubiger nach § 201 Abs. 1 InsO ihre restlichen Forderungen gegen den Schuldner unbeschränkt geltend machen. Hierbei gelten weitgehend die Regelungen des allgemeinen Insolvenzrechts und des gesetzlichen

---

316 Aufgrund der speziellen Regelungen des Schuldenbereinigungsplans: § 312 Abs. 3 InsO; BT-Drucksache 12/7302, S. 193, Begründung zu § 357i des Vorschlags des Rechtsausschusses

317 Da die Eigenverwaltungsregelungen unter Aufsicht eines Sachwalters nur für Unternehmensinsolvenzen sinnvoll sind: § 312 Abs. 3 InsO; BT-Drucksache 12/7302, S. 193, Begründung zu § 357i des Vorschlags des Rechtsausschusses

318 Der Antragsberechtigte ist der Treuhänder: § 314 Abs. 1 S. 1 InsO

319 BT-Drucksache 12/7302, S. 194, Begründung zu § 357k des Vorschlags des Rechtsausschusses

320 R. Bork, Einführung in das neue Insolvenzrecht, Rdn. 420

321 Vgl. BT-Drucksache 12/7302, S. 193, Begründung zu § 357j des Vorschlags des Rechtsausschusses, § 313 Abs. 2 und 3 InsO

Restschuldbefreiungsverfahrens nach §§ 286 bis 303 InsO[322]. Danach kann der Schuldner einen Eröffnungsantrag auf ein erneutes Insolvenzverfahren[323] und auch einen Antrag auf eine gesetzliche Restschuldbefreiung stellen[324].

c) Kritik an der Regelung des Verbraucherinsolvenzverfahrens

Wie beim gesetzlichen Restschuldbefreiungsverfahren wird auch bei der Einführung eines Schuldenbereinigungsverfahrens für private Verbraucher ein sehr starker Anstieg der Insolvenzanträge und -verfahren und damit eine erhebliche Mehrbelastung der Insolvenzgerichte befürchtet[325].

Ferner ist dieses Verfahren zu kompliziert und zu aufwendig. Die für alle Antragsteller obligatorische Pflicht, einen Schuldenbereinigungsplan vorzulegen (§ 305, Abs. 1 Nr. 4 InsO) und die Vorgabe, daß jedem Gläubiger zumindest die Quote des Insolvenzverfahrens verbleiben müsse (§ 309 Abs. 1 Nr. 2 InsO), erhöhen den Beratungs- und gerichtlichen Prüfungsbedarf. Wohl kaum ein überschuldeter Verbraucher kann allein die zutreffende Konkursquote, die bei einem siebenjährigen Verfahren entsteht, für sämtliche Gläubiger ermitteln; so ergibt sich ein stark erhöhter Beratungsbedarf und damit die quantitative und qualitative Überbelastung der Justiz[326].

Daneben ist bedenklich, daß das Gesetz keine Anpassungsmöglichkeit des Schuldenbereinigungsplanes bei möglichen, in der Zukunft liegenden Veränderungen des Schuldners, wie z. B. Arbeitslosigkeit, Mieterhöhungen, familiäre Änderungen von Heirat und Geburt bis zu Trennungen, vorsieht. Wenn aufgrund solcher Umstände der Plan scheitert, werden die Betroffenen auf ein erneutes Insolvenzverfahren verwiesen, ohne daß dabei die bisherige störungsfreie Zeit im Verhältnis zur siebenjährigen Wohlverhaltensperiode berücksichtigt würde[327].

---

322 Vgl. § 304 Abs. 1 InsO, W. Kohte, ZIP 1994, 184, 185; H. Vallender, DGVZ 1997, 97, 101

323 Das Gericht prüft nun, ob ein Eröffnungsgrund vorliegt und ob hinreichend Masse für die Finanzierung der Verfahrenskosten vorhanden ist: R. Bork, Einführung in das neue Insolvenzrecht, Rdn. 419

324 Vgl. §§ 13, 30 Abs. 3, 201 Abs. 3 und 287 Abs. 1 InsO; auch S. Döbereiner, JA 1996, 724, 724

325 H. Hess, Insolvenzrecht, 3. Aufl., 1993, S. 326; U. Heyer, JR 1996, 314, 314

326 W. Kohte, ZIP 1994, 184, 186; vgl. auch H. Vallender, VuR 1997, 43, 47

327 W. Kohte, ZIP 1994, 184, 186; G. Streit, Kartenzahlung und Verbraucherverschuldung, S. 136 f.; siehe Reformvorschlag im 4. Kapitel (S. 191) dieser Arbeit

IV Zusammenfassende Schlußbemerkung

In der noch geltenden deutschen Konkursordnung vom 1877 herrscht der Grundsatz der sogenannten „freien Nachforderung der Konkursgläubiger"; nach § 164 Abs. 1 KO können die im Konkursverfahren nicht befriedigten Gläubiger nach Beendigung des Konkursverfahrens wie vor dem Konkurs ihre ungetilgten Forderungen gegen den Schuldner bis zum Eintritt der Verjährung (30 Jahre, vgl. § 218 Abs. 1 BGB) individuell unbeschränkt geltend machen[328]. Diese Vorschrift bewirkt, daß ein Schuldner unverschuldet häufig bis an sein Lebensende der Rechtsverfolgung der Konkursgläubiger ausgesetzt ist, obwohl er diesen im Konkurs sein gesamtes Vermögen ausgeliefert hat[329]. Hierbei wird das wirtschaftliche und soziale Schicksal des Konkursschuldners gar nicht berücksichtigt[330]. Der Schuldner ist nun gezwungen, den Rest seines Lebens für seine Gläubiger zu arbeiten und sich selbst mit dem Existenzminimum zu begnügen[331]. Dadurch verliert der Schuldner jeden Anreiz, betriebsam zu arbeiten. In derartigen Situationen besteht die Gefahr, daß der Schuldner das neu erworbene Vermögen dem Gläubigerzugriff entzieht oder in die Schattenwirtschaft oder Schwarzarbeit abgleitet[332]. Die lebenslängliche Weiterhaftung wirkt sich also häufig sowohl für den Schuldner als auch für die Gläubiger negativ aus und führt damit zu dem Verlust für die gesamte Wirtschaft. Aus diesem Grund wird von allen Seiten verlangt, den überschuldeten Schuldner wieder in den wirtschaftlichen und sozialen Vorgang aufzunehmen[333]. Aus demselben Grundgedanken sieht die neue Insolvenzordnung für die natürliche Person eine Möglichkeit der Restschuldbefreiung ohne Zustimmung der Gläubiger vor. Für den wirtschaftlichen Neubeginn verlangt die neue Insolvenzordnung vom Schuldner eine gewisse Zeit des ernsthaften Bemühens um Tilgung seiner Schulden. Damit kann gleichsam der Aufenthalt des Schuldners „im modernen Schuldturm" zeitlich befristet werden. Eine Restschuldbefreiung können die

328 Hans-P. Ackmann, Schuldbefreiung durch Konkurs?, S. 1; B. Knüllig-Dingeldey, Nachforderungsrecht oder Schuldbefreiung, S. S. 1; E. Jaeger / F. Weber, Konkursordnung, § 164, Rdn. 1

329 Vgl. BT-Drucksache 12/2443, S. 81; J. Kraemer, Das neue Insolvenzrecht, S. 26; H. Arnold, DGVZ 1996, 65, 66

330 H. Arnold, DGVZ 1996, 65, 65

331 J. Lösch, JA 1994, 44, 47

332 R. Schmidt-Räntsch, in: FS für Hans Hanisch, S. 219; B. Knüllig-Dingeldey, Nachforderungsrecht oder Schuldbefreiung, S. 19; Hans-P. Ackmann, Schuldbefreiung durch Konkurs?, S. 115; BT-Drucksache 12/2443, S. 81; W. Uhlenbruck, WiB 1994, 849, 856; F. Wenzel, ZIP 1991, 425, 426; ders., DGVZ 1993, 81, 82

333 Vgl. H. Arnold, DGVZ 1996, 65, 66

betroffenen Schuldner auch im Rahmen des Insolvenzplans oder des Verbraucherinsolvenzverfahrens durch eine privatautonome Vereinbarung mit ihren Gläubigern erreichen.

Die neue Insolvenzordnung wird nach dem Ergebnis des vom Bundesrat angerufenen Vermittlungsausschusses erst zum 1. Januar 1999 in Kraft treten. Solange muß die Praxis noch mit dem in Ost und West verschiedenen derzeit geltenden Recht leben[334]. Natürlich trägt auch der Entschuldungsgrundsatz die Gefahr des Mißbrauchs in sich. Durch dieses neue Rechtsinstitut wird der „Eintritt in den modernen Schuldturm" nicht verhindert, sondern möglicherweise die Tür des Schuldturms noch breiter geöffnet, weil der potentielle Schuldner hofft, sich im schlimmsten Fall auf die Restschuldbefreiung berufen zu können: Also die Insolvenz als Mittel zum Abschütteln von Schulden benutzt, die damit die Belohnung des leichtsinnigen Schuldners wird. Die Insolvenzordnung hat allerdings auch versucht, den Mißbrauch zu steuern: Keine Schuldbefreiung bei unredlich herbeigeführter Insolvenz, die Bestimmung von Versagungsgründen der Restschuldbefreiung oder für Obliegenheiten des Schuldners während der Laufzeit der Abtretungserklärung usw.[335]

Wie allerdings die allzu großzügige Kreditierungspraxis und die Überschuldungstendenzen im Konsumentengeschäft von der Einführung der Restschuldbefreiung beeinflußt werden, ist schwer vorauszusagen; ob die Restschuldbefreiung überschuldete Personen zu einer „Flucht in den Konkurs" anregen wird oder ob dies - ähnlich wie in den USA - keine oder nur geringe negative Auswirkung auf die Kreditwirtschaft haben wird, kann heute noch nicht genau beurteilt werden[336]. Gegenüber den möglichen negativen Auswirkungen, wie z. B. der finanziellen und personellen Belastung der Insolvenzgerichte, schwerwiegenden Eingriffen in die Privatautonomie und dem damit verbundenen Vertrauensverlust in die Erfüllung von Verträgen, dürfen die positiven Auswirkungen der Restschuldbefreiung nicht verkannt werden: Die Erhaltung wirtschaftlicher Werte und die damit verbundene Sicherung von Arbeitsplätzen sowie die Vermeidung von Wertzerschlagung und nicht zuletzt die Wiederherstellung des Arbeitswillens des Schuldners zum wirtschaftlichen Neubeginn können durch die Restschuldbefreiung ermöglicht werden[337]. Ferner ist die Möglichkeit der besseren Befriedigung des Gläubigers durch die Anreize zur rechtzeitigen

334 M. Balz / Hans-G. Landfermann, Die neuen Insolvenzgesetze, Einleitung, S. L (S. 50)
335 Baur/Stürner, Bd. II Insolvenzordnung, Rdn. Rdn. 5.57
336 Vgl. W. Uhlenbruck, DGVZ 1992, 33, 35; ders., FLF 1989, 11, 15
337 Vgl. W. Uhlenbruck, DRiZ 1982, 161, 164

Antragstellung und zur korrekten Abwicklung des Insolvenzverfahrens[338] zu betonen. Dadurch kann das Rechtsinstitut der Restschuldbefreiung sowohl den Interessen des Schuldners und der Gläubiger als auch denen der Gesamtwirtschaft dienen[339]. Darüber hinaus paßt es sich in eine im Laufe der letzten Jahrzehnte fortschreitende Tendenz der Humanisierung des Vollstreckungsrechts ein[340]. Gerade aus diesen Gründen ist die um ein Stückchen Humanität bereicherte Neukodifikation trotz der einzelnen Kritikpunkte bestimmt ein lohnenswerter Versuch.

---

338 Erfüllung der Auskunfts- und Mitwirkungspflichten etc.

339 Vgl. BT-Drucksache 12/2443, S. 101

340 Hans-P. Ackmann, ZIP 1982, 1266, 1271; O. Jauernig, Zwangsvollstreckungs- und Insolvenzrecht, § 31, I

4. Kapitel : Ergebnisse und Vorschläge

1. Zusammenfassend läßt sich festhalten, daß die Überschuldung der privaten Haushalte in der Bundesrepublik Deutschland im Laufe der letzten Jahre stark zugenommen hat. Nach Schätzungen des IFF (Institut für Finanzdienstleistung e. V.) waren im Jahr 1992 ca. 1,5 bis 2,5 Mio. Haushalte überschuldet.
Einmal überschuldet, besteht aufgrund ständig anfallender Rechtsverfolgungskosten, Zinsen, Deckung von Verzugsschäden, Umschuldung und Neuverschuldung, die es gar nicht erst zur Tilgung der eigentlichen Hauptforderung kommen lassen, für den Schuldner häufig keine Möglichkeit, sich aus eigener Kraft von seinen Schulden zu befreien. Eine Verjährung der Schuld kommt häufig erst nach 30 Jahren in Betracht (§ 218 BGB), so daß der Schuldner oft fast bis zu seinem Lebensende am Rande des Existenzminimums, d. h. mit dem Pfändungsfreibetrag seines Einkommens, leben muß. Dies stellt eine hohe Barriere für die weitere positive Zukunftsgestaltung dar und zieht häufig massive soziale und psychische Konsequenzen nach sich. Hieraus erwachsen gleichzeitig unerwünschte Belastungen für die Gläubiger und die gesamte Gesellschaft.

2. Die Überschuldung hat viele verschiedene Ursachen. Hierzu zählen beispiesweise Arbeitslosigkeit, Mieterhöhung, Ehescheidung, Erfahrungsdefizit und Leichtgläubigkeit. In eine finanzielle Notsituation kann der Schuldner nicht nur schuldhaft, sondern nicht selten auch unverschuldet geraten, z. B. durch überraschende Wirtschaftsentwicklungen, Unglück oder Ungeschick. Diese Ursachen führen in der Regel aber erst im Zusammenwirken mit der Wahrnehmung der Privatautonomie zur Überschuldung. Der Grundsatz der Privatautonomie, als die selbstbestimmte Gestaltung der Rechtsverhältnisse nach dem Willen der Beteiligten, findet eine seiner wichtigsten Ausprägungen in dem Prinzip der Vertragsfreiheit. Die dadurch ermöglichten *Verpflichtungsverträge* bringen „Verschuldung" mit sich, auch wenn die eingegangene „Schuld" dann alsbald erfüllt und damit getilgt wird. Das bedeutet, der durch Verträge zu verwirklichenden Privatautonomie ist Verschuldung zum Teil per se immanent. Diese Verschuldung kann sich wegen

der dem Schuldner vorkommenden unvorhergesehenen Ereignisse oft zur Überschuldung entwickeln.
Ferner verbietet die Rechtsordnung nicht den Abschluß von „unsinnigen, unvernüftigen oder unwirtschaftlichen" Verträgen und bietet dem Schuldner somit keinen Schutz davor, sich über seine persönliche finanzielle Leistungsfähigkeit hinaus zu verpflichten. Damit gewährt die durch die Rechtsordnung zu konkretisierende Privatautonomie dem einzelnen faktisch sogar ein „Recht auf Verschuldung und Überschuldung".

3. Während die Privatautonomie im klassischen Verständnis auf die Durchsetzung des realen Willens bei der autonomen Rechtsgestaltung abzielt, geht es nach dem modernen Verständnis der Privatautonomie um angemessene reale Handlungsspielräume und Machtverhältnisse bei der autonomen Rechtsgestaltung, wodurch ein gerechter Interessenausgleich ermöglicht werden soll. Man unterscheidet insoweit zwischen formeller und materieller Privatautonomie.

4. Am Beispiel der Kreditmithaftung von vermögenslosen nahen Angehörigen läßt sich zeigen, daß sich die Rechtsprechung zwischen diesen beiden Begriffsverständnissen bewegt. Nach dem Beschluß des BVerfG vom 19.10.1993 kann ein Vertrag bei Störung des Verhandlungsgleichgewichts nachträglich in Frage gestellt oder korrigiert werden, wenn es sich um eine typisierbare Fallgestaltung handelt, die eine struktuelle Unterlegenheit des einen Vertragsteils erkennen läßt, und die Folgen des Vertrages für den unterlegenen Vertragsteil ungewöhnlich belastend sind. Auch der XI. Zivilsenat des BGH teilt nach wie vor diese Ansicht.
Der IX. Zivilsenat des BGH, der eigentlich die formelle Privatautonomie undifferenziert mit materieller Privatautonomie gleichgesetzt hat, geht dagegen noch nicht gänzlich auf die Ansicht des BVerfG ein. Der IX. Zivilsenat stimmt dem BVerfG zwar darin zu, den überschuldeten Schuldner auf Kosten der Einschränkung der Vertragsfreiheit zu schützen. Während aber der XI. Zivilsenat und das BVerfG in den einen Vertragsteil überfordernden Vertrag mit § 138 BGB direkt eingreifen und damit den Grundsatz der materiellen Privatautonomie vertreten, wendet der IX. Zivilsenat die Sittenwidrigkeit des Vertrages noch sehr zurückhaltend an und findet stattdessen neue Wege zum Schuldnerschutz, wie z. B. den Grundsatz des Wegfalls der Geschäftsgrundlage (§ 242 BGB) oder die Abweisung der Klage als „derzeit unbegründet".
Hinsichtlich der nicht zu übersehenden These, daß Schranken der Privatautonomie unentbehrlich sind, die Privatautonomie aber in ihrem Wesensgehalt erhalten

bleiben muß, stellt sich die Frage, ob das Zwangsvollstreckungsrecht und das Insolvenzrecht bei Überschuldung einen Schuldnerschutz so ausreichend gewährleisten können, daß das materielle Recht als nachträgliche Schuldnerschutzquelle außer acht gelassen werden kann.

5. Zwangsvollstreckungsmaßnahmen dürfen nicht als Strafe angesehen werden. Ihr Zweck ist darin zu sehen, den Schuldner zur Tilgung seiner Schuld zu veranlassen, bzw. ihn - sofern er freiwillig nicht leistet - durch die im Gesetz vorgesehenen Maßnahmen zur Erfüllung zu zwingen[1], keinesfalls dagegen den Schuldner zu beschädigen oder seine Existenz zu vernichten[2]. Auch eine Demoralisierung oder eine Zerstörung des Leistungswillens des Schuldners durch die Zwangsvollstreckungsmaßnahme hilft keinem Beteiligten. Denn ob die Gläubiger nach einem Zwangsvollstreckungsverfahren weiter befriedigt werden können, hängt meistens ganz vom Arbeitswillen des Schuldners ab.

6. Als nachträglicher Schutz bei Überschuldung des Schuldners sind die Schuldnerschutzmaßnahmen im Zwangsvollstreckungsbereich, wie z. B. der Pfändungsschutz gemäß §§ 811 ff., 850 ff. ZPO, Räumungsschutz gemäß §§ 721, 794a ZPO, die Härteklausel gemäß § 765a ZPO und die Restschuldbefreiung in der neuen Insolvenzordnung zu berücksichtigen.

7. Zu beachten ist hierbei, daß infolge der Eigentumsgarantie des Art. 14 GG das Gläubigerrecht, das sich in der Regel bereits im ordentlichen Erkenntnisverfahren als rechtsbeständig erwiesen hat, auch beim Zwangsvollstreckungsschutz für den Schuldner im Vordergrund stehen muß. Nur ausnahmsweise kann eine Beschränkung des Gläubigerrechts auf wirkungsvolle Zwangsvollstreckung in Betracht kommen, soweit Grundrechte des Schuldners existenziell betroffen sind: dem Schuldner muß um der Menschenwürde willen und wegen des Sozialstaatsprinzips mindestens das wirtschaftliche Existenzminimum erhalten bleiben.

8. Den genannten Zielen dienen die Pfändungsschutzvorschriften der §§ 811ff. ZPO und §§ 850 ff. ZPO. Neben dem Schutz des lebensnotwendigen Sacheigentums durch die §§ 811 ff. ZPO bekommen die Pfändungsschutzvorschriften für Arbeitseinkommen gemäß § 850 ff. ZPO zunehmende Bedeutung. Da das Arbeitseinkommen heutzutage unentbehrliche Existenzgrundlage des weitaus größten Teil

---

1 T. Seip, DGVZ 1974, 17, 21

2 J. Behr. DGVZ 1977, 162, 162 f.

der Bevölkerung bildet, bedeutet der vollständige Zugriff auf das Dienst- und Arbeitseinkommen einen Zugriff auf die Lebensgrundlage des Schuldners. Deswegen werden die Beträge zu einer bescheidenen Lebensführung (als ein Ausdruck des gegenwärtig für angemessen befundenen Kompromisses zwischen Gläubiger- und Schuldnerinteresse) dem Schuldner durch §§ 850a bis 850i ZPO belassen. Zum Schutz der menschenwürdigen Existenz des Schuldners können diese Pfändungsschutzvorschriften für Arbeitseinkommen weder vertraglich noch durch Verzicht auf den Pfändungsschutz abbedungen werden. Entscheidend ist hierbei aber, ob der Schuldner mit dem Vollstreckungsschutz der §§ 811 ff., 850 ff. ZPO wirklich noch menschenwürdig zu leben vermag[3]. Wenn man davon ausgeht, daß der Schuldner für den Rest seines Lebens nur ein unter der Pfändungsfreigrenze bleibendes und dadurch mangels Aussicht auf Verbesserung in der Regel keine Chance auf angemessene Selbstverwirklichung erhaltendes Leben hat, müßte man die derzeitigen Vollstreckungsschutzvorschriften der ZPO so abändern, daß sie der Menschenwürde besser entsprechen.

9. a) Im sozialen Rechtsstaat muß einer der höchsten Zwecke des prozeßrechtlichen Schuldnerschutzes bei Überschuldung darin gesehen werden, dem Schuldner (als Folge des Interessenausgleichs zwischen Gläubiger und Schuldner) eine Chance und einen Anreiz zur optimalen Realisierung seiner Erwerbsmöglichkeiten zu bieten, um ihm ein menschenwürdiges Leben zu sichern und ihm zu ermöglichen, seine Schulden zu tilgen. Dadurch können gleichzeitig auch die Interesse des Gläubigers und die fiskalische Interessen des Staates berücksichtigt werden. Die Motivationsschaffung für die Mehrarbeit des Schuldners ist also einer der wichtigsten Beiträge für die Problematik der Überschuldung.

b) Diesbezüglich läßt sich festhalten, daß das derzeitige Einzelzwangsvollstreckungsrecht für den auf die Zukunft gerichteten Schuldnerschutz nicht ausreichend ist. Als wichtigste Gründe dafür sind insbesondere die absolute Grenze für den Lohnpfändungsschutz des Schuldners gemäß § 850c Abs. 2 ZPO und die Schutzlosigkeit des sonstigen Vergütungsanspruchs des Schuldners aus einer kleinen Nebenleistung vom im übrigen vollbeschäftigten Schuldner gemäß § 850i Abs. 1 ZPO i. V. m. § 850 Abs. 2 ZPO zu nennen:

aa) § 850c Abs. 2 ZPO sieht eine Höchstgrenze des Lohnpfändungsschutzes von derzeit monatlich 3.796 DM vor. Diese Grenze beschränkt die Leistungs-

---

3 D. Medicus, ZIP 1989, 817, 823

motivation des Schuldners nach oben hin und sollte deshalb um weitere variable Komponenten erweitert werden. Hierbei muß jedoch auch das Interesse des Gläubigers berücksichtigt werden. Die jetzige Höchstgrenze nach § 850c Abs. 2 ZPO kann als ein „erweiterter Grundbetrag" angesehen werden. Bis zu dieser Grenze kann die bisherige Regelung weiter Gültigkeit behalten, da sie die berechtigten Interessen von Schuldner sowie Gläubiger angemessen berücksichtigt: Der den Grundbetrag gemäß § 850c Abs. 1 ZPO übersteigende Betrag, der sog. Mehrbetrag, der gemäß § 850c Abs. 2 ZPO je nach Zahl der Unterhaltsberechtigten zu 3/10 bis höchstens 9/10 beim Schuldner verbleiben kann, gibt dem Schuldner genügend Motivation zur Mehrarbeitsleistung innerhalb dieser Grenze, und der Gläubiger erhält den Differenzbetrag. Wenn das Nettoeinkommen des Schuldners die pfändungsfreie jetzige Höchstgrenze (= bei meinem Vorschlag: „den erweiterten Grundbetrag") übersteigt, lohnt sich jedoch nach der geltenden Fassung die über diese Grenze hinausgehende Mehrleistung des Schuldners kurzfristig nicht[4]. Langfristig könnte eine solche Mehrleistung allerdings einer schnelleren Tilgung seiner Schuld dienen. Gerade bei besonders hohen Schulden lohnt sich jedoch die Mehrleistung aus Sicht des Schuldners nur in den wenigsten Fällen, weil eine endgültige Tilgung kaum realisierbar scheint[5]. Deswegen ist es notwendig, daß auch ein Teil (z. B. die Hälfte) des den „erweiterten Grundbetrag" übersteigenden Betrages dem Schuldner überlassen wird. Nur dadurch bekommt der Schuldner auch im Bereich der Einzelzwangsvollstreckung einen Leistungsanreiz, um mit voller Kraft zu arbeiten. Auch die Interessen des Gläubigers werden durch eine solche Reform gewahrt, denn der Gläubiger erhält dadurch Aussichten auf (in gewisser Weise) unerwartete Tilgungsleistungen des Schuldners.

bb) Hinsichtlich des Anreizes des Schuldners zu Mehrarbeit stellt sich weitere eine Frage: Nach der jetzt herrschenden Auffassung[6] gilt bei den „nicht wiederkehrend zahlbaren Vergütungen für persönlich geleistete Arbeiten oder Dienste" (selbstverständlich auch bei den wiederkehrenden Vergütungen für Dienstleistung) § 850 Abs. 2 ZPO in dem Sinne, daß der Anspruch nur geschützt ist, wenn er aus Leistungen entstanden ist, die die Erwerbstätigkeit des Schuldners vollständig oder zu einem wesentlichen Teil in Anspruch nehmen. Damit verlangt das Gesetz zum

---

4 Siehe S. 86 ff., insbesondere 90 f. dieser Arbeit; auch S. 140 f. dieser Arbeit

5 D. Medicus, in: Bankrechtstag 1992, S. 96

6 S. Smid, in: MünchKommZPO, § 850, Rdn. 34, § 850a, Rdn. 5, § 850i, Rdn. 9; W. Brehm, in: Stein/Jonas, ZPO, § 850, Rdn. 42; § 850a, Rdn. 10; § 850i, Rdn. 3 f.; K. Stöber, Forderungspfändung (11. Aufl.), Rdn. 887, 982, 1233; D. Boewer, Die Lohnpfändung, S. 179 f.

Pfändungsschutz von sonstigen Vergütungen für Dienstleistung eine den Vergütungen aus Haupterwerbstätigkeit entsprechende Qualität. Wie im 3. Kapitel dieser Arbeit ausgeführt wurde[7], müssen jedoch auch Vergütungen aus der vereinzelten, unregelmäßigen Dienstleistung, die vom im übrigen vollbeschäftigten Schuldner nebenbei in seiner Freizeit bewirkt werden, wie die Arbeitseinkommen für die Leistung von Mehrarbeitsstunden nach § 850a Nr. 1 ZPO, also bis zur Hälfte des Einkommens, vor der unbegrenzten Pfändung des Gläubigers geschützt werden. Denn nach § 850 ff. ZPO hat der Schuldner keinen Anreiz für einen zusätzlichen Nebenerwerb; damit hat der Gläubiger auch keine Chance, vom Schuldner mehr zu bekommen. Dies ist aber erstrebenswert.
Deswegen sollte von § 850 Abs. 2 ZPO der letzte Nebensatz, „die die Erwerbstätigkeit des Schuldners vollständig oder zu einem wesentlichen Teil im Anspruch nehmen" gestrichen werden oder eine neue Vorschrift unter dem „§ 850 Abs. 2 Buchst. b ZPO" wie folgt eingefügt werden: „Gleiches gilt auch für sonstigen Vergütungen für Dienstleistungen aller Art, die die Erwerbstätigkeit des Schuldners nur zu einem unwesentlichen Teil in Anspruch nehmen".

Um diese Änderung des § 850 Abs. 2 ZPO zu unterstützen, muß auch die geltende Regelung des § 850a Nr. 1 ZPO[8], „Unpfändbar sind,
1. zur Hälfte die für die Leistung von Mehrarbeitsstunden gezahlten Teile des Arbeitseinkommens"
wie folgt geändet werden: „Unpfändbar sind,
1. zur Hälfte die für die Mehrleistung gezahlten Teile des Arbeitseinkommens".

Entsprechende Reformüberlegungen für den Arbeitsanreiz des Schuldners gelten auch für § 850i Abs. 2 ZPO. Nach § 850i Abs. 2 ZPO kann für Vergütungen, die für die Gewährung von Wohngelegenheit oder eine sonstige Sachbenutzung geschuldet sind, kein Pfändungsschutz gewährleistet werden, wenn die Vergütung zu einem wesentlichen Teil als Entgelt für neben der Sachbenutzung gewährte Dienstleistungen nicht angesehen werden kann. Wenn § 850 Abs. 2 ZPO und § 850a ZPO entsprechend der Vorschläge dieser Arbeit geändert werden, kann dieses Problem gleichzeitig mitgelöst werden.

cc) In bezug auf den Pfändungsschutz in der Zwangsvollstreckung ist noch eine weitere Refomüberlegung zu berücksichtigen: Der Gesetzgeber hat aus Gründen

---

7 Siehe S. 93 und 73 ff. dieser Arbeit

8 Siehe S. 75 dieser Arbeit

des Gläubigerschutzes in § 850c Abs. 1 ZPO festgelegt, daß dem Schuldner nur ein Grundbetrag, der das Existenzminimum abdeckt, zur Verfügung stehen soll. Das Gesetz bestimmt diesen Betrag jedoch nur pauschal, d. h. ohne Rücksicht auf die individuelle Bedürfnisse des Schuldners. Nach der derzeitigen Fassung der ZPO kann jeder die Pfändungsfreigrenze übersteigende Geldbetrag, der aus dem pfändungsfreien Betrag über die Pfändungsfreigrenze hinaus *gespart* bzw. durch Investition des pfändungsfreien Geldes *erwirtschaftet* wird, in einem nachfolgenden Vollstreckungsverfahren gepfändet werden. Kauft der Schuldner hiervon einen hochwertigen Gegenstand, so muß auch dieser ausgetauscht oder ganz gepfändet werden.

Der Pfändungsfreibetrag soll jedoch dem Schuldner, der nach Durchführung eines Vollstreckungsverfahrens kein pfändbares Vermögen mehr hat, vom Grundsatz her zur freien Verfügung stehen; er kann selbst darüber entscheiden, welchen Teil er verwendet bzw. spart. Weder das Gesetz noch der durch die Vollstreckung nicht vollständig befriedigte Gläubiger kann vorschreiben, wie der Schuldner nach dem Vollstreckungsverfahren mit seinem pfändungsfreien Betrag verfährt. Dieser Geldbetrag muß als Eigentum im Sinne von Art. 14 GG angesehen und deshalb vor dem Zugriff des Gläubigers geschützt werden, so daß die damit gekauften Gegenstände dem unbegrenzten Verfügungsrecht des Schuldners unterliegen, selbst wenn sie eigentlich pfändbar wären. Diese Sichtweise kann mit folgendem Argument unterstützt werden: Es sollte nicht differenziert werden zwischen den Schuldnern, die nach der Zwangsvollstreckung des Gläubigers trotz knapper Mittel noch sparen wollen, und denjenigen, die den ihnen frei belassenen gesamten Betrag sofort verkonsumieren wollen. Nach der derzeitigen Regelung lohnt sich Sparsamkeit nicht; es werden vielmehr falsche Anreize zum Sofortkonsum gegeben.

Eine mögliche Lösung wäre eine Regelung, nach der der Schuldner ab Vollendung eines Zwangsvollstreckungsverfahrens die mit dem Ersparten erworbenen Gegenstände behalten darf, wenn er *nachweisen* kann, daß die Ersparnisse aus dem ihm nach der Zwangsvollstreckung zustehenden Pfändungsfreibetrag stammen. Selbstverständlich sind die wirtschaftlich erworbenen weiteren Gewinne aus dem Pfändungsfreibetrag zugunsten des Gläubigers zu pfänden.

Dementsprechend sollte in § 811 Nr. 8a ZPO geregelt werden: Soweit der Schuldner nachweisen kann, daß Vermögenswerte nach der Zwangsvollstreckung mit Mitteln erworben wurden, die ihm als pfändungsfreies Vermögen zur Verfügung standen, sind diese ihrerseits unpfändbar.

10. a) Im Vergleich zu der noch geltenden Konkursordnung vom 10.2.1877 dürfte für insolvente natürliche Personen die wichtigste Neuerung der Insolvenzrechtsreform im Jahr 1994 die Einführung der Restschuldbefreiung sein, die ab 1999 den Schuldner von seinen Schulden befreien kann und damit einen wirtschaftlichen Neubeginn ohne drückende Schuldenlast ermöglicht.

b) Das neue Insolvenzrecht bietet aber nur in geringem Maße dem Überschuldeten eine Chance, die Restschuldbefreiung zu erreichen: Für die Mehrzahl der betroffenen Schuldner kann die Restschuldbefreiung nicht realisiert werden, weil nach der neuen Insolvenzordnung selbst ein Restschuldbefreiungsverfahren die Deckung der Insolvenzverfahrenskosten voraussetzt[9] und heute bei den meisten Schuldnern - wie die Statistiken zeigen - mangels Masse das Insolvenzverfahren gar nicht eröffnet oder eingestellt wird[10]. Wie bereits oben ausgeführt wurde[11], wäre es rechtspolitisch sinnvoller, mit Blick auf den Sinn und Zweck der Restschuldbefreiung[12] den Antrag des Schuldners auf Restschuldbefreiung unabhängig davon zuzulassen, ob der Schuldner die Verfahrenskosten decken kann.

Hierbei muß allerdings berücksichtigt werden, daß für die Gewährung einer Restschuldbefreiung vorab in einem Verfahren die Entscheidungsgrundlage, z. B. das Bestehen von Vermögen oder Verbindlichkeiten des Schuldners, vollständig geprüft und über seine Entschuldungswürdigkeit entschieden werden muß. Die dabei entstehenden Kosten könnten, falls die Verfahrenskosten nicht aufgebracht werden können, durch Prozeßkostenhilfe gemäß §§ 114 ff. ZPO gedeckt werden. Eine solche Kostenhilfe wirkt sich schließlich positiv für alle Beteiligten aus, weil durch die Gewährung einer Restschuldbefreiung der Schuldner einen Anreiz bekommen kann, als Produzent, Verbraucher, Steuerzahler und ferner auch als potentieller freiwilliger Zahler seiner alten Schulden wieder aktiv am Wirtschaftsleben teilzunehmen.

11. a) Nach der neuen Insolvenzordnung kann ein redlicher Schuldner eine Entschuldung in verschiedenen Formen erreichen: Der Schuldner kann einmal durch eine privatautonome Vereinbarung zwischen Schuldner und Gläubiger eine Restschuld-

---

9 § 289 Abs. 3 InsO; vgl. Hans-P. Ackmann, ZIP 1982, 1266, 1274; G. Pape, ZRP 1993, 285, 290

10 Vgl. G. Pape, NJW 1997, 980, 982

11 Siehe S. 163 f. dieser Arbeit

12 Vgl. G. Pape, ZRP 1993, 285, 290

befreiung gewährt werden, nämlich durch das Insolvenzplanverfahren (§§ 217 bis 269 InsO) oder durch das Verbraucherinsolvenzverfahren (§§ 304 bis 314 InsO).

Auch hinsichtlich des Schuldenbereinigungsplanes im Verbraucherinsolvenzverfahren ist eine Reformüberlegung notwendig: In diesem Verfahren fehlen in der Insolvenzordnung Regelungen, die es ermöglichen, den Schuldenbereinigungsplan an eine später veränderte Situation des Schuldners (z. B. Arbeitslosigkeit, Mieterhöhungen usw.) anzupassen und damit ein drohendes Scheitern des Plans zu vermeiden[13]. Hierbei ist deswegen zu fordern, eine neue Vorschrift, § 308a InsO, wie folgt einzufügen: „§ 308a. Veränderung der Verhältnisse des Schuldners: Ändern sich nach der Annahme des Schuldenbereinigungsplans gemäß § 308 InsO die Verhältnisse des Schuldners, kann das Vollstreckungsgericht auf Antrag des Schuldners den Schuldenbereinigungsplan entsprechend ändern. Für die Zustellung an die Gläubiger und für die Annahme des veränderten Schuldenbereinigungsplans gelten § 307 Abs. 1 Satz 1, 3 und Abs. 2, § 308 Abs. 1 und 2, § 309 InsO entsprechend."

b) Ferner kann der Schuldner im Rahmen des sog. gesetzlichen Restschuldbefreiungsverfahrens (§§ 286 bis 303 InsO) eine Entschuldung ohne Gläubigerzustimmung erreichen. Hierbei kann der Schuldner erst nach erfolgreicher Durchführung einer siebenjährigen Lohnabtretung (der sog. Wohlverhaltensperiode) von seinen Schulden endgültig befreit werden. Im Falle eines Restschuldbefreiungsverfahrens muß aber der Schuldner bereits vor der Verfahrenseröffnung bis ein Jahr nach der Rechtskraft der Schuldbefreiungsentscheidung[14] in ständiger Angst vor einer Versagung der Restschuldbefreiung leben. Diese erfolgt dann, wenn. z. B. ein Gläubiger dem Insolvenzgericht einen Versagungsgrund gemäß § 290 InsO oder eine - u. U. nur fahrlässig begangene - Obliegenheitsverletzung des Schuldners (vgl. §§ 295 bis 297 InsO) glaubhaft macht oder wenn die Mindestvergütung des Treuhänders nicht gedeckt wird (§ 298 InsO)[15]. Damit bleibt der große Teil der Antragstellungen auf Restschuldbefreiung erfolglos und die somit nicht erfaßten Schuldner müssen lebenslang mit einer Einzelzwangsvollstreckung rechnen.

13 Siehe S. 179 dieser Arbeit
14 § 303 Abs. 2 InsO
15 Vgl. J. Lösch, JA 1994, 44, 48

c) Auch bezüglich der Ausschlußgründe der Restschuldbefreiung sind zwei Reformüberlegungen zu erörtern.

aa) Um eine beliebige Wiederholbarkeit der Schuldbefreiung zu verhindern, sieht § 290 Abs. 1 Nr. 3 InsO als Versagungsgrund der Restschuldbefreiung eine zehnjährige Zeitsperre vor[16]. Hier geht es aber nicht um den zehn-Jahre-Abstand für eine erneute Restschuldbefreiungschance. Wegen der Durchführung der Wohlverhaltensperiode verlängert sich diese Zeitsperre mindestens (weil noch die Verfahrensdauer dazu kommt) bis auf 17 Jahre nach Erteilung der ersten Restschuldbefreiung und auf mindestens 24 Jahre nach Eintritt der ersten Überschuldung. Diese Zeit ist m. E. zu lang, angemessen wäre eher ein insgesamt etwa nicht über 15 Jahre betragender Zeitabstand für eine erneute Restschuldbefreiung. Daher sollte die Zeitsperre des § 290 Abs. 1 Nr. 3 InsO von zehn Jahren auf fünf Jahre gekürzt werden. Trotz der Verkürzung dieser Sperrfrist kann ein Schuldner in seinem Leben realistisch betrachtet nicht sehr häufig, vielmehr möglicherweise zweimal, höchstens dreimal Restschuldbefreiung erreichen, und auch das nur dann, wenn er sich faktisch sein ganzes Leben mit dem pfändungsfreien Existenzminimum begnügt und entsprechend den Regelungen zur Restschuldbefreiung redlich und gläubigerfreundlich lebt[17].

bb) Nach § 295 Abs. 1 Nr. 2 obliegt es dem Schuldner, während der sog. siebenjährigen Wohlverhaltensperiode Vermögen, das er von Todes wegen oder mit Rücksicht auf ein künftiges Erbrecht erwirbt, zur Hälfte des Wertes an den Treuhänder herauszugeben[18]. Das bedeutet, daß die Hälte einer Erbschaft des Schuldners von der Haftung für die bestehenden Schulden ausgenommen wird. Diese Bestimmung stellt eine grundlose besondere Privilegierung des Schuldners dar. Im Vergleich mit den mühsam erarbeiteten Einkünfte aus Erwerbstätigkeit sollte diese Privilegierung des Schuldners beseitigt werden. Um aber die Ausschlagung der Erbschaft zu vermeiden, sollte der Schuldner in Abhängigkeit von der Höhe der Erbschaft einen gewissen Anteil behalten dürfen, z. B. bei einer hohen Erbschaft 10%-20%, bei einer geringen Erbschaft bis zu 50%.

12. Insgesamt kann das Zwangsvollstreckungsrecht einschließlich des Insolvenzrechts als Gesamtvollstreckungsrecht trotz der Einführung der Restschuldbefreiung im

16 Siehe S. 164 f. dieser Arbeit

17 R. Schmidt-Räntsch, in: FS für Hans Hanisch, S. 224

18 Siehe S. 168 f. dieser Arbeit

Allgemeinen keinen ausreichenden Schutz für den Überschuldeten gewährleisten. Wenn so das Zwangsvollstreckungsrecht den überschuldeten Schuldner in eine völlig aussichtslose Lage versetzt, kann dies leicht - wie die Ansicht des BVerfG und XI. Zivilsenat des BGH in den Bürgschaftsfällen zeigt - zu einer Korrektur des materiellen Rechts führen, die auf eine Einschränkung der Vertragsfreiheit hinausläuft[19]. Der Unzulänglichkeit des zwangsvollstreckungsrechtlichen Schutzes kann aber richtigerweise nicht, auch nicht vorübergehend, das materielles Recht, insbesondere § 138 Abs. 1 BGB Abhilfe leisten. Die Privatautonomie sollte als eine elementare Grundlage der deutschen Zivilrechtsordnung erhalten bleiben. Gerade im Hinblick auf die wirtschaftlich Schwachen ist es wichtig, daß die Privatautonomie auch die Eingehung "gewagter" Verbindlichkeiten ermöglicht, deren Erfüllbarkeit beim Vertragsschluß noch ungewiß erscheint[20]. Dafür ist auch zu beachten, daß es im hoch komplizierten modernen Wirtschaftsleben schwierig ist, im voraus genau zu beurteilen, welche Entwicklungen eintreten werden und welche Erfolgspotentiale damit verbunden sein mögen.

13. Daran zeigt sich, daß die Ansicht des IX. Zivilsenats des BGH, der bei der Frage der Mithaftung mittelloser Angehöriger nicht durch § 138 BGB unmittelbar in die Privatautonomie eingreift, sondern andere Mittel zum Schutz der Schuldner gefunden hat, im Vergleich zu der des XI. Zivilsenats vorzugswürdig ist. Auch die Entscheidungen des Bundesverfassungsgerichts und des XI. Zivilsenats des BGH in den sog. Bürgschaftsfällen wären möglicherweise zugunsten der Privatautonomie ausgefallen, wenn das Zwangsvollstreckungsrecht dem Schuldner wirklich eine Hoffnung auf eine materiell gesicherte Zukunft gewähren würde. Hier liegt der Grund dafür, daß das Zwangsvollstreckungsrecht und die neue Insolvenzordnung noch um ein Stück mehr schuldnerfreundlich werden sollten.

---

19 W. Brehm, in: FS für Wolfram Henckel, 1995, 41, 52

20 D. Medicus, ZIP 1989, 817, 824; auch W. Zöllner, JuS 1988, 329, 336

Literaturverzeichnis

Ackmann, Hans-Peter, Lebenslängliche Schuldverstrickung oder Schuldbefreiung durch Konkurs?, ZIP 1982, S. 1266 ff.

–, Schudbefreiung durch Konkurs?, Bielefeld 1983

–, Anmerkung zu LG Köln, Beschluß v. 13.12.1982 - 9 T 269/82, FamRZ 1983, S. 520 ff.

–, Neue Wege zur Bereinigung von Verbraucherinsolvenzen?, - Die Vorschläge der Insolvenzrechtsreformkommission im Vergleich mit Kapitel 13 des U. S. Bankruptcy Code -, KTS 1986, S. 555 ff.

–, Anmerkung zu BGH, Urt. v. 22.1.1991 - XI ZR 111/90, EWiR § 138 BGB 4/91, S. 231 f.

Adomeit, Klaus, Die gestörte Vertragsparität - ein Trugbild, NJW 1994, S. 2467 ff.

Alisch, Herbert, Die sozialen Schutzbestimmungen des Vollstreckungsrechts - Sozialer Fortschritt oder Entrechtung der Gläubiger -, Rpfleger 1979, S. 290 ff.

–, Aktuelle Tendenzen zur Ausdehnung des Schuldnerschutzes in der Zwangsvollstreckung, DGVZ 1981, S. 106 ff.

–, Wege zur interessengerechteren Auslegung vollstreckungsrechtlicher Normen, Frankfurt/M, Bern 1981

–, Zur Diskussion über die Neuordnung der Aufgabenbereiche im Zwangsvollstreckungsverfahren, DGVZ 1982, S. 33 ff.

Ammermann, Raymund, Umfang der Amtshaftung bei Verstoß gegen § 817a ZPO, MDR 1975, S. 458 f.

App, Michael, Zum Entwurf einer Insolvenzsordnung, DGVZ 1990, S. 33 ff.

–, Zur Restschuldbefreiung im französischen Recht, DGVZ 1991, S. 180 f.

Arnold, Hans, Probleme einer Konkursreform, Rpfleger 1977, S. 385 ff.

–, Der neue Pfändungsschutz für Arbeitseinkommen und für Gehaltskonten, BB 1978, S. 1314 ff.

–, West-Ost-Wanderung zwecks Schuldbefreiung?, BB 1992, S. 2227 ff.

–, Auswirkungen der Gesamtvollstreckung, insbesondere der gesamtvollstreckungsrechtlichen Schuldbefreiung auf die Einzelvollstreckung, DGVZ 1993, S. 33 ff.

–, Die Restschuldbefreiung nach der Insolvenzordnung von 1994, DGVZ 1996, S. 65 ff.

Balz, Manfred, Insolvenzverfahren für Verbraucher?, ZRP 1986, S. 12 ff.

–, Aufgaben und Struktur des künftigen einheitlichen Insolvenzverfahrens, ZIP 1988, S. 273 ff.

–, Schuldbefreiung durch Insolvenzverfahren, FLF 1989, S. 16 ff.

–, Schuldbefreiung durch Insolvenzverfahren, BewHi 1989, S. 103 ff.

Balz, Manfred / Landfermann, Hans-Georg, Die neuen Insolvenzgesetze, Düsseldorf 1995

Bartholomeyczik, Horst, Äquivalenzprinzip, Waffengleichheit und Gegengewichtsprinzip in der modernen Rechtsentwicklung, AcP 166 (1966), S. 31 ff.

Baumbach, Adolf / Lauterbach, Wolfgang / Albers, Jan / Hartmann, Peter, Zivilprozeßordnung, 55. Aufl., München 1997

Baur, Fritz / Stürner, Rolf, Zwangsvollstreckungs-, Konkurs- und Vergleichsrecht, Band I, Einzelvollstreckungsrecht, 12. Aufl., Heidelberg 1995

–, Zwangsvollstreckungs-, Konkurs- und Vergleichsrecht, Band II, Insolvenzordnung, 12. Aufl., Heidelberg 1990

Bayer, Erich, Wörterbuch zur Geschichte, 2. Aufl., Stuttgart 1965

Behr, Johannes, Immer wieder aktuell: Ratenzahlungsbewilligung durch den Gerichtsvollzieher - Anmerkungen zur Notwendigkeit einer Reform der geltenden Bestimmungen -, DGVZ 1977, S. 162 ff.

–, Vollstreckungsschutz: Gläubiger- oder Schuldnerschutz?, Kritische Justiz 1980, S. 156 ff.

–, Praxisprobleme und Rechtsprechungstendenzen zu § 758 ZPO, Art. 13 Abs. 2 GG, DGVZ 1980, S. 49 ff.

–, Reform der Zwangsvollstreckung, Rpfleger 1981, S. 417 ff.

–, Generalklausel für Vollstreckungsschutz, Rpfleger 1989, S. 13 ff.

–, Erweiterung des Kontenschutzes gem. § 850k Abs. 1 ZPO, Rpfleger 1989, S. 52 f.

Beier, Joachim / Jacob, Klaus-Dieter, Der Konsumentenkredit in der Bundesrepublik Deutschland, Frankfurt/M 1987

Bengelsdorf, Peter, Auswirkungen der Lohnpfändung auf Arbeitsverhältnis und Arbeitseinkommen, ArbuR 1995, S. 349 ff.

Berges, A. M., Die Goodwill-Treuhand als Grundform des europäischen Konkurses, KTS 1974, S. 125 ff.

Berkemann, Jörg, Aus der Rechtsprechung des Bundesverfassungsgerichts, JR 1994, S. 177 ff.

Berner, Wilhelm, Die Pfändung, Abtretung und Verpfändung von Lebensversicherungsansprüchen, Rpfleger 1957, S. 193 ff.

–, Die Pfändbarkeit des Urlaubsentgelts, Rpfleger 1960, S. 5 ff.

–, Sind die Versicherungssummen mehrerer Kleinlebensversicherungen bei der Ermittlung der Pfändungsfreigrenze von 1500,- DM wirklich zusammenzurechnen?, Rpfleger 1964, S. 68 f.

Biedenkopf, Kurt H., Vertragliche Wettbewerbsbeschränkung und Wirtschaftsverfassung, Heidelberg 1958

Bittmann, Folker, Erzwingungshaft und Grundgesetz, Rpfleger 1983, S. 261 ff.

Bindokat, Heinz, Vollstreckungsschutz gegen wegen Krankheit und Alters sittenwidrige Zwangsräumung, NJW 1992, S. 2872 ff.

Bloedhorn, Rudolf, Die neuere Rechtsprechung zu §§ 765a, 811 und 813a ZPO, DGVZ 1976, S. 104 ff.

Bodmann, Hans-H., Die Pfändbarkeit des Taschengeldanspruchs des nicht erwerbstätigen Ehegatten, Dissertatiton an der Uni. Göttingen 1981 (hier zitiert: Die Pfändbarkeit des Taschengeldanspruchs)

Boemke, Burkhard, Privatautonomie im Arbeitsvertragsrecht, NZA 1993, S. 532 ff.

Boewer, Dietrich, Die Lohnpfändung in der betrieblichen Praxis, Köln 1972 (hier zitiert: Die Lohnpfändung)

Boewer, Dietrich / Bommermann, Ralf, Lohnpfändung und Lohnabtretung in Recht und Praxis, Köln 1987 (hier zitiert: Lohnpfändung und Lohnabtretung)

Böhle-Stamschräder, A., Neuregelung des Vollstreckungsrechts, NJW 1953, S. 1449 ff.

Bohn, A., Pfändbare und unpfändbare Forderungen und andere Vermögensrechte, Band II: Pfändungsschutz für Lohn, Gehalt und sonstiges Arbeitseinkommen, 3. Aufl., Baden-Baden 1970 (hier zitiert: Pfändungsschutz für Lohn)

Bork, Reinhard, Die Wirkungen des Insolvenzplans nach §§ 290 bis 305 RefE, in: Insolvenzrecht im Umbruch, Köln, Berlin, Bonn, München 1991, S. 51 ff.

–, Einführung in das neue Insolvenzrecht, Tübingen 1995

–, Der Insolvenzplan, ZZP 109 (1996), S. 473 ff.

Braun, Johann, Der Taschengeldanspruch des Ehegatten, AcP 195 (1995), S. 311 ff.

Brehm, Wolfgang, Zentralisierung der Zwangsvollstreckung, Rpfleger 1982, S. 125 ff.

–, Aktuelle Fragen einer zeitgenössischen Reform des Vollstreckungsrechs, DGVZ 1983, S. 101 ff.

–, Zur Reformbedürftigkeit des Lohnpfändungsrechts, in: Festschrift für Wolfram Henckel zum 70. Geburtstag am 21. April 1995, Berlin, New York 1995, S. 41 ff.

Brox, Hans, Fragen der rechtsgeschäftlichen Privatautonomie, JZ 1966, S. 761 ff.

–, Allgemeiner Teil des Bürgerlichen Gesetzbuchs, 20. Aufl., Köln, Berlin, Bonn, München 1996

Brox, Hans / Walker, Wolf-D., Zwangsvollstreckungsrecht, 5. Aufl., Köln, Bonn, München 1996

Brüggemann, Dieter, Die Ansprüche der Mutter gegen den außerehelichen Schwängerer, FamRZ 1971, S. 140 ff.

Buche, Herbert, Die Rechtsprechung zur Räumungsfrist nach § 721 ZPO und zum Räumungsvollstreckungsschutz nach § 765a ZPO, MDR 1972, S. 189 ff.

Buciek, Klaus D., Vollstreckung von Steuerforderungen und § 850f ZPO, DB 1988, S. 882 ff.

–, Zum aktuellen Stand der Schuldturmproblematik, insbesondere zur Anwendung von § 11 Abs. 3 Verbraucherkreditgesetz, WM 1992, S. 1009 ff.

–, Die Schuldturmproblematik aus der Sicht des Verbraucherkreditgesetzes, in: Aufklärungs- und Beratungspflichten der Kreditinstitute - Der moderne Schuldturm? (Bankrechtstag 1992), Berlin, New York 1993, S. 135 ff. (hier zitiert: Bankrechtstag 1992)

Bundesministerium der Justiz, Erster Bericht der Kommission für Insolvenzrecht, Köln 1985

–, Zweiter Bericht der Kommission für Insolvenzrecht, Köln 1986

–, Diskussionsentwurf, Gesetz zur Reform des Insolvenzrechts, Köln 1988

–, Referentenentwurf, Gesetz zur Reform des Insolvenzrechts, Köln 1990

Bundesministerium für Gesundheit, Sozialhilfe - Ihr gutes Recht, Bonn 1995

Bundesrat, Entwurf eines Dritten Gesetzes zur Änderung der Pfändungsfreigrenzen, Drucksache 687/71

–, Entwurf eines Vierten Gesetzes zur Änderung der Pfändungsfreigrenzen, Drucksache 193/77, S. 1 ff.; Begründung, 45 ff.

–, Entwurf eines Fünften Gesetzes zur Änderung der Pfändungsfreigrenzen, Drucksache 161/83

–, Entwurf eines Zweiten Gesetzes zur Änderung zwangsvollstreckungsrechtlicher Vorschriften (2. Zwangsvollstreckungsnovelle), Drucksache 134/94

Burger, Anton, Zahlungsunfähigkeit und drohende Zahlungsunfähigkeit nach der geplanten Insolvenzordnung (InsO), DB 1992, S. 2149 ff.

Burger, Anton / Schellberg, Bernhard, Der Insolvenzplan im neuen Insolvenzrecht, DB 1994, S. 1833 ff.

–, Die Auslösetatbestände im neuen Insolvenzrecht, BB 1995, S. 261 ff.

Büttner, Helmut, Unterhalt und Zwangsvollstreckung, FamRZ 1994, S. 1433 ff.

Bydlinski, Franz, Privatautonomie und objektive Grundlagen des verpflichtenden Rechtsgeschäftes, Wien, New York 1967

Bydlinski, Peter, Gemeinsames Ehegattenkonto und Kreditmithaftung, ZBB 1991, S. 263 ff.

–, Anmerkung zu BVerfG, Beschluß vom 19. Oktober 1993, WuB I F 1a. - 4.94, S. 389, 391 ff.

Canaris, Claus-Wilhelm, Schranken der Privatautonomie zum Schutze des Kreditnehmers, ZIP 1980, S. 709 ff.

–, Verstöße gegen das verfassungsrechtliche Übermaßverbot im Recht der Geschäftsfähigkeit und im Schadensersatzrecht, JZ 1987, S. 993 ff.

Christmann, Günter, Der Rechtsschutz bei der Pfändung des Arbeitseinkommens, Rpfleger 1988, S. 458 ff.

–, Sozialhilfebedürftigkeit des Schuldners als persönlicher Härtegrund nach § 850f. I lit. a) ZPO, JurBüro 1990, S. 425 ff .

–, Konkordanz von Schuldnerschutz und Sozialhilferecht (Zum Änderungsentwurf des § 850f Abs. 1 ZPO), Rpfleger 1990, S. 403 f.

–, Neue Pfändungsfreigrenzen - auch für die Arbeit des Gerichtsvollziehers?, DGVZ 1991, S. 6 ff.

–, Pfändungsfreibeträge angehoben, DGVZ 1992, S.102 f.

–, Zur Verfassungsmäßigkeit der Restschuldbefreiung nach der Insolvenzordnung(E), DGVZ 1992, S. 177 ff.

Dassler, Gerhard / Schiffhauer, Horst, Gesetz über die Zwangsversteigerung und die Zwangsverwaltung, Kommentar, 12. Aufl., Stuttgart, Berlin, Köln 1991

Degenhart, Max, Die Reform des Zivilprozesses und der Zwangsvollstreckung im Hinblick auf die Bedürfnisse der Wirtschaft von heute, DGVZ 1968, S. 116 ff.

Derleder, Peter, Rechtliche Grenzen der Verschuldung junger Erwachsener, in: Festschrift für Johannes Bärmann und Hermann Weitnauer, München 1990, S. 121 ff.

–, Die Pfändung des Taschengeldanspruchs einkommens- und vermögensloser Ehegatten - Rechtsfragen und Realisierungsprobleme - JurBüro 1994, S. 129 ff. (Teil I), S. 195 ff. (Teil II)

Deutsche Bundesbank, Zur längerfristigen Entwicklung der Konsumentenkredite und der Verschuldung der privaten Haushalte, Monatsbericht April 1993, S. 19 ff.

Deutscher Bundestag, Entwurf eines Vierten Gesetzes zur Änderung der Pfändungsfreigrenzen, Drucksache 8/ 693, 1977, S. 1 ff.

–, Erste Beschlußempfehlung und Erster Bericht des Rechtsausschusses (6. Ausschuß) zu dem von der Bundesregierung eingebrachten Entwurf eines Vierten Gesetzes zur Änderung der Pfändungsfreigrenzen - Drucksache 8/693 -, Drucksache 8/1414, 1978, S. 1 ff.

–, Entwurf eines Sechsten Gesetzes zur Änderung der Pfändungsfreigrenzen, Drucksache 12/1754, 1991, S. 1 ff.

–, Entwurf einer Insolvenzordnung (InsO); Begründung zum Regierungsentwurf der Insolvenzordnung, Drucksache 12/2443, 1992, S. 71 ff.

–, Entwurf eines Zweiten Gesetzes zur Änderung zwangsvollstreckungsrechtlicher Vorschriften (2. Zwangsvollstreckungsnovelle), Drucksache 13/341, 1995, S. 4 ff.

de With, Hans / Nack, Armin, Der Moderne Schuldturm, ZRP 1984, S. 1 ff.

Dillenburger, Peter / Pauly, Holger, Die Problematik der Grabsteinpfändung unter besonderer Berücksichtigung der geplanten 2. Zwangsvollstreckungsnovelle, DGVZ 1994, S. 180 ff.

Döbereiner, Stephan, Das Schuldenbereinigungsverfahren nach der neuen Insolvenzordnung, JA 1996, S. 603 ff.

–, Die Restschuldbefreiung nach der neuen Insolvenzordnung, JA 1996, S. 724 ff.

Doehring, Carl, Insolvenzen im statistischen Blickfeld, KTS 1993, S. 197 ff.

Dorn, Martin, Zwangsräumung oder Räumungsschutz, Rpfleger 1989, S. 262 ff.

Drukarczyk, Jochen, Kapitalerhaltungsrecht, Überschuldung und Konsistenz - Besprechung der Überschuldungs-Definition in BGH WM 1992, 1650 -, WM 1994, S. 1737 ff.

Eckert, Jörn, Ratenkreditverträge und die Pfändungsfreigrenzen des § 850c ZPO - zugleich eine Besprechung des Urteils des Landgerichts Lübeck vom 11. Dezember 1986 -, WM 1987, S. 945 ff.

–, Übermäßige Verschuldung bei Bürgschafts- und Kreditaufnahme, WM 1990, S. 85 ff.

–, Anmerkung zu LG Frankenthal, Urteil vom 31. März 1992 (6 O 1975/91), WuB I F 1a. - 13.92, S. 931, 932 f.

Eich, Alexander, Mehr als eine Notwendigkeit: Die Reform der Gerichtsvollzieherzwangsvollstreckung, DGVZ 1989, S. 49 ff.

Eich, Alexander / Lübbig, Thomas, Teilerfolg und Effektivität der Zwangsvollstreckung „Die Bewilligung von Teilzahlungen", DGVZ 1991, S. 33 ff.

Emmerich, Volker, Das Verbraucherkreditgesetz, JuS 1991, S. 705 ff.

–, Anmerkung zu BGH, Urt. v. 25.4.1996 - IX ZR 117/95 (Frankfurt/M), JuS 1996, S. 935, 936 f.

Erler, Adalbert / Kaufmann, Ekkehard (Hrsg.), Handwörterbuch zur deutschen Rechtsgeschichte, Band IV, Berlin 1990

Eucken, Walter, Grundsätze der Wirtschaftspolitik, Tübingen 1968

Faecks, Fridhelm, Die Ansprüche des Arbeitnehmers auf Urlaubsentgelt und Urlaubsabgeltung in der Zwangsvollstreckung, NJW 1972, S.1448 ff.

Fenger, Hermann, Vollstreckungsschutz bei Räumungsvergleichen, Rpfleger 1988, S, 55 ff.

Ferrand, Frédérique, Das Französische Schuldensanierungsgesetz vom 31. Dezember 1989 und seine Anwendung durch die Zivilgerichte, ZEuP 1995, S. 600 ff.

Fink, Herbert, Insolvenzverfahren als Instrument der Schuldbefreiung, ÖJZ 1992, S. 8 ff.

Flessner, Axel, Sanierung und Reorganisation, Tübingen 1982

Flume, Werner, Rechtsgeschäft und Privatautonomie in: Festschrift zum hundertjährigen Bestehen des Deutschen Juristentages 1860-1960 (Hundert Jahre Deutsches Rechtsleben), Band I, Karlsruhe 1960, S. 135 ff. (hier ziteirt: FS DJT 1960, Bd. I)

–, Allgemeiner Teil des Bürgerlichen Recht, Band II: das Rechtsgeschäft, 2. Aufl., Berlin, Heidelberg, New York 1975 (hier zitiert: das Rechtsgeschäft)

Frank, Michael, Sittenwidrigkeit als Folge „strukturell ungleicher Verhandlungsstärke" - BVerfG, NJW 1994, 2749, JuS 1996, S. 389 ff.

Frenz, Walter, Die Verfassungsmäßigkeit von Zahlungspflichten bis ans Lebensende, JR 1994, S. 92 ff.

Frey, Kaspar, Die Haftung Mittelloser Bürgen zwischen Verfassungs- und Vertragsrecht, WM 1996, S. 1612 ff.

Frohm-Weinzierl, Christa, Der moderne Schuldturm - Ein Beitrag aus der Sicht der Banken -, AnwBl 1991, S. 461 ff.

Fuchs-Wissemann, Hans, Zur eigenartigen Entstehungsgeschichte des § 765a ZPO, DRiZ 1978, S. 110 f.

Ganter, Hans Gerhard, Aktuelle Probleme der Kreditsicherheiten in der Rechtsprechung des Bundesgerichtshofes, WM 1996, S. 1705 ff.

Gaul, Dieter, Zur pfändungsrechtlichen Behandlung des Urlaubsabgeltungsanspruchs, NZA 1987, S. 473 ff.

Gaul, Hans Friedhelm, Zur Struktur der Zwangsvollstreckung (I) (II) (III), Rpfleger 1971, 1 ff., 41 ff. und 81 ff.

–, Zur Reform des Zwangsvollstreckungsrechts, JZ 1973, S. 473 ff.

–, Treu und Glauben sowie gute Sitten in der Zwangsvollstreckung oder Abwägung nach "Verhältnismäßigkeit" als Maßstab der Härteklausel des § 765a ZPO, in: Festschrift für Gottfried Baumgärtel, Köln, Berlin, Bonn, München 1990, S. 75 ff.

Geißler, Markus, Das Anwartschaftsrecht des Vorbehaltskäufers mit seinen Berührungspunkten zur Mobiliarvollstreckung, DGVZ 1990, S. 81 ff.

–, Die Privatautonomie im Spannungsfeld sozialer Gerechtigkeit, JuS 1991, S. 617 ff.

–, Ordnungsprinzipien und Streitfragen bei der Versteigerung gepfändeter Sachen, DGVZ 1994, S. 33 ff.

–, Zuständigkeiten des Gerichtsvollziehers und der Ordnungsbehörde bei der Zwangsräumung von Wohnraum, DGVZ 1996, S. 161 ff.

Gerhardt, Walter, Aspekte zur Wechselwirkung zwischen Konkursrecht und Wirtschaftsleben, in: Festschrift für Friedrich Weber zum 70. Geburtstag, Berlin 1975, S. 181 ff.

–, Bundesverfassungsgericht, Grundgesetz und Zivilprozeß, speziell: Zwangsvollstreckung, ZZP 95 (1982), S. 467 ff.

–, Grundbegriffe des Vollstreckungs- und Insolvenzrechts, Stuttgart, Berlin, Köln, Mainz 1985 (hier zitiert: Grundbegriffe)

Gernhuber, Joachim, Ruinöse Bürgschaften als Folge familiärer Verbundenheit, JZ 1995, S. 1086 ff.

Gernhuber, Joachim / Coester-Waltjen, Dagmar, Lehrbuch des Familienrechts 4. Aufl., München 1994

Giebeler, Norbert, Die Feststellung der Überschuldung einer Unternehmung unter besonderer Berücksichtigung der Beziehungen zur Zahlungsunfähigkeit, Frankfurt/M 1982

Gilleßen, Hubert / Jakbos, Walter, Pfändungsschutz nach § 811 Nr. 8 ZPO, DGVZ 1978, S. 129 ff.

Goebel, Joachim, Reform des Zwangsvollstreckungsrechts im Spiegel dogmatischer Systemgerechtigkeit, KTS 1995, S. 143 ff.

Gottschalk, Hans-Joachim, Ist das heutige Zwangsvollstreckungsrecht noch zeitgemäß?, DGVZ 1988, S. 35 ff.

Großfeld, Bernhard, Aktiengesellschaft, Unternehmenskonzentration und Kleinaktionär, Tübingen 1968

Groth, Ulf, Schuldnerberatung - Praktischer Leitfaden für die Sozialarbeit -, 6. Aufl., Frankfurt/M, New York 1988

Groth, Ulf / Schulz-Rackoll, Rolf, Die Situation überschuldeter Menschen - ein individuelles Problem?, VuR 1991, S. 262 ff.

Grunau, Pfändbarkeit des Taschengeldanspruchs der Ehefrau, JurBüro 1962, S. 113 ff.

Grunsky, Wolfgang, Probleme des Pfändungsschutzes bei mehreren Arbeitseinkommen des Schuldners, ZIP 1983, S. 908 ff.

–, Grundzüge des Zwangsvollstreckungs- und Insolvenzrechts, 5. Aufl., Tübingen 1996

Grün, Beate, Anmerkung zu BGH, Urteil v. 22.1.1991 - XI ZR 111/90 (Bamberg), NJW 1991, S. 923, 925 f.

–, Die Generalklauseln als Schutzinstrumente der Privatautonomie am Beispiel der Kreditmithaftung von vermögenslosen nahen Angehörigen - Zugleich eine Besprechung von BVerfG WM 1993, 2199 sowie BGH WM 1994, 676 und 680 -, WM 1994, 713 ff.

Gutbrod, Max, Zulässigkeit des nachvertraglichen Wettbewerbsverbots ohne Karenzentschädigung?, DB 1990, S. 1806 f.

Gürtler, Franz, Der praktische Fall - Zivilrechtsklausur: "Elfen im See", JuS 1997, S. 643 ff.

Haack, Michael, Der Konkursgrund der Überschuldung bei Kapital- und Personengesellschaften, Frankfurt/M, Bern, Cirencester/U.K. 1980

Haarmeyer, Hans / Wutzke, Wolfgang / Förster, Karsten, Kommentar zur Gesamtvollstreckungsordnung - GesO und zum Gesetz über die Unterbrechung von Gesamtvollstreckungsverfahren - GUG, 3. Aufl., Köln 1995 (hier zitiert: Gesamtvollstreckungsordnung)

Hadding, Walther, Welche Maßnahmen empfehlen sich zum Schutz des Verbrauchers auf dem Gebiet des Konsumentenkredits?, Gutachten zum 53. Deutschen Juristentag, München 1980 (hier zitiert: Gutachten zum 53. DJT)

–, Anmerkung zu BGH, Urteil vom 22. Januar 1991 (XI ZR 111/90, Bamberg), WuB I E 1. - 4.91, S. 659, 660 ff.

Hanisch, Hans, Zur Reformbedürftigkeit des Konkurs- und Vergleichsrechts, ZZP 1977, S. 1 ff.

Hartmann, Klaus Dieter, Kritische Bemerkungen zur gesetzlichen Regelung der Austauschpfändung, NJW 1953, S. 1856 ff.

–, Die Rechtsnatur der Eigentumsübertragung, ZZP 67 (1954), S. 199 ff.

Hartmann, Peter, Der Schuldnerschutz im Vierten Pfändungsfreigrenzengesetz, NJW 1978, S. 609 ff.

Haumann, Ernst-H., Anmerkung zu BVerfG, Beschl. v. 7.2.1990 - 1 BvR26/84, EWiR § 90a HGB 1/90, S. 385 f.

Heilmann, Hans, Die Schuldverstrickung natürlicher Personen nach dem Konkurs - ein soziales Unrecht -, KTS 1975, S. 18 ff.

Heinrichsmeier, Paul, Die Einbeziehung einkommens- und vermögensloser Familienangehöriger in die Haftung für Bankkredite: eine unendliche Geschichte?, FamRZ 1994, S. 129 ff.

Hein, Thomas, Gestaltungswirkung einer Herabsetzung der Pfändungsfreigrenze, Rpfleger 1984, S. 260 f.

Helm, Johann Georg, Theorie und Sachanalyse im Recht „atypischer" Gesellschaften, ZGR 2 (1973), S. 478 ff.

Henckel, Wolfram, Die ergänzende Vertragsauslegung, AcP 159 (1960), S. 106 ff.

–, Prozeßrecht und materielles Recht, Göttingen 1970

–, Reform des Insolvenzrechts, ZZP 1984, S. 369 ff.

–, Deregulierung im Insolvenzverfahren?, KTS 1989, S. 477 ff.

–, Buchbesprechung: Stein-Jonas - ein Großkommentar zur Zivilprozeßordnung, JZ 1992, S. 645 ff.

Hennings, Dorothee, Anmerkung zu LG Osnabrück, Beschluß vom 7.2.1989, 10 T 3/89 (+), Rpfleger 1989, S. 248 f.

Henze, Gerhard, Fragen der Lohnpfändung - insbesondere zur nachfolgend strengen Lohnpfändung-, Rpfleger 1980, S. 456 ff.

–, Unterhaltsberechtigte mit eigenen Einkünften, Rpfleger 1981, S. 52 ff.

Hermes, Georg, Grundrechtsschutz durch Privatrecht auf neuer Grundlage?, NJW 1990, S. 1764 ff.

Hess, Harald, Insolvenzrecht, 3. Aufl., Köln 1993

–, Das Insolvenzeröffnungsverfahren nach der Insolvenzordnung, FLF 1995, S. 8 ff.

–, Kommentar zur Konkursordnung, 5. Aufl., Neuwied, Kriftel, Berlin 1995

Hess, Harld / Kropshofer, Birger, Kommentar zur Konkursordnung, 3. Aufl., Frankfurt/M 1989

Hesse, Konrad, Verfassungsrecht und Privatrecht, Heidelberg 1988

Heyer, Ulrich, Der „Null-Plan" im Verbraucherinsolvenzverfahren, JR 1996, S. 314 ff.

Hillgruber, Christian, Grundrechtsschutz im Vertragsrecht - zugleich: Anmerkung zu BVerfG NJW 1990, 1469, AcP 191 (1991), S. 69 ff.

–, Abschied von der privatautonomie?, ZRP 1995, S. 6 ff.

Hintzen, Udo, Anmerkung zu BVerfG, Kammer-Beschluß v. 15.1.1992, 1 BvR 1466/91 (+), Rpfleger 1992, S. 259 f.

–, Anmerkung zu LG Heilbronn, Beschl. v. 12. 5. 1992 - 1b T 101/92 (rechtskräftig), EWiR § 850b ZPO 1/92, S. 933 f.

Hirte, Heribert / Otte, Karsten, Die Rechtsentwicklung im Insolvenzrecht in den Vereinigten Staaten im Jahre 1993, ZIP 1994, S. 1493 ff.

Hofmann, Werner, Zur Geschichte der Reform des Insolvenzrechts, DRiZ 1994, S. 411 ff.

Hofmeister, Carsten, Anmerkung zu LG Frankfurt/M, Beschluß vom 28. 6. 1995 - 2/9 T 237/95, JurBüro 1995, S. 606 f.

Hofrat, Wirkl. / Luggauer, Karl, Juristen Latein, 3. Aufl., Wien 1979

Holch, Georg, Ratenzahlung statt Pfandverwertung, DGVZ 1990, S. 133 ff.

Holzscheck, Knut, / Hörmann, Günter, / Daviter, Jürgen, Die Praxis des Konsumentenkredits in der Bundesrepublik Deutschland - eine empirische Untersuchung zur Rechtssoziologie und Ökonomie des Konsumentenkredits -, Köln 1982

Hönn, Günther, Kompensation gestörter Vertragsparität, München 1982

–, Zur Problematik der Privatautonomie, Jura 1984, S. 57 ff.

–, Entwicklungslinien des Vertragsrechts, JuS 1990, S. 953 ff.

Honsell, Heinrich, Privatautonomie und Wohnungsmiete, AcP 186 (1986), S. 115 ff.

–, Anmerkung zu BGH, Urteil v. 19.1.1989 - IX ZR 124/88 (OLG Braunschweig), JZ 1989, S. 494, 495 f.

–, Anmerkung zu BGH, Urt. v. 16.11.1989 - III ZR 236/88, EWiR §138 BGB 2/90, S.129 f.

–, Anmerkung zu BGH, Urt. v. 24.11.1992 - XI ZR 98/92, DZWir 1993, S. 64, 66 ff.

–, Die Mithaftung mittelloser Angehöriger, JuS 1993, S. 817 ff.

–, Bürgschaft und Mithaftung einkommens- und vermögensloser Famililenmitglieder, NJW 1994, S. 565 f.

Hornung, Anton, Gedanken zur Reform des Insolvenzrechts(I)(II), DGVZ 1976, S. 168 ff., 180 ff.

–, Viertes Gesetz zur Änderung der Pfändungsfreigrenzen, Rpfleger 1978, S. 353 ff.

–, Fünftes Gesetz zur Änderung der Pfändungsfreigrenzen, Rpfleger 1984, S. 125 ff.

–, Anderung der Pfändungsfreigrenzen, Rpfleger 1992, S. 331 ff.

Hörmann, Günter, Verbraucherkredit und Verbraucherinsolvenz, Bremen 1986

–, Verbraucher und Schulden, Baden-Baden 1987

Hörmann, Günter/ Holzscheck, Knut, Rechtstatsachen zum Konsumentenkredit, ZIP 1982, S. 1172 ff.

Hülsmann, Chistoph, Zur Unstatthaftigkeit eines Blankettbeschlusses bei Pfändung gem. § 850b ZPO, NJW 1995, S, 1521 ff.

Immenga, Ulrich, Die personalistische Kapitalgesellschaft, Bad Homburg 1970

Institut für Finanzdienstleistungen e. V. (IFF), Schuldenreport 1993 (Die Verschuldung der privaten Haushalte in Deutschland), Neuwied, Kriftel, Berlin 1994

–, Der neue Schuldenreport, Neuwied, Kriftel, Berlin 1995

Ito, Makota, Forschung über das Sanierungsverfahren für den Schuldner, Tokyo 1984 (japanisch)

Jaeger, Ernst / Henkel, Wolfram, Konkursordnung mit Einführungsgesetzen, Großkommentar, 2. Lieferung, Berlin 1980

Jaeger, Ernst / Weber, Friedrich, Konkursordnung, Band II, Berlin 1973

Jäger, Karl-Heinz, Die Zahlungsunfähigkeit nach geltendem und nach geplantem Insolvenzrecht, DB 1986, S. 1441 ff.

Jarass, Hans D. / Pieroth, Bodo, Grundgesetz für die Bundesrepublik Deutschland, Kommentar, 3. Aufl., München 1995

Jauernig, Othmar, Zwangsvollstreckungs- und Insolvenzrecht, 20 Aufl., München 1996

Jelinek, Wolfgang, Konkursordnung, 4. Aufl., Wien 1995

Jesse, Peter, Zur geplanten Änderung des Zwangsvollstreckungsrechts, DGVZ 1993, S. 85 ff.

Kilger, Joachim, Der Konkurs des Konkurses, KTS 1975, S. 142 ff.

–, Die Reformbedürftigkeit des Konkurs- und Vergleichsrechts, ZRP 1976, S. 190 ff.

–, Konkursordnung, 14. Aufl., München 1983

Kleffner, Markus, Zur Zulässigkeit des Verzichts auf den Pfändungsschutz des § 811 ZPO, DGVZ 1991, S. 108 ff.

Klopp, Onno, Restschuldbefreiung und Schuldenregulierung nach französischem und deutschem Recht, KTS 1992, S. 347 ff.

Knüllig-Dingeldey, Britta, Nachforderungsrecht oder Schuldbefreiung, Göttingen 1984

Knütel, Rolf, Befreite Ehefrauen?, ZIP 1991, S. 493 ff.

Köbler, Gerhard, Deutsche Rechtsgeschichte, 5. Aufl., München 1996

Kohte, Wolfhard, Die Stellung des Schuldbeitritts zwischen Bürgschaft und Schuldübernahme, JZ 1990, S. 997 ff.

–, Anmerkung zu LG Duisburg, Beschluß vom 18.3.1991, 4 T 30/91 (+), Rpfleger 1991, S. 514 f.

–, Schuldenbereinigungsverfahren - ein untauglicher Versuch, ZIP 1994, S. 184 ff.

Köndgen, Johannes, Anmerkung zu BGH, Urt. v. 16.5.1991 - IX ZR 245/90, NJW 1991, S. 2015, 2018 f.

–, Anmerkung zu BVerfG EWiR § 138 BGB 1/94, S. 23 f.

Konecny, Andreas, Insolvenzverfahren bei natürlichen Personen in Österreich, ZEuP 1995, S. 589 ff.

Korczak, Dieter, Verschuldung und Überschuldung von Privatpersonen in den alten Bundesländern, WSI Mitteilungen 1991, S. 741 ff.

Korczak, Dieter / Pfefferkorn, Gabriela, Überschuldungssituation und Schuldnerberatung in der Bundesrepublik Deutschland, Schriftenreihe des Bundesministeriums für Familie und Senioren, Band III, Stuttgart, Berlin, Köln 1992 (hier zitiert: Überschuldungssituation und Schuldnerberatung)

Kraemer, Joachim, Das neue Insolvenzrecht, Bonn 1995

Kramer, Ernst A., Die „Krise" des liberalen Vertragsdenkens, München, Salzburg 1974

Kreft, Gerhart, Privatautonomie und persönliche Verschuldung, WM 1992, S. 1425 ff.

Kreutz, Peter, Kritische Gedanken zur gerichtlichen Billigkeitskontrolle von Betriebsvereinbarungen, ZFA 1975, S. 65 ff.

Kübler, Bruno M. / Prütting, Hanns, Das neue Insolvenzrecht, Bd. 1, Köln 1994

Kuhn, Georg / Uhlenbruck, Wilhelm, Konkursordnung, 11. Aufl., München 1994

Kurita, Takashi, Zum Institut der Restschuldbefreiung des Schuldners, Minji-Soshoho Zasshi 32 (1986), S. 74 ff. (japanisch)

Lackmann, Rolf, Zwangsvollstreckungsrecht, München 1989

Landfermann, Hans-Georg, Der moderne Schuldturm und das Insolvenzrecht, in: Aufklärungs- und Beratungspflichten der Kreditinstitute - Der moderne Schuldturm? (Bankrechtstag 1992), Berlin, New York 1993, S. 111 ff. (hier zitiert: Bankrechtstag 1992)

–, Der Ablauf eines künftigen Insolvenzverfahrens, BB 1995, S. 1649 ff.

Larenz, Karl, Lehrbuch des Schuldrechts, 14. Aufl., München 1987

–, Allgemeiner Teil des deutschen Bürgerlichen Rechts, 7. Aufl., München 1989

Lee, Hae-Woo, Erklärung zur Konkurspraxis, Seoul 1991 (koreanisch)

Liese, Stefan, Feststellung von Unterhaltspflichten des Arbeitnehmers bei der Lohnpfändung - Auswirkungen der Steuerreform, DB 1990, S. 2065 ff.

Limbach, Editha, Restschuldbefreiung von Privatpersonen im Insolvenzrecht, FLF 1994, S. 83 ff.

Limbach, Jutta, Theorie und Wirklichkeit der GmbH, Berlin 1966

–, Forum: Das Rechtsverständnis in der Vertragslehre, JuS 1985, S. 10 ff.

Lippross, Otto-Gerd, Grundlagen und System des Vollstreckungsschutzes, Bielefeld 1983 (hier zitiert: Vollstreckungsschutz)

Lohmann, Martin, Ein Vorschlag zur Reform der Gesllschaft mit beschränkter Haftung, AcP 150 (1949), S. 506 ff.

Lösch, Jochen, Die Restschldbefreiung nach neuen Insolvenzordung - ein „Freifahrschein zum Schuldenmachen"?, JA 1994, S.44 ff.

Lotz, Thomas, Der Weg aus dem „Schuldturm", rechtsvergleichende Überlegungen zur Ausgestaltung eines effektiven Insolvenzrechts für Privatpersonen, Dissertation an der Uni. Bayreuth 1990 (hier zitiert: Der Weg aus dem „Schuldturm")

Löwe, Walter, Bürgen in Sippenhaft dürfen aufatmen, ZIP 1993, S. 1759

Lübchen, Gustav-Adolf / Landfermann, Hans-Georg, Das neue Insolvenzrecht der DDR, ZIP 1990, S. 829 ff.

Lüke, Gerhard / Beck, Matthias, Grundgesetz und Unpfändbarkeit eines Farbfernsehgeräts -BFHE 159, 421, JuS 1994, 22 ff.

Lüke, Gerhard / Beck, Matthias, Grundgesetz und Unpfändbarkeit eines Farbfernsehgeräts - BFHE 159, 421, JuS 1994, S. 22 ff.

Lüke, Gerhard / Walchshöfer, Alfred (Hrsg.), Münchener Kommentar zur Zivilprozeßordnung, Band II und Band III, München 1992 (hier zitiert: MünchKommZPO)

Markwardt, Manfred, Zwangsvollstreckung: schneller, effektiver, verfassungskonform, DGVZ 1993, S. 17 ff.

–, Privilegierte Sachpfändung durch den Vorbehaltsverkäufer - Ein Vorschlag der Arbeitsgruppe zur Überarbeitung des Zwangsvollstreckungsrechts, DGVZ 1994, S. 1 ff.

Marotzke, Wolfgang, Die dinglichen Sicherheiten im neuen Insolvenzrecht, ZZP 1996, S. 429 ff.

Maunz, Theodor / Dürig, Günter / Herzog, Roman, Kommentar zum Grundgesetz, München 1994

Mayer, Günter, Die Pfändung des Taschengeldanspruches, Rpfleger 1990, S. 281 ff.

Medicus, Dieter, „Geld muß man haben“, AcP 188 (1988), S. 489 ff.

–, Leistungsfähigkeit und Rechtsgeschäft, ZIP 1989, S. 817 ff.

–, Anmerkung zu BGH, Urt. v. 28. 2. 1989 - IX ZR 130/88, EWiR § 138 BGB 2/89, S. 327 f.

–, Der moderne Schuldturm?, Rechtsdogmatische Überlegungen zur Privatautonomie im Recht der Bankgeschäfte, in: Aufklärungs- und Beratungspflichten der Kreditinstitute - Der moderne Schuldturm? (Bankrechtstag 1992), Berlin, New York 1993, S. 87 ff. (hier zitiert: Bankrechtstag 1992)

–, Abschied von der Privatautonomie im Schuldrecht?, Schriftreihe der Kölner Juristischen Gesellschaft, Band 17, Köln 1994

–, Allgemeiner Teil des BGB, 7. Aufl., Heidelberg 1997

Menzinger, Klaus, Das freie Nachforderungsrecht der Konkursgläubiger, Berlin 1982 (hier zitiert: Das freie Nachforderungsrecht)

Merz, Franz, Die Rechtsprechung des Bundesgerichtshofes zur Bürgschaft , WM 1984, S. 1141 ff.

–, Hüte dich vor fremder Bürgschaft, ZRP 1991, S. 307 ff.

Merz, Hans, Kartellrecht - Instrument der Wirtschaftspolitik oder Schutz der persönlichen Freiheit?, in: Festschrift zum 70. Geburtstag von Franz Böhm am 16. Februar 1965 (Wirtschaftsordnung und Rechtsordnung), Karlsruhe 1965, S. 227 ff.

–, Privatautonomie heute - Grundsatz und Rechtswirklichkeit, Karlsruhe 1970

Mestmäcker, Ernst-Joachim, Über die normative Kraft privatrechtlicher Verträge, JZ 1964, S. 441 ff.

Meyer-Cording, Ulrich, Mehr Klarheit für die Insolvenztatbestände!, BB 1985, S. 1925 ff.

Mikami, Takehiko, Konsumentenkonkurs und Restschuldbefreiung in Japan, DGVZ 1995, 17 ff.

Müller-Erzbach, Rudolf, Die Verbandsmacht - eine unbekannte Welt, JZ 1956, S. 705 ff.

Müller, Randolf, Die Mitverantwortung des Kreditgebers im Hinblick auf eine tragfähige Kreditbelastung - bezogen auf den Konsumentenkredit, Kiel 1994

Mümmler, Alfred, Bewilligung von Teilzahlungen durch den Gerichtsvollzieher, DGVZ 1972, S. 49 ff.

–, Anmerkung zu BFH, Urt. v. 30.1.1990 - VII R 97/89, JurBüro 1990, S. 1360 ff.

von Münch, Ingo / Kunig, Philip (Hrsg.), Grundgesetz-Kommentar, Band I, 4. Aufl., München 1992

Münch, Christof, Der vollstreckbare Anwaltsvergleich als Räumungsvergleich, NJW 1993, S. 1181 ff.

Münstermann, Walter, Anmerkung zu LG München I, Beschluß vom 7. Oktober 1987 (28 O 10069/87), WuB I E 2 b. - 7.88, S. 269, 270 f.

Münzberg, Wolfgang / Brehm, Wolfgang / Alisch, Herbert, Privilegierte Sachpfändungen nach französischem Vorbild, DGVZ 1980, S. 72 ff.

Niemeyer, Gisela, Anmerkung zu FG Berlin, Urteil vom 23. April 1991 - V 402/88, FuR 1992, S. 48, 49

Noack, Wilhelm, Das Versteigerungsgeschäft und die Bedeutung des Mindestgebots für die Verwertung, DGVZ 1967, S. 34 ff.

–, Die Austauschpfändung (§§ 811a, 811b ZPO), JurBüro 1968, S. 98 ff.

–, Allgemeine Grundsätze des Schuldnerschutzes nach § 811 ZPO, Hinweise für seine Anwendung in der Praxis des Gerichtsvollziehers, DGVZ 1969, S. 113 ff.

–, Aktuelle Probleme aus dem Versteigerungsgeschäft, JurBüro 1973, S. 261 ff.

–, Die Einstellung der Zwangsvollstreckung nach § 775 ZPO, die Herausgabevollstreckung bei Dritteigentum, die Pfändung des Vollstreckungsanspruchs und sonstige Einzelfragen, DGVZ 1975, S. 97 ff.

–, Räumungsvollstreckung und Räumungsschutz mit Nebenwirkungen, ZMR 1978, S. 65 ff.

Obermüller, Manfred, Konkursanmeldung bei Zahlungsunfähigkeit und Überschuldung, DB 1973, S. 267 ff.

–,Auswirkungen der Insolvenzrechtsreform auf die Kreditsicherheiten, FLF 1994, S. 170 ff.

Otto, Günter, Anmerkung zu OLG Hamm, Urteil vom 15.12.1988, 4 UF 329/88, Rpfleger 1989, S. 207 ff.

Palandt, Bürgerliches Gesetzbuch, 56 Aufl., München 1997

Pape, Gerhard, Muß es eine Restschuldbefreiung im Insolvenzverfahren geben?, ZRP 1993, S. 285 ff.

–, Die neue Bürgschaftsrechtsprechung - Abschied vom „Schuldturm"?, ZIP 1994, S. 515 ff.

–, Die Entwicklung des Bürgschaftsrechts im Jahre 1995, NJW 1996, S. 887 ff.

–, Die Entwicklung des Bürgschaftsrechts im Jahre 1996, NJW 1997, S. 980 ff.

–, Restschuldbefreiung und Masselosigkeit, Rpfleger 1997, S. 237 ff.

Papke, Horst, Zum Begriff der Zahlungsunfähigkeit, DB 1969, S. 735 ff.

Pardey, Frank, Die Wahl zwischen Hausratsgegenständen, insbesondere zwischen Fernsehern und Rundfunkgeräten, i.S. d. §§ 811 Nr. 1, 812 ZPO, DGVZ 1987, S. 111 ff.

–, Der Vollstreckungsschutz des Kraftfahrzeughalters nach §§ 811, 812, 850f ZPO, DGVZ 1987, S. 180 ff.

Paulus, Christoph, Restschuldbefreiung und Internationales Insolvenzrecht, ZEuP 1994, S. 301, 309 ff. (Anmerkung für die Entscheidung des Bundesgerichtshofes vom 27. Mai 1993)

Pawlowski, Hans-Martin, Die Wirtschaftlichkeit der Zwangsvollstreckung - Eine besondere Aufgabe des Gerichtsvollziehers -, ZZP 90 (1977), S. 345 ff.

–, Die rechtlichen Grundlagen der „ratenweisen Vollstreckung", DGVZ 1991, S. 177 ff.

Peters, Egbert, Die richterliche Anordnung zur Zwangsvollstreckung nach § 758 ZPO - Wege und Irrwege, in: Festschrift für Fritz Baur, Tübingen 1981, S. 549 ff.

Pick, Eckhart, Die (neue) Insolvenzordnung - ein Überblick, NJW 1995, S. 992 ff.

Polzius, Josef, Der Gerichtsvollzieher in der modernen Industriegesellschaft, DGVZ 1971, S. 145 ff.

–, Die Versteigerung von GmbH-Anteilen nach der ZPO und dem GmbHG (II), DGVZ 1987, S. 33 ff.

Preis, Ulrich / Rolfs, Christian, Gestörte Vertragsparität und richterliche Inhaltskontrolle, DB 1994, S. 261 ff.

Prütting, Hanns, Der Insolvenzplan im japanischen und deutschen Recht, in: Festschrift für Wolfram Henckel zum 70. Geburtstag am 21. April 1995, Berlin, New York 1995, S. 669 ff.

Prütting, H./ Weth S., Die Feststellung der Überschuldung, Köln, Berlin, Bonn, München 1989

Raiser, Ludwig, Vertragsfreiheit heute, JZ 1958, S. 1 ff.

–, Vertragsfunktion und Vertragsfreiheit, in: Festschrift zum hundertjährigen Bestehen des Deutschen Juristentages 1860-1960 (Hundert Jahre Deutsches Rechtsleben), Band I, Karlsruhe 1960, S. 101 ff. (hier zitiert: FS DJT 1960, Bd. I)

Rauscher, Bert, Die Pfändbarkeit von Urlaubsvergütung und Urlaubsabgeltung, MDR 1963, S. 11 ff.

Rehbein, Dieter, Anmerkung zu Urteil des BGH v. 28.2.1989 - IX ZR 130/88, JR 1989, S. 464, 468 ff.

–, Anmerkung zu OLG Stuttgart, Urteil vom 15. März 1991 (2U 119/90), WuB I F 1a., 16.91, S. 1325, 1327 f.

–, Zur Mithaftung vermögensloser Angehöriger - Zugleich Anmerkung zum Beschluß des BVerfG v. 19.10.93 - 1 BvR 567/89 und 1 BvR 1044/89 - , JR 1995, S. 45 ff.

Reifner, Udo, Grundsätze zur Bewertung des Verbraucherkonkurses, VuR 1990, S. 132 ff.

–, Die Mithaftung der Ehefrau im Bankkredit - Bürgschaft und Gesamtschuld im Kreditsicherungsrecht, ZIP 1990, S. 427 ff.

–, Überschuldung und Schuldbefreiung, WSI Mitteilungen 1991, S. 749 ff.

Reifner, Udo / Weitz, Ewald / Uesseler, Rolf, Tatsachen zum Verbraucherschutz im Konsumentenkredit, Tübingen 1978

Reinicke, Dietrich / Tiedtke, Klaus, Bürgschaft und Wegfall der Geschäftsgrundlage, NJW 1995, S. 1449 ff.

–, Zur Sittenwidrigkeit hoher Verpflichtungen vermögens- und einkommensloser oder einkommensschwacher Bürgen, ZIP 1989, S. 613 ff.

Reis, Claus, Konsum, Kredit und Überschuldung - zur Ökonomie und Soziologie des Konsumentenkredits -, Frankfurt/M 1992

Reiter, Gerhard, Kritische Lebenserignisse und Verschuldungskarrieren von Verbrauchern, Berlin 1991

Roscher, Falk, Vertragsfreiheit als Verfassungsproblem, Berlin 1974

Rosenberg, Leo, Zivilprozeßrecht, 9. Aufl., München 1961

Rosenberg, Leo / Gaul, Hans Friedhelm / Schilken, Eberhard, Zwangsvollstreckungsrecht, 11. Aufl., München 1997

von Rottenburg, Franz, Anmerkung zu LG Lübeck, Urteil vom 11. Dez. 1986 (10 0 43/86), WuB I E 2b., 10.87, S. 913, 915 f.

–, Anmerkung zu BGH, Urteil vom 16. März 1989 (III ZR 37/88, Stuttgart), WuB I E 2b., 11.89, S. 703, 704 f.

Rupp, Wolfgang / Fleischmann, Guntram, Anmerkung zu LG Stuttgart, 2. ZK, Beschl. v. 24.7.1984, 2 T 551/84, Rpfleger 1985, S. 71 ff.

Sauer, Hans-Joachim / Meiendresch, Uwe, Zur Pfändung des Taschengeldanspruchs, FamRZ 1994, S. 1441 ff.

Säcker, Franz-Jürgen, Gruppenautonomie und Übermachtkontrolle im Arbeitsrecht, Berlin 1972

Schatzschneider, Wolfgang, „Moderner Schuldturm" und Verbraucherschutz, Einige Anmerkungen zur Überschuldung bei Konsumentenkrediten, MDR 1986, S. 274 ff.

Scherer, Inge, Vollstreckung bei Suizidgefahr, DGVZ 1995, S. 33 ff.

Schilken, Eberhard, Der Gerichtsvollzieher als Vermittler zwischen Gläubiger und Schuldner bei der Realisierung titulierter Geldforderungen, DGVZ 1989, S. 161 ff.

–, Die Bewilligung von Teilzahlungen bei der Haftvollstreckung, DGVZ 1989, S. 33 ff.

–, Vereinfachung und Beschleunigung der Zwangsvollstreckung, Rpfleger 1994, S. 138 ff.

Schlachter, Monika, Kreditmithaftung einkommensloser Angehöriger, BB 1993, S. 802 ff.

Schläger, Edwin, Von der fristlosen Kündigung des Wohnraum-Mietvertrages (§ 554 BGB) bis zur Räumung, ZMR 1986, S. 421 ff.

Schmidt, Bernd, Die geplante zweite Zwangsvollstreckungsnovelle, ZRP 1995, S. 326 ff.

Schmidt-Bleibtreu, Bruno / Klein, Franz, Kommentar zum Grundgesetz, 8 Aufl., Neuwied 1995

Schmidt, Karsten, Vom Konkursrecht der Gesellschaften zum Insolvenzrecht der Unternehmen, ZIP 1980, S. 233 ff.

–, Sinnwandel und Funktion des Überschuldungstatbestandes, JZ 1982, S. 165 ff.

Schmidt, Oliver, Die Überschuldung privater Bankkunden, Berlin 1995

Schmidt-Räntsch, Jürgen, Die neue Verordnung über die Gesamtvollstreckung der DDR, DtZ 1990, S. 199 ff.

Schmidt-Räntsch, Ruth, Insolvenzrechtsreform verabschiedet, DStR 1994, S. 1466 ff.

–, Die Restschuldbefreiung im Regierungsentwurf einer Insolvenzordnung, in: Festschrift für Hans Hanisch, Köln, Berlin, Bonn, München, 1994, S. 217 ff.

–, Das neue Verbraucherinsolvenzverfahren, MDR 1994, S. 321 ff.

Schmidt-Rimpler, Walter, Grundfragen einer Erneuerung des Vertragsrechts, AcP 147 (1941), S. 130 ff.

–, Zum Problem der Geschäftsgrundlage, in: Festschrift für Hans Carl Nipperdey zum 60. Geburtstag 21. Jan. 1955, München, Berlin 1955, S. 1 ff.

–, Zum Vertragsproblem, in: Festschrift für Ludwig Raiser zum 70. Geburtstag, (Funktionswandel der Privatrechtsinstitutionen), Tübingen 1974, S. 3 ff.

Schmidt-Salzer, Joachim, Rechtspolitische Grenzen der zivilrechtlichen Vertragsfreiheit, NJW 1971, S. 173 ff.

Schmidt-von Rhein, Georg, Zur privilegierten Sachpfändung des Kaufpreisgläubigers im Falle des Eigentumsvorbehaltes, DGVZ 1986, S. 81 ff.

Schneider, Egon, Problemfälle aus der Prozeßpraxis, Luxuswagen als Gebrechlichkeitshilfe, MDR 1986, S. 726 f.

–, Krankheit und Suizidgefahr als Vollstreckungshindernis, JurBüro 1994, S. 321 ff.

Schneider, Egon / Becher, Wolfgang, Probleme der „unpfändbaren Sachen" in der Judikatur (§ 811 ZPO), DGVZ 1980, S. 177 ff.

Schneider, Harald, Die Berücksichtigung von Ausfallerscheinungen beim Schuldner durch den Gerichtsvollzieher, DGVZ 1987, S. 52 ff.

Scholz, Franz Josef, „Moderner Schuldturm" und Verbraucherschutz - Anmerkungen und Ergänzungen zum gleichnamigen Beitrag von Schatzschneider in MDR 1986, 274 -, MDR 1987, S. 7 ff.

–, Hauptstreitpunkte bei der „ Restschuldbefreiung", BB 1992, S. 2233 ff.

–, Verbraucherinsolvenz und Restschuldbefreiung nach der Insolvenzordnung (InsO), FLF 1995, S. 88 ff. (Teil 1), S. 145 ff. (Teil 2)

–, Verbraucherkonkurs und Restschuldbefreiung nach der neuen Insolvenzordnung, DB 1996, S. 765 ff.

Scholz, Gangolf, Zwangsräumung und Vollstreckungsschutz, ZMR 1986, S. 227 ff.

Schreiber, Klaus, Die Verschleuderung von Schuldnervermögen (§ 817a ZPO), JR 1979, S. 236 ff.

Schroeder, Hans, Die neuen Pfändungsfreigrenzen ab 1. April 1978 - Unter Einbeziehung der sonstigen Änderungen in der ZPO -, JurBüro 1978, S. 465 ff.

Schröter, Jürgen, Anmerkung zu BGH, Urteil vom 19. Jan. 1989 (IX ZR 124/88, Braunschweig), WuB I F 1a. - 12.89, S. 841, 843 f.

–, Anmerkung zu BGH, Versäumnisurteil vom 16. Jan. 1992 (IX ZR 113/91, Stuttgart), WuB I F 1a.- 8.92, S. 661, 662 ff.

Schubert, Hans-Werner, Die neuen Pfändungsfreigrenzen 1992, FuR 1992, S. 152 ff.

Schumacher, Adolf, Zum Geltungsbereich der Austauschpfändung, ZZP 67 (1954), S. 255 f.

Schumacher, Silvia, Restschuldbefreiung für natürliche Personen nach dem künftigen deutschen Insolvenzrecht, ZEuP 1995, S. 576 ff.

Schuschke, Winfried, Vollstreckung und Vorläufiger Rechtsschutz, Kommentar zum Achten Buch der Zivilprozeßordnung, Band I, Zwangsvollstreckung § 704-915 ZPO, Köln, Berlin, Bonn, München 1992

Schwabe, Jürgen, Anmerkung zu BVerfG, Beschluß des Ersten Senats vom 7.2.1990 - 1 BvR 26/84 -, DVBl. 1990, S. 474, 477 ff.

Schweer, Dieter, Die Pfändbarkeit von Urlaubsabgeltung und Urlaubsvergütung, BB 1961, S. 680 ff.

Schweitzer, Ursula, Bürgschaften von vermögenslosen Familienangehörigen, KTS 1991, S. 541 ff.

Schwintowski, Hans-Peter, Die wirtschaftliche Leistungsfähigkeit des Schuldners als Maßstab der Wirksamkeit von Verbraucherkreditverträgen, ZBB 1989, S. 91 ff.

–, Anmerkung zu BGH, Urt. v. 16.1.1992 - IX ZR 113/91, EWiR § 765 BGB 1/92, S. 253 f.

Seip, Theo, Wie soll der Vollstreckungsauftrag aussehen ?, DGVZ 1971, S. 102 ff.

–, Die Verlegung des Versteigerungstermins unter Bewilligung von Teilzahlungen durch den Gerichtsvollzieher, DGVZ 1974, S. 17 ff.

–, Eigentumsvorbehalt und Unpfändbarkeit, DGVZ 1975, S. 113 ff.

Sibben, Ralf, Die Zulässigkeit der Pfändung von Prämien, DGVZ 1988, S. 4 ff.

Siedschlag, Wolfgang, Überlegungen zu einer Reform des Insolvenzrechts, DGVZ 1974, S. 33 ff.

Smid, Stefan, Taschengeldansprüche der Ehegatten gegeneinander und ihre Pfändbarkeit, JurBüro 1988, S. 1105 ff.

–, Restschuldbefreiung, in: Insolvenzrecht im Umbruch, Köln, Berlin, Bonn, München 1991, S. 139 ff.

–, Gleichbehandlung der Gläubiger und Wiederherstellung eines funktionsfähigen Insolvenzrechts als Aufgaben der Insolvenzrechtsreform, BB 1992, S. 501 ff.

–, Die Gesamtvollstreckung und die Reform des Insolvenzrechts, AnwBl 1992, S. 154 ff.

–, Anhebung der Pfändungsfreigrenzen, NJW 1992, S. 1935 f.

–, Erfahrungen mit der Verbraucherinsolvenz nach der Gesamtvollstreckungsordnung der neuen Bundesländer, DtZ 1993, S. 98 ff.

Smid, Stefan / Zeuner, Mark (Hrsg.), Gesamtvollstreckungsordnung (Kommentar), 2. Aufl., Baden-Baden 1994

Spieß, Gerhard, Inhaltskontrolle von Verträgen - das Ende privatautonomer Vertragsgestaltung?, DVBl. 1994, S. 1222 ff.

Statistisches Bundesamt, Statistisches Jahrbuch für die Bundesrepublik Deutschland 1997

Ständigen Deputation des Deutschen Juristentages, Verhandlungen des vierundfünfzigsten Deutschen Juristentages, Band I und II, München 1982

von Staudinger, J., Kommentar zum Bürgerlichen Gesetzbuch mit Einführungsgesetz und Nebengesetzen, Viertes Buch (Familienrecht), 12. Aufl., Berlin 1993

Stehl, Heinrich, Pfändbarkeit des Urlaubsentgelts, DB 1964, S. 334 ff.

Stein, Friedrich / Jonas, Martin, Kommentar zur Zivilprozeßordnung, 21. Aufl., Tübingen 1994

Steinmetz, Wolfgang, Überschuldungssituation und Schuldnerberatung, DRiZ 1991, S. 192

Steppeler, Wolfgang, Konsumentenkredit als rechtspolitisches Problemfeld, Sparkasse 1985, S. 358 ff.

Stoldt, Egon, Die Konkursvorrechte der Arbeitnehmer und der Sozialversicherungsträger im Rahmen des heutigen Konkursverfahrens. Eine Besprechung des Urteils des Bundesarbeisgerichts vom 5.7. 1967, KTS 1967, S. 193 ff.

Streit, Georg, Kartenzahlung und Verbraucherverschuldung aus rechtlicher Sicht, Berlin 1997 (hier zitiert: Kartenzahlung und Verbraucherverschuldung)

Struck, Gerhard, Gläubigerschutz und Familienschutz, AcP 187 (1987), S. 404 ff.

Stumpf, Cordula, Der vermögenslose Bürge - Zum Spannungsverhältnis zwischen privatautonomer Gestaltungsfreiheit und Verbraucherschutz -, Jura 1992, S. 417 ff.

Stürner, Rolf, Aktuelle Probleme des Konkursrechts - Zur Neubearbeitung des Jaegerschen Kommentars, ZZP 94 (1981), S. 263 ff.

–, Grundlinien der Entwicklung des deutschen Vollstreckungsrechts, DGVZ 1985, S. 6 ff.

–, Prinzipien der Einzelzwangsvollstreckung, ZZP 99 (1986), S. 291 ff.

–, Aufstellung und Bestätigung des Insolvenzplans, in: Insolvenzrecht im Umbruch, Köln, Berlin, Bonn, München 1991, S. 41 ff.

Taupitz, Jochen, Die Standesordnungen der freien Berufe, Berlin, New York 1991

Thomas, Heinz / Putzo, Hans, Zivilprozeßordnung, 18. Aufl., München 1993

Tiedtke, Klaus, Anmerkung zu BGH, Urt. v. 16.3.1989 - IX ZR 171/88, EWiR § 765 BGB 5/89, S. 567 f.

Tosch, Norbert, Entwicklung und Auflösung der Lehre vom Vertrag, Marburg 1980

Tschöpe, Ulrich, Die Aufrechnung gegen Urlaubsabgeltungsansprüche, BB 1981, S. 1902 f.

Ueda, Katsuhiro, Zur Problematik der Restschuldbefreiung, Jiyu to Seigi 36-6 (Jun. 1985), S. 21ff. (japanisch)

Uhlenbruck, Wilhelm, Zur Krise des Insolvenzrechts, NJW 1975, S. 897 ff.

–, Einhundert Jahre Konkursordnung, in: Einhundert Jahre Konkursordnung 1877-1977, Köln 1977, S. 3 ff.

–, Zum Stand der Insolvenzrechts-Reform, DRiZ 1982, S. 161 ff.

–, Grundzüge eines künftigen Insolvenzrechts nach den Vorstellungen der Reformkommission, BB 1984, S. 1949 ff.

–, Zahlungsunfähigkeit und Überschuldung nach den Vorstellungen der Kommission für Insolvenzrecht, KTS 1986 , 27 ff.

–, Insolvenzverfahren für Verbraucher aus der Sicht der forensischen Rechtspflege, FLF 1989, S, 11 ff.

–, „Gesetzsentwurf zur Reform des Insolvenzrechtes: die Restschuldbefreiung als geeignetes Mittel der Entschuldung?“, MDR 1990, S. 4 ff.

–, Zum Reigierungs-Entwurf einer Insolvenzordnung und dem Entwurf eines Einführungsgesetzes, KTS 1992, S. 499 ff.

–, Die Restschuldbefreiung nach dem Regierungsentswurf einer Insolvenzordnung (InsO), DGVZ 1992, S. 33 ff.

–, Die neue Insolvenzordnung, WiB 1994, S. 849 ff.

Uhlenbruck, Wilhelm / Delhaes Karl, Konkurs- und Vergleichsverfahren, 5. Aufl., (Handbuch der Rechtspraxis; Bd. 3), München 1990

Ulmer, Peter, Konkursantragspflicht bei Überschuldung der GmbH und Haftungsrisiken bei Konkursverschleppung, KTS 1981, S. 469 ff.

Urban, Norbert, Vollstreckungsrechtliche Folgerungen aus dem Fernsehgeräte-Urteil des BFH, DGVZ 1990, S. 103 ff.

Vallender, Heinz, Die bevorzugte Behandlung von „Altfall-Schuldner“ bei der Restschuldbefreiung, ZIP 1996, 2058 ff.

–, Die Stellung des Verbrauchers im künftigen Insolvenzrecht, VuR 1997, S. 43 ff.

–, Ausweg aus dem modernen Schuldturm ? - Das gesetzliche Restschuldbefreiungsverfahren nach der künftigen Insolvenzordnung, VuR 1997, S. 155 ff.

–, Schuldenregulierung in der Verbraucherinsolvenz, DGVZ 1997, S. 97 ff.

Vollkommer, Max, Verfassungsmäßigkeit des Vollstreckungszugriffs, Rpfleger 1982, S. 1 ff.

Vonnemann, Wolfgang, Die Feststellung der Überschuldung, Köln, Berlin, Bonn, München 1989

–, Die Feststellung der Überschuldung, BB 1991, S. 867 ff.

Wacke, Andreas, Lieferantenkredit versus Unpfändbarkeit, JZ 1987, S. 381 ff.

Wacket, Peter, Vorschläge des BKG zur Verbraucherinsolvenz, FLF 1989, S. 65 ff.

Wagner, Heiko, Insolvenzrechtsreform: Neuerungen im Ablauf künftiger Insolvenzverfahren, DStR 1995, S. 220 ff.

Walchshöfer, Alfred / Lücke, Gerhard, Münchener Kommenkar zur Zivilprozeßordnung, Bd 2, Bd 3, München 1992

Walker, Wolf-Dietrich / Gruß, Miriam, Räumungsschutz bei Suizidgefahr und altersbedingter Gebrechlichkeit, NJW 1996, S. 352 ff.

Wassner, Fernando, Vom modernen Schuldturm, ZIP 1986, S. 343

Weber, Ahrend, Insolvenzrechtsreform und Mobiliarsicherheiten, WM 1992, S. 1133 ff.

Weber, Friedrich, Fragen der Gestaltung des Konkursverfahrens in rechts-politischer und rechtsvergleichender Sicht, KTS 1959, S. 80 ff.

Wenzel, Frank, Restschuldbefreiung bei Insolvenzen von Verbrauchern, VuR 1990, S. 121 ff.

–, Restschuldbefreiung bei Insolvenzen natürlicher Personen, DB 1990, S. 975 ff.

–, Die Geltendmachung der Gesamtvollstreckungsverlustforderung gemäß § 18 Abs. 2 Satz 3 GesO, ZIP 1991, S. 425 ff.

–, Die Neuregelung der Verbraucherinsolvenz in der Gesamtvollstreckungsordnung DtZ 1992, S.343 ff.

–, Interlokaler Restschuldtourismus, MDR 1992, S. 1023 ff.

–, Die Restschuldbefreiung in der deutschen und österreichischen Insolvenzrechtsreform, KTS 1993, S. 187 ff.

–, Der private Konkurs nach der Insolvenzrechtsreform, ZRP 1993, S. 161 ff.

–, Die Verfassungsmäßigkeit der Restschuldbefreiung, DGVZ 1993, S. 81 ff.

–, Die „Restschuldbefreiung“ in den neuen Bundesländern, Köln 1994

Werner, Olaf, Erschweren rechtliche Schranken den Vollstreckungserfolg?(I), DGVZ 1986, S. 49 ff.

von Westphalen, Friedrich Graf, Das Recht des Stärkeren und seine grundgesetzliche Beschränkung, MDR 1994, S. 5 ff.

Westermann, Harm Peter, Anmerkung zu BGH, Urteil v. 16.3.1989 (III ZR 37/88, OLG Stuttgart), JZ 1989, S. 744, 746 f.

–, Anmerkung zu BGH, Urteil vom 16.5.1991 (IX ZR 245/90, München), WuB I F 1a. - 14.91, S. 1083,1085 f.

–, Die Bedeutung der Privatautonomie im Recht des Konsumentenkredits, Festschrift für Hermann Lange zum 70. Geburtstag am 24. Jan. 1992, Stuttgart, Berlin, Köln 1992, S. 995 ff.

–, Die Bedeutung der Privatautonomie im Recht des Konsumentenkredits, Stuttgart, Berlin, Köln 1992, S. 995 ff.

–, Anmerkung zu BGH, Urteil vom 24. November 1992 (XI ZR 98/92, Köln), WuB I F 1a.- 3.93, S. 213, 214 ff.

Wieacker, Franz, Das Sozialmodell der klassischen Privatrechtsgesetzbücher und die Entwicklung der modernen Gesellschaft, Karlsruhe 1953

Wieczorek, Bernhard, Zivilprozeßordnung und Gerichtsverfassungsgesetz, 2. Aufl., Berlin 1966

Wiedemann, Herbert, Gesellschaftsredht, Band I, München 1980

–, Anmerkung zu BVerfG, Beschluß v. 7.2.1990 - 1 BvR 26/84, JZ 1990, S. 691, 695 ff.

Wietek, S. M., / Müssig, Peter, Die privilegierte Vollstreckung wegen der Kaufpreisforderung im französischen Recht, DGVZ 1980, S. 1 ff.

Wiethölter, Rudolf, Die Position des Wirtschaftsrechts im sozialen Rechtsstaat, in: Festschrift zum 70. Geburtstag von Franz Böhm am 16. Februar 1965 (Wirtschaftsordnung und Rechtsordnung), Karlsruhe 1965, S. 41 ff.

Wochner, Manfred, Gedanken zur Restschuldbefreiung nach dem Entwurf zum Gesetz zur Reform des Insolvenzrechts, BB 1989, 1065 ff.

–, Die neue Schuldknechtschaft, BB 1989, S. 1354 ff.

Wolf, Manfred, Rechtsgeschäftliche Entscheidungsfreiheit und vertraglicher Interessenausgleich, Tübingen 1970

Zeiss, Walter, Aktuelle vollstreckungsrechtliche Fragen aus der Sicht des Gerichtsvollziehers, DGVZ 1974, S. 178 ff. oder JZ 1974, S. 564 ff.

Zeller, Friedrich / Stöber, Kurt, Zwangsversteigerunggesetz, Kommentar zum ZVG der Bundesrepublik Deutschland mit einem Anhang einschlägiger Texte und Tabellen, 14. Aufl., München 1993

Ziege, Hans-Joachim, Die Zulassung der Austauschpfändung : Voraussetzungen und Verfahren, NJW 1955, S. 48 ff.

Zöller, Richard, Zivilprozeßordnung, 20. Aulf., Köln 1997

Zöllner, Wolfgang, Privatautonomie und Arbeitsverhältnis, AcP 176 (1976), S. 221 ff.

–, Die politische Rolle des Privatrechts, JuS 1988, S. 329 ff.

Zweigert, Konrad, „Rechtsgeschäft" und „Vertrag" heute, in: Festschrift für Max Rheinstein zum 70. Geburtstag am 5. Juli 1969 (Ius Privatum Gentium), Tübingen 1969

Anhang

Anhang 1: §§ 54, 55 SGB - Allgemeiner Teil - (Wortlaut)

§ 54 (Pfändung)

(1) Ansprüche auf Dienst- und Sachleistungen können nicht gepfändet werden.

(2) Ansprüche auf einmalige Geldleistungen können nur gepfändet werden, soweit nach den Umständen des Falles, insbesondere nach den Einkommens- und Vermögensverhältnissen des Leistungsberechtigten, der Art des beizutreibenden Anspruchs sowie der Höhe und der Zweckbestimmung der Geldleistung, die Pfändung der Billigkeit entspricht.

(3) Unpfändbar sind Ansprüche auf

1. Erziehungsgeld und Vergleichbare Leistungen der Länder,
2. Mutterschaftsgeld nach § 13 Abs. 1 des Mutterschutzgesetzes, soweit das Mutterschaftsgeld nicht aus einer Teilzeitbeschäftigung während des Erziehungsurlaubs herrührt oder anstelle von Arbeitslosenhilfe gewährt wird, bis zur Höhe des Erziehungsgeldes nach § 5 Abs. 1 des Bundeserziehungsgeldgesetzes,
3. Geldleistungen, die dafür bestimmt sind, den durch einen körper- oder Gesundheitsschaden bedingten Mehraufwand auszugleichen.

(4) Im übrigen können Ansprüche auf laufende Geldleistungen wie Arbeitseinkommen gepfändet werden.

(5) Ein Anspruch des Leistungsberechtigten auf Geldleistungen für Kinder (§ 48 Abs. 1 Satz 2) kann nur wegen gesetzlicher Unterhaltsansprüche eines Kindes, das bei der Festsetzung der Geldleistungen berücksichtigt wird, gepfändet werden. Für die Höhe des pfändbaren Betrages bei Kindergeld gilt:

1. Gehört das unterhaltsberechtigte Kind zum Kreis der Kinder, für die dem Leistungsberechtigten Kindergeld gezahlt wird, so ist eine Pfändung bis zu dem Betrag möglich, der bei gleichmäßiger Verteilung des Kindergeldes auf jedes dieser Kinder entfällt. Ist das Kindergeld durch die Berücksichtigung eines

dieser Kinder entfällt. Ist das Kindergeld durch die Berücksichtigung eines weiteren Kindes erhöht, für das einer dritten Person Kindergeld oder dieser oder dem Leistungsberechtigten eine andere Geldleistung für Kinder zusteht, so bleibt der Erhöhungsbetrag bei der Bestimmung des pfändbaren Betrages des Kindergeldes nach Satz 1 außer Betracht.

2. Der Erhöhungsbetrag (Nummer 1 Satz2) ist zugunsten jedes bei der Festsetzung des Kindergeldes berücksichtigten unterhaltsberechtigten Kindes zu dem Anteil pfändbar, der sich bei gleichmäßiger Verteilung auf alle Kinder, die bei der Festsetzung des Kindergeldes zugunsten des Leistungsberechtigten berücksichtigt werden, ergibt.

§ 55 (Kontenpfändung und Pfändung von Bargeld)

(1) Wird eine Geldleistung auf das Konto des Berechtigten bei einem Geldinstitut überwiesen, ist die Forderung, die durch die Gutschrift entsteht, für die Dauer von sieben Tagen seit der Gutschrift der Überweisung unpfändbar. Eine Pfändung des Guthabens gilt als mit der Maßgabe ausgesprochen, daß sie das Guthaben in Höhe der in Satz 1 bezeichneten Forderung während der sieben Tage nicht erfaßt.

(2) Das Geldinstitut ist dem Schuldner innerhalb der sieben Tage zur Leistung aus dem nach Absatz 1 Satz 2 von der Pfändung nicht erfaßten Guthaben nur soweit verpflichtet, als der Schuldner nachweist oder als dem Geldinstitut sonst bekannt ist, daß das Guthaben von der Pfändung nicht erfaßt ist. Soweit das Geldinstitut hiernach geleistet hat, gilt Absatz 1 Satz 2 nicht.

(3) Eine Leistung, die das Geldinstitut innerhalb der sieben Tage aus dem nach Absatz 1 Satz 2 von der Pfändung nicht erfaßten Guthaben an den Gläubiger bewirkt, ist dem Schuldner gegenüber unwirksam. Das gilt auch für eine Hinterlegung.

(4) Bei Empfängern laufender Geldleistungen sind die in Absatz 1 genannten Forderungen nach Ablauf von sieben Tagen seit der Gutschrift sowie Bargeld insoweit nicht der Pfändung unterworfen, als ihr Betrag dem unpfändbaren Teil der Leistungen für die Zeit von der Pfändung bis zum nächsten Zahlungstermin entspricht.

Anhang 2: § 141 GVGA

3. Verwertung

a) Allgemeines

§ 141 (§§ 814- 825 ZPO)

1. Die Verwertung der Pfandstücke erfolgt in der Regel durch öffentliche Versteigerung (§§ 142–146), ausnahmsweise durch freihändigen Verkauf (§§ 147–149).Ist nach der Auffassung des Gerichtsvollziehers wegen der Art der gepfändeten Sachen bei einer Verwertung durch öffuntliche Versteigerung kein angemessener Erlös zu erwarten, so empfiehlt es sich, den Gläubiger sofort auf die Möglichkeit der anderweitigen Verwertung (§ 825 ZPO) aufmerksam zu machen.
2. Der Gerichtsvollzieher führt die Verwertung - ohne einen besonderen Auftrag der Gläubigers abzuwarten - nach den §§ 814 bis 825 ZPO durch. Die Verwertung ist auch dann vorzunehmen, wenn der Schuldner verstorben oder wenn das Konkursverfahren über sein Vermögen eröffnet ist.

Grundsätzlich darf der Gerichtsvollzieher die Verwertung der Pfandstücke nur mit Zustimmung des Gläubigers oder auf Anweisung des Vollstreckungsgerichts (§ 813a ZPO) aussetzen. Die Zustimmung des Gläubigers kann ausdrücklich oder stillschweigend erklät werden. Von einer stillschweigenden Zustimmung des Gläubigers kann der Gerichtsvollzieher ausgehen,wenn ihm bei gewissenhafter Prüfung der Persönlichkeit und der wirtschaftlichen Verhältnisse des Schuldners die Erwartung gerechtfertigt erscheint, daß der Schuldner die Vollstreckungsschuld innerhalb von 12 Monaten durch Zahlungen an den Gerichtsvollzieher begleichen wird. Er holt jedoch in diesem Fall unverzüglich die ausdrückliche Zustimmung des Gläubigers zur Aussetzung ein. Wird diese verweigert, verfährt der Gerichtsvollzieher nach Abs. 1.

Hat der Gläubiger den Gerichtsvollzieher ohne nähere Weisungen ermächtigt, dem Schuldner Stundung zu gewähren, so darf ein Zahlungsaufschub 12 Monate nicht Übersteigen. Bei Ratenzahlungen sollen die Raten unter Berücksichtigung der Vermögenslage des Schuldners und der Kosten der Einziehung dem geschuldeten Betrag angemessen und wirtschaftlich sinnvoll sein; sie sind so zubemessen, daß der Vollstreckungsauftrag spätestens nach 12 Monaten erledigt ist. Die Anberaumung eines neuen Versteigerungstermins ist erst zulässig, wenn der

Schuldner nach Ablauf des Zahlungsaufschubs nicht gezahlt hat oder mit einer Ratenzahlung ganz oder teilweise in Verzug geraten ist. Wird nach Eintritt der Voraussetzungen für die Anberaumung eines neuen Versteigerungstermins erneut Zahlungsaufschub gewährt, gilt Satz 3 nicht.

Gewährt der Gerichtsvollzieher mit Zustimmung des Gläubigers eine Stundung über 12 Monate hinaus, so ist dem Schuldner aufzugeben, den geschuldeten Betrag oder die Raten unmittelbar an den Gläubiger zu zahlen. Der Gläubiger ist sodann unter Rücksendung des Schuldtitels und der sonstigen für die Vollstreckung Übergebenen Urkunden entsprechend zu unterrichten mit dem Anheimgeben, die Fortsetzung der Vollstreckung zu beantragen, falls der Schuldner seinen Verpflichtungen nicht nachkommt.

3. Bei der Verwertung muß der Gerichtsvollzieher gesetzliche und behördliche Veräußerungs- oder Erwerbsbeschränkungen beachten (vgl. z. B. § 772 ZPO).

4. Bei der Verwertung dürfen der Gerichtsvollzieher und die von ihm zugezogenen Gehilfen (Ausrufer, Schreiber, Protokollführer, Schätzungssachverständige) weder für sich (persönlich oder durch einen anderen) noch als Vertreter eines anderen kaufen (§§ 456 bis 458 BGB). Der Gerichtsvollzieher darf auch seinen Angehörigen und den bei ihm beschäftigten Personen das Mitbieten nicht gestatten.

Kolibri 360 GmbH
Ferdinand-Jühlke-Straße 7
99095 Erfurt, Deutschland
produktsicherheit@kolibri360.de

Druck:
CPI Druckdienstleistungen GmbH
im Auftrag der
Kolibri 360 GmbH
Ferdinand-Jühlke-Str. 7
99095 Erfurt